U0610423

监督学

朗佩娟　主编

国家开放大学出版社
北京

图书在版编目（CIP）数据

监督学/郎佩娟主编．—北京：中央广播电视大学
出版社，2010.1（2019.10重印）

中央广播电视大学教材

ISBN 978 – 7 – 304 – 04774 – 0

Ⅰ．①监…　Ⅱ．①郎…　Ⅲ．①监督学 – 电视大学 –
教材　Ⅳ．①D035.4

中国版本图书馆 CIP 数据核字（2010）第 009541 号

版权所有，翻印必究。

监 督 学

JIANDUXUE

郎佩娟　主编

出版·发行：国家开放大学出版社（原中央广播电视大学出版社）

电话：营销中心 010 – 68180820　　　总编室 010 – 68182524

网址：http：//www.crtvup.com.cn

地址：北京市海淀区西四环中路 45 号　　邮编：100039

经销：新华书店北京发行所

策划编辑：来继文　　　　　　版式设计：韩建冬
责任编辑：钟　和　　　　　　责任校对：王　亚
责任印制：赵连生

印刷：天津嘉恒印务有限公司　　　印数：984001~1044000
版本：2010 年 1 月第 1 版　　　　2019 年 10 月第 22 次印刷
开本：B5　　　插页：8 页　　　印张：22.5　　字数：387 千字

书号：ISBN 978 – 7 – 304 – 04774 – 0
定价：42.00 元

（如有缺页或倒装，本社负责退换）

前　　言

在我以往 20 余年的执教生涯中，有几年时间是为本科生讲授"中国政治思想史"。中国政治思想丰厚而富有特色，中国政治思想家亦不乏仁人智者，但点数下来，东汉末年的仲长统以及他提出的"朝代兴亡三部曲"总在我的记忆中挥之不去。仲长统认为，朝代兴亡遵循兴起、保守、没落的三部曲，其中的任何一部皆为人事而非天道。"兴起"即新朝代的建立，建立新朝代的开国人物相信事在人为，他们奋发有为，布德生民，建功立业，政治上亦呈现出一番清明景象；"保守"即朝代的守成，开国人物将帝位传给了子孙，这些子孙已然失去了祖宗的那种豪杰之心和统治之智，他们坐享其成，养尊处优，只是依仗了祖宗的基业和统治的惯性才得以使朝代延续；"没落"即朝代的衰亡，统治的时间一久，统治者就腐败了，也就被新的王朝取代了。针对这一点，仲长统的总结可谓振聋发聩："彼后嗣之愚主，见天下莫敢与之违，自谓若天地之不可亡也，乃奔其私嗜，骋其邪欲，君臣宣淫，上下同恶。目极角觗之观，耳穷郑、卫之声。入则耽于妇人，出则驰于田猎。荒废庶政，弃亡人物，澶漫弥流，无所底极。信任亲爱者，尽佞谄容说之人也；宠贵隆丰者，尽后妃姬妾之家也。使饿狼守庖厨，饥虎牧牢豚，遂至熬天下之脂膏，斫生人之骨髓。怨毒无聊，祸乱并起，中国扰攘，四夷侵叛，土崩瓦解，一朝而去"（《理乱篇》）。

由仲长统的"朝代兴亡三部曲"，我想到了毛泽东与黄炎培关于"历史周期律"的谈话。1945 年 7 月 4 日，毛泽东与民主人士黄炎培在延安窑洞有过一次颇有历史意义的谈话。黄炎培说：中国历史上的朝代都有一个从兴旺到灭亡的周期律，每个朝代开头都是好的，后来就腐败了，灭亡了，可谓"其兴也勃焉，其亡也忽焉"，一部历史，有"政怠宦成"的，有"人亡政息"的，也有"求荣取辱"的，但总跳不出从兴旺到灭亡的周期律，中国共产党能找出新路跳出这个周期律吗？毛泽东思考后自信地答道：我们已经找到新路并能跳出这个周期律，这条新路就是民主。只有让人民来监督政府，政府才不敢松懈；只有人人起来负责，才不会人亡政息。可见，远在新中国还未建立时，作为政治家、战略家和思想家的毛泽东就已深入细致地考虑到中国共产党领导的新中国的长治久安，而长治久安的基本方法就是人民民主和人民监督。

从1949年到现在，中国共产党领导下的新中国已有60余年的历史，中国社会也发生了翻天覆地的变化，但公权力监督，并不因世事变迁而消歇，反而成了政治领域的一个永恒主题。不仅如此，在当代，无论是中国还是外国，对公权力施加监督显得比以往任何时代都更为迫切，这主要是基于越来越清晰的下述原因与事实。

首先，公权力运行膨胀带来的"巨型政府"。第二次世界大战之后，巨型政府在世界许多国家蔓延开来。政府之巨，巨在规模，巨在作用，而这一巨也就为腐败铺就了基础。英国历史学家和政治思想家阿克顿勋爵说得好，"绝对的权力绝对地导致腐败"。

其次，公权力运用目的与公共利益的背离。公权力由公众赋予和供养，理所当然要服务于公共利益。但现实是，公权力的运用目的常常不是公共利益，而是掌权者的私人利益。例如，公权力机关利用职权乱收费、乱罚款、乱摊派，国家公职人员利用职权贪污受贿、腐化堕落等。

再次，公权力活动对法的精神的毁损。公权力必须在法律划定的界限内活动而不能超越，如果公权力机关本身就是执法机关，则这种执法应当全面而不遗漏，严格而不枉法，无私而不趋利。但现实执法中确实存在多种问题，诸如执法失职、执法趋利、执法野蛮、执法犯法等，其结果是法的执行者转而变成了法的破坏者，使法的权威性和公共性丧失殆尽。

鉴于上述原因与事实，对公权力施加监督完全符合法治精神。对当代中国而言，监督是抑制公权力膨胀与腐败的制度安排，是保护公民权利的有效途径，是市场经济发展的客观要求，是社会长治久安的必然选择。因为，任何权力都不能完全免于专横、腐败之虞，不仅专制独裁者的权力如此，而且以民主方式产生的多数派权力也不例外。然而，要公权力向自己开刀是做不到的，这就需要发挥民主宪政的功能，其功能就在于监督和规范公权力，从源头上、机制上、制度上防止公权力的膨胀、腐败或者被滥用，唯此公权力才能被选举它的人民有效控制、驾驭、操纵，才能建设起廉洁、勤政、务实、高效的政府直至建设法治国家。

但是，监督是一个复杂的系统工程，是一项充满困难的政治过程，不仅需要健全、完善的监督制度，而且需要系统、科学的监督理论。监督学即是这样一种监督理论，其功能在于认识监督规律，完善监督制度，指导监督实践。没有监督学，有关监督的认识、制度和实践可能是零散的、不科学的、不专业的，监督制度的发展、完善以及监督的实际效果也会因此而受到制约。本书就是在这种需求背景下撰写的，其写作特点介绍如下。

一、本书的理念

本书一以贯之的理念是"法治"。法治是指国家公权力的获取、组织、运用、维持等都必须依据体现人民意志的法律而不得恣意妄为。据此可以推论，法治关注的焦点是合法运用并有效监督公权力。那么，对法治的这种理解有什么根据吗？从浩如烟海的人类思想遗存中，我们起码可以找出对法治上述理解的两种权威性支持意见。一个支持意见是1959年印度"国际法学家会议"通过的《德里宣言》，在这个宣言中，法学家们总结了法治的三条原则，即立法机关的职能在于创设和维护得以使每个人保持"人类尊严"的各种条件；法治原则不仅要对制止行政权的滥用提供法律保障，而且要使政府有效地维护法律秩序，借以保证人们具有充分的社会和经济生活条件；司法独立和律师自由是实施法治原则必不可少的条件。另一个支持意见是《牛津法律大辞典》对法治的解释："对立法权的限制；反对滥用行政权力的保护措施；获得法律的忠告、帮助和保护的平等的机会；对个人和团体各种权利和自由的正当保护以及在法律面前人人平等……它不是强调政府要执行和维护法律及秩序，而是说政府本身要服从法律制度，而不能不顾法律或重新制定适应本身利益的法律"。法治的含义表明，法治有比"法制"更深一层和更高一层的内涵，公权力守法有比公权力执法更深一层和更高一层的价值。原因很简单，只有公权力得到合法运用和有效监督，只有公权力的循规蹈矩与按部就班，一个社会的持续发展和稳定协调以及公民权利的凸显张扬才是可能的。

二、本书的体系、基本内容和学术特色

本书体系的建构遵循了从理论到实践、从古代到当代、从内部监督到外部监督、从国内到国际的路径，力求全方位地阐述监督理论与监督实践。

本书内容侧重于中国国情，在尽量涵容学界已有研究成果的基础上，注意加入一些创新内容，例如对完善人民代表大会、行政层级、人民政协、民主党派、人民团体、非政府组织等监督制度的思考。为了便于读者阅读和思考，每章后面附了与该章内容相匹配的重要概念和思考题，在多数章后面附了案例及案例思考题。

本书的学术特色主要体现在跨学科的理论包容性。作为教材,本书交叉了政治、经济、行政、管理、历史、法律等学科。那么,一本教材为什么要涉及多学科知识呢?因为在作者看来,监督学本身就是一个交叉学科,其所涉及的许多问题都不是一个学科所能够回答和解决的。"海纳百川,有容乃大",在联系的世界中,人类和自然界没有绝对界限,自然科学和社会科学亦没有绝对界限,更不要说社会科学各学科之间的界限了。监督学研究者的广阔学术视野有助于理解监督学的神髓,也有利于监督学研究的深入。

三、本书的期待与追求

本书专论对国家公权力和国家公职人员的监督,其良苦用心在于期待与追求公权力的规范运作。

首先,作者并不想使人们产生这样的错觉,即认为监督公权力可能会造成某种消极后果,会使政府或者掌握公权力的人不积极做事。实际上,消极政府也好,不做事政府也好,归根结底都属于无限政府,亦都从不同侧面说明了监督的必要与迫切。

其次,作者并不否认在公权力与私权利之间保持"和谐"与"平衡"是一件美妙的事,只不过认为这种美妙并非囊中之物,其换取需要前置步骤,这个前置步骤就是公权力首先需要接受监督。因为,公权力的肆无忌惮,公权力对私权利的随意凌越,构成了中国封建社会最基本的政治倾向,直到今天,这一倾向也远未销声匿迹。如果说中国哲学的最高境界是"平衡"、"和谐"、"中庸"、"天人合一",那么,根据中国的历史和现实,通往这一境界的起始步骤应当甚至只能是监督公权力,是公权力首先要学会在法律的框架内活动,要学会尊重私权利。具备这样的前提条件,才能谈得上私人权利的张扬,也才能最终达到公权力与私权利的"平衡"。

无论是从历史还是从现实看,中国都是一个公权力发达、公权力对社会控制严格的国家。在这样的社会政治背景下,理应有庞大的对公权力施加监督和控制的规范体系,但实际情况并非如此。改革开放30多年来,我国的立法工作进展较快,初步形成了以宪法为基石的社会主义法律体系框架,但规制公权力法律规范的大量缺位成为立法的重大薄弱环节。与此相关,监督学的研究在我国仍处于起步阶段,许多基本问题远未达成共识,社会的认知程度也不高。这些问题都使得对公权力的监督不系统、不到位、不得力。为解决这些问题,立法者应当更多地考虑如何加强权力监督立法,学者应当更多地关怀、研究监督理论和制度。这种研究应当力求系统、深入、严谨,这既是一种社会需要,更是一种学者责任。以此标准衡量，本书还有诸多不足和需要改进之处，留下的遗憾只能由后续和他人的研究成果来弥补了。相信在更多学者的努力下，我国的监督学研究一定会有长足发展。

本书从写作大纲拟定、初稿审定直至出版，每个环节都见证了专家和专业人员的辛勤付出。中国人民大学齐明山教授、北京大学杨百揆研究员、中国人民大学周孝正教授、中国政法大学李程伟副教授、中央广播电视大学赵菊强副教授等专家学者，对本书的结构、内容、观点乃至文字都提出了许多真知灼见，他们审慎的态度和深厚的专业功底令人难忘；中央广播电视大学本课程主持教师王援朝教授，在本书的成书过程中做了大量的组织协调工作，其负责精神和组织才能令人折服；北京航空航天大学公共管理学院硕士研究生吴大伟、中国政法大学法学院硕士研究生汤炀、王传宏等在本书一些章节写作中做了许多辅助性工作，其参与精神亦弥足珍贵。

本书写作分工是：

郎佩娟（中国政法大学教授）：第一章、第八章；

王援朝（中央广播电视大学教授）：第三章、第六章、第七章；

胡仙芝（国家行政学院研究员）：第二章、第十章、第十一章；

蔡乐渭（北京大学博士后研究人员）：第四章、第五章、第九章。

全书由郎佩娟统改定稿。

值本书出版之际，谨向为本书出版付出辛勤劳动的专家学者和出版社专业人员表示衷心感谢。

郎佩娟

2009 年 11 月 10 日

目　　录

第一章

监督学概述

本章为监督学下了定义，认为监督学是以对国家公权力的监督为研究对象的一门综合性、应用性社会科学学科。就其本义而言，监督学即是监督国家公权力的学问。鉴于监督与国家公权力之间的密切联系，本章将沿着权力—公权力—权力腐败—权力监督—监督学的思路加以阐述，力图说明监督学的本质及其存在价值。

第一节　权力、腐败与监督

一、权力的含义和特征

（一）权力

权力是社会中的一种普遍现象，人们虽然看不到它的形象，却会感受和体验到它的存在。对于什么是权力，古今中外的许多学者作过多侧面和多层次的分析。

例如，托马斯·霍布斯认为，权力是获得未来任何明显利益的当前手段；纳内德·米达认为，权力是一种能力，一个人或者一个国家拥有了这种能力，就能使另一个人或者国家做或者不做某项事情；顿纳斯·H.隆认为，权力是一些人对另一些人造成他所希望和预定的影响的能力；马克斯·韦伯认为，权力是一个人或者一些人在某一社会行动中，甚至是在不顾其他参与这种行动的人进行抵抗情况下实现自己意志的可能性；克特·W.巴克认为，权力是在个人或者集团的双方或者多方之间发生利益冲突或者价值冲突的形势下执行强制性的控制;《不列颠百科全书》把权力定义为:一个人或者许多人的行为使另一个人或者其他许多人的行为发生改变的一种关系。

尽管上述定义只是权力定义的一小部分,但从中也能分析出权力的一些主要特征,这些特征包括权力的强制性、不对称性、价值性、相对性等。权力的强制性是指,权力可以迫使某人做或者不做某事,具有唯意志论的成分;权力的不对称性是指,权力之所以能迫使某人做或者不做某事,根源在于权力行使者与服从者之间权力关系不对等,后者对前者有单方面服从和依赖义务;权力的价值性是指,权力的行使会获得某种利益或者价值,能给权力行使者带来某种物质利益或者精神满足,因而权力既是工具,又是目的;权力的相对性是指,权力存在于人与人的关系中,没有人与人的关系,单独的个人无所谓权力。

(二) 公权力

权力与公权力(在意义上等同于国家权力)既有联系又有区别。公权力即公共权力,它包容了权力的所有主要特征,但并不是所有的权力都能称之为公权力。一般而言,家庭生活中父母对子女的权力,工作单位中上司对下属的权力,甲乙两人中一方对另一方的命令服从关系等,都不是公权力。公权力是社会中至高无上的、公认的和法定的权力,它以权力机关为载体,并以其特有的普遍权威性对全社会实施管理或者控制。根据以上界定,可以概括出公权力的下述特征。

第一,公权力是社会中至高无上的权力。对此,恩格斯在《家庭、私有制和国家的起源》一书中曾指出:公权力"从社会中产生但又自居于社会之上并且日益同社会脱离",国家机关与氏族机关相比,"后者是站在社会之中,而前者却不得不企图成为一种处于社会之外和社会之上的东西"。

第二,公权力是社会中公认的权力。所谓"公认"的基本含义是:社会大多数成员认可公权力是社会公共利益的代表者、维护者和分配者,信任公权力的运用,推定公权力的运用合法、有效,并加以尊重。"公认的权力"主要体现了公权力与社会共识之间的制约关系。

第三,公权力是社会中法定的权力。公权力的产生、运用都有严格的法律规定和法律程序,违反法律规定和法律程序产生并运用公权力,既会受到法律的明文制约,也会受到社会的强烈抵制,得不到社会的认同与服从。"法定的权力"主要体现了公权力与法律规范之间的制约关系。

第四,公权力以权力机关为载体。权力机关是行使公权力,实现公权力职能，从事公权力日常活动的组织，是由各种权力机关、权力机构所组成的一个极其复杂的整体，例如立法机关、行政机关和司法机关等。

第五，公权力具有普遍性。在汉语中，"公共"一词略带褒义，但公共权力（公权力）概念中的"公共"一词却不含有价值成分，仅是相对于私人权力而言，它所强调的是这种权力的普遍性或全局性。每个社会成员都有可能承认国家权力以外的权力，例如党员承认政党的权力、下属承认上司的权力、子女承认家长的权力、教徒承认教会的权力等。但是，没有哪一种权力能像国家权力那样得到人们的普遍认可。一方面，人们可以根据自己的利益或者信念加入不同的组织，自觉自愿地接受该组织的约束，另一方面，人们的政治人格又使得人们承认和服从公权力。

第六，公权力具有强制性。公权力的作用方式之一是强制推行政令。公权力具有强制性或者权威性，原因在于它是社会中公认的和法定的，并有强大的国家机器作后盾。公权力所推行的政令是权力作用对象所必须遵守的。从世界各国的情况看，随着社会的进步和经济的发展，国家职能的重心逐渐由阶级统治过渡到了公共服务，例如教育、社会保险、退休保障、廉价住宅建设、医疗服务、残疾人福利、科技发展、社会稳定、社会治安等。但是，国家的服务职能并不能替代国家的管制职能。在市场经济条件下，国家活动仍然必须具有管制权威，这也是市场经济有序发展的必要条件。

二、腐败的含义、特征和产生根源

（一）腐败的含义及特征

在本书中，腐败是一个政治性概念，专指国家公权力机关和国家公职人员滥用公权力谋取私人利益的各种行为或者活动。在我国，国家公权力机关包括执政党和民主党派的各种机关、立法机关、行政机关、司法机关等；国家公职人员包括国家公务员以及"其他公务人员"。其他公务人员的范围十分广泛，例如，国家机关任命的其他人员（主要是国有企业、事业单位负责人）以及不具有国家公务员身份，却行使授予的或者委托的公权力，从事公共管理的人员都可以称之为其他公务人员。

无论腐败行为表现为何种形式，其实质都是滥用公权力谋求私人利益，简言之就是以权谋私。这里的"私"包括地方私利、部门私利、小集团私利、公职人员及其亲朋私利、请托人和行贿者私利等；私利的内容可能是金钱、实物、服务、享受等各种物质利益，也可能是名誉、职位、待遇、机会等各种政治、精神利益。腐败是世界各国普遍存在的社会现象，但在我国则呈发展蔓延态势，危害巨大。腐败损害法律权威，侵犯公共利益，败坏社会风气，动摇经济基础，威胁社会稳定，对社会的可持续发展、科学发展、稳定发展、和谐发展等都存在实在的和潜在的巨大威胁。

根据本书对腐败的定义，作为一种公权力异化的社会现象，腐败的特征主要有三。第一，腐败的主体是国家公权力机关和国家公职人员，即掌握公权力的机关和人。第二，腐败的方式是滥用公权力。滥用的基本含义是胡乱地、无度地使用，滥用公权力即胡乱地、过度地使用公权力，这种滥用不仅表现为作为方式，也表现为不作为方式。第三，腐败的结果是公权力最终成为攫取私人利益的工具，以权谋私，以致严重损害国家和人民的利益。公权力是人民授予的，是人民供养的，其唯一目的就是为人民服务，而腐败是滥用公权力谋取私利，这必然损害国家和人民的利益。

（二）腐败的根源

对于腐败根源的探寻，目前比较流行的理论主要有"寻租"理论、成本—收益理论、委托—代理理论三种。

1. "寻租"理论

"寻租"理论产生于 20 世纪 60 年代，是由美国经济学家安·克鲁格和塔洛克等首先创立的。该理论针对政府干预市场而产生的"寻租"和腐败现象而提出，对解释和控制政府腐败起到了一定作用。

一般经济学把"租金"定义为是超过资源所有者的机会成本的报酬。租金有两种来源：一种是在价格机制中自然产生的，例如地租；另一种是在政府干预下人为产生的，例如，政府通过保护一个集团的垄断地位而提高被保护集团的垄断租金。通常把对自然产生的租金的追求称为"寻利"，把对人为产生的租金的追求称为"寻租"。因此，所谓"寻租"是指利用政府垄断、特权和管制，通过各种手段（政治的、经济的、合法的、非法的）获取垄断特权以阻止资源自由流动，从而取得直接的非生产性利润的活动。在我国经济体制转型期，"寻租"活动主要表现为行贿、受贿、索贿以及权钱交易等腐败行为。"寻租"理论将腐败生成的原因归结为人的因素和制度因素。

第一，经济人假设。经济人假设是对"寻租"性腐败进行分析的前提。所谓经济人是指具有利己心的、以追求自身利益最大化为终极价值取向的主体。经济人追求利益的方式主要有二，即生产性寻利和非生产性"寻租"。在市场经济条件下，公权力机关既是公权力的持有者，又是社会中的经济人。这种双重身份和双重目标导致，当公共利益最大化和自身利益最大化发生冲突时，公权力机关往往会从自身利益最大化的角度考虑对公共事务的抉择，并以牺牲公共利益的做法来实现自身利益的最大化，将人民赋予的权力作为商品进行交易，为"寻租"人的"寻租"活动提供便利。同时，公权力作为一种资源，其供给缺乏弹性，但又能给权力相对人带来利益，而相对人作为经济人，也要追求自身利益的最大化，希望以较低的成本获得更多的利润。因此，相对人为了追求高额利润也必然会进行"寻租"活动。

第二，制度原因。高度集中的计划经济体制和成熟完善的市场经济体制，都不太容易导致"寻租"行为的出现。因为，在高度集中的计划经济体制下，资源的配置和消费资料的分配完全处于国家的控制之下，企业和个人都是被动的，没有独立的经济利益，缺乏追逐利益的或者寻租的内在动机。在成熟完善的市场经济体制下，资源的配置完全由市场机制这只"看不见的手"来调节，通过市场竞争来实现资源的合理配置，市场主体在自由竞争中获得平均利润，因而也缺少"寻租"的动因。但是，在政府和市场都同时影响资源配置时，一方面政府干预资源的配置，另一方面各个市场主体又具有一定的独立性和个体利益，从而造成了"寻租"的产生。我国目前正处于市场经济体制建立与逐渐完善时期，计划经济与市场经济的双轨制并未完全消除，"寻租"行为仍大有市场。

上述"寻租"理论表明，腐败产生的人性假设是经济人假设。经济人为了追求自身利益的最大化，有可能利用制度、法律、政策的各种漏洞，徇私舞弊，巧取豪夺。此外，哪里有租金，哪里就可能有腐败。政府采用垄断、特权和管制等方式过多干预经济，等于人为创设了大量租金，就有可能诱发大量的腐败。遏制"寻租"活动一是要充分利用市场机制，把政府创设的租金减少到最小限度；二是建立完善的权力制约机制，从国家公权力机关内部防止"寻租"性腐败的发生。

2. 成本—收益理论

从经济学的视角看，人的任何行为都包含获取收益和付出成本两个方面。人选择还是不选择哪种行为，取决于人对该行为成本与收益之间的权衡。如果该行为的收益高于成本，人就会选择这种行为，反之，人就会放弃这种行为，国家公职人员的腐败行为也不例外。国家公职人员在实施腐败行为之前都会进行收益与成本计算。当腐败收益大于腐败成本时，他就会选择腐败。也就是说，只要腐败的收益大于成本，腐败现象就是不可避免的。

腐败的收益是指实行权钱交易或者以权谋私所获得的收益，这些收益具有非法性。腐败的成本是指实施腐败行为所付出的物质成本、精神成本、法律成本和道德成本。腐败的物质成本是指实施腐败活动所投入的人力、物力、财力等，这部分成本所占的比例很小，且难以控制，所以在进行腐败成本与收益对比时，可以将其忽略；腐败的精神成本是指由于担心腐败行为败露而产生的心理、精神压力和道德罪恶感，腐败的精神成本会随腐败行为次数的增多而消减；腐败的法律成本是指实施腐败行为受到法律惩处的概率，腐败分子应当为自己的行为承担法律责任，包括行政责任甚至是刑事责任；腐败的道德成本是指腐败行为在受到国家法律制裁的同时，还必须受到来自社会舆论的否定性评价和道德上的谴责。从我国目前情况看，腐败的成本和收益状况有以下几个特点。

第一，腐败的高收益。腐败分子的合法收入远小于腐败收益，从近些年我国查处的腐败案件看，腐败分子所获得的腐败收益越来越高，腐败行为的高收益对腐败分子产生了极大的吸引力。

第二，腐败的法律成本低。(1) 由于我国现行权力监督和制约机制存在较严重的缺陷，腐败行为被发现的概率较低。我国的监督种类虽多，但实效不明显，监督不到位，许多部门都不同程度地存在着"漏监地带"和"漏监人"的情形。同时，监督权力的运作机制缺乏有效的制度保障，即使腐败行为被发现，想举报的人也会因种种顾虑而打消举报的念头。(2) 腐败行为被制裁的概率过低。在我国，腐败官员被制裁的比例过低。据国土资源部 2003 年 11 月 16 日的资料，2003 年全国共查处土地违法案件 16.8 万件，相当于 2002 年同期的 2 倍，有 687 人受到党纪政纪处分，94 人被追究刑事责任。也就是说，只有少数人受到党纪政纪处分，被追究刑事责任的人则更少，这种结果基本上接近于忽略不计的程度。(3) 腐败分子即使被制裁，也常得不到应有的制裁，例如，判处缓刑较多、对违法所得收缴不力等。有的官员严重受贿、索贿只给予较轻的行政处分，既不判刑又不罚款，而且官职照旧，工资、福利等一律不变，有的腐败分子因为是"老同志"而被网开一面，批评教育一通完事。这样的处理结果导致了一些公职人员出于冒险、侥幸心理而不惜以身试法。

第三，腐败的道德成本低。由于道德的历史性以及个体道德状况的差异，道德谴责的作用在良心未泯的人和道德败坏的人之间有极大差别。此外，在崇尚礼义廉耻的社会，腐败者必将为其行为背负道德的负累，但在道德衰微的社会，腐败者受到的道德谴责会很小。但是，社会道德水平的提高并非一朝一夕之事，尤其在经济体制转型和社会道德危机时期，唤醒道德观念和社会的正义感，形成良好的道德环境，需要国家、社会和全体公民的共同努力。

3. 委托—代理理论

"委托—代理"简言之是指公民把他们共同拥有的公权力委托给政府行使。公民是委托人，政府是代理人，委托人和代理人之间是一种契约关系。在这种契约下，委托人将自己的权力委托给代理人，同时也赋予代理人一定的报酬。如果代理人不折不扣地按照委托人的意志行使公权力，就是廉洁奉公；但如果代理人滥用委托的权力，将其作为一种资源转移给第三方，并从第三方手中获得委托代理契约之外的利益，使委托人的利益受损，就会导致委托代理失灵，出现以权谋私、权钱交易等腐败行为。

委托—代理理论认为，接受委托、实施代理的政府很大程度上是一个抽象物，其真正职能必须通过政府部门及其执行人员来履行。因此，政府官员就成为公权力的终极代理者。实际上，公权力是经过多层委托或者多层代理后才最终委托给具体官员的。因此，公权力委托代理的链条是漫长的。这种漫长的委托代理链条极容易导致委托人与代理人之间委托代理关系的失灵，导致代理人以权谋私、权钱交易的腐败。那么，为什么会出现委托代理失灵呢？其原因主要是信息不对称以及委托人监督的机会主义。

第一，信息不对称。在信息对称的条件下，代理人的一举一动都在委托人的掌控之中，如果不按照委托人的意志行事，代理人将失去代理资格或者受到严厉惩罚。因而在信息对称的条件下，委托代理不会失灵。但是，由于收集信息成本加大、个人信息份额减小等原因，在大多数情况下，委托人与代理人之间存在信息不对称，以至出现"官僚对我们的影响越来越大，而我们对他们的了解却越来越少"的信息差距。这种信息差距成为政治代理人较之暴力更为有效的、更不可抗拒的作弊手段，也使得政治代理人和委托人之间的关系发生了颠倒，并非政治委托人决定政治的生产，而是政治代理人调控着政治委托人的心理需求。在这种情况下，委托代理失灵也就成为一种必然。

第二，委托人监督的机会主义。这种机会主义是指委托人缺乏收集信息并对代理人进行监督的内在动力，没有对代理人实施监督的积极性。即使信息收集成本为零，委托人也不会进行监督。具体说，虽然公权力委托代理失灵给社会造成的损失巨大，但是，平均分摊到每个公民身上的份额比较小；其次，每个公民监督公权力的执行要花费相当多的时间、精力和财力，即使他通过监督能够保证代理人按照全体委托人意愿执行公权力，但他本人因此而获得的利益却非常小，这对于一个具有经济人本性的公民来说是得不偿失的。所以，社会中的大多数人对于监督都会采取机会主义行为，寄希望于别人从事监督活动而自己"搭便车"，其结果是无人或者很少有人对代理人的行为进行监督。在这种条件下，委托代理也会失灵。

委托代理失灵的后果主要有二。其一，委托代理失灵使委托人处在被动接受代理人调控的地位，正如美国政治学家罗伯特·达尔所说："一个懂得如何最大限度利用其资源的领导者与其说是他人的代理人，不如说他人是他的代理人"。也就是说，代理人获得了对委托人的垄断权力和任意决定权力。其二，委托代理失灵，委托人对代理人没有必要监督，导致代理人恣意妄为和缺乏责任心，这就必然会导致腐败，其公式是：垄断权力＋任意决定权－责任心＝腐败。一旦代理人发现有利可图时，他就会伺机而动，选择腐败。

三、监督的含义和特征

（一）监督的含义

本书研究的监督是指各种监督主体依法对国家公权力机关和国家公职人员行使公权力的活动所进行的监察、督察活动以及对滥用公权力谋取私人利益的各种行为的纠正活动。

人民主权原则是现代国家的立国之本。按照人民主权原则，公权力来自于人民，被人民所供养，并服务于人民。为了保证本源于人民的权力始终为人民服务，为了预防腐败的产生，必须在整个社会范围内建立起对公权力的监督、制约机制。针对公权力的监督有多种监督形态，既有公权力内部的横向、纵向监督，也有整个社会对公权力的外部监督。国家立法机关、行政机关、司法机关的权力分立与制衡，国家机关上级对下级的监督、行政监察机关对法定监察对象的监督等，都属于公权力内部监督；各种社会组织以及公民个人对公权力的监督，属于社会对公权力的外部监督。

（二）监督的特征

根据以上界定，监督的特征主要有以下四个。

第一，监督主体的多样性。一个完整、健全的监督体系，意味着各种监督主体并存，且充分发挥各自的监督功能。在我国，执政党各级组织、各级国家立法机关、各级国家行政机关、各级国家审判机关、各级国家检察机关、全国各级政协以及各种社会力量，包括公民、法人和其他组织等都是监督的主体，都有权对公权力的活动实施监督。

第二，监督对象的特定性。监督的对象是国家公权力机关和国家公职人员，原因是这些机关和人员掌握着公权力。公权力在缺乏有效监督的情况下，必然会被滥用，也必然会产生腐败。抑制权力滥用、权力腐败的最可靠途径只能是严格的、全面的、持续的监督而别无他法。需要指出的是，监督主体与监督对象的区分并非绝对的，监督主体有时就是监督对象，反之亦然。例如，上级机关和上级领导既是对下级机关和下级领导实施监督的主体，其本身也要接受其他机关和下级的监督。为了保证监督的有效性，在具体监督案件中，监督主体和监督对象则不能混为一体，特别是不能让监督主体依附或者受制于监督对象。为此，监督主体必须具有能够对抗监督对象的权力、能力和技术。如果监督主体处于监督对象的控制和威权之下，则有效监督无从谈起。

第三，监督内容的特定性。监督的主要内容是被监督对象行使公权力的各项活动，例如制定法律以及公共政策的活动、执行法律以及作出行政处理行为的活动等。就国家公职人员而言，监督的内容主要是其履行法定义务的行为。对于国家公职人员的法定义务，可参照《中华人民共和国公务员法》（以下简称《公务员法》）的相关规定加以理解。《公务员法》第12条规定了国家公务员的九项义务，这些义务包括：模范遵守宪法和法律；按照规定的权限和程序认真履行职责，努力提高工作效率；全心全意为人民服务，接受人民监督；维护国家的安全、荣誉和利益；忠于职守，勤勉尽责，服从和执行上级依法作出的决定和命令；保守国家秘密和工作秘密；遵守纪律，恪守职业道德，模范遵守社会公德；清正廉洁，公道正派；法律规定的其他义务。如果国家公职人员未能履行法定义务，就要承担相应的法律责任。

第四，监督依据的法定性。监督是一种法制监督，以法律为基础而不是以监督主体的正义感、道德感为基础。目前，我国监督依据体系已初步形成，各监督主体的监督活动已基本有法可依。这些依据有宪法和法律层面的，也有执政党政策层面的。《中华人民共和国宪法》（以下简称《宪法》）第41条第1款规定："中华人民共和国公民对于任何国家机关和国家工作人员，有提出批评和建议的权利；对于任何国家机关和国家工作人员的违法失职行为，有向有关国家机关提出申诉、控告或者检举的权利，但是不得捏造或者歪曲事实进行诬告陷害。"改革开放后，我国先后制定了《中华人民共和国行政诉讼法》（以下简称《行政诉讼法》）、《中华人民共和国国家赔偿法》（以下简称《国家赔偿法》)、《中华人民共和国行政复议法》(以下简称《行政复议法》)等法律,这些法律都可以被看成是行政监督法律规范。2006 年 8 月 27 日,第十届全国人民代表大会常务委员会第 23 次会议通过了《中华人民共和国各级人民代表大会常务委员会监督法》(以下简称《监督法》),规定了各级人民代表大会常务委员会监督的实体规则和程序规则,该法对权力机关的监督提供了法制保障。

第二节 监督的功能

监督的功能是指监督所具有的、所应发挥的效能或者作用。一般来说,监督主要有以下四个方面的功能。

一、预防功能

监督的预防功能是指监督对于防范腐败、将腐败遏制在将发而未发之时的功能。监督的这一功能对于提前发现和排除公权力运用中可能出现的错误和偏差,保证公共管理秩序和目标的顺利实现有重要意义。

根据监督过程,可以将监督分为事前监督、事中监督和事后监督。其中,事前监督最能体现监督的预防功能。我国党和政府历来重视监督的预防功能,在中华人民共和国成立之初就明确提出了纪检监察工作以思想教育为主、以执行纪律为辅的工作方针。近些年来,通过总结反腐败工作得失,我国更加注重监督预防功能的发挥,国家预防腐败局的成立就是一个证明。2003 年 12 月 10日,我国签署了《联合国反腐败公约》。该公约第 6 条明确规定,各缔约国应当根据本国法律制度的基本原则,"确保设有一个或酌情设有多个机构"以预防腐败,并赋予这些机构"必要的独立性"以及"必要的物资和专职工作人员"。2007 年 9 月,我国国家级预防腐败专门机构——国家预防腐败局成立。目前,国家预防腐败局除办公室外,设有五个内设机构,即综合处、一处、二处、三处、四处。国家预防腐败局的成立有利于协调各部门预防腐败的相关工作,形成预防腐败的整体合力;有利于拓展工作领域,形成全社会预防腐败的良好局面,增强预防腐败工作的整体效果;有利于增强预防腐败能力,提高工作的专业化水平;有利于加强预防腐败的国际交流与合作,使我国开展预防腐败国际交流与合作和国际援助有了归口机构,有利于这项工作的统筹规划、统一部署和协调行动。

二、校正功能

校正功能（又称纠偏功能）是指监督对于及时制止、及时纠正已经出现的违法违纪行为，使其终止而不再继续的功能。监督的这一功能对于避免公权力运用的更大失误和更严重后果具有重要意义，对于任何管理系统来说都是必要的。需要指出的是，监督校正的对象是多种多样的，既包括终止违法规范性文件和公共政策的执行，也包括终止国家机关违法的和不当的具体管理行为，例如违法的行政许可行为、行政处罚行为、行政强制行为等。

有关监督机关终止、纠正已经出现的违法违纪行为，其方式是多种多样的，包括对违法的规范性文件宣布撤销、废止，对违法的具体管理行为宣布无效、撤销、变更、废止等。《宪法》规定，国务院有权改变或者撤销各部、各委员会发布的不适当的命令、指示和规章；改变或者撤销地方各级国家行政机关的不适当的决定和命令。《中华人民共和国地方各级人民代表大会和各级人民政府组织法》规定，县级以上地方各级人民代表大会有权改变或者撤销本级人民代表大会常务委员会的不适当的决议，撤销本级政府的不适当的决定和命令；乡、民族乡、镇的人民代表大会有权撤销乡、民族乡、镇的政府的不适当的决定和命令；县级以上地方各级人民代表大会常务委员会有权撤销下一级人民代表大会及其常务委员会的不适当的决议，撤销本级政府的不适当的决定和命令；县级以上地方各级政府有权改变或者撤销所属各工作部门的不适当的命令、指示和下级政府的不适当的决定、命令。

三、制约功能

制约功能是指监督对于国家公权力机关和国家公职人员的活动或者行为的控制、约制功能。从这点看，监督是"法治国家"、"有限政府"的应有之义。法治国家和有限政府的意思是：国家及其代表国家的公权力机关和公职人员必须被法所制，必须在法律的框架内活动，必须与普通公民一样履行守法的义务。当某一国家公权力机关以及公职人员的职能、机构、活动等超越法律的界限时，必须受到来自于法律的明文制约，受到来自于其他独立权力机关的制约，受到来自于整个社会的制约，这种制约实质就是监督。通过监督，使国家公权力机关以及公职人员合法行政、合理行政，并且在出现违法、违纪行为时承担法律责任，受到法律制裁，例如承担国家赔偿（行政赔偿、刑事赔偿）责任、成为行政复议的被申请人和行政诉讼的被告、接受行政处分等。有了这种制约，国家公权力机关以及公职人员在实施管理活动或者作出某种行为时就会更加谨慎和规范，这无论是对于公民、法人和其他组织合法权益的保护，还是对于提高社会管理水平都是极有价值的。

四、救济功能

救济功能是指当国家公权力机关和国家公职人员违法行使职权，侵犯公民、法人和其他组织的合法权益并造成某种消极后果时，监督可以对这种消极后果予以补救，使受害人的权利得到救济。这种消极后果可能是侵权，也可能是侵权加损害。例如，从监督学的角度看，行政诉讼就是一种以救济为主要功能的行政监督形式。在行政诉讼中，既有公民、法人和其他组织对行政行为的监督，又有人民法院对行政行为的司法审查。通过行政诉讼，人民法院根据原告的诉求，判决撤销违法行政行为、变更显失公正的行政行为、责令被告在规定期限内履行法定职责等，这种判决一方面纠正了行政机关的违法侵权行为，同时也使公民、法人和其他组织的合法权益得以恢复原状。再如，从监督学的角度看，国家赔偿也是一种以救济为主要功能的监督形式。与其他救济手段不同的是，国家赔偿不仅能制止侵害，而且能对侵害造成的损害予以赔付。因而，赔付作用是国家赔偿制度的主要作用，也是国家赔偿制度追求的最大目的。

从人权保护的历史潮流看，救济功能的充分体现是完善我国监督制度的重中之重。这意味着，监督不仅要预防、校正和制约国家公权力机关和国家公职人员的违法活动，而且要对这种违法活动的消极后果予以补救。如果没有这一功能，或者这一功能不能充分发挥，则监督过程、监督功能就是不全面、不完整的。对于公民、法人和其他组织而言，如果其受侵害、受损害的合法权益得不到恢复或者赔付，久而久之就会对监督制度、政治制度乃至整个社会产生不满。因此，为了保证社会的长治久安和可持续发展，我国应当进一步完善监督的救济机制，使国家公权力活动受害人的合法权益能够得到迅速、全面的恢复。

第三节 监督的分类

根据不同标准,监督可以分为不同种类。目前,学界共识较多、研究较为成熟的分类有两种:一种是以监督主体为标准的分类,另一种是以监督过程为标准的分类。

一、以监督主体为标准的分类

主体是享有并运用某种权力(权利),能够以自己的名义从事某种活动,并能对这种活动的效果承担责任的组织或者个人。在社会中,监督主体是由多种政治力量和社会力量构成的。在我国,主要的监督主体包括人民代表大会、中国共产党、检察机关、人民法院、行政机关、人民政协和民主党派、社会组织以及公民个人等。与这些主体相适应,监督分为人民代表大会的监督、中国共产党的监督、检察机关的监督、人民法院的监督、行政机关的监督、人民政协和民主党派的监督、社会组织和公民的监督等。

(一)人民代表大会的监督

人民代表大会的监督又称权力机关的监督,是指各级人民代表大会对其常务委员会,各级人民代表大会常务委员会对本级人民政府、人民法院和人民检察院的工作所实施的监督。

按照《宪法》的规定,全国人民代表大会监督宪法的实施;有权改变或者撤销全国人民代表大会常务委员会不适当的决定;有权罢免全国人民代表大会常务委员会组成人员;有权罢免国家主席和副主席、国务院总理和副总理、国务委员、各部部长、各委员会主任、审计长、秘书长等人员。根据《监督法》的规定,各级人民代表大会常务委员会监督本级人民政府、人民法院和人民检察院的工作,目的是促进依法行政、公正司法。监督的方式包括听取和审议人民政府、人民法院和人民检察院的专项工作报告;审查和批准决算,听取和审议国民经济和社会发展计划、预算的执行情况报告,听取和审议审计工作报告;法律法规实施情况的检查;规范性文件的备案审查;询问和质询;特定问题调查以及撤职案的审议和决定等。由于人民代表大会制度是我国的根本政治制度,因而人民代表大会的监督在我国监督体系中占有重要地位。

（二）中国共产党的监督

在我国，中国共产党是执政党。作为监督主体，中国共产党有对党内和党外实施政治、思想和组织监督的职能。党内监督是指中国共产党通过其组织系统和专门的纪律检查委员会按照党章和党内其他有关监督的规定，对各级党组织和党员所进行的监督活动。党外监督是指中国共产党根据宪法和有关法律的规定，对国家政治、经济、文化和社会等各个方面实施的综合监督。本书所研究的监督主要是中国共产党党内监督。

近年来，根据国际国内形势，中共中央、中共中央纪律检查委员会、中共中央组织部等制定和颁布了一系列规章制度，旨在发扬党内民主、强化党内监督、规范干部任用、提高党的执政能力和执政水平。其中比较重要的制度有《中共中央国务院关于反腐败斗争近期抓好几项工作的决定》（1993 年）、《党政领导干部选拔任用工作监督检查办法（试行）》（2003 年）、《中国共产党纪律处分条例》（2003 年）、《中国共产党党内监督条例（试行）》（2004 年）、《关于深入整治用人上不正之风，进一步提高选人用人公信度的意见》（2008 年）等。由于我国公权力机关、国有企事业单位的许多行政首长大都是中国共产党党员，所以中国共产党的党内监督具有很强的辐射功能。

（三）检察机关的监督

在我国，检察机关是宪法规定的国家的法律监督机关。检察机关的监督是指各级人民检察院运用检察权对国家公权力机关、国家公职人员、社会团体和个人遵守和执行国家法律的情况所进行的监督。按照法律规定，检察机关对涉嫌职务犯罪的国家公职人员提起公诉，对其是否依法行使公权力实行监督；对于公安机关的侦查活动是否合法实行监督；对于人民法院的审判活动是否合法实行监督；对于刑事案件判决、裁定的执行和监狱、看守所、劳动改造机关的活动是否合法实行监督。人民检察院依法保障公民对于违法的国家工作人员提出控告的权利，追究侵犯公民的人身权利、民主权利和其他权利的人的法律责任。

（四）人民法院的监督

人民法院的监督又称审判监督，是指各级人民法院通过审理行政案件和国家公职人员的职务犯罪案件对国家行政机关和国家公职人员所进行的法律监督。行政诉讼与民事诉讼、刑事诉讼并称为三大诉讼制度。从中华人民共和国成立到改革开放之前，我国未能建立起行政诉讼制度，大量行政纠纷无法通过法律途径得到解决。1979 年后，行政诉讼制度随着改革开放和民主政治的发展而逐步建立起来。从 1980 年颁布《中华人民共和国中外合资经营企业所得税法》（已失效）到 1989 年 3 月底，已有 130 多部法律和行政法规对行政诉讼作出了规定，而行政诉讼的程序准用民事诉讼程序，初步确立了行政诉讼制度。1989 年 4 月 4 日颁布、1990 年 10 月 1 日施行的《行政诉讼法》，以法典形式最终确立了行政诉讼制度，标志着我国行政诉讼制度走上了独立发展的道路，行政诉讼制度进入到了一个新的、迅速发展的时期。据最高人民法院统计，从 1989 年至 2008 年，我国各级法院共受理各类一审行政案件 140.5 万余件，审结 140.1 万余件，说明行政行为受司法监督已不再是个别现象。我国行政诉讼制度的建立是一种巨大的历史进步，对人权保护和监督行政都具有重要意义。

（五）行政机关的监督

行政机关的监督简称"行政监督"，有广义和狭义两种理解。广义的行政监督是指行政系统内外各种监督主体对国家行政机关及其行政公务人员的行政行为所作的监察或者督察；狭义的行政监督专指行政系统内部各监督主体对行政机关及其行政公务人员的行政行为所作的监察或者督察。本书研究的是狭义的行政监督，其组织基础是行政组织以及金字塔式的行政组织结构，因而层级监督构成了行政监督中最经常、最主要、最有力的监督形式，包括政府监督、主管监督、本级政府监督等。除层级监督外，我国行政系统内部还设有专司行政监督的行政监察机关，依法对行政机关、政府公务员和行政机关任命的其他人员（主要是国有企业、事业单位负责人）实施行政监督的活动，行政监察项目涉及廉政监察、行政执法监察和行政效能监察等。

（六）人民政协和民主党派的监督

人民政协和民主党派的监督是指人民政协和民主党派对国家宪法、法律和法规的实施，重大方针政策的贯彻执行、国家机关及其工作人员的工作所进行的监督，监督方式主要是意见、批评和建议等。

中国人民政治协商会议（简称人民政协）由中国共产党、各民主党派、无党派民主人士、人民团体、各少数民族和各界代表、香港特别行政区人士、澳门特别行政区人士、台湾同胞和归国侨胞的代表以及特别邀请的人士组成，是中国共产党领导的多党合作和政治协商的重要机构，也是我国独具特色的政治制度。人民政协的职能主要有三项，即政治协商、民主监督和参政议政。民主监督的主要方式是政协全体会议和政协常委会会议，这些会议的内容大多与民主监督有关，例如协商讨论国家大政方针以及社会生活中的重大问题，提出建议和批评；听取中共中央、国务院以及有关部门的负责人对有关重要问题的报告或者说明，提出建议和意见；审议重要的建议案、提案、视察报告、调查报告、出访报告和其他报告等。

我国的政党制度是中国共产党领导的多党合作和政治协商制度。中国共产党同各民主党派是一种"长期共存、互相监督、肝胆相照、荣辱与共"的关系。由于中国共产党处于执政地位，更需要来自民主党派的监督，以加强和改善中国共产党的领导，健全社会主义监督体系。民主党派监督的内容包括：国家宪法和法律法规的实施情况；中国共产党和政府重要方针政策的制定和贯彻执行情况；中国共产党各级党委的工作和中共党员领导干部履行职责、为政清廉等方面的情况等。在我国，各民主党派都通过自己的党章将参政议政、民主监督确定为本党的基本职能。例如《中国国民党革命委员会章程》在"总纲"中提出："参政议政、民主监督是本党的基本职能……本党重视加强参政议政能力建设，不断建立和健全参政议政工作机制，动员和鼓励党员与所联系人士发挥主动性、积极性和创造性，在各自岗位上努力工作，作出成绩，同时积极参与各级组织的参政议政、民主监督工作，以发挥整体优势，形成合力。本党代表与反映党员及所联系群众的具体利益和要求，积极协调关系，维护社会稳定，促进社会和谐"。

（七）社会组织和公民的监督（社会监督）

社会组织的监督是指各种社会组织（工青妇组织、非政府组织、专业协会、商业协会、社会运动团体、社区组织、慈善机构等）、企事业单位、新闻媒体等对国家公权力机关和国家公职人员的职权活动所进行的监督。公民监督是指公民行使法律赋予的监督权利，对国家公权力机关和国家公职人员的职权活动所进行的监督。改革开放30多年来，我国一直致力于转变国家职能，尊重公民理性，鼓励政治参与，调整政社关系。上述努力现已初见成效，生长中的公民社会对国家公权力机关的活动和国家公职人员的观念都产生了重大影响：第一，社会组织和公民参与意识的提高催生了国家公职人员的民主意识，使其在制定公共政策时必须充分尊重、仔细权衡社会各方利益而不能刚愎恣意；第二，社会组织和公民维权意识的提高催生了国家公职人员的人权意识，使其在作出职权行为时不得不更多地考虑该行为的正当性与合理性；第三，社会组织和公民议论政治、监督政治能力的提高以及互联网技术的广泛应用，催生了国家公职人员的民意意识，任何违法的、不当的职权行为都有可能被迅速曝光，这种情形使得国家公职人员对民意心存敬畏，这种敬畏转而又促使国家公职人员更加积极、谨慎、负责地履职；第四，社会组织的社会作用日益显露，社会组织的自发、自愿、自治、奉献精神以及积极参与社会公益事业的实际行动，不仅改进了国家与社会的关系，同时也使国家公职人员对权力以及权力来源等问题有了更深层次的思考。

二、以监督过程为标准的分类

与监督过程相适应，监督分为事前监督、事中监督和事后监督。当然，这种分类只是监督理论出于清晰认识各种监督的需要而作出的一种理论分类。在监督实践中，三种监督可能是交叉的、相互的而不是截然对立的。

（一）事前监督

事前监督是指监督主体为了预防腐败的发生，防范可能出现的违法行为和不当行为而对监督对象拟进行的活动所作的前置审查。根据审查的情况，监督主体可以准予或者不准予监督对象进行相应活动。例如，人大常委会审查预算、国民经济和社会发展计划、规范性文件；人民法院审理非诉讼行政案件，审查行政机关提出的行政强制执行申请；人民政协审议建议案、提案等。从更广泛的角度看，国家行政机关之间的合理分工、必要的行政许可前置程序等，也能对行政行为起到事前监督的作用。

事前监督对应的是监督的"预防功能"，特点主要有二：一是积极主动，以预防为主，有利于"防患于未然"，将国家公权力机关可能出现的管理风险和违法行为减至最小程度；二是成本小而收益大，与其在出现问题后治理，不如在未出问题时防范，而防范的成本通常低于治理成本。因此，事前监督应为我国监督机制建设的重中之重。

（二）事中监督

事中监督是指监督主体对监督对象在得到法律授权或者某种准予之后的活动所作的监督和管理，以确保其能够在法律规定的范围内活动。例如，人大常委会对特定问题的调查，撤销本级政府的不适当的决定和命令，询问和质询；人大代表进行执法检查；县级以上地方各级政府改变或者撤销所属各工作部门的不适当的命令、指示和下级政府的不适当的决定、命令等。与事前监督和事后监督相比，事中监督是一种最经常和最繁重的监督活动。

事中监督对应的是监督的"校正功能"，其特点是同步监督，即监督活动与监督对象的活动处于同步状态，可以及时发现并纠正监督对象活动中存在的问题，将问题解决、控制在萌芽状态而不致发展蔓延。例如，官员财产申报制就是一种典型的事中监督，一些国家公务员具有法定的财产申报义务，必须依照法定期限和方式向有关机关如实申报自己的财产及其财产变化情况，并接受有关机关以及社会的监督。这种监督伴随公职人员的财产状况及其变化，能够及时发现公职人员的违法违纪行为，并通过监督途径予以及时纠正，从而达到监督的目的。

（三）事后监督

事后监督是指在监督对象完成某项活动或者出现违法、违纪行为之后，对该活动进行检查、调查、核实和鉴定，对该行为进行查处、惩戒，以纠正失误，惩戒违法。事后监督是对权力运用的阶段性监督，也是对违法违纪行为所造成的消极后果的补救性监督，既有校正和制约功能，也有惩戒、教育和警示功能。例如，人大常委会听取和审议政府、法院、检察院的专项工作报告，听取和审议国民经济和社会发展计划执行情况报告，听取和审议审计工作报告；行政机关对违纪公务员实施警告、撤职直至开除的行政处分；人民法院对行政行为进行司法审查，撤销违法的行政行为等。

由于多种原因，即使有比较完备的监督制度，也不可能完全杜绝腐败以及国家公权力运用中的违法和不当。事实上，腐败行为和公权力滥用行为有许多都是通过事后监督发现的。因此，尽管事后监督处于监督过程的末端，很大程度上是一种"亡羊补牢"之举，但并非可有可无，其惩戒作用、警示作用和救济作用更是其他监督所不具有的。

第四节　监督的基本原则

监督的基本原则是监督学的基本理论问题之一。与各种具体监督制度有所不同，监督的基本原则是蕴藏于各种具体监督制度中的普遍的、更高层次的监督规则，对各种具体监督制度起基础性、支撑性作用。因此，监督的基本原则对监督主体实施的所有监督活动具有指导和约束作用，即使在监督缺乏具体法律依据时，监督的基本原则也可以为监督主体提供适当的行为准则。监督的基本原则主要有五，即依法监督原则、公开监督原则、公正监督原则、全面监督原则、全程监督原则。

一、依法监督原则

依法监督原则是指监督主体的监督活动必须依据法律，符合法律，不能与法律相抵触。这里的法包括法律、法规、规章。在没有法律、法规、规章时，监督主体的监督活动应当有规范性文件的依据。

贯彻依法监督原则的基本条件是监督法律制度的健全与严格执行，使监督有法可依，有法必依。也就是说，监督主体的监督权力（利）、监督权限、监督内容、监督程序、监督方法、法律责任等必须有法律的明确规定，且监督法律制度一旦制定，就要严格执行。目前，我国监督法律制度在健全与执行方面都还存在一些问题，以至对监督效果产生了较大影响。例如，我国宪法虽然明确规定了公民享有对国家机关及其工作人员进行批评、建议的权利，但具体制度的缺失造成实践中公民的批评、建议权得不到保证，不仅不利于社会多元监督机制的建立，而且也挫伤了人民群众行使监督权的积极性。

二、公开监督原则

公开监督原则是指监督主体实施的监督活动（审查、检查、评判、批评、制裁等）应当通过一定方式和程序让社会知晓，以防止"暗箱操作"和"内部处理"。这既是对监督主体监督活动的支持，也是对监督活动本身的监督。从联系的角度看问题，公开监督具有教育作用，有利于预防腐败，对腐败分子和腐败行为也会起到很好的震慑作用。

公开监督原则的具体内容包括：监督主体应当向社会公示办公地点以及本部门的职权、职责、监督方法、监督程序，公布有关监督的法律、法规、规章、基本政策说明和普遍适用的解释；应当依法将监督活动的信息以文字、图表等形式在适宜的媒体上公开刊登；应当依法将有关监督事项通知监督对象（例如审计机关依法向被审计单位送达审计通知书）；在作出行政处分决定之前，应当告知公务员调查认定的事实和拟给予处分的依据；应当允许各新闻媒体在遵守法律的前提下，以各自的视角报道、评说各项监督活动，特别是重大监督活动；应当允许公民、法人和其他组织依法查阅、复制与自己权益相关的信息资料等。目前，《中华人民共和国政府信息公开条例》已颁布，"公开行政"、"阳光下的政府"等观念已逐步深入人心，这对于公开监督是非常必要的。

三、公正监督原则

公正监督原则是指监督主体运用监督权力，必须以事实为依据，以法律为准绳，必须公平、公正、平等、无偏私地对待监督对象各方，不论监督对象的官职大小、地位高低都一视同仁，排除各种可能造成不平等或者偏见的因素。公正监督对整个监督机制的有效运转和监督效果关系重大。如果不是公正监督，而是奉行封建社会那种"刑不上大夫"的特权政治，监督的权威性就会大打折扣。公正监督不是一个态度问题，而是一个制度建设问题。只有建立起科学、合理、完善的监督制度，才能使监督主体的监督活动不受干扰、不徇私情、铁面无私。

公正监督原则的具体内容包括监督主体的一切监督权力都要无偏私地公平行使，即凡被法律视为相同的人，都应当以法律所确定的方式来对待；任何监督者都不能在"自己的案件"中有直接的个人利益，即监督者不能与自己办理的案件有金钱利害关系或者亲缘利害关系；任何人的辩护都必须被公平地听取，在司法上，任何人不能未被审问就受惩处，法官必须在听取双方的意见后才能作出判决，这个原则同样适用于监督。监督主体在作出影响监督对象权利和义务的决定前，必须听取监督对象的意见，监督对象有在适当时间以前得到通知的权利，有了解监督主体论点和论据的权利，也有为自己辩护的权利。只有公平监督，才能树立起监督的权威。

四、全面监督原则

全面监督原则是指监督的覆盖面要全，不能出现"漏监"现象。这种全面既包括对人的，也包括对事的。一方面，国家公权力机关和国家公职人员都要接受监督，都是监督的对象，另一方面，国家公权力机关的所有活动（尤其是重要活动）也都要接受监督，也都是监督的对象。例如，国家公权力机关的立法、决策、执行、管理、处理、司法等活动是监督的内容，其他如公务会议、公务考察、公务培训、公务消费（公务用车、公务接待、公务补贴等）等也是监督的内容。全面监督犹如编织了一张反腐败之网，使腐败行为无所逃遁，这对于规范公权力运用和建立法治国家是极为必要的。

五、全程监督原则

全程监督原则是指监督应当贯穿、伴随于国家管理活动的整个过程，监督是实时的而不是时断时续、时有时无的。国家公权力机关的任何活动都要经历一个从开始到结束的过程，与这一过程相伴随，监督须臾不可中断。全程监督包括事前监督、事中监督和事后监督。从以往监督实践看，我国的监督比较偏向事后监督、刮"问责风暴"、"集中整治"，而事前监督和事中监督相对薄弱，有比较明显的"重末端"的倾向。这种倾向造成监督过程的脱节，影响了监督效果，并且容易形成腐败积弊，为日后解决问题造成极大困难。更为严重的是，由于监督不及时而导致的腐败积弊，极易引发社会安全事件，威胁社会的稳定和可持续发展。监督重末端的倾向应引起我国各级监督主体的高度重视，并将监督的端口前移到事前和事中，将腐败问题及早解决在将发、初发之时而不致发展蔓延。

第五节 监 督 学

一、监督学的研究对象及其特点

任何学科都有自己独特的研究对象，这是学科与学科的区分点，也是学科产生、存在、发展并显示自身价值之本，监督学也不例外。监督学是以对国家公权力的监督为研究对象的一门综合性、应用性社会科学学科。从内容上看，监督学研究国家公权力监督的基本理论和重要制度，揭示监督工作的一般规律，提供监督的基本方法。监督学学科的目的是指导监督实践，并在全社会建立起对公权力的监督屏障。从上述界定可以分析出监督学的四个特点。

第一，监督学的研究对象是国家公权力监督。在社会生活中，权力是普遍的，因而监督也是普遍的。但是，监督学研究的监督是对国家公权力的监督。由于国家公权力凌驾于社会之上并对社会实施全方位管理，国家公权力的运用会极大地影响公民、法人和其他组织的权利义务，国家公权力的腐败又会对社会公共利益造成极大损害，因而对国家公权力监督的必要性远远超过对社会其他权力监督的必要性。

第二，监督学属于交叉学科，带有较强的综合性。从研究对象看，监督学与政治学的研究对象有交叉；从研究内容看，监督学与政治学、行政学、法学、社会学的研究内容有交叉。

第三，监督学有比较强的应用性，偏重于应用学科。一方面，理论研究的状况是判断学科研究所达到高度和成熟度的尺度之一，因而监督学必须研究古今中外各种监督思想和理论；另一方面，理论研究并非排斥实践，而是以一定实践为基础的，因而监督学必须关注监督实践，并最终用于服务和指导监督实践。理论研究与实践研究相比较，监督学更偏重于服务监督实践和指导监督实践，因而带有较强的应用性。

第四，监督学的研究内容是宏观与微观的结合。监督学既要研究监督的基本理论和重要制度，研究监督工作的一般规律，也要研究监督的基本方法和具体技术，并提供典型案例进行个案分析。这种宏观与微观相结合的研究，使监督学既能达到应有的理论、规律认识的高度和深度，又不致抽象空洞而使人难以理解、难以应用。

二、监督学与相关学科的关系

如前所述，监督学是交叉学科，带有较强的综合性，与政治学、行政学、法学、社会学等学科都有一定程度的交叉，这种交叉说明了两个问题。首先，任何学科的发展都要以其他相关学科的发展为基础，都要在与其他相关学科的联系和相互作用中寻求发展；其次，对某个学科知识的理解和掌握，需要以对其他相关学科知识的理解和掌握为基础，没有这一基础，对知识的理解和掌握就是不系统、不扎实的。监督学与政治学、行政学、法学、社会学等都有密切联系。

（一）监督学与政治学的关系

政治学以公权力为研究对象，是研究公权力的获取、组织、运作等问题的科学。政治学的研究内容涉及政治权力、政治主体（政治机关、政治组织、政治领袖等）、政治过程（决策、执行、监督等）、政治参与、政治冲突、政治文化、政治发展、国际政治、政治思想、政治制度、政治方法等。

监督学和政治学的联系和区别主要有二。一是在研究对象上有所交叉。不同的是，监督学对国家公权力的研究是一种侧重研究，政治学对国家公权力的研究则是一种全面研究。二是在研究内容上有所交叉。由于监督学专门研究对国家公权力的监督，因而这种研究是深入的、全面的。政治学研究政治权力的分立与制衡、公民的政治参与、利益团体与国家公权力机关之间的相互作用等，这些研究或多或少都涉及了对国家公权力的监督。但是，与监督学的研究相比，政治学对监督的研究是分散的、一般性的，其研究的专业性、实践性、范围、深度等都有一定局限。当然，由于监督学与政治学的上述联系，因而监督学也可以被认为是从政治学中分离出来而走上独立发展的一个新学科。

（二）监督学与行政学的关系

行政学又被称为"行政管理学"、"公共行政学"。行政学以行政机关（政府）及其活动为研究对象，是研究国家行政机关有效推行政务、管理事务的规律的科学。行政学的研究内容涉及行政环境、行政职能、行政体制、行政组织、行政人事、行政首脑、行政过程（信息、决策、执行、协调）、行政方法、行政法治、行政道德、行政监察、行政效率、行政改革等。

监督学与行政学的联系和区别主要有二。一是在研究对象上有所交叉。监督学的研究对象是国家公权力监督，行政学的研究对象是国家行政机关及其活动，而行政机关是国家公权力机关的重要构成部分。二是在研究内容上有部分重合。监督学全面、系统、深入地研究监督，既研究"行政机关的监督"、其他政治力量和社会力量对行政的监督，也研究人民代表大会的监督、司法机关的监督、中国共产党的党内监督等，而行政学仅研究行政系统的内外监督，这种研究只是监督学全部研究的一小部分。但是，在两学科研究内容的重合点上，监督学和行政学的研究是可以相互借鉴、相互促进的。

（三）监督学与法学的关系

法是调整、规制社会主体行为的规范。在我国，法主要是指成文法，这种法由特定国家机关制定和颁布，并以国家强制力为实施保障。法具有国家意志性和强制性，是国家机器的重要组成部分，也是国家管理的工具。法学以各种法律现象为研究对象，是以特定概念和原理研究法律现象、探索法律问题答案的知识体系。法学的研究内容涉及理论法学、应用法学、历史法学、综合法学等。

尽管监督学与法学有着不同的研究对象，但法学研究能够为监督学研究提供法理支持和具体法律制度的支持。在监督实践中，任何一种监督都必须基于一定的法理，并遵守一定的法律制度。由此可见，监督是一种在法律制度框架内的监督，是一种法制监督，必须遵守监督的一般规则，否则不仅达不到监督目的，还会陷监督于无序和混乱。因此，监督学在研究各种监督制度时，要特别注重研究监督的法律制度，包括法律制度的既有内容和调整变化，以使监督实践不脱离法制的轨道。

(四) 监督学与社会学的关系

社会是以共同物质条件为基础并按一定行为规范相互联系起来的人群。社会学以人类社会为研究对象，简言之就是研究人类社会的科学或者学问。社会学的研究内容涉及社会组织、社会角色、社会结构、社会关系、社会行为、社会制度、社会生活方式、社会过程、社会变迁、社会问题等。监督学与社会学的联系主要有二。

第一，监督学研究对国家公权力的监督，无论是国家公权力还是对这种权力的监督，从本质上看都只是人类社会才有的社会现象，都不能脱离一定的社会历史和社会背景而孤立存在。一方面，社会学对社会结构、社会关系、社会行为的研究，有助于监督学研究的深入，使人们能清晰认识各种腐败现象和违法违纪活动的复杂的社会原因；另一方面，社会学也有助于监督方法的选择和改进，因为，任何监督方法的使用都必须考虑一定时间、一定地点和一定条件下的社会实际，否则就缺乏针对性而无法解决问题。

第二，监督学与社会学的有些研究内容在本质上是相通的，只是由于学科观察角度的不同而显露出形式上的不同。例如，社会学研究社会问题、社会生活方式，但是，将监督放在整个社会关系中进行观察可以看出，腐败就是一种社会问题，同时也是腐败分子选择的一种生活方式；社会学研究社会组织和社会结构，而监督的实质就是各种社会组织和社会结构之间的互动；社会学研究社会发展和社会过程，而监督和遏制腐败就要经历一个社会过程，在这一过程中，需要各个社会组织和社会角色的共同参与，因此，监督是一个复杂的社会系统工程；社会学研究社会制度，而监督的政治、法律制度从本质上看都是一种社会制度。所有这些都反映了监督学与社会学研究内容的相通。

三、我国监督学的研究现状

从现有研究资料看，我国监督学研究开始于 20 世纪 80 年代中后期。据《中国监督学大辞典》记载，我国第一部冠以"监督学"名称的著作是《监督学概论》（马怀平、项俊波、赵耿、刘家义主编，中国财政经济出版社 1990 年出版）。此后，关于社会主义监督学和监督机制的研究逐步加强，学术成果也日渐增多。近年来，随着社会的发展和国家政治、行政、经济体制改革的进一步深入，监督学研究（特别是监督制度研究）受到越来越多的重视，初步形成了监督学的概念体系和结构框架。

但是，从总体看，监督学目前在我国仍属新兴学科。与其他较成熟的社会科学学科相比，监督学的起步较晚，研究成果不丰硕，研究的进度、内容、高度与深度、规范性等也有较大欠缺。首先，研究进度相对滞后，即监督学的研究相对滞后于监督制度建设和监督实践发展，难以为制度建设和实践发展提供有力的指导。其次，研究内容不够平衡，对行政监督的研究比较充分，对其他监督的研究比较薄弱。再次，对监督基本原理、基本规律的研究远未形成体系化、规范化程度，学界达成的共识也比较少。上述问题表明，如果将监督学作为一门学科或者科学来看，监督学离规范与成熟还有相当的距离。

自中华人民共和国成立 60 多年和改革开放 30 多年来，中国共产党领导中国人民不断探索如何建设有中国特色的社会主义，其中就包括对监督理论和方法的不断探索。这种探索不仅积累了丰富的监督实践经验，同时也为监督制度的创制和发展打下了坚实基础。从社会发展的一般规律看，经济基础和上层建筑之间有相互作用。经过改革开放 30 多年的发展，我国的经济实力已经有了较大幅度的提升，在经济快速发展的同时，政治制度（特别是对公权力的监督制度）的建设就显得格外必要。而一旦政治制度建设滞后，则不仅影响经济和社会的可持续发展，而且已取得的经济成就也将难以保持。综上所述，监督实践经验的积累为监督学提供了较扎实的实践基础，政治制度建设的现实需求又为监督学提供了发展的动力。在这双重条件的作用下，我国的监督学必将快速发展并更好地服务于公权力监督和反腐败实践，在建设富强、民主、文明的社会主义国家中体现监督学的独特价值和功能。

案 例

新中国反腐败第一案

1949 年 10 月 1 日，中国人民在中国共产党的领导下，经过多年浴血奋战，终于推翻了三座大山，实现了民族解放，建立了人民共和国。

1951 年 12 月 1 日，《中共中央关于实行精兵简政、增产节约、反对贪污、反对浪费和反对官僚主义的决定》指出："自从我们占领城市两年至三年以来，严重的贪污案件不断发生，证明一九四九年春季党的二中全会严重地指出资产阶级对党的侵蚀的必然性和为防止及克服此种巨大危险的必要性，是完全正确的。现在是全党动员切实执行这项决议的紧要时机了。再不切实执行这项决议，我们就会犯大错误。现在必须向全党提出警告：一切从事国家工作、党务工作和人民团体工作的党员，利用职权实行贪污和实行浪费，都是严重的犯罪行为……一切贪污行为必须揭发，按其情节轻重，给以程度不等的处理，从警告、调职、撤职、开除党籍、判处各种徒刑、直至枪决。典型的贪污犯，必须动员群众进行公审，依法治罪"。在决定作出后，一场规模浩大的"三反"运动就此展开。

"三反"运动期间，中央陆续收到各地报来的情况。1951年11月29日，华北关于天津地委严重贪污浪费情况的报告送到了毛泽东的办公桌。报告列举了前地委书记刘青山，副书记、专员张子善贪污腐化的事实。刘青山、张子善参加革命均已二十多年，他们在国民党血腥的白色恐怖下，在艰难的八年抗日战争和三年多的人民解放战争中，都曾奋不顾身地为党和人民群众的解放进行过英勇的斗争。但是，刚一解放，他们就违反法纪，背叛了共产党人的信仰。与此同时，各地的情况也陆续上报到中央。在北京市属各机关和企业部门工作人员中，已发现贪污分子650人，贪污额15亿元。天津市12个公安分局中，仅一个公安分局就因受贿而将674个反革命分子释放或者取消管制，此分局的干部、警士收受过3 514户商家的贿赂。西北局检察院、法院、纪检三单位已查出和受理的贪污案件共损失国家财产80余亿元。西南区从1950年1月到1951年7月，据不完全统计，贪污渎职案1 400件，案犯3 317名，共计盗窃国家财产110亿元以上，粮740余万斤，总计款200亿元以上。

1952年12月，刘青山、张子善在河北保定被执行枪决。毛泽东曾指出，正因为他们两个人的地位高、功劳大、影响大，所以才下决心处决他们。只有处决他们，才可能挽救20个、200个、2 000个犯有不同程度错误的干部。

案例思考题

权力腐败产生的根源是什么？依靠严刑峻法能否有效解决腐败问题？

重要概念

1.公权力　2.腐败　3.监督　4.监督的基本原则　5.监督学

思 考 题

1. 什么是公权力? 公权力有哪些特征?
2. 什么是腐败? 腐败有哪些特征?
3. 什么是监督? 监督有哪些特征和功能?
4. 什么是事前监督、事中监督、事后监督?
5. 什么是监督的基本原则? 监督有哪些基本原则?
6. 什么是监督学? 监督学有哪些特点?

第二章
监督思想与监督理论

本章主要包括两个方面的内容：监督思想和监督理论。监督思想是人们在长期的监督实践中，通过对监督活动的观察和思考而产生的有关监督的主张与观点；监督理论是监督思想不断发展、完善的结果，是相关观点与主张经过长期论证、推理、演绎、归纳后所形成的有关监督活动的基本的、系统化的原理。监督理论可以用来解释和指导监督实践，这些理论主要包括人民主权理论、分权制衡理论、议行合一理论以及新滥用权力理论等。

第一节　监　督　思　想

一、中国古代与近代的监督思想

从人类进入阶级社会、建立国家政权、行使强制性权力开始，监督就产生了。与此同时，人们在监督实践中通过对监督活动的观察和思考而产生了各种各样关于权力监督及监督制度、活动的主张和观点，也就是形成了监督思想。在人类社会发展的不同阶段，由于不同的经济基础、政治制度和文化等因素，所形成的监督思想是不同的。这些监督思想沿着权力监督和政治发展的历史脉络，从不同角度对监督职能、目标与机制等作了具体论述，并对监督实践产生了重要影响。

（一）中国古代的监督思想

监督既是政治和法治的范畴，又是历史的范畴。作为治国方略的一个重要组成部分，中国古代的政治家和思想家十分重视监督的作用，在漫长的历史变迁中形成了丰富的监督思想，积累了宝贵的思想财富。纵观我国古代历史，监督思想中最重要的内容集中体现在以下几个方面。

1. 发挥舆论监督作用的思想

古代政治家认为，统治者廉洁自律，善于听取臣民的进谏，国家、社会就政治清明，生活安定。统治阶级为了维护统治和巩固政权，一般也会加强对自身的监督。

发挥舆论监督作用的思想最早萌芽于周朝。夏、商灭亡的教训给了周朝统治者很大的触动。周革殷命之后，统治阶级从易代巨变中体会到了民众的力量，他们把民、神相结合，形成了一种新的天命观。在他们看来，天具有至高无上的权力和超乎一切的力量，但天的意志并不是任意施为的，"皇天无亲，惟德是辅"，也就是说，天对人间统治者的态度，取决于其是否有德。受到民众拥护的君主必会得到上天的护佑，遭到民众反对的君主必然受到上天的厌弃。由于民意成了天意的指示器，自然也就要求统治者时刻体察民意，听取民众的进谏。这样，民众就可以对君主发挥监督作用。

正是基于这种认识，西周初年的统治者廉洁自律，保证舆论渠道的畅通，广泛听取社会舆论，以体察民意。在《尚书·无逸》中，周公告诫成王说，殷王中宗、高宗和周文王之所以能保持贤明而稳定的统治，就是因为重视舆论，虚心接受告谏。"厥或告之曰：'小人怨汝詈汝'，则皇自敬德"。也就是说，有人向他们反映百姓的怨恨和咒骂，他们不但不生气，而且更加戒慎王德。可见，在周公看来，听从劝诫，让舆论监督发挥积极作用，是防止最高统治者腐败行为的重要方法。西周末年，当周厉王派人监视并杀害对朝政不满的人、制造恐怖气氛的时候，召公对厉王说："防民之口，甚于防川，川壅而溃，伤人必多"（《国语·周语上》）。召公主张，善于治民者应该像疏导河流一样使民众畅所欲言，绝不能堵塞民口，剥夺民众的言论自由。倘若统治者不接受民众的监督，压制舆论，必将出现政废国乱的局面。周厉王不听召公的意见，最终在"国人暴动"中被驱逐，用事实印证了召公之言的正确性。

春秋战国时期，一些政治家、思想家依然很重视发挥舆论监督作用。齐桓公、晋文公之所以成就一代霸业，很重要的一条原因就是因为国内有"近臣谏，远臣谤，舆人诵"（《国语·楚语上》）等一系列的监督形式，这些监督使得统治者不敢胡作非为，从而遏制了腐败行为的发生。孟子曾提出"君有大过则谏，反复之而不听，则易位"（《孟子·万章下》）的主张，将纳谏看做君主的一项基本义务。法家代表人物韩非子认为："圣人之救危国也，以忠拂耳。刺骨，故小痛在体而长利在身；拂耳，故小逆在心而久福在国"(《韩非子·安危》)。也就是说，君主只有善纳逆耳之言，才能使国家政权转危为安。

秦汉以来，由于专制主义统治不断加强，民众的监督日益衰亡。但在思想方面，重视监督辅政的观念却代代相传。据《史记·孝文本纪》记载，汉文帝曾下诏说："朝有进善之旌，诽谤之木，所以通治道而来谏者"。他要求官员"举贤良方正能直言极谏者，以匡朕之不逮"。唐太宗李世民是中国历史上有名的善于纳谏的君主，在他看来，"若人主所行不当，臣下又无匡谏，苟在阿顺，事皆称美，则君为暗主，臣为谀臣，君暗臣谀，危亡不远"(《贞观政要·求谏》)。明末清初大思想家黄宗羲提出用学校监督王权和各级地方政权的主张，认为学校的作用不仅仅在于培养和教育人才，而是"治天下之具皆出于学校"，学校是制造舆论、议论朝政、判断是非的中心。他主张恢复学校应有的舆论监督作用，并具体规划了实施这种制度的办法。

发挥舆论监督作用的思想在我国古代监督思想中影响极为深远。但是，这种思想也有较为明显的局限性。这种思想带有较深的"人治"烙印，把监督的重点放在君主身上，把整个社会的清明安定寄托于一个有道明君，却没有考虑到如何让君主必须接受监督。所以古代这种发挥舆论监督作用的思想实际上不可能从根本上杜绝腐败。

2. 严格监督官吏的思想

中国古代统治阶级本质上是剥削、压迫劳动人民的阶级，他们的官吏也是为统治阶级利益服务的。因此，在中国古代，官吏不可能真正做到廉洁，贪官污吏的盛行也是历史不争的事实。但是，为了维护政权及统治地位，中国古代统治阶级不得不重视对官吏的监督。无论是奴隶社会还是封建社会，各朝各代的统治阶级和政治思想家都提出了严格监督官吏的思想。

早在商代，统治阶级就十分重视对官吏的监督，并制定了"治官之刑"。对有沉湎酒色、贪赃枉法、远贤近佞的官吏严加处罚。西周时期，对于官吏品质和行为的监督更加重视。当时，使用了"君子"、"小人"、"哲"、"良"、"恭"、"贪"等诸多概念来区分官员，而这些概念就是从日常对官吏的监督考察中概括出来的。春秋时期，晋国师旷在对晋平公论及治道时，提出"屡省考绩，以临臣下"，特别强调了监督官吏的思想。李悝提出了一套监督官吏的"五察法"，即"居视其所亲，富视其所与，达视其所举，穷视其所不为，贫视其所不取，五者足以定之矣"(《史记·魏世家》)，也就是对官吏的日常行为和交往详加考察，进而作出准确的判断。韩非子则把官吏视为君主统治民众的工具，提倡"明主治吏不治民"，极力主张君主运用"术"控制驾驭百官臣下。"术"是君主藏于内心并用来驾驭、监视臣下的方法和技术，它通过一系列诡秘手段判断督察官吏的忠与奸、能与否，根据表现决定其去与留。对官吏要"听其言必责其用，观其行必求其功"（《韩非子·六反》），认为君主应该建立全方位的、变化多端的监控体系以监督考察官吏。

秦汉以来，君主都十分重视对官吏的监督。曹魏时期曾担任豫州刺史的贾逵认为，监督是反腐败最重要的手段，只有坚决实施监督，即"以御史出监诸郡，以六条诏书察长吏二千石已下"（《三国志·刘司马梁张温贾传》），才能防止地方官吏腐败现象的发生。明代张居正认为，"致理之道，惟在于安民生；安民之要，惟在于核吏治"（《请蠲积逋以安民疏》），而察吏治的关键是在日常政务中对官吏进行监督考察。

中国古代加强对官吏监督的思想很丰富，但这种思想是在维护专制主义权力运行机制下的思考，其监督也是自上而下的、单向的，因而也不能从根本上杜绝官吏的腐败。

3. 监督权权重而独立的思想

监察权权重而独立的思想是我国古代重视监督、强化监督职能的重要体现，主要是指通过提高监察机关及其官员的地位、加强其权力、维护其独立性等方式，达到强化监督的目的。我国古代监督权权重而独立的思想主要体现在以下两个方面。

首先，古代监察官员位卑权重、禄薄赏厚。在我国古代，各朝各代具体负责监督各类官员的御史品秩较低，但是监察官员的权力很大。例如，明代的监察御史为正七品，与县令同级，但权力极重，从中央直属机关到地方的司、府、州、县，一切政务无不受其监督。尤其是当巡按各道监察御史代天子巡狩时，"所按藩服大臣、府州县官诸考察，举劾尤专，大事奏裁，小事立断"（《明史·职官志》），地方官员无不望风相迎。对监察官员位卑权重的做法，顾炎武曾评论说："夫秩卑而命之尊，官小而权之重，此大小相制，内外相维之意也"（《日知录·部刺史》）。位卑权重，既容易使监察官员被皇帝控制于手掌之中，又不易干涉中央和地方的行政事务，也与朝廷及地方的官吏少利害牵连，迫使监督权紧紧依附皇权。禄薄赏厚，使得监察官员不会萌发贪恋职位之心而腐败。

其次，监督权相对保持独立。监督权独立是指我国古代监察机关和监察官员保持独立性，不隶属于被监察的对象，最大限度地避免受到人为牵制。秦与西汉时期，御史大夫既是监察长官，又是副丞相，诚如《汉书·薛宣传》所说，御史大夫"内承本朝之风化，外佐丞相统理天下"。这清楚地说明了御史大夫作为行政长官和监察长官的双重性质，也说明了监察权与行政权两者并没有明显分离，监察机构并没有成为独立于行政之外的政治实体。这种状况的存在，显然不利于监察工作的开展。西汉末年至东汉初年，中国古代监察制度进入了一个大的调整期，原来的御史大夫转为大司空，大司空作为副丞相分管土木营造等事项，不再掌管监察，而原来在御史大夫属下专司监察的中丞出任新设御史台的台主，成为国家最高监察长官。相对独立的专职监察机关即以此为起点建立起来，监察权与行政权的分离趋势也由此明显地表现出来。

监察权权重而独立的思想是我国古代监察制度的重要基础，对我国古代监察机关的职权设置、领导体制等方面产生了重要影响。

4. 监督专才思想

古代监察的对象涉及行政、司法、经济、军事、文化等很多领域，工作量大，工作面宽，对监察官员素质的要求较高。因此，古代统治者对监察官员的选拔、任用、考核与奖惩等都非常严格，以确保监察官员在政治素养、道德品行和专业能力方面的要求与条件，从而保证由专业人才实施监督，以实现监督职能的高效运转。监督专才思想体现了我国古代对于专业人才的重视，并侧面体现出重视监督权制约的先进理念。

历代统治者都非常注重监察官员的选拔，对监察官员任职的资格条件也有严格限制，不仅要求监察官员有刚正不阿的品质、丰富的为官经验和优异的政绩，还要求监察官有较高的文化素质。秦始皇统一六国后，在《秦律》中明确规定了监察官员的选拔任用标准，即"为吏之首，要有五善：忠信敬上；清廉无谤；举事审当；喜为善行；恭敬多让"。汉朝选官则以德才兼备作为标准，认为只有德才兼备者才是"治国之器、国之针药"。自唐朝之后，监察官的选任一般要有相应的资历限制，要求有实际工作的经验。唐代规定，御史必须在地方州县任过职。宋朝规定，监察御史必须有两任县令的经历。明代宣宗宣德十年（1435 年）谕令，"初仕者不许铨除风宪"。清朝监察官员大多由在任的京官和在外知县、推官等政绩卓异者，经内外大员保举，考试合格入选。一般要求京官历俸两年、外官历俸三年的从政经历。此外，为了慎重人选，在人品、资历等项考察之后，明清时期还对监察官实行实际能力考查，即"试职"。明宣德三年（1428 年）规定，进士、监生、教官之堪任御史者，须于各道历政三个月，期满视其表现分为上、中、下三等，上、中二等授御史实职，下等送回吏部另加任用。此后及至清代，"试职除授"成为监察官任命的定制。

(二) 中国近代的监督思想

鸦片战争以后，中国历史进入一个重大转折时期，伴随着西方列强对中国的政治、经济、军事侵略，西方各种思潮也开始涌入中国。在现实巨变的刺激和西方思想的启发下，中国有识之士开始思考中国传统的政治体制改革问题，并引发了一次又一次政治改革运动。近代政治家、思想家将监督放在政治体制改革的总框架中加以考虑，因而鲜有专门论述。大体说来，他们的思维焦点主要放在了设立议院、推行宪政一类的问题上。其中，较为重要的有清末的政党监督思想和孙中山的监督思想。

1.清末的政党监督思想

19世纪末20世纪初是我国立宪政治的活跃时期，也是政党政治的孕育时期。该时期上承1898年的戊戌维新运动，下启1911年的辛亥革命。资产阶级政党思想在这一时期开始进入萌芽和形成阶段，作为政党思想重要内容之一的政党监督思想也逐渐开始形成。清末一些思想家认为，政党具有监督政府政策执行及其行为的功能及作用，即可以"以舆论之先锋监督在位当局者"；可以监督政见之得失，使"党与党之间，均无所容其私"；可以"监督政治之得失，而保其主权，使昏君悍辟无所得而行其私"。清末政党监督思想主要体现在以下几个方面。

一是政党易于监督政府。立宪派蒋智由在《政党论》一文中谈到："政党者，立于国家与人民两方之间，于一方顾及国家，而于一方又顾及人民，常能为国家人民定平正之衡者也"。他认为，政党是政府和人民之间的"绍介"，扮演"衡稳器"的角色，起着社会平衡和稳定的作用，所以易于监督政府。

二是政党能够监督政府。梁启超在《政闻社宣言书》中指出："今日之恶果，皆政府艺之，改造政府，则恶根拔而恶果遂取次以消除矣……然则孰能改造之？惟立于现政府之外者能改造之。立于现政府之外者为谁？其一曰君主，其他曰国民……又知改造之业非可以责望于君主矣，然则负荷此艰巨者，非国民而谁！吾党同人，既为国民一分子，责任所在，不敢不勉，而更愿凡为国民之一分子者，咸认此责任而共勉焉"。在梁启超看来，国民是监督政府的真正力量来源，而政党则是国民利益的代言人和组织者，政党可以通过国民的力量有效监督政府。

三是政党善于监督政府。清末政论家郑浩从政党与政府之间既对立又统一的依存关系中阐述政党具有监督政府的天然本能，认为政党既是政府的敌人，又是政府的朋友。作为敌人，政党时刻处在政府的监督和攻击之地；作为朋友，政党总是进忠告之言。人民有怨愤，"有政党于中间以宣泄之，连通之。国民乃知我人所不平者，以有代为表示之人，则不至于蓄怒积怨"。这句话表明，政府执行政党的政策决不是任意的行为，而是体现政党的意志，反映政党所代表的人民的意愿；政府及其工作人员的行为必须是公正廉明的，否则，政党有能力也有力量予以制裁。

2. 孙中山的监督思想

孙中山作为中国民主革命的先行者，在反对封建君主专制、建立民主共和国的革命实践中，提出了丰富的监督思想。具体来说，孙中山的监督思想主要体现在以下三个方面。

第一，监察权独立思想。监察权独立是孙中山监督思想的核心内容，也是他长期一贯坚持的思想。孙中山通过对西方国家三权分立政治制度利弊的考察，结合中国封建社会沿袭的科举考试制度和台谏制度，提出了"五权宪法"的设想，即立法、司法、行政、监察、考试五权分立，互相制衡。根据孙中山"五权宪法"的设想，中央政府五院中的监察院应具有很强的独立性。他主张，监察院的院长由总统经立法院同意委任，但不对总统及立法院负责，而是对国民大会负责。监察院的职权是对各院失职人员向国民大会提出弹劾。孙中山曾多次在不同场合反复强调监察权必须独立于立法机关，由独立的监察机关行使，只有这样才能避免外国监察制度和中国古代监察制度的弊端。

第二，党政分察思想。党政分察是指设置两个相互独立且有联系的监察机构，对党政两个系统分别行使监察权。一个设立于中国国民党党内，受国民党全国代表大会领导，专司监督党内以及在政府内任职的国民党党员的违法失职行为。另一个监察机构隶属于国民政府，对国民政府所属的行政、司法等机关公务人员行使监察权。该思想是孙中山"以党治国"理论在其监督思想中的集中体现，也是南京国民政府监察制度的特点之一，这种监督思想对于民国政府的监察体制产生了重要影响，在民国初期对其政治体制的架构设计发挥了重要作用。

第三，弹惩合一思想。弹惩合一是指监察机构将弹劾和惩戒连为一体，具有弹劾与惩戒的双重职能。可以认为，弹惩合一思想是孙中山监察权独立思想的深化和发展，是防止行政权干涉监察、影响监察效能的有效制度设计，也是其思想最具有特色的地方。

但是，孙中山的政治构想并未能真正付诸实施，中华民国时期的监察制度虽然保持了孙中山设想的制度外壳，其内涵却与之大相径庭，成为政党专制和个人独裁的工具。

二、当代中国的监督思想

当代中国的监督思想是在马克思列宁主义的指导下，参照中外监督经验，按照中国革命和中国特色社会主义建设的客观需要，在实践中逐步建立和发展起来的。

(一) 毛泽东的权力监督思想

毛泽东关于权力监督的思想是毛泽东思想的重要组成部分。毛泽东在领导中国革命和社会主义建设的长期实践中，始终注重权力监督体系的建设。他继承和发展了马克思、恩格斯、列宁的权力监督思想，提出了一整套关于监督的理论与政策。

1．让人民监督政府

毛泽东始终认为党必须坚持群众路线，必须向群众学习，必须接受群众监督。1945 年他在与黄炎培的一次谈话中，提出了著名的让人民监督政府思想，即只有让人民监督政府，政府才不敢松懈，只有人人起来负责，才不会人亡政息，才能跳出历代王朝"其兴也勃焉，其亡也忽焉"的历史周期定律。让人民监督政府思想的实质就是要实行群众监督，把党和政府的政治运作置于人民群众的监督之下，使党永远成为全心全意为人民服务的马克思主义政党。毛泽东在革命和建设的实践中得出了一个重要结论：群众路线是我党克敌制胜的重要法宝。他曾说过："人民，只有人民，才是创造世界历史的动力"[①]。必须依靠群众，深入发动群众反对各种腐败现象和丑恶行为，才能巩固人民政权，保证国家不变颜色。新中国成立后，毛泽东亲自领导了"反贪污、反浪费、反官僚主义"的"三反"运动，强调党员干部不仅要接受党内监督，而且要接受群众监督。

2．从加强党的建设高度重视党内监督

毛泽东一直非常重视党内监督，尤其是在我们党成为执政党以后，对党内监督更加关注，他在《反对党内的资产阶级》中指出，无论任何人，犯了错误都要检讨，都要受党的监督，受各级党委的领导。首先，毛泽东十分重视从思想上建党。强调从思想上建党是毛泽东监督思想的突出特点之一。中国的特殊国情决定了中国共产党建设的特殊性，其特殊性表现在，党建是在无产阶级先

---

① 毛泽东：《论联合政府》，见《毛泽东选集》，第 2 版，第 3 卷，1031 页，北京，人民出版社，1991。

天不足的基础上进行的，是在落后思想充斥的环境下进行的。因此，毛泽东自始至终强调首先要从思想上建党，强调党员要不断加强学习，提高理论水平，增强自我监督的自觉性。其次，毛泽东十分强调健全党内民主生活，开展批评与自我批评。毛泽东将党内民主看做一种制约权力的有效途径。他认为党内互相监督是防止党的肌体免受侵蚀的唯一有效途径，"定期召开会议，进行批评和自我批评，这是一种同志间互相监督，促使党和国家事业迅速进步的好办法"①。

3. 充分发挥民主党派的监督作用

毛泽东认为，由民主党派监督共产党并非一时的权宜之计，而是出于人民群众根本利益的长远考虑。为此，必须在共产党和其他民主党派之间建立起长期的互相监督的党际关系。毛泽东曾说过："究竟是一个党好，还是几个党好？现在看来，恐怕是几个党好。不但过去如此，而且将来也可以如此，就是长期共存，互相监督"②。共产党必须让民主党派真正担当起批评者的角色，"对民主人士，我们要让他们唱对台戏，放手让他们批评。如果我们不这样做，就有点像国民党了"③。

在民主革命时期，毛泽东始终强调要做好统战工作，要求共产党员要同民主人士搞好民主合作，多听取他们的意见，不能一意孤行，不能包办一切。在新民主主义革命即将胜利前夕，毛泽东广邀各民主党派，共商建国大事，成功召开了中国人民政治协商会议，组成了广泛吸收民主党派人士参与的中央人民政府。同时，毛泽东与各民主党派的主要负责人保持着亲密关系，认真听取民主党派反映的意见。1957 年，毛泽东进一步确立了长期共存、互相监督的多党合作制度。

4. 严惩权力腐败

毛泽东对腐败现象深恶痛绝，对腐化分子的惩处更是从不手软。对违法乱纪的腐败分子，他主张，轻者批评教育，重者撤职、惩办、判处徒刑（劳动改造），甚至枪毙。只有这样，才能使腐败分子受到应有的惩罚，才能起到警示作用。

治党务必从严是毛泽东的一贯主张。1931 年 11 月，中华苏维埃共和国临

---

① 《在中国共产党全国代表会议上的讲话》，见《毛泽东文集》，第 6 卷，北京，人民出版社，1999。

② 《论十大关系》，见《毛泽东文集》，第 7 卷，34 页，北京，人民出版社，1999。

③ 《毛泽东选集》，第 5 卷，355 页，北京，人民出版社，1977。

时中央政府在瑞金成立，毛泽东当选为政府主席，惩治腐败就是当时中央政府的一项重要任务。1933 年 12 月 5 日，毛泽东签署了《关于惩治贪污浪费行为——中央执行委员会第 26 号训令》；在党的七届二中全会上，毛泽东就提醒全党不要在"糖衣炮弹"攻击面前打败仗；在"三反"、"五反"期间，毛泽东亲自批准处决了大贪污犯刘青山、张子善。在对刘青山、张子善的处理上，有人为其说情，说他们立过功，请求免除死罪。毛泽东顶住了各方面的压力，毅然决定处决。他说，正因为他们两人的地位高，功劳大，影响大，所以才要下决心处决他们。只有处决他们，才可能挽救二十个、二百个、二千个、二万个犯有各种不同程度错误的干部。

（二）邓小平的权力监督思想

邓小平关于权力监督的思想是邓小平理论的重要组成部分。邓小平在中国社会主义建设的实践中，深刻汲取国际共产主义运动和中国共产党的历史教训，从我国改革开放和社会主义现代化建设的实际出发，不断形成、发展和完善了关于权力监督的思想。邓小平关于权力监督的思想主要包括以下三个方面。

1. 党的监督

党的监督是社会主义权力监督体系的核心部分，党的监督效果如何，直接决定执政党权力的性质和效能。邓小平关于党的监督的思想主要包括：第一，党组织对普通党员的监督。邓小平指出，对于共产党员来说，党的监督是最直接的，党组织对党员的监督要严格一些。通过党组织的监督，使每个党员的言行能够符合党章的规定，代表人民的利益和要求，这样，整个党组织就能够保持先进性，就能担当起时代赋予的重任。第二，党组织对党的领导干部的监督。对党的领导干部的监督是党内监督的重点。在改革开放新时期，邓小平强调，党是整个社会的表率，党的各级领导又是全党的表率。为了促进社会风气的进步，首先必须搞好党风，特别要求党的各级领导同志以身作则。第三，党员对党组织的监督。邓小平指出，党员对党、对工作、对问题、对领导人都有权按组织原则，在党的范围内提出批评和意见，并且有权保留自己的意见。

2. 群众监督

群众监督是社会主义权力监督体系的重要组成部分，是其他监督机制的基础，也是人民当家做主权利的重要体现。没有群众监督也就谈不上民主，群众监督的实现程度标志着社会主义民主的成熟与否。邓小平非常重视群众监督的作用，而实现群众监督的途径主要有二：第一，通过各行各业群众组织实施监督，群众组织是群众监督的主要力量，通过群众组织可以更充分、更有效地表达自己的意见。他指出："要让群众能经常表达自己的意见，在人民代表大会上，政协会议上，职工代表大会上，学生代表大会上，或者在各种场合，使他们有意见就能提，有气就能出。"[①] 其中，邓小平还特别强调了人民代表大会和政协会议对实现群众监督的作用："要使党和国家的各种会议，特别是各级党的代表大会和人民代表大会，成为充分反映群众意见、开展批评和争论的讲坛。"[②] 第二，通过法制实施监督。邓小平强调要健全和完善群众监督的各种法律制度，使群众敢于监督、善于监督；要把群众监督与专门机构监督通过信访、评议等渠道结合起来，建立群众监督的导向机制、激励机制和保障机制。

3. 民主党派和无党派民主人士的监督

民主党派和无党派民主人士的监督是社会主义权力监督体系不可缺少的组织部分。中国共产党奉行与民主党派"长期共存、互相监督、肝胆相照、荣辱与共"的方针。邓小平在《共产党要接受监督》一文中，把接受民主党派和无党派民主人士的监督作为扩大对共产党监督的重要部分。他曾说："共产党总是从一个角度看问题，民主党派就可以从另一个角度看问题，出主意。这样，反映的问题更多，处理问题会更全面，对下决心会更有利，制定的方针政策会比较恰当，即使发生了问题也比较容易纠正。"[③]

1979 年 10 月，邓小平在《各民主党派和工商联是为社会主义服务的政治力量》的讲话中再次强调，由于我们党的执政党的地位，我们的一些同志很容易沾染上主观主义、官僚主义和宗派主义的习气。因此，对于我们党来说，更加需要听取来自各个方面包括各民主党派的不同意见，需要接受各个方面的批评和监督，以利于集思广益，取长补短，克服缺点，减少错误。邓小平指出，毛泽东提出的同各民主党派实行"长期共存、互相监督"的方针，是一项长期不变的方针。在新的历史条件下，在四项基本原则的指引下，加强同民主党派的合作，实行互相监督，充分发扬社会主义民主，加强社会主义法制，对于增强和维护安定团结、共同搞好国家大事是十分重要的。

---

① 邓小平：《共产党要接受监督》，见《邓小平文选》，第 2 版，第 1 卷，273 页，北京，人民出版社，1994。

② 邓小平：《关于修改党的章程的报告》，见《邓小平文选》，第 2 版，第 1 卷，224 页，北京，人民出版社，1994。

③ 邓小平：《共产党要接受监督》，见《邓小平文选》，第 2 版，第 1 卷，273 页，北京，人民出版社，1994。

（三）江泽民同志的权力监督思想

党的十三届四中全会以来，江泽民同志在坚持毛泽东、邓小平权力监督思想的基础上，结合我国国情提出了一系列新观点，在依法制权、以德制权、以制度制权等方面实现了对毛泽东、邓小平权力监督思想的发展和创新。

1. 依法制权

依法制权是指坚持法律高于权力的原则，以法律制约权力运用的范围、限度、方式和程序，设定违法、不当使用权力的法律责任以及追究责任的制裁方式。在党的十五大上，江泽民同志提出："继续推进政治体制改革，进一步扩大社会主义民主，健全社会主义法制，依法治国，建设社会主义法治国家"①。依法制权的关键是健全法制和依法办事。如果说党的十五大之前我国的着力点是建立和健全各项法律制度，党的十五大则把依法治国，建设社会主义法治国家确定为国家发展的总目标。依法治国实质上就是依法制权，克服以权压法、权大于法的不正常现象。正如党的十五大报告所指出的，依法治国就是广大人民群众在党的领导下，依照宪法和法律规定，通过各种途径和形式管理国家事务，管理经济文化事业，管理社会事务，保证国家各项工作都依法进行，逐步实现社会主义民主的制度化、法律化，使这种制度和法律不因领导人的改变而改变，不因领导人的看法和注意力的改变而改变。

2. 以德制权

以德制权是指用社会主义的道德准则引导、监督、约束权力的行使。以德制权对权力制约能起补充和辅助作用。江泽民同志从我国社会主义初级阶段的实际出发，根据党和政府各级领导干部的现状，提出了以德制权、加强从政道德建设的一系列重要思想。江泽民同志认为，一些干部理想不明确，信念不坚定，把讲学习、讲政治、讲正气置之脑后；在经济发展的大潮中，部分领导干部在物质利益面前丧失了原则立场，对共产主义理想、信念产生了怀疑、动摇。造成这些严重问题的一个重要因素就是领导干部缺乏道德修养。因此，江泽民同志强调："我们在建设有中国特色社会主义、发展社会主义市场经济的过程中，要坚持不懈地加强社会主义法制建设，依法治国；同时也要坚持不懈地加强社会主义道德建设，以德治国……要把法制建设和道德建设紧密结合起

---

① 江泽民：《高举邓小平理论伟大旗帜，把建设有中国特色社会主义事业全面推向二十一世纪》，见《江泽民文选》，第2卷，28页，北京，人民出版社，2006。

来，把依法治国与以德治国紧密结合起来"①。以道德自律来警醒自己，以道德规范来约束自己，以道德修养来框限自己的言行。

　　3. 以制度制权

　　制度是监督的依据，没有健全的监督制度，监督就会显得软弱无力，难以达到监督的目的。长期反腐败斗争的经验说明，对权力监督不力的一个重要原因就是没有建立起相互配套的监督法规体系，使监督缺乏制度依据。江泽民同志反复强调制度建设的重要性，在总结、分析以往监督的经验教训和特权现象产生且屡禁不止的原因以后指出，必须建立、健全党内党外的、自上而下和自下而上相结合的监督制度。监督制度建设，一是要严格执行已有的、行之有效的各项规章制度，加强对执行情况的监督检查，对有章不循的要严肃批评，限期纠正，情节严重的要执行纪律；二是要根据新情况，针对暴露的问题完善已有的制度，逐步建立新制度，成熟一个颁布一个，逐步配套，为实施有效监督提供制度保证；三是要把加强制度建设同加强思想政治教育结合起来，用党员干部的党性和政治觉悟来保证制度的贯彻落实。

　　江泽民同志以德制权、以法制权、以制度制权的思想是有机的统一体。仅有以德制权，就会给坏人以可乘之机；而仅有以法制权、以制度制权，又不能从源头上解决问题，三者是相辅相成、互相作用的。

　　（四）胡锦涛同志的权力监督思想

　　以胡锦涛同志为总书记的党中央，根据我党长期执政和领导改革开放、发展社会主义市场经济的客观实际，创造性地回答了在新的历史条件下如何监督的问题，使马克思主义监督理论不断发展。

　　1. 注重加强教育，树立正确的权力观

　　胡锦涛同志十分重视党员干部的思想教育、政治教育和作风教育。他在中央纪律检查委员会历次全体会议上均提出要进一步抓好领导干部教育、监督和廉洁自律工作，要从思想道德教育这个基础抓起，不断夯实廉洁从政的思想道德基础，筑牢拒腐防变的思想道德防线。胡锦涛同志指出，领导干部作风建设是党的建设的一项战略任务，必须常抓不懈。加强领导干部作风建设是全面贯彻落实科学发展观的必然要求，是构建社会主义和谐社会的必然要求，是提高党的执政能力、保持和发展党的先进性的必然要求，是做好新形势下的反腐倡

　　---

　　① 江泽民：《大力弘扬不懈奋斗的精神》，见《江泽民文选》，第 3 卷，200 页，北京，人民出版社，2006。

廉工作的必然要求。只有坚持不懈地抓好领导干部作风建设，不断教育和引导各级领导干部按照科学发展观的要求切实转变作风，真正做到为民、务实、清廉，自觉发扬党的光荣传统和优良作风，自觉抵御各种腐朽落后思想观念的侵蚀，才能推动经济社会又好又快发展，才能形成共同构建社会主义和谐社会的强大力量，才能永葆先进性，才能切实把反腐倡廉工作引向深入。

2．注重制度建设，加强对权力的监督

胡锦涛同志指出，要按照结构合理、配置科学、程序严密、制约有效的要求建设权力监督制度和机制。他认为，我国现阶段存在的腐败现象是在经济体制深刻变革、社会结构深刻变动、利益格局深刻调整、思想观念深刻变化的条件下产生的，制度不完善、管理有漏洞是腐败滋生的一个重要原因，因此，要坚持通过深化改革加强制度建设，努力解决导致腐败滋生的深层次问题，做到用制度管权、管事、管人；要针对腐败案件易发、多发的领域和环节，建立健全相关制度，最大限度地减少以权谋私、权钱交易的体制、机制漏洞。

3．注重发展民主，加强对权力的制约

胡锦涛同志非常重视加强党内民主和扩大人民民主对权力的监督作用。他指出，要进一步发展党内民主，积极探索发展党内民主的有效途径和形式，健全党内议事和决策程序，认真贯彻民主集中制和党员权利保障条例，发挥各级党组织和广大党员的积极性和创造性，加强对领导干部行使权力的制约和监督，使领导干部自觉接受党组织、党员和群众监督。他还指出，人民当家做主是社会主义民主政治的本质和核心，对干部实行民主监督是人民当家做主最有效、最广泛的途径，必须作为发展社会主义民主政治的基础性工程重点推进。因此，要健全民主制度，丰富民主形式，拓宽民主渠道，依法实行民主选举、民主决策、民主管理、民主监督，充分保障人民的知情权、参与权、表达权和监督权。

三、国外监督思想综述

在政治思想史上，西方政治思想家也对权力监督进行了多方有益的探讨，留下了宝贵的思想财富。这些思想有些已转化为政治制度成果，决定和影响着西方国家的政治实践。梳理和研究国外的监督思想，对于丰富监督学的内容十分重要。这里主要介绍几种典型的国外监督思想。

(一) 政治原罪思想

政治原罪思想是基于"人性恶"和"权力恶"的假设提出的。"人性恶"假设认为，人本身就有趋利避害、贪图利禄的本性。"权力恶"假设认为，权力具有作恶和滥用的自然本性，权力会产生腐败，不受任何约束的权力必然导致腐败，即所谓"绝对的权力绝对地导致腐败"。人在行使权力的过程中必然会导致权力的滥用，侵犯公民的权利，因此必须建立权力约束机制，对权力的行使进行必要的监督和约束。在西方国家，政治原罪思想被社会所普遍接受，这种思想从资产阶级人性论出发，认为人一旦掌握了政治权力，就有可能被私欲所驱使而滥用权力，从而推出政治权力具有作恶的倾向，因而必须对政治权力进行监督。政治原罪思想的主要内容有以下几点：

第一，人性原罪思想。人性原罪是西方基督教的一个基本教理。人类原罪的说法来自于人类祖先亚当、夏娃的传说。人类祖先亚当、夏娃在伊甸园里生活，受到蛇的引诱后，夏娃偷吃了禁果，于是两人有了情欲、性爱和子孙，这一切都说明了人性的脆弱。一旦人性被邪恶挫败而失去了纯洁本真，反映人类灵魂完美、绝对善良的自然法就必然要被意定法所取代，即必须用理性的、外在的制度去制约人的易受诱惑的、恶的天性。人类原罪的论述意在说明人性恶，而尼采则把人性归之为"权力意志"，即人总是要千方百计地去攫取权力、征服别人、征服世界，而这种由权力欲所支配的人即是政治中作恶的主体。

第二，权力原罪思想。西方人普遍接受"权力有作恶和被滥用的自然本性"的观点，认为权力是一种工具，这种工具被性恶的人所掌握，就会变成作恶的手段。由于权力的这种本性，许多资产阶级学者都尖锐地指出，权力是要腐败的，绝对的权力绝对地导致腐败。马克斯·韦伯甚至说，权力即使在面临反对的情况下也有实现自己愿望的能力，也能够被滥用和借此贪赃。

第三，政治原罪思想。政治原罪是指在原罪的权力和原罪的人结合之后，人在夺取权力和行使权力的过程中会生出种种罪行。罗素在《权力论》中提出，在人类无限的欲望中，居首位的是权力欲和荣誉欲，这种欲望是永无休止的，只有在上帝的无限境界里才能得到安息。政治具有原罪性，因而握有权力的人在行使权力时出现滥用权力和贪赃就不可避免。孟德斯鸠说："一切有权力的人都很容易滥用权力，这是万古不易的一条经验"。在官僚制度出现之后，滥用权力则成了职业官僚的特权。爱森斯达在《各帝国的政治制度：历史上官僚社会的兴衰》一书中认为，只要政府借用官僚形式，政府官员自然会强烈意识到他们手中的职权赋予了自己个人特权，具体而言，就是拼命地运用职权以营私。由于政治原罪的存在，政治领域必须建立一定的制约机制对政治权力的行使给予必要的监督和约束，这是权力本性和人的本性的共同需要。

（二）法治主义监督思想

西方法治主义监督思想可以追溯到古希腊柏拉图、亚里士多德的政治哲学。柏拉图在《法律篇》中提出，服从法律的统治是监督得以实现的核心。他认为："如果一个国家的法律处于从属地位，没有权威，我敢说，这个国家一定要覆灭；然而，我们认为一个国家的法律如果在官吏之上，而这些官吏服从法律，这个国家就会获得诸神的保佑和赐福。"

近代，法治主义监督思想逐渐发展，内容主要有四：一是法律至上，即法律具有极大的权威，任何组织和个人都要服从法律的统治，都不能凌驾于法律之上；二是法律面前人人平等，任何人都必须接受法律的约束而不能享有特权；三是通过制定宪法、法律为权力行使划定明确边界，并保护和扩大个人的自由权利；四是防止腐败必须以权力制约权力，而以法律制约权力是实现权力制约权力的制度形式。

法治主义的监督思想是三权分立与制衡理论的重要思想来源，也成为很多国家宪法至上原则和有限政府理论的直接基础。法治主义监督思想所表达的法律至上、法律面前人人平等、服从法律、以法监督、以法制约等思想也成为西方各国监督制度的重要思想基础。

（三）自由主义监督思想

自由主义监督思想从限制公权力行使范围的角度，探讨对公权力的约束机制，强调公权力的行使界限。自由主义监督思想认为，由于权力滥用具有不可避免性，因此，不仅应该强调对公权力的行使过程、行使结果进行监督与约束，还应该从公权力的源头防止权力的滥用，即将公权力的行使限定在最小的范畴之内，以实现对权力的约束。

自由主义监督思想包括古典自由主义监督思想和新自由主义监督思想。古典自由主义监督思想以政府和市场的关系为出发点，从界定政府角色与职能的角度阐述了其监督主张。古典自由主义主张"管得最少的政府是最好的政府"，政府只是一种"必要的恶"，应将政府的职能限制在最小的范畴，政府只应扮演国家和社会财富"守夜人"的角色。新自由主义监督思想是在自由资本主义向垄断资本主义过渡中出现的，它继承并发扬了古典自由主义监督思想，摒弃了其中的不合理因素，重新审视政府的角色定位，认可了国家在维护自由权方面的作用。但新自由主义监督思想仍然坚持国家权力具有侵犯公意的危险，主张为防止权力的滥用，必须对权力的行使进行严格的限制和约束。而对政府权力监督的有效办法就是建立和加强行政系统内部的权力监督，即强化行政监察权的监督作用。

自由主义监督思想对西方国家的监督制度建设产生了重要影响。它从抽象原则和权力实践运作两个层面界定了政府权力的地位和性质，即行政权必须是有限的，需要其他权力对其进行监督和约束。当代，行政权力活跃以及政府职能的扩张已是不争的事实，只有严格的权力监督才能保证行政权力的规范行使，并保证公益和民主的实现。

四、中外监督思想的比较分析

从以上介绍中可以看出，中外监督思想的区别比较明显。不同的文化传统和历史发展进程形成了中西方不同的监督思想。中西方监督思想的异同，可以从哲学基础、权力制约机制以及权力制约主体等方面进行比较。

（一）中西方监督思想的哲学基础之比较

中国权力监督思想的哲学基础是"性善论"。在中国古代文化关于人性的讨论中，"性善论"占有统治地位。以孔、孟为代表的儒家认为，人天生具有善的本性，"人之初，性本善"，只要注意后天对善的本性的存养，"人皆可以为尧舜"。以"性善论"为哲学基础，中国古代思想家认为，作为统治者，只要自己修身养性，为臣民垂范道德人格，就可以实现天下大治。孟子曾说过："君仁莫不仁，君义莫不义，君正莫不正，一正君而国定矣。"（《孟子·离娄上》）

西方权力监督思想的哲学基础是"性恶论"。从古希腊开始，苏格拉底、柏拉图等先哲就开始了对人性论的探索。进入中世纪后，由于基督教绝对的精神统治地位，"性恶论"超越了一切关于人性的多种可能性的讨论。在西方文化中，"性恶论"对权力监督思想的形成有重大意义，正如马基雅维利所言，谁想要建立国家并制定相应的法律，都必须从"所有人都是恶的，并且只要有机会，他们总是准备表现自己邪恶的本性"这一假设出发。因为人性是恶的，所以需要以法来约束人，即使是最高君主也不例外。由于人性的不完善和不可靠，因此人性本性求助于宗教和法律制度的双重制约，这就为制度的建设与变革提供了合理性。在上帝面前人人平等，没有人能成为上帝之外的第二个道德裁判者，因此君主也要受法律制裁和监督。

（二）中西方监督思想的制约机制之比较

中国古代的权力制约机制以道德制约为主、法律制约为辅，"徒善不足以为政，徒法不能以自行"（《孟子·离娄上》）即是儒家"德法兼用"、"德主法辅"思想的简明概括。德治要求执政者"为政以德"，以道德约束统治者的权力，规范掌权者的行为。从中国古代的统治经验看，即或君主凌驾法律之上，不受法律制约，也害怕道德非议。汉唐以来每一皇帝嗣位，都由史臣撰写先帝"实录"，如实记载皇帝的言行，包括私生活。有的皇帝害怕其丑闻或者恶行被记入史书，常不得不接受臣下的进谏而约束自己的行为。我国古代这种以道德制约权力的机制，在实现过程中对君主本人的道德觉悟有很强的依赖性，因而近乎是一种空想。

西方从古希腊开始就有了以法律制约权力的权力制约观。在西方，法律在政治生活中居于核心地位，具有至上的权威。柏拉图在《法律篇》中提出，一个国家的法律必须拥有至上的权威，官吏必须服从法律，这显然是法律约束政治权力主张的萌芽。亚里士多德发展了这一主张，他认为，政治权力一旦专有或者不加限制，便有被滥用的可能，因此需要以法律制度消除权力的扩张。古希腊的这一思想在当时的政治实践中得到了充分的体现，例如，梭伦改革以立法形式确立了雅典民主政体。到了近代，资产阶级将"天赋人权"、"三权分立"、"法律面前人人平等"等一系列民主口号和理论以法律的形式确定下来，将政治权力纳入了法律的控制之中。

（三）中西方监督思想的权力制衡主体之比较

我国《宪法》第41条规定："公民对于任何国家机关和国家工作人员，有提出批评和建议的权利；对于任何国家机关和国家工作人员的违法失职行为，有向有关国家机关提出申诉、控告或者检举的权利"。《宪法》的这一赋权性规定，说明监督权是我国《宪法》赋予公民的一项基本权利，也说明了人民群众是我国权力监督的主体。

在西方，一些资产阶级思想家则把普通民众排除在了政治之外。孟德斯鸠认为，人民是完全不适宜讨论事情的，而且无论是大国或者小国，由人民议事有诸多不便，所以人民参与政府只是选举代表、制定法律而已。代表按地域由选民选出，有权决定具体问题；公民选举代表时应该有投票权，但"那些社会地位过于卑微以至于被认为没有自己意志的人则除外"。他认为，那些在家庭出身、社会地位、个人声望、私有财产等方面具有优势地位的人的意见，对于国家的稳定有重要作用。他看到了"贵族团体"和"平民团体"的差别和对立，因而主张分别成立立法机关的两院，即上议院和下议院。可见，孟德斯鸠所主张的分权从本质上是"阶级分权"。

由于历史、国情的不同，中西方权力监督思想存在较大差异，但这种差异并无优劣之分。我国致力于发展社会主义民主，防止滥用权力，消除各种权力腐败，因而认真总结不同历史时期、不同社会制度、不同国家的经验教训，对于我国监督和反腐败制度建设是十分必要的。

第二节   监 督 理 论

监督理论是监督思想不断发展和完善的结果，是在对监督思想不断进行论证、推理、演绎、归纳的基础上所形成的系统化、理论化的监督思想。综合中西方监督制度和实践，比较重要的监督理论有：

一、人民主权理论

人类早期民主思想中就蕴涵着人民主权的观念，古希腊文中"民主"一词的原意即是"人民的统治"。古希腊奴隶主民主政治的杰出代表伯里克利把民主制度解释为政权在全体人民手中的制度。亚里士多德认为，参与城邦的最高治权是公民的本质特征。

人民主权理论首先由荷兰政治思想家格劳秀斯提出。他认为，"国家是一群自由人为享受权利和他们的共同利益而结合起来的完全的联合。国家起源于契约，但在通常情况下是人民把他们的主权交给了统治者。统治者在明显地篡权或公然滥用权力时，人民具有反抗统治者的权利"。这一观点为人民交出权力组成国家时保留了"反抗权"，也为人民监督政权的权利设置了空间，为统治者行使权力应受到监督提供了理论依据。其后，英国思想家洛克和法国思想家孟德斯鸠等人对人民主权理论作了进一步论述。洛克在提出分权制衡理论的同时，还提出了人民具有革命权的思想，并且他还认为，人民平时就要有预防权力滥用的办法，这个办法就是法律。人民的立法权是不可以转让的，法律是高于一切的，它对政府本身就有绝对的效力。孟德斯鸠也强调了法制的健全和法律的权威。

卢梭认为，民主国家是在社会契约的基础上产生的，每个缔约者毫无例外地向它交出了自己的全部权力，因此每个公民都是国家权力的主人。公民之所以要订立契约结成国家，目的就是要保证自己的自由平等权利。国家为了实现这一目的，就需要有一种基于"公意"的强制性的统治权力，即主权。国家主权应当属于人民（主权者、公民集体）。卢梭还认为，主权是不可转让、不可分割的，是绝对的、至高无上的、神圣不可侵犯的，人民把权力委托给政府，政府是主权者的执行人，是人民的仆从。政府如果不按人民的意志活动，人们就可以撤换它。"行政权力的受任者绝不是人民的主人，而只是人民的官吏，只要人民愿意就可以委任他们，也可以撤换他们"。

人民主权理论从国家起源出发，确定了国家权力的地位，将国家权力置于人民主权即立法权之下，找到了人民对国家权力监督的必然性与合理性。人民主权理论中的全民公决、权力监督、法律至上等内容，都是对权力被滥用的防范和补救措施，是现代民主政治的基本内容和特征。

社会主义国家普遍认为国家的一切权力属于人民。马克思主义的人民主权理论对社会主义国家的政治制度建设有着重要影响和决定作用。马克思、恩格斯等把卢梭的社会契约的人民主权理论扬弃为历史唯物主义的人民主权决定论。该决定论认为，国家的合法性来自于人民的认可，人民才是真正的国家统治者，是历史发展的决定者，国家只是人民权力的外在表现形式。人民主权以人民"公意"为代表，因此，无产阶级的民主共和国要真正建立起"通过人民自己实现的人民管理制"。人民主权处于至高无上地位的外在形式就是法律，因而"立法权力是属于人民的，而且只能是属于人民的"，法律是人民意志的自觉表现，同人民意志一起产生并由人民意志所创立。

在强调了人民主权至上后，马克思主义经典作家还结合法兰西、苏联的革命实践，把人民主权原则融入了党建学说，提出了人民主权原则的马克思主义政党理论。马克思主义政党以代表最广大人民群众的根本利益为己任，人民主权是党性原则之所在。但是，人民主权具有不可分割、不可让渡、不可转让的特性，因此，马克思主义政党的人民主权特征并不能等同于人民主权本身，这使得马克思主义政党在变为执政党后，要始终坚持国家主权来源于人民的原则。

二、分权制衡理论

近代西方资产阶级的三权分立学说，同样是在反对封建专制的过程中产生的。一些思想家（洛克、孟德斯鸠）鉴于君主专制制度下个人大权独揽的弊端，提出了由不同个人和社会集团分掌国家部分权力并互相制约的主张。

洛克在《政府论》中提出把国家权力分为立法权、执行权和对外权，并论述了人民对国家权力的制约问题。他指出，立法权虽然是一种最高权力，但它只是一种受委托的权力，当人民发现立法者的行为与他们的委托相抵制时，"人民仍然享有最高的权力来罢免或更换立法机关，并重新授予他们认为最有利于他们的安全和保障的人"。执行机构握有国家实权，如果它利用这种权力来阻碍立法机关正常行使职权，立法机关就可以发动人民，用强力把它推翻。他说："对于滥用职权的真正有效的纠正办法，就是用强力对付强力。越权使用强力，常使使用强力的人处于战争状态而成为侵略者，因而必须把他当做侵略者来对待。"

孟德斯鸠关于国家权力的划分较之洛克更为完善。他提出，每个国家都有三种权力，即立法权，行政权，司法权。"依据第一种权力，国王或执政官制定临时的或永久的法律，并修正或废止已制定的法律。依据第二种权力，他们媾和或宣战，派遣和接受使节，维护公共安全，防御侵略。依据第三种权力，他们惩罚犯罪或裁决私人争讼。"孟德斯鸠认为，一切握有权力的人都容易滥用权力，所以三种权力必须分别交由不同的人和不同的机构来行使。防止权力滥用的途径就是使每个人和每个机构掌握的权力都有一定的界限，使权力的运用到此必须停止。"从事物的性质来说，要防止滥用权力，就必须以权力约束权力。"

综上所述，分权制衡理论所提倡的一些基本原则对西方资产阶级国家政权体系的产生和发展起了重要作用，是监督的另一个最直接的理论依据。

三、议行合一理论

议行合一理论是指立法权、行政权等权力都同属于一个国家最高权力机关，即同属于由人民直接或者间接选举代表组成的人民代表机关，国家行政机关和其他国家机关都由人民代表机关产生，并对人民代表机关负责，受人民代表机关监督。国家权力机关与其他国家机关之间不是分权关系，而是基于职能不同的分工关系，其他国家机关隶属于国家权力机关。国家权力机关不受其他国家机关的制约，只对人民负责，受人民监督。

法国启蒙思想家卢梭指出："制定法律的人要比任何人都更加清楚，法律应该怎样执行和怎样解释。因此看来，人们所能有的最好的体制似乎莫过于能把行政权与立法权结合在一起的体制了。"卢梭在《社会契约论》中提出有关立法权、行政权统一于一种主体的学说，被人们看做议行合一思想的近代渊源。马克思在吸收卢梭的直接民主思想的基础上，总结巴黎公社的实践经验，提出了著名的议行合一原则。他在《法兰西内战》中指出，公社不应当是议会式的，而应当是同时兼管行政和立法的工作机关。马克思的这一名句后来被人们认为是巴黎公社的议行合一原则。列宁的思想与马克思的思想一脉相承，他在领导俄国革命的实践中也肯定了议行合一。他在《关于苏维埃政权的民主制和社会主义的性质》一文中指出，苏维埃不仅把立法权和对法律执行的监督权集中在自己手中，而且通过苏维埃的一切成员直接地实施法律，以便逐步过渡到全体劳动人民行使立法和管理国家的职能。

在我国，早在第二次国内革命战争时期，我党领导人民在苏区建立的苏维埃政权实行的就是议行合一制度。新中国成立后，我国吸取国际无产阶级的政权建设经验，结合中国的具体实践，创建了人民代表大会制度。我国宪法明确规定，中华人民共和国的一切权力属于人民。人民行使国家权力的机关是全国人民代表大会和地方各级人民代表大会，全国人民代表大会和地方各级人民代表大会都由民主选举产生，对人民负责，受人民监督。国家行政机关、审判机关、检察机关都由人民代表大会产生，对它负责，受它监督。根据民主集中制原则建立起来的国家机构就是议行合一的国家机构。

四、新滥用权力理论

"新滥用权力"是相对于传统滥用权力的含义而言的。滥用权力原指超越法律界限而胡乱地、过度地使用权力，新滥用权力不仅有这一含义，还有权力在合法范围内不合理使用的含义。这种对滥用权力的理解是当代行政权力不断扩张的结果。以滥用权力的目的为标准，新滥用权力理论将滥用权力分为两种类型，一是金钱目的的滥用权力，二是非金钱目的的滥用权力，后者多指具有隐蔽性、貌似合法而实质不合法的各种官僚主义和不当行政。

20世纪中叶，法国率先发展了孟德斯鸠的"滥用权力"理论，提出了"新滥用权力理论"。该理论认为，滥用权力既包括不合法使用权力，也包括不合理使用权力，虽然二者均侵害了公民权益和公共利益，但前者可以通过合法性审查予以纠正，而后者通常具有合法的外衣。新滥用权力理论的最大特点是强调用现代价值标准衡量政府的行政行为，政府的某些合法行为因不合理、不公平也属于滥用权力，而滥用权力者均应接受司法审查。基于新滥用权力理论，法国的行政法院在"越权"之诉中，在原有的无权限和形式缺陷理由外，新增加了权力滥用的理由，在行政诉讼中被广泛运用，取得了一定的社会效果，成为对自由裁量权司法控制的有力武器。

新滥用权力理论对各国的权力监督和廉政建设都产生了积极的影响，一些国际组织（例如"透明国际"）专门从权力公开和透明的角度评估一个国家和地区的廉洁指数，以此来推动权力制约和监督的运动，促进廉洁政府的建设。

案　例

马伯里诉麦迪逊案

在 1800 年美国总统大选中，联邦党候选人约翰·亚当斯（时任美国总统）落选，民主党候选人托马斯·杰弗逊当选。新总统定于 1801 年 3 月 4 日正式就职。

为了日后联邦党人能长期控制司法机关，亚当斯在杰弗逊正式就职前采取了一系列紧急措施，例如任命他的国务卿约翰·马歇尔为联邦最高法院首席法官、成倍增加联邦法官人数、在哥伦比亚地区任命 42 名治安法官等。以上新增法官人选全由亚当斯总统提名，也全都是联邦党人。1801 年 3 月 3 日，这些人选由参议院连夜批准，由亚当斯总统连夜颁发委任状。但是，由于时间过于匆忙，有些委任状并未发出，而 3 月 4 日新总统就上任了。

新总统杰弗逊就职后，命令他的国务卿麦迪逊扣发了这些委任状，以减少联邦党人对司法的控制，马伯里就是被任命为治安法官而又未拿到委任状的人之一。为此，马伯里与其他几个未拿到委任状的人一起，请求联邦最高法院向执行部门颁发执行命令，发给委任状。因为，根据《司法条例》（美国国会 1789 年颁布）第 13 条的规定，联邦最高法院有权对公职人员颁发执行命令。

联邦最高法院根据马伯里的申请，命令国务卿麦迪逊说明不颁发委任状的原因，以考虑如何处理此案。但杰弗逊和麦迪逊对联邦党人控制下的法院极为轻视，认为在理论上，民选的代表即使不具有绝对的最高性，也具有相对的独立性，否认司法机关有权向执行机关发布司法命令。此外，经过改选，国会已控制在民主党人手中，并且正在对上届国会通过的巡回法院法案展开激烈辩论。在这种形势下，如何判决马伯里一案，最高法院处于两难境地：如果驳回马伯里的请求，显然是向杰弗逊的民主党屈服；如果颁发委任状，杰弗逊和麦迪逊显然不会执行，从而贻笑全国。采用任何一种做法都会形成行政和立法两部门不受司法部门牵制的危险局面。

1803年，联邦最高法院运用司法审查的手段摆脱了两难境地。首席法官马歇尔在他起草并经联邦最高法院全体法官同意的判决书中，先是承认马伯里被任命为法官是合法的，他有权得到委任状，而总统和国务卿不予颁发是没有理由的，马伯里的正当权利由此而遭到侵犯，有权得到补偿。其后他却又说，联邦最高法院不能颁发这样的执行命令，因为它超出了《美国宪法》第3条关于最高法院管辖权的规定。根据《美国宪法》第3条的规定，联邦最高法院除对极少数案件有第一审管辖权外，只能审理上诉案件，因而《司法条例》第13条的规定是违宪的。最后，他就联邦国会立法权的界限、宪法的最高法律地位、法院何以有审查法律的权力等问题作了长篇论证，明确宣布"违宪的法律不是法律"、"阐明法律的意义是法院的职权"，以此开创了美国联邦最高法院审查国会法律的先例。

案例思考题

从马伯里诉麦迪逊案中，分析司法权对立法权、行政权的制约，思考权力分立与制衡机制。

重要概念

1. 政治原罪思想　　2. 法治主义监督思想　　3. 自由主义监督思想
4. 人民主权理论　　5. 分权制衡理论　　　　6. 议行合一理论
7. 新滥用权力理论

思 考 题

1. 简述监督思想、监督理论、监督实践之间的关系。
2. 简述中国古代监督思想的发展历程。
3. 试述中国当代监督思想。
4. 试述西方监督理论及其实践。
5. 马克思主义人民主权理论与西方人民主权理论有何差别？
6. 试比较中外监督思想的异同。

第三章
中国监察制度的演进

本章阐述了中国历代监察制度的演进。中国古代监察制度从秦汉发展到清末，其职权日益完备，在历代发挥了加强统治、维护统一等重要作用。近现代监察制度部分继承了中国古代监察制度的成功之处，体现出不同特色。红色根据地和解放区的监察制度更多地体现为较强的目的性，为中国的民族解放事业服务；中华民国的监察制度虽较完备，但缺乏实效；新中国的监察制度具有强烈的时代特色，充分体现了其在革命和建设中的重要作用。

第一节　中国古代监察制度

一、中国古代监察制度概述

对执政者进行有效的监督是保证国家机构正常运转的重要环节。中国古代对执政者的监督主要包括两方面的内容：一方面是君主对臣下的监督，一般称为"监察"；另一方面是臣民对君主的监督，通常称为"谏"。历代君主为了加强统治，及时检举、纠察和制止官吏中的玩忽职守、违法乱纪、贪污腐败等现象，建立了一整套由君主直接控制的监察体系。古代对官吏的监察，有对"京官"和对"外官"的监察之分。京官是指中央机关和京都地方的官吏，外官则主要指地方官吏。对京官的监察旨在防止违法乱纪、贪污受贿、结党营私、玩忽职守，推动国家政令法律的实施等；对地方官吏的监察除上述内容外，还有防止分裂割据，在更广泛的范围内整饬吏治的用意，是维护国家的统一和中央集权制度，维护法律秩序的重要保证，具有重要的意义。中国古代监察制度历史久远，大体上可以划分为五个阶段。

（一）第一阶段：先秦时期中国古代监察制度的萌芽与逐步形成

中国古代监察制度是在战国末年至秦统一中国这一时期确立并发展起来的，但是监察作为社会特定职能的产生，可上溯到春秋时期。

中国原始社会晚期，固有的权力所有者与执行者之间出现了分离，简单的对权力执行者进行监督的机制逐渐形成。这种机制体现为：一方面是部落联盟首领须接受民主性监督，另一方面是部落联盟首领对所统辖的地方部落首领进行监督、巡察。

夏商王朝的建立，使权力监督的性质、格局发生了变化，开始以维护专制王权为价值取向，以诸侯、官吏为监督对象。这一时期，首先由王承担权力监督职能，其主要形式是巡狩，巡狩的主要目的是考核方国诸侯政绩以及地方官吏的执政情况。这一时期还规定诸侯要定期朝觐述职，以对其进行监督考核。商王派驻"四方之史"长驻方国，也负有巡查、监督之责。殷墟发现的卜辞中，有"朕御史"、"我御史"、"北御史"的记载，虽然此处的御史与后世作为监察官的御史有所不同，但其记言、记事之外的部分职能，已反映了早期的监察意识。另外，在夏商制定的法律中已经出现了针对官吏犯罪的规定和罪名，已开始重视运用法律管理官吏，为权力监督提供了依据。

西周时期，出现了监督机构专门化的趋势，监督方式也渐趋多样。随着疆域的扩大，王亲自进行的巡察逐渐减少，取而代之的是有固定职守的官吏或周王派出的使者。此时随着政权机构的发展，负有监督职责的职官增多。如大宰、小宰、宰夫、太史、御史等都有监督职责。行使监督职权的官吏的增多，监督职权的扩大与监督事项的扩展，表明权力监督机制的发展。但是，这一时期监督职权多为官吏的兼职，尚无专门履行监察权的官吏和机构，也还没有专门的监察法规。

在西周还出现了对王谏议的监督方式，其中包括贵族谏议、专职官吏进谏、国人谤政等，这些对于集中统治经验和智慧，了解民间舆论，保证决策正确和改正错误，具有重要的作用，但这些监督都缺乏确定的制度保证。

春秋战国时期，贵族世袭的"世卿世禄"制逐渐废除，封建的职业官僚制度逐步建立起来。在废除封邦食邑的分封制的同时，逐步形成中央与地方一体的郡县制度。专制主义中央集权的政治制度，为古代监察制度的确立和发展奠定了政治基础。同时监察立法也得到了一定发展。这一时期，君主加强了对臣下的监督。齐、魏、赵、韩、秦等国君主派掌管文书档案的御史（楚国称为御书）监察朝廷与郡县官吏。各国君主对地方郡县的巡行视察和对各级官吏的考核也都是重要的监督方式。另外，春秋时期已经开始出现专职谏官，谏议逐渐走向制度化。监察制度的正式形成是在战国末年。秦统一六国之前，在中央设置"御史大夫"，负责监察文武百官。御史大夫一职的设置，标志着中国古代监察制度的正式形成。

（二）第二阶段：秦汉魏晋南北朝时期御史机构与监察制度的发展

秦统一以后，仍以御史大夫主管监察。在地方各郡设有监御史，专职负责监督和纠察各地各级官吏的活动。

西汉初年，承袭秦制设御史府，长官仍为御史大夫，地位仅次于丞相。御史府的职责一是保管宫廷图书档案，一是监察朝廷和郡国长官。汉武帝时增设丞相司直和司隶校尉作为监察官员。为了加强对地方的控制，汉武帝将全国分为十三部（州），每部（州）由皇帝任命刺史一名，对地方官吏进行监督纠察。刺史专门监察全国地方官吏的政治制度由此形成。

东汉时期进一步加强了监察制度。御史台转隶少府，成为专门的监察机关，不设御史大夫，以御史中丞为长官。对朝廷百官的监察主要由侍御史负责。东汉将全国分为十三州（部），京师附近为司隶校尉部，以司隶校尉为长官，司隶校尉既是京官，又是地方官，主管察举中央百官违法者和本部各郡事务。在其他十二州（部），各设刺史一人，以监察地方。

魏晋南北朝时期，基本上沿袭汉代的御史建制，设有御史台，并分设御史大夫、殿内御史、治书侍御史、监察御史、检校御史、侍御史等职以及郡县一级的刺史监督机构，逐步发展和完善了监察法制，使监察机构成为以监察官员法纪为主的国家司法的重要组成部分和具有独立性的国家权力机构。

（三）第三阶段：隋唐五代时期一台三院制的建立

隋唐五代时期是中国古代监察制度进一步完备的阶段。隋唐五代时期，以官吏监督和言官谏议为主要内容的监察制度有了很大的发展。

隋代曾设御史、司隶、谒者三台，负责百官法纪监察。唐代进一步完善机构，明确职责，以御史台为最高监察机构，以御史大夫为御史台最高长官，御史中丞为副长官。御史台之下又设台院、殿院、察院，形成一台三院制，三院分别设侍御史、殿中侍御史、监察御史等，分工负责各方面的监察事宜。御史的职责明确规定为执行国家刑律、官吏行政考课及法纪监察。御史监察成为国家行政管理和法纪监督中的重要内容，从而对国家管理产生重大影响。唐代为了进一步加强中央对地方的控制，还建立了地方监察制度。把全国分为十道，

"凡十道巡按，以判官二人为佐，务繁则有支使"。唐玄宗时又改分全国为十五道，每道派高级官员一人，称巡察使，或称按察使、采访使。唐代的监察制度已相当发达和完备，不仅在当时的政治生活中起着显著作用，而且对后世有重大影响。

（四）第四阶段：宋元时期御史台的进一步发展

宋代从建立之初开始，中央集权即不断加强，逐步建立起一套以台谏机构为核心的监察系统。宋代以御史中丞为御史台长官，御史台有侍御史一人，殿中侍御史二人，监察御史六人。在对地方的监察方面，路一级的转运使和提刑按察使，皆有举刺官吏之责。州府一级，设通判。通判为州府副长官，有监察所在州府官吏之权。

元代中央监察机构仍为御史台。长官为御史大夫，下设御史中丞二人、侍御史二人、治书侍御史二人。御史台设殿中司和察院，殿中司有殿中侍御史二人，察院有监察御史 32 人。元代在地方设行御史台，全国划分为 22 个监察区，即二十二道，分隶于御史台和行御史台。元初，诸道有提刑按察司，后改为肃正廉访司，每道设肃政廉访使二人。设置行御史台使御史台由单纯的中央监察机构，转变为全国性的监察系统，御史台对地方的间接监察，变成了直接监察。地方监察机构与中央监察机构形成组织上的隶属关系，提高了地方监察机构的权威性，加强了中央对地方的控制。

宋元时代的监察与隋唐时代相比较，最突出的是言察相混，其原因一是御史兼任言谏，二是元代轻言重察，因此造成了监察制度中言谏的逐步衰弱，这是古代监察制度的一个重大转折。再者是加强了对御史监察官员的反监。在尚书省特设有都侍御史，其职责就是监察御史的失职违法，这是中国古代监察制度中的一个进步。还有一点，对地方官的监察大为增强，这使汉至唐代一向重中央轻地方的趋势得到根本扭转，相应地也使地方官吏的法制水准得以提高和增强。中国职官监察制度的严密和成熟，当推唐与元两代，唐的贡献在于中央监察机构的职能完备化，元则是对地方监察职能的强化。

（五）第五阶段：明清时期院科道监察体系的完善与古代监察制度的瓦解

明清时期的监察发生了突出的变化，由以前的台院制演变为都察院科道制，台院逐渐合并，察监言职合一，言谏功能削弱，君权日增。君主专权达到高峰，监察机构也更为集中和简化。

明初改御史台为都察院。这一改变不但是名称的变动，在机构设置和职权上也发生了一些重大变化。首先是一院四司制的建立，改唐宋的一台三院为一院四司，即改唐宋的御史台及台院、殿院、察院为都察院及经历司、司务厅、照磨所、司狱司，分司处理京官朝臣的法律监督；其次是在都察院设置十三道监察御史，在内主纠百司之官，在外出任巡按，代天子巡察；同时设立六科给事中，分科监察六部百司之事，主要是章奏、言论。因此又称作科道制。这样的分层次监察，明确规定了对中央和地方官员分道而察，对司法机构与监察机构实行反监，这就体现了朝野分治、科道并施的吏治原则，标志着封建社会的监察制度已经成熟。

清代都察院仍为最高监察机构。雍正年间，将拥有封驳职权的六科并入都察院。都察院的长官是都御史和副都御史。都察院下辖十五道和六科，其长官分别为十五道监察御史和六科给事中。清代以省为地方设置，提刑按察使司为省级监察机关，其监察机构与职能与明朝一脉相承，大同小异。清代加强了监察制度的建设，制定了最完备的监察法规，监察职能和监察对象进一步扩大，使中国古代监察制度发展到了顶点。

明清时期监察的目的更倾向于强化皇权以及由皇帝直接控制对官吏的法律处置权。这就使监察机构在发挥其职能时丧失了有限的独立性，在一定意义上仅仅作为帝王的耳目而存在。清末吏治腐败，贪污成风，监察制度严重失效，随着君主专制制度的动摇，中国古代监察制度逐步走向瓦解。

二、中国古代监察机构领导体制及其职权

广义的中国古代监察包括对官吏的监察、弹劾和对君主的谏诤，这里所说的监察是狭义的，仅指对官吏的监察和弹劾，对君主的谏诤将在后面叙述。中国古代各个时期监察机构的领导体制与监察权既有共同之处，也有明显的不同。先秦时期，中国古代的监察制度尚处于萌芽和逐步形成的阶段，关于中国古代监察机构的领导体制与职权，本节从秦汉时期开始介绍。

(一) 秦汉监察机构领导体制及其职权

秦始皇统一中国，在全国范围内建立起自上而下的御史监察制度，设置御史府作为总管图书档案和监察官吏的中央机构，御史府的长官御史大夫位列三公，与丞相、太尉共处国家中枢地位，但此时的御史大夫作为监察长官，同时又是丞相的副职，受到丞相的辖制，监察还没有成为独立于行政之外的政治实体。

秦代的御史府负责监察朝廷百官。地方各郡的监御史，专职负责监督和纠

察地方各级官吏的活动。

汉初因袭秦代监察制度，在此基础上，随着统治区域的扩大、行政部门的增多，逐步建立起了更加严密的监察制度，中央集权制度得到空前加强。汉代的监察机构包括中央与地方两级，对朝廷与郡县官吏分级监督与监察。

汉代监察机构几经变更。在中央机构方面，汉初设御史府，由御史大夫任其长官，职掌监察和执法，如纠举官吏，典掌刑狱，收缚、审讯有罪官吏等。御史大夫为丞相辅弼，有副丞相之称，当丞相一职出缺时，可依次序升迁，处理政务时多与丞相协调行动，如有分歧，由皇帝裁决。御史大夫的属官有御史中丞和侍御史等，侍御史直接隶属于御史中丞。此时的御史大夫兼有行政和监察长官的性质。这种监察组织形式，存在着严重的弊端。御史大夫受制于丞相，致使监察机构对行政的监督受到局限和制约，也容易造成御史大夫与丞相之间的摩擦。

汉武帝后期，为了加强监察京师百官和三辅（京兆、冯翊、扶风）、三河（河东、河内、河南）、弘农七郡，又专设司隶校尉一职，秩二千石，有治所在长安。司隶校尉几乎无所不察，对下而言，居中央而职司地方督察，更有强大威慑力量。

西汉末年至东汉初年，监察机构及其职权发生了重大变化。西汉成帝时，依据御史大夫何武的建议，设三公官，改丞相为司徒，太尉为司马、御史大夫为司空。司空作为副相分管土木营造等，不再管监察。与此同时，专设了御史台，以御史中丞为主官，以司监察。御史台的建立和中丞制的实行是中国古代监察制度发展的重要标志，相对独立的专职监察机构由此建立起来，监察与行政分离的趋势也由此明显地表现出来。

东汉初期，光武帝在监察制度方面有所调整和强化，采取了一系列加强监察的措施，对御史中丞的地位和司隶校尉的职权进行了较大的调整。光武帝上承西汉末年的调整，确认御史大夫改为司空，不常设，且不再负监察之责，而是负责重大水利工程。御史中丞为中央最高监察机构御史台（府）的长官，职掌监察百官。此时的御史中丞隶属于少府，而不隶属于司空。御史台亦称"宪台"或"兰台寺"。兰台本为宫中收藏图书秘籍之处。因此，御史中丞还兼管兰台"秘书图籍"。

御史中丞下有治书侍御史二人，掌管对法律条文的解释，侍御史十五人，掌管察举官吏违法，接受公卿、郡吏奏事、刻印、斋祀等。官吏朝见或皇帝祭天、祀庙及其他大典时，侍御史或御史中丞都要到场监察威仪。侍御史还奉旨安抚郡国，出督军旅，收缚、审问有罪官员。

司隶校尉的职权也有所扩大。汉成帝时曾将此官废除。东汉初复置，并在原先权力的基础上，领一州，秩二千石，主管察举中央百官和本州事务。对封侯、三公以下，无所不纠。地位甚至高于御史中丞。东汉光武帝对御史中丞和司隶校尉与当时总领纪纲的尚书令同样看重，特诏朝会时三官"会同并专席而坐"，称为"三独坐"。

汉代中央对地方的监察，最初是采用两种方式。一是派员长驻，在诸郡是沿秦制设监御史，在封国是由中央委派的傅、丞相、中尉对王、侯负监察之责。二是不定期派监察御史监察各郡。

汉初的地方监察体制不久就暴露出了明显的弱点。一是设郡越来越多，继续实行监御史制不便管理。在当时交通、信息传递与处理落后的情况下，对地方监察的管理显得头绪纷繁，难以处理。二是诸侯王国屡屡叛乱，而中央委派的有监察之责的官员还往往参与策划和密谋。三是御史监察已不可信。汉文帝时，就发现了"御史不奉法，下失其职"（《通典·职官一四》）的现象。这种情况显然不利于中央对地方的控制。

为解决这些问题，汉武帝在元封五年（公元前 106 年）建立了刺史制度，分天下为十三州部，每州为一监察区，设刺史一人，秩六百石。对郡国长官的监察，主要由刺史负责。刺史每年八月开始到各郡国巡察，称为"行部"，年底到京城汇报工作，其余的时间在治所受理吏民告发等事。当时对刺史的职责和监察方式等都有严格的规定。

刺史监察的主要对象是州部内的各郡守。监察的内容是汉武帝制定的《刺史六条》，其中除一条涉及地方豪强外，其余五条都与二千石即郡守有关，包括不遵奉诏令、断狱不公、选举不平、不能约束子弟与当地豪强勾结等。刺史监察不能超出六条，否则即为违法，要受到惩处。刺史对监察对象只能"劾奏"，没有罢免、处罚和代治之权。刺史采取巡行方式，无固定治所。刺史由御史中丞统属，受御史中丞和丞相司直监督。这就将刺史置于双重监督之下，使其轻易不敢有非法之举。

刺史由皇帝直接委派，垂直向下延伸皇权，没有任何官僚可与之抗衡。刺史的职权明确，任务单一，除监察外，别无他务，且监察对象以二千石为主，纠葛牵扯较少。刺史秩卑，有功却有厚赏，且任职九年才有望迁高官，因此，刺史往往近顾厚利而远瞻高官，竭尽全力去监纠非法。刺史对下可以"威风大行"，对上不仅秩卑，其活动行为要受御史中丞和丞相司直的监督，其劾奏亦要经"三公案验",能较好地保障其不脱离正确执行监察的轨道。

刺史制度对加强控制地方郡守起了重要作用,促进了吏治的清明,维护了地方的稳定。但是在武帝之后,特别是东汉以后,刺史制度逐渐异化,最后终于成为皇权的分裂者。这主要是自东汉以后逐步扩大了刺史的职权范围,使其获得地方的政权、兵权,发展成为权倾一方的地方长官。

从武帝起,和刺史制度相配合的还有一种监察特使,由皇帝临时派遣办理专案,称绣衣御史,或称绣衣直指、绣衣直指御史等,是侍御史的一种,隶御史中丞,只是不常设置。绣衣御史专办大案要案,出使时持节杖、衣绣衣,有发郡国兵的权力,可以独断赏罚,直至诛杀地方官员。新莽时,改称绣衣执法。东汉时,曾选派朝官为特使巡察州郡,刺史亦在督察之列。

另外,还有丞相的高级助手丞相司直协助其督录州郡、纠劾不法。丞相司直秩二千石,直到东汉,其职司虽有变化,但地位一直很高。

郡国长官对属县的监察,西汉初年曾遣都吏巡行属县。西汉中期以后,设置专门的监察官员督邮。督邮作为郡国守相的耳目,职权颇重,除其主要职责督送邮书、督察郡内各县外,还兼及宣达教令、案系盗贼、点隶囚徒等事。县长官派廷掾巡察各乡。

御史台、司吏校尉、州刺史三套监察机构。各自为用又相互配合,加强了皇帝对百官的控制,强化了中央对地方的监督,客观上对于防止政治腐败和提高政府工作效率,都有重要的促进作用。

由上述可以看出,汉代监察制度较秦更加严密。这主要表现在:首先,建立了由皇帝直接控制的既有分工、又相互补充的多路并行的监察机构,国家所有官员都被置于多方位的监督之中;其次,监察重点放在要害地区和中高级行政官员;再次,开始区分监察权和行政权。

(二)魏晋南北朝监察机构领导体制及其职权

魏晋南北朝时期政局多变,君主为了稳定政权,防止大权旁落,不断加强对各级官吏的监察,逐渐形成了多层次、多渠道的官吏监察机构。全国的最高监察机构是御史台,亦称"兰台"、"南台"、"宪台"。曹魏时,御史台从少府独立出来,成为直接由皇帝操纵的高级监察机关,其长官御史中丞,总领全国监察事务,世家显宦一般不得担任御史中丞,以免其有所瞻徇回护。御史中丞下设治书侍御史二人,分统若干侍御史。侍御史分曹纠察。西晋时的侍御史九人分吏、课第、直事、印、中都督、外都督、媒、符节、水、中垒、营军、算、法等十三曹办公,涉及国家行政活动的各方面。另有殿中侍御史若干人,掌管宫廷礼仪法度方面的监察。又有符节御史（亦称符节令史），掌授节、铜武符、竹使符。

魏晋时期的司隶校尉，权力有所扩大，与御史中丞分督百僚。在制度上，御史中丞与司隶校尉略有分工，前者专纠行马（宫门和官府前拦阻人马通行的木架）之内，后者专纠行马之外，但实际上往往并无限制。

魏晋南北朝时期，皇帝还让尚书台（省）介入监察事务。尚书令与御史中丞更相廉察，左仆射和左丞则具体办理纠弹之事。尚书台（省）与御史台相互牵制，既可以减少监察失误，又利于皇帝控制监察。南北朝时，还不断有门下省介入监察之事。

这一时期，在单线垂直型的御史台监察系统之外，还有横向型的各部门和地方州、郡、县自身的监察系统。例如尚书台（省）的左丞"主台内禁令"，"得奏弹（尚书）八座"（《唐六典·尚书都省》）。州设都官或治中从事、部郡国从事、功曹从事等。郡有功曹史、五官掾、五部督邮等，县有功曹史、吏曹史等，分别负责对所辖地区下属官吏的监察工作。由此形成从中央到地方、上下通达、纵横交错的严密的监察网络。

对于中央各部门的官吏，监察的方式主要是"纠弹"，即严密监督各级官吏，对违反典制礼仪和法律者，随时予以检举和弹劾。魏晋以来，御史台纠弹的范围逐步扩大。"初不得纠尚书，后亦纠之"，乃至于"自皇太子以下，无所不纠"（《通典·职官六》）。对中、高级官员的"纠弹"，由御史中丞负责。治书侍御史则"举劾官品第六以下"（《隋书·百官上》）。在监察工作中，御史台采取督察与举报相结合的做法，鼓励社会上检举官吏不法之事。当时还特准御史"风闻弹事"，就是不必掌握真凭实据，仅凭传闻即可进行弹劾。御史台的权力因此而进一步扩张。

中央对地方官吏监察的方式主要是不定期派官员巡察和地方长官自察下属官吏。魏晋以后，汉代的州由监察区变为行政区，在州成为地方最高行政机构之后，地方上已无中央派驻的监察机关，司隶校尉便成了州郡监察的主要负责者，故又名"司州"。东晋以后，废除司隶校尉，其监察职权归于御史台。御史台增设检校御史若干人，负责对外官监察，至南北朝，相沿不改。

此外，从三国时期的魏、吴开始，在正式监察机构之外，皇帝还派亲信进行秘密监察，以了解中央和地方官吏的状况。曹魏、东吴的校事官和北魏的侯官即承担此类任务，属于秘密侦探。这类监察往往不依据事实，以致造成冤案。如曹魏校事刘慈数年间刺举吏民奸罪数以万计，但多属冤屈。

（三）隋唐监察机构领导体制及其职权

隋朝初年，沿用北齐制度，以御史台为全国最高监察机构，设御史大夫一人，为御史台最高长官；治书侍御史二人，掌台内文书、行政等事；侍御史八人，监察京师文武百官；殿内侍御史 12 人，监察殿内非法之事；监察御史 12 人，分巡天下，监察地方官吏。此外，尚书左仆射负责监督御史台工作，御史举劾不当，左仆射可以奏弹。

隋炀帝大业三年（607 年），又在御史台之外设司隶、谒者二台，三台共掌监察。其分工为御史台主要纠察中央百官，司隶台监察京畿和郡县官员，谒者台奉诏出使巡察。司隶台以大夫为长官，其僚属有别驾二人，分察畿内，刺史 14 人，巡察畿外，诸郡从事 40 人，协助刺史巡察。别驾、刺史每年二月乘轺车巡察郡县，十月至京师汇报。后来废司隶台，改为临时选京官清廉明正者，挂司隶从事之名衔巡按地方。

唐代监察机构进一步完善。唐初废谒者台，仍以御史台为最高监察机构，其最高长官为御史大夫，副长官为御史中丞。武则天时，改御史台为左肃政台，另增置右肃政台，仿左台设官。左台专管京师百官及军旅监察，右台专管京畿和地方州县文武百官监察。后来又改回御史台。自唐玄宗以后，东西两京长安洛阳各有一套中央机构，东都洛阳的御史台称东都留台，简称东台、留台。

唐代的御史大夫、御史中丞除了主持御史台之外，还具体承担以下事务：一是与刑部尚书、大理卿组成三司，联合审判案件，二是有时奉皇帝之命审查囚徒，三是管理御史弹奏之事。御史将弹奏之事告大夫或中丞，小事署名同意，大事则亲自上表章弹奏。安史之乱后，御史大夫不常置，御史中丞成为实际上的最高长官。唐代御史中丞设两人，一人在长安负责御史台事务，一人在洛阳负责留台事务。

御史台之下又设台院、殿院、察院。三院分别设侍御史、殿中侍御史、监察御史等，监察的侧重点不同，各有分工，但三者的职责常有交叉，且有共同职责，如纠弹即为三院御史共有的职责。一台三院的中央监察体制，形成一个严密的监察系统。

侍御史属台院，主要职责是弹奏不法，其次是审理狱讼。唐代把京城百司及诸州分成东西两部分，各由一名侍御史负责审理相关狱讼，称为东西推。凡是以皇帝名义交付审问的案件，审后将情况上奏，一般案件，审后再交大理寺判决。

　　殿中侍御史属殿院，主要职责是纠察殿廷仪卫，其次是以左右巡使的身份分巡京城内外，纠察违法之事，另外还有与东西推侍御史共掌推鞠以及监督仓库出纳的职责。

　　监察御史属察院，主要职责是分察京师百官和分巡地方州县。朝廷百司的监察都有专人分别负责，尚书省诸司七品以上官会议、须先报御史台，由监察御史一人与会，进行监督。监察御史还常常以使职名义监察某一方面。开元以前，常由御史任监军使，此后也常任监屯田使，监铸钱使等。而监督郊庙、祭祀的馆驿使和监祭使更是例由监察御史担任。监察御史还负责监督处决囚犯，最后一次听取囚犯申诉。

　　为了保证监察机构不受行政机构的非法干预，唐代的御史，或者直接由皇帝任命，或者由御史台的主官委派，完全不受主管人事的行政机构吏部的支配。

　　御史台专掌纠察内外百官，职权甚重。为防止其任意专横，唐代沿用前代作法，令尚书省左、右丞对御史台工作进行监督，御史台与尚书省左、右丞互相牵制，有利于监察工作的正常进行。

　　另外，唐代在刑部增设比部司，凡国家财计，无所不加勾覆、审理，成为一个专门的财政监察、审计部门。这是唐代监察制度的一大特色。

　　唐朝还创立了知匦制度。武则天时，于朝廷置铜匦四只，以受四方上访书信。朝廷设知匦使一人，以谏官为之。另设理匦使一人，以御史中丞、侍御史一人为之。这一制度实际上是御史台之外的另一条监察渠道。它不仅在唐代发挥了重要作用，而且对后世的监察制度也产生了影响。

　　唐代为了进一步加强对地方的控制，还有道的设置，唐初把全国分为十道，玄宗时又改分为十五道。每道由中央政府选派级别较高的官员一人担任特使，称为巡察使或按察使、采访使，巡视地方。中唐以后，观察使多由节度使兼任。节度使、观察使又多带御史台长官头衔。对地方州县的巡察，贞观以前不定期进行。自唐太宗将天下分为十道后，监察御史分别负责十道监察。武则天时，在每年春秋两季，令御史分巡地方。后以监察御史分任各道巡按，与诸道观察使、采访使上下配合，掌一道监察。为了使监察有章可循，唐太宗时颁发"监察六事"作为监察部门的办事依据。监察范围涉及吏治、户籍、赋役、储备、狱讼、生产、治安等各个方面。唐代规定监察法纪与考核政绩同时并举，由巡察御史担任考课的职责。

(四) 宋代监察机构领导体制及其职权

宋代监察制度体制比较完备，宋初沿前代旧制在中央设御史台，以御史中丞为御史台长官，御史台下设三院，即台院、殿院、察院。侍御史隶属于台院，专掌台事；殿中侍御史隶属于殿院，兼左、右巡使；监察御史隶属于察院，兼监察使。监察御史负责督察六部百司，不再巡察州郡，其职能与隋唐时期有所不同。宋真宗时，增置言事御史，宋仁宗时增置殿中侍御史里行与监察御史里行，任职满二年，即去"里行"二字，转为御史。

为对皇帝的过失进行规谏，还特设与御史台平行的谏院，负责规谏朝政，纠正君主的过失，同时也检举臣下的越轨行为。这是宋代监察制度的一个重要变化，从此开始了台谏合一的过程。为了强化御史台的作用，在令谏官兼行奏劾的同时，又许台官在原有职掌之外，兼行谏诤，由于增加了规谏皇帝的职权，御史台的职权范围扩大，权威进一步提高。对内外群臣、所有事务，分片包干，全面监察。此时的台谏机构成了皇帝驾驭群臣，尤其是钳制宰相的得力工具，对皇帝进行规谏的职责，往往只是虚名而已。宋朝宰相有多人是因受台、谏官的弹劾而被罢免的。神宗元丰改制，台、谏官各归本职，罢知谏院。御史台职掌如故，谏官不兼弹劾之事。哲宗即位，又令谏官兼行弹劾。

为强化中央集权和君主专制，使各部门之间互相牵制，对台、谏官的失职和其他过错，也设弹劾之法。首先是令台、谏官互相纠劾。其次是规定行政中枢机构尚书省具有上奏御史失职的权力，宋神宗时，在尚书省设都司御史房，专管弹劾御史按察失职，还在都司御史房置簿册，记录御史监察状况，作为升黜的依据。这样一来，实施监督的御史台又被置于被监督的行政机构尚书省或中书省的监督和控制之下，造成了职能的混淆和抵牾，不利于监察作用的发挥。

严密的弹劾网由皇帝总握其纲绳。为使这张网能收举自如，台、谏官的任命权由前代的宰相掌握改为皇帝掌握。严行避嫌之法，宰相的亲戚故旧和被宰相荐举做官的人，不得任御史。另外，未历两任知县者亦不得任御史。

宋代允许御史"风闻弹人"，奏弹不当不负任何责任。规定御史每月必须奏事一次，称为"月课"。御史只要敢于奏事，不论虚实，皆无过而有赏，但如上任后百日内无纠弹，则罢黜为外官或罚"辱台钱"。御史以寻找官吏的过失为能事，弄得朝廷上下，人人惶恐，不求有功，但求无过。

宋代在地方诸路设有转运司、提点刑狱、提举常平司等机构，各机构皆由中央派官员担任转运使等职。这些机构是中央派至诸路分管某项行政事务的官署，其长官转运使等有监察本路官吏之责。在路以下的州府则设通判，通判为州府副长官，有监察所在州府官吏之权。诸路又有走马承受公事，以三班使臣或内侍充任，专门负责刺探兵防动静、州郡不法，及时奏闻。每季取索本路州军粮草账目上奏朝廷。各路转运使、提点刑狱失职，则由御史台采访弹奏。而且命令诸路监司互相纠举，庇匿不举，以同罪论处。对走马承受，则由所在监司和帅臣进行监察。虽然宋代重视对地方的监察，但是从制度层面看，由于在中央不设对地方官吏的专职监察机构，因此对地方官吏的监察与唐相比实际上有所削弱。

宋代从中央到地方，形成了一个庞大的监察网，宰相以下，县吏以上，无不在其监督之中。宋代监察制度具有以下特点：首先，开台谏合一之端，加强对宰执大臣的遏制；其次，皇帝直接掌握台谏官的任命权，使台谏官有效地监察宰执大臣；再次，监察官本身受监察，使监察官置于皇权的严密控制之下。宋代监察制度形成上述特点是因为在藩镇之患消除以后，皇帝必须考虑如何保存削藩的成果，同时防止大臣专权篡位，需要制定一系列加强皇权的制度，以防微杜渐。

（五）元代监察机构领导体制及其职权

元代中央监察机构仍为御史台。掌纠察百官善恶、政治得失。长官称御史大夫，只有蒙古贵族才能担任。下设御史中丞二人、侍御史二人、治书侍御史二人。御史台设殿中司和察院，殿中司有殿中侍御史二人，察院有监察御史32人。与前代相比，御史台主要官员人数增加，品秩提高，其权势比前代加重。

元代监察制度的一个变化，是在地方设行御史台，有江南诸道行御史台、陕西诸道行御史台。行御史台设官品秩，与内台相同。全国划分为22个监察区，即二十二道，分隶于御史台和行御史台。元初，诸道有提刑按察司，后改为肃正廉访司。每道设肃政廉访使二人。腹里地区八道肃政廉访司隶属御史台，江南十道隶属江南行台，陕西四道隶属陕西行台。设置行御史台、肃政廉访司，使御史台由单纯的中央监察机构，转变为全国性的监察系统，结束了北宋以来中央监察与地方监察分别进行、多头负责的局面，改由御史台全权负责，御史台对地方的间接监察，变成了直接监察。地方监察机构与中央监察机构形成组织上的隶属关系，上下连成一体，提高了地方监察机构的权威性，加强了中央对地方的控制。

(六) 明代监察机构领导体制及其职权

明初沿用前代旧制,在中央设御史台。洪武十三年(1380 年)废御史台,十五年设都察院,作为最高监察机构。这是中国古代中央监察机构的一个重要变化。都察院的长官为左、右都御史各一人,其下有左、右副都御史各一人,左、右金都御史各一人。都御史负责都察院的全面工作,在进行朝觐和考察大典时,会同吏部对官员是否贤能,有无贪污渎职违纪等进行了解,提出处理意见。对重大案件,还可会同刑部、大理寺共同审理。在明代都御史与六部尚书共称七卿,威权甚高。

都察院内部机构有经历司、司务厅、照磨所、司狱司等。都察院下设十三道,以一布政司为一道,共置监察御史 110 人,每道设 7 至 11 人不等。监察御史既是中央派出分掌地方监察事务的官员,同时也分工兼管中央各机构的监察事务。

监察御史可以奉旨在京城或地方专门审理或监理某事;也可以根据需要由都察院派出监察某些专门工作,如检查档案,巡视京营,充任乡会试监考,巡视某些行政机构,巡视仓场、内库、皇城、学校、漕运、盐政、钞关、屯田等;遇有战事,可以派往军队监军,发现地方官府有审案不实、不遵法律等情,也可吊刷案卷,提审罪囚。其监察活动是多方面多层次的。监察御史的品秩不过是正七品,但权力很大。这是一种以小制大的办法。监察御史虽然权力很大,但也要受到约束和限制,首先,对监察御史的选拔比较严格,一般须进士、举人出身,而且还要经过考选试职之后方可实授。其次,监察御史虽有对各级政府官员及各项工作的监察权,但一般只能将了解的情况及处理意见上报皇帝而不能擅自处理。

御史之监察纠劾必须具体,确有实据,不许虚文泛诋,也不得以烦琐细微之事滥奏塞责。御史如挟私苛求及纠言不实要抵罪。奉命外出监理某事者,事毕回京要向都察院报告工作,都御史对其是否称职要写出评语上报。再有,御史本身必须清廉,以为表率。凡御史犯法,罪加三等,有赃从重论处。

明代还建立了"巡按御史"制度,御史常代表皇帝出使巡察地方,具有相当大的权威。这是明朝监察制度的一个特色。巡按御史以钦差大臣的身份巡行地方,考核吏治,惩治贪官,"大事奏裁,小事立断"(《明史·职官二》),权力极大,地方官皆畏之。这一制度的建立,限制了地方官贪赃枉法,对百姓起了安抚作用。巡按御史在明前期对王朝的巩固确实起到了一定作用。巡按御史出使期间,与当地省级长官地位平等,知府、知县谒见时要行跪拜礼。这就保证了监察的顺利进行。御史出巡期间，除行使监察权外，还往往被皇帝特命兼管某一专项工作，因而常常兼某职某差。这一制度后来逐渐演变为总督、巡抚之制。兼管行政、民政者，一般称为巡抚，兼管军务及行政、民政者一般称为总督。总督、巡抚比一般的巡按御史权力更大，可以"便宜行事"，但在组织系统上仍隶属于都察院。另外，也有一些总督在派出前先被任命为兵部尚书或侍郎，在组织系统上属于兵部。监察官员兼管行政、民政、军务，这既是监察权限的扩大，也是行政与监察权限的混淆。

为了加强对行政机关的监督，明初还设置了六科作为独立的监察机构。六科是按礼、户、吏、兵、刑、工六部而划分，各设都给事中一人，左右给事中各一人，给事中四至十人不等，直接对皇帝负责而不附属于任何机构。六科给事中与十三道监察御史合称"科道官"。

六科是明代废除中书省，由皇帝直接控制六部形成行政中枢后，为了加强对六部的监督而设立的，其主要职责是协助皇帝妥善处理政务，稽察驳正六部违误，对官吏进行监察，对皇帝进行规谏。明初规定，六科有封驳权，凡以皇帝名义发出的制敕，给事中要进行复核，看其中有无不当，如有不当可以封还并奏报，但这一规定在明中期已行不通了。六科以监察为主要职责。凡六部奏请皇帝施行之事，须先经给事中审查，如有不当之处，给事中有权驳回。内外所上章疏，给事中分类抄出，交给有关各部，如发现违误，可提出驳正意见。吏部尚书选任文官，要与吏科都给事中一同奏报皇帝。

六科给事中也可专门审理或监理某一事务，如监临科举考试，充任使臣，参加对重大刑狱案件的鞫问，其威权与御史相近。相比之下，六科的主要任务是对职能部门及其业务进行监察，在工作进行之中便发现并纠正可能出现的问题和偏差，避免可能造成的损失，有防患未然之意。而监察御史则比较侧重于对已经出现的违纪、犯罪行为进行弹劾。这种分工并不绝对，给事中也可像御史一样对各级机构和官吏进行弹劾，也可上疏议论朝政得失。

虽然从分工上看，都察院着重监察全国官吏和一般政府机关，而六科则按吏、户、礼、兵、刑、工六部的业务进行对口监察，但实际上六科给事中无所统属的组织形式，势必侵夺都察院的权力，甚至造成互相对峙，给监察制度带来不利影响。

明代对地方监察机构也作了充实和调整，除在中央的都察院按十三行省建立了十三监察道外，各省的提刑按察使司，一方面掌管司法，另一方面也是监察机构，负责监察本省官员。各省掌管行政、民政的承宣布政使司也有对下属官员的监察之责。提刑按察使司下属的分巡道以及承宣布政使司下属的分守道，都负有对地方官吏进行监督，以保证各项政策贯彻执行的职责。

在法定的监察机构之外，明代还建立了庞大的特务组织即锦衣卫及东厂、西厂、内行厂等。特务组织是皇帝对官员及人民进行监视、统治的工具。他们无视法纪，为非作歹，滥杀无辜，却不受监督、追究，致使正常的监察制度遭到严重破坏。

明朝的监察制度是在君主专制极端强化的情况下建立的，与前代相比，具有以下特点。

第一，机构完备，制度严密。全国上下任何一级部门的任何一个官员都处于被监察的地位，使其不敢有任何越轨行为，从而维持了国家纲纪，保证了皇权的极端强化。

第二，监察范围扩大。明代的监察范围超过以往历朝，渗透到各个工作环节，甚至将思想活动也列入监察范围，封建社会晚期大兴文字狱，与监察机构职责的扩大是紧密相关的。

第三，以内制外，以小制大。明朝的科道官都是中央机构的官员，而且品秩不高，但皇帝却授予他们很大的权力。明朝皇帝希望以此取得最佳的监察效果。

第四，法外制度起着重要作用。明代厂卫对官员的监察，虽然是法外制度，但却比法定制度的影响更大。这正是专制皇权极端强化的产物。

第五，监察机构完全成为天子的耳目。以往对皇权的制约作用完全丧失。

（七）清代监察机构领导体制及其职权

清代加强了监察制度的建设，实现了台谏合一，建立了从中央到地方的监察系统，监察职能和监察对象进一步扩大，使中国封建社会条件下监察制度发展到了顶点。清末吏治腐败，贪污成风，监察制度严重失效，随着君主专制制度的动摇，中国古代监察制度逐步走向瓦解。

清朝的监察体制与前朝相比，特点是监察权集中，更适应君主专制政体发展的需要。清朝初年，仍仿明制，分设六科与都察院。由于六科给事中无所统属的组织形式，会侵夺御史机构的权力，甚至造成互相对峙，对监察制度带来不利影响，雍正年间，为了加强皇权，提高监察机关的效能，将六科并入都察院，都察院成为唯一的总管监察事务的中央机构。六科给事中稽查六部百司之事，十五道监察御史"纠察内外百司之官邪"，二者合称"科道"。六科并入都察院，简化机构，统一事权，扩大了都察院的权力。科道制的实行，强化了对国家行政机关的监督作用，是中国古代监察制度进一步强化和完备的重要标志。

都察院设左都御史为最高长官，左副都御史为副职，负责都察院的全面事务。右都御史为各地总督的兼衔、右副都御史为各省巡抚的兼衔，并非京官，所以中央都察院官衔特点为左系衔。

都察院享有弹劾权，可弹劾失职官吏；享有人事参与权，与吏部会同考核官员功过；享有会审大案要案权，凡死刑均由刑部、大理寺及都察院会同复核；享有甄别冤案权；还负责登记转抄皇帝批件及封驳，监察科举考试；巡视军营、仓库；负责朝会和典礼纠仪等。总之，都察院对行政、人事、司法都有监督权。

都察院下设十五道御史和六科给事中、五城察院、宗室御史处、稽察内务府御史处。

十五道御史按省区划分。每道一般设掌印御史满汉各一人，监察御史不等。乾隆十四年（1749 年），明确划分了各道除掌管该省刑名案件之外，对中央各衙门稽察监督的分工。中央各衙门都受监察机关的稽察，只有军机处不在稽察之列。另外，十五道本身无人稽察。

六科是吏、户、礼、兵、刑、工六科，每科各有掌印给事中满汉各一人，给事中满汉各一人。六科给事中主要职责是：掌发"科抄"，封还诏书，驳正题本违失，分稽各科相关政务。吏科稽察官员铨选、考核等；户科审查财赋，稽核捐项、杂税、漕粮、盐课、户关等；礼科稽察各种典礼、科举考试；兵科稽察军政、武官考试、考察等；刑科稽察刑名、参加秋审和朝审，监视朝审处决的行刑；工科稽察工程营建等。

六科并入都察院后，以监督弹劾百官为主要业务，加强了对中央各行政机构的监督。这在中国监察制度史上是一个较大的机构变革。另外，六科并入都察院后，皇帝通过军机处发布谕旨，给事中不再染指，使皇帝脱离了科臣的牵制，君主专制集权进一步加强。

五城察院负责监察京都地方，宗室御史处和稽察内务府御史处分别负责对宗人府和内务府进行财务监督。

清代针对地方设置的监督机构有两个系统，一个是都察院的十五道，由监察御史分管所辖地区，监察地方各级官吏。一个是由地方长官组成的系统，总督、巡抚兼任的右都御史、右副都御史以及省级司法监察长官提刑按察使、财政民政长官承宣布政使和省下各道员，都有监察下属官员的权责。

三、中国古代监察法规建设

中国古代监察法规经历代不断发展变化，逐步形成了一个内容丰富、完备的监察法规体系，其中大致包括三个部分，即行政法典、法规中的察吏规定，官吏监督的特别规定与历代刑律中的吏律。

（一）春秋战国时期的监察法规建设

从传世和出土文献来看，春秋战国时期已有早期的关于监察的法律规定。《周礼》一书名为记载西周的典章制度，但据历代学者考证，实际反映的是春秋以至战国的情况。《周礼》规定："小宰之职，掌建邦之宫刑，以治王宫之政令，凡宫之纠禁"。纠禁就是"纠察职责"。关于宫正的职责，规定其："掌王宫之戒令纠禁"，"辨内外而时禁，稽其功绪，纠其德行"。这里的纠禁是指对宫廷官吏遵守法令的监察，而稽功则是运用考监手段，察其德行以辨识官员执法与守法的情况。关于宰夫的职责有"掌治朝之法，以正王及三公六卿大夫群吏之位，掌其禁令"，"以官刑诏冢宰而诛之"（《周礼·天官冢宰》）的记载。这说明宰夫的重要职责之一就是根据官刑监察并惩治官吏中的不法行为。这些监察法纪并依法论处的规定，反映了当时职官法纪监察的基本内容和特点。

魏国成文法《法经》的条文涉及假借不廉、逾制等职官犯罪行为，将规范官吏行为、惩治职官犯罪行为作为立法的重点之一。

湖北云梦睡虎地出土秦简所涉及时代跨秦统一前后，其中记载了秦代的法律条文、法律解释和法律文书，有关官吏履行职务与管理等方面的规定是其核心部分，涉及行政、人事、经济、司法、军事等方面的国家事务，为监察活动提供了行为准则和法律依据。监察的内容是官吏不法行为，惩治手段是行政罢黜与刑罚。

（二）秦汉魏晋南北朝时期的监察法规建设

秦在中央设御史大夫，负责监察百官，在地方设监御史，负责监察诸郡官员。秦代虽然还没有集中的监察法规，但从带有监察法性质的诏、令、律中可以看出，秦代的监察法规已逐渐趋于独立。

汉代继承秦的御史制，进一步发展了监察法规。首先是汉初立《监御史九条》（亦称《御史九法》）。惠帝三年（前192年），当时的"相国奏御史监三辅不法事：词讼、盗贼、铸伪钱、狱不直、徭赋不平、吏不廉、苛刻逾侈及弩力十石以上、作非当服，凡九条"。御史依此九条进行监察。这时御史监察的范围仅限于朝官和国都附近的三辅地区。

汉武帝元封元年（前 110 年），废御史。元封五年（前 106 年），设部刺史。汉武帝在建立刺史部时制定《刺史六条》（亦称《刺史六条问事》、《六条察郡法》），规定按其列举的内容巡察郡县。征和四年（前 89 年）又设置司隶校尉，按《刺史六条》监察京畿三辅、三河和弘农七郡的法纪。在加强对地方官吏监察的同时，进一步加强对朝官的监察。

《刺史六条》的内容是："一条，强宗豪右，田宅逾制，以强凌弱，以众暴寡。二条，二千石不奉诏书，遵承典制，倍公向私，旁诏守利，侵渔百姓，聚敛为奸。三条，二千石不恤疑狱，风厉杀人，怒则任刑，喜则淫赏，烦扰刻暴，剥截黎元，为百姓所疾，山崩石裂，妖祥讹言。四条，二千石选署不平，苟阿所爱，蔽贤宠顽。五条，二千石子弟恃怙荣势，请托所监。六条，二千石违公下比，阿附豪强，通行货赂，割损正气也"（《汉书·鲍宣传》）。以上六条之中，有五条是针对郡国守相的，一条是针对强宗豪右的，显然重在举劾郡守紊乱纲纪的不法行为，是刺史督察所部的法律依据和范围。《刺史六条》不仅是地方郡守的基本行为准则，而且是约束刺史的监察活动，以防止滥用权力的重要工具。汉代对刺史的评价和升黜，往往是以执行《刺史六条》的情况为标准的。中国历史上系统的具有重大影响的监察法规，应首推《刺史六条》。《刺史六条》具有深远的历史影响，后世隋唐时期的监察法规仍采用《刺史六条》的形式。

魏晋南北朝时期的监察法规，基本上继承了汉代的法律规定，但在某些方面也有所发展，使监察法规进一步完善。这一时期的监察法规建设，主要是制定了一批对地方官吏在执法和履行政务方面的非法之举进行监察的法规。

曹魏以汉《刺史六条》为基础，制定《察吏六条》，具体内容是"察民疾苦冤失职者，墨绶长吏以上居官政状，察盗贼为民之害及大奸猾者，察犯田律四时禁者，察民有孝悌廉洁行修正茂才异等者，察吏不薄入钱谷放散者，所察不得过此"（《三国志·贾逵传》）。

西晋制定了《察长吏八条》作为察吏的标准，内容是"若长吏在官公廉，虑不及私，正色直节，不饰名誉者，及身行贪秽，谀黩求容，公节不立，而私门日富者，并谨察之"。另外还颁布《五条律》，监察郡国官员，"一曰正身，二曰勤百姓，三曰抚孤寡，四曰厚本息，五曰去人事"（《晋书·武帝纪》）。

北周以"九条监诸州"，"一曰决狱科罪，皆准律文。二曰母族绝服外者听婚。三曰以杖决罚，悉令依法。四曰郡县当境贼盗不擒获者，并仰录奏。五曰孝子顺孙义夫节妇，表其门闾，才堪任用者即宜申荐。六曰或昔经驱使，名位未达，或沉沦蓬荜，文武可施，宜并采访，具以名奏。七曰伪齐七品以上已敕收用，八品以下爰及流外，若欲入仕皆听预选，降二等授官。八曰州举高才博学者为秀才，郡举经明行修者为孝廉，上州上郡岁一人，下州下郡三岁一人。九曰年七十以上依式授官，鳏寡困乏不能自存者，并加禀恤"（《周书·宣帝纪》）。

（三）隋唐时期的监察法规建设

隋唐时期的监察法规比较具体，简明易行，监察程序严格，主要的监察法规是隋的《司隶六条》和唐的《监察六法》。

隋炀帝时增置监察机构司隶台，并规定其以《司隶六条》监察地方，具体内容是："一察品官以上理政能否。二察官人贪残害政。三察豪强奸猾，侵害下人及田宅逾制官司不能禁者。四察水旱虫灾不以实言枉征赋役及无灾妄蠲免者。五察部内贼盗不能穷逐，隐而不伸者。六察德行孝悌，茂才异行，隐不贡者"（《隋书·百官志》）。后来虽然撤司隶台，改以京官临时任司隶从事，巡察地方，但这六条依然是监察的依据。

唐代规定十道巡按依据《监察六法》监察地方。《监察六法》是参照隋制在唐初制定的，具体内容是："其一，察官人善恶；其二，察户口流散，籍帐隐没，赋役不均；其三，察农桑不勤，仓库减耗；其四，察妖猾盗贼，不事生业，为私蠹害；其五，察德行孝悌，茂才异等，藏器晦迹象，应时用者；其六，察黠吏豪宗，兼并纵暴，贫弱冤苦不能自申者"（《新唐书·百官志》）。《监察六法》通过对吏治、户口、财政、生产、治安、人事、司法等方面政绩的稽察，对地方官吏的品行作出评价，然后报请皇帝进行黜陟。《监察六法》的实施对贞观之治的形成，起了重要的作用。

武则天时，制定《风俗廉察四十八条》，进一步充实了监察法规的内容并使之系统化。

从隋的《司隶六条》和唐的《监察六法》，可以看出隋唐两代的监察侧重于惩治贪官污吏，强调对官员的考核和发现人才，注重对农业生产以及官员任内的经济发展等。

（四）宋元时期的监察法规建设

宋代的监察法规基本上继承唐的《监察六法》，按照"岁行所部，检察储积，稽考帐籍，吏蠹民瘼，举刺官吏"的五方面进行。在官吏权力方面，重点监察植党专权，为官跋扈，假权报怨等；在官风方面，主要纠举不学无术等；

在礼仪方面，主要追究入朝失仪，不守正，事交结等；对于官员能力和素质的监察，重在不能经边事，老疾不任事、轻变禁法等方面。

此外还颁行了《诸路监司互察法》。规定诸路各机构及下属官员要互相监察对方的不法行为。监司郡守对下属官员违法者，必须依法按治。

金代虽然是少数民族入主中原，但对监察制度的建设却相当重视，尤其是严格而周密地规定了监察官的责任。金世宗大定年间，明文规定"纠弹之官，知有犯法而不举者，减犯人一等科之"。对不称职的监察官"大则降罚，小则决责"，受到惩处后仍不许去官。宣宗贞佑年间，还制订了《监察御史黜陟格》，将监察官的任职表现分为三等，"以所察大事至五，小事至十，为称职；数不及，且无切务者为庸常；数内有二事不实者，为不称职"，然后定其升擢或降免。兴定年间，又订《监察御史失察法》等监察法规。（《续通考》）

元代的监察法规主要是御史台的《宪台格例》、行御史台的《行台体察等例》、提刑按察司的《察司体察等例》、《察司合察事理》、廉访司的《合行条例》等。

《宪台格例》"定台纲三十六条"，规定了御史台的职权范围和工作规范。根据这一法规，御史台的职权甚重。如规定御史台可"弹劾中书省，枢密院、制国用使司等内外百官，奸邪非违，肃清风俗，刷磨诸司案牍，并监察祭祀及出使之事"。"中书省、枢密院、制国用使司，凡有奏禀公事与御史台官一同闻奏"。"诸诉讼人等，先从本管官司从告，如有冤抑，民户经左右部，军户经枢密院，钱谷经制国用使司，入理断不当……许御史台纠弹"（《元典章·台纲》）。

《行台体察等例》共30条，规定行御史台监察"行中书宣慰司及以下诸司官吏"，条款更为具体严格。

《察司体察等例》共30条，规定纠举京府州县诸路官吏的违法事件，条款侧重于察劾对谋反叛逆的镇压失利、农桑谋事失职以及其他经济问题。监察的范围更为广泛，规定更为详细。

（五）明清时期的监察法规建设

明代的监察法规建设较前代有进一步的发展，清代更是集历代之大成，制定了最完备的监察法规，使中国古代监察制度发展到了顶点。明清时期的监察法规不仅明确规定了监察机构的各项权限，监察官员的活动方式和法律职责，而且制定了具体的部门监察法规以及实施细则。

明清时期的监察法规主要有行政法典《明会典》、《清会典》中的察吏规定、都察院工作规范与实施细则《宪纲条例》、《钦定台规》、《都察院则例》以及刑律《明律》、《清律》中的相关条款。这些法规的内容可概括为：

第一，都御史有三劾权。三劾权一是大臣奸邪，小人构党，作威福乱政者纠劾；二是百官猥茸贪冒，坏官纪者纠劾；三是学术不正、上书陈言变乱成宪，希进用者纠劾（《大明会典·都察院》）。显然这三劾权主要是针对京都官员而行使的。

第二，都御史出外任巡抚，以六条巡察。即清吏治、惩盗贼、肃边政、恤灾黎、进耆老、便人民。（《明史·杨继宗传》）

第三，监察御史出任巡按（又称巡按御史），以七条巡察。即雪冤狱、清军役、正官风、劾官邪、清属吏、正法纪、肃盗匪。由此可见巡按的职权范围相当广泛，权威甚重。

第四，清顺治时期制定互监法，规定监察御史"操守当洁清，举劾当得宜，抚按当互纠"。"凡定差不公，考核不当，巡按贤者不荐，不肖者不纠，诸御史亦论劾"（《清史稿·朱弼之传》）。同时还规定：监察御史除正确执行监察规定外，履行职责也必须尽心尽力，一旦发生错误要负全部责任。互监法强调了对监察御史职权的再监察，增强其不避权贵的信心。

第五，在《明律》和《清律》中还规定了监察官员违律追究的刑律条款。

四、中国古代的谏诤制度

中国古代臣民对君主的规劝通常称为"谏"，其实质也是一种自下而上的监督，对君主的最高权力起到了一定的制约作用。中国古代监察制度有一个致命缺陷，即缺乏对君主的监察，而谏诤制度的确立，是对君主廉政与勤政的有限度的监察。通俗地说，谏诤是对君主言行违失的直言批评，规劝其改正错误。谏诤制度是监督君主决策缺失的重要机制，是国家监督的重要组成部分，为统治者普遍重视。谏官源于宫廷侍从官，常随侍君主左右，可直接面奏君主并可直接参与朝廷决策；其言事范围大，独立性强，凡涉及朝政方针之事及皇帝个人举止言行，均可提出批评、建议，无所限制，而且谏官言事无须任何人批准，更不受行政长官的牵制，直接对君主个人负责。

夏商时期，臣下对君主的监督，主要来自辅政的长老和近臣。但是这种监督并无制度上的保障。君主可以听，也可以不听，甚至可以致进谏者于死地。夏末关龙逢，商末梅伯、比干等进谏被杀，就是典型的事例。

西周时期，吸取商亡的教训，君主对来自贵族内部的监督比较重视。不仅长老、近臣可以规谏，下层贵族、平民也可以批评，称之为"诽谤"。所谓"国人谤王"（《国语·周语上》），就是指平民批评君主的情况。但从制度方面看，无论是公卿的规谏，还是平民的诽谤，对君主都没有强制性约束力，君主可以听，也可以不听，甚至可能会惩办谏者、谤者。

春秋战国时期，大国争霸，少数开明的君主，为使国家富强，广开言路，鼓励进谏和谤议，设置专职谏官或采取特殊的奖励措施。春秋齐桓公时设大谏，战国赵武灵王时设左右司过，都是专职谏官。齐威王悬赏纳谏，宣布："群臣吏民，能面刺寡人之过者，受上赏；上书谏寡人者，受中赏；能谤议于市朝，闻寡人之耳者，受下赏。"此后曾一度出现"群臣进谏，门庭若市"（《战国策·齐一》）的盛况。

秦始皇统一全国后，建立起极端的专制集权统治，把臣民对君主的批评、议论定为最严重的犯罪，要处以极刑。秦代虽然设置掌管论议的谏议大夫，但却备而不用，君主成为完全不受监督的统治者。

汉代设置谏大夫或谏议大夫，废除了秦"诽谤者族"及惩治"妖言"的法令，但实际上，批评皇帝的过失还是要治罪的。在汉朝的法律中，有"非所宜言"的罪名，又有"腹非"罪的决事比（决事比即可以比附定罪的案例）。一些大臣因言得罪，谏官往往不敢放手履行职责。

魏晋南北朝时期，皇权衰落，政局不稳。君主为了减少失误，稳定政权，比较重视谏官，注意发挥其谏议的作用来改善统治。东汉时期隶属于少府的侍中寺，至晋代发展成为与尚书省、中书省并列的门下省，其主要职责就是谏议。南北朝时期增设的集书省，亦有谏议的职责。梁武帝在隶属于门下省的公车府设置谤木函，东魏在宫门放置纸笔，其目的都是提倡鼓励谏议、批评。

隋朝的言谏制度基本沿袭北齐，只是将集书省并入门下省。内史、门下二省的官员都有进谏的职责，但主要负责进谏的是门下省散骑常侍、通直散骑常侍、谏议大夫、散骑侍郎、给事等。虽有这些谏职的设置，但隋文帝、隋炀帝都厌恶进谏，后者尤甚。隋文帝猜忌苛刻，处事独断；隋炀帝对谏者更是视若仇敌。他曾说："我性不喜人谏，若位望通显而谏以求名者，弥所不耐。至于卑贱之士，虽少宽假，然卒不置之地上。"（《纲鉴易知录》）因此谏议制度形同虚设。拒谏是隋亡的重要原因之一。

唐初统治者深刻吸取隋亡的教训，注意集思广益，避免失误，十分重视谏官的作用。唐太宗诚心求谏，虚心纳谏，奖励谏者，言官谏议制度因此而发展、完备起来。除了继承前代做法，令高级官员随时进谏外，唐太宗即位之初即制定了谏官随宰相入阁议事的制度，在门下省、中书省，分别设置专职的谏官左右散骑常侍和左右谏议大夫，武则天时增设左右拾遗和左右补阙。左散骑常侍等隶门下省，右散骑常侍等隶中书省。两省各设一套谏官，是为了保证言谏范围的广泛。谏官言事的方式主要有廷争与上封事两种。廷争是在朝廷上当面指出皇帝的失误，上封事是书面指陈朝政得失。唐代先后有谏官十日一上封事和每月一上封事的规定。谏官言事的内容主要分两类，一类是对皇帝的讽谏，一类是对宰相过失的指斥。每逢廷议，谏官优先于其他官员言事。除了专职谏官言事外，武则天以后的知匦制，设招谏匦，也是谏议的一种方式。尚书省左右丞和门下省给事中行使封驳权力，纠正皇帝、宰相违失，则是特殊意义上的谏诤。

在专制君主制度下，无论统治者名义上、制度上如何重视谏诤，其实际效果毕竟是有限的。《唐律》"十恶"大罪中有"大不敬"罪，大不敬的表现之一就是"指斥乘舆，情理切害"。在谏言与大不敬之间实际上是很难严格划清界限的。即使是号称"求谏不倦"、"从谏如流"的唐太宗有时也把谏言当做讪谤。

宋代为适应进一步专制集权的需要，谏官的作用逐渐缩小，台官的作用却逐渐增强。宋初虽设置谏官，但徒有其名，谏官之谏议大夫、补阙、拾遗，多出领内外职任，而不专负谏诤之责。宋太宗时，改左右补阙为左右司谏，左右拾遗为左右正言。宋真宗时，设谏官六员，并规定谏官在规谏皇帝纠正过失的职责之外，增加奏劾检举臣下不法行为的权力。这是宋朝监察制度上的一个重要变化，从此开始了台谏合一的过程。为了强化谏官奏劾百官的职能，宋仁宗时，将谏官由中书、门下省分出，设置谏院，谏院与御史台平行。谏院设官六员，以司谏、正言或两省官供职，谏议大夫、司谏、正言除特旨供职者外，不再负责谏诤之事，其谏官的称谓成了虚衔。这进一步弱化了谏诤制度，谏官的功能进一步向以监督朝廷百官为主转化。同时，又准许台官兼行谏诤，台谏之职趋于合一。

元代不设专职谏官。规谏在政治运作中的作用进一步弱化。

明代延续自宋代开始的台谏合一的趋势，已不设专职的谏官，但设置了有规谏之责的六科给事中。六科给事中是明代废除中书省，由皇帝直接控制六部后，为加强对六部的监督而设置的，按礼、户、吏、兵、刑、工六部分为六科，各设都给事中一人，左右给事中各一人，给事中四至十人不等，其主要职责是协助皇帝妥善处理政务，稽察驳正六部违误，对官吏进行监察，同时也负责对皇帝进行规谏。

清代实行台谏合一制。雍正时期,有规谏之责的六科给事中并入都察院,规谏制度也趋于衰亡。

五、中国古代监察制度的特点

中国古代的监察制度,具有以下特点:

第一,为皇权服务,直接向皇帝负责。中国古代监察制度的根本目的在于维护皇权统治,是否效忠皇权是中国古代监察机构制定政策和弹劾、监察的根本出发点。宋以后,监察部门长官改由皇帝直接任命,监察宰相以下百官,明代的巡按御史可代表皇帝出巡,督察地方,更是体现了直接向皇帝负责的特点。

第二,为维护中央集权服务,严密控制地方。历代针对地方的监察制度周密而完备。这对保证中央对地方的控制,有效贯彻实施中央的政令,整肃地方吏治,防止地方长官搞独立王国,保证国家统一起到了重大作用;但由于控制过紧,地方官员积极性受到压抑,创造性难以发挥。中国古代官场唯上是从、唯命是从等习气的形成均与此有关。

第三,职责重复,机构重叠。中国古代官僚机构的臃肿与扯皮推诿,办事效率低下等现象,在监察部门同样有所体现。如唐代一台三院中的察院与台院和殿院、宋代的御史台与谏院、明代的都察院与六科都不同程度地存在职能重复、机构重叠的问题,都容易形成推诿扯皮之风。明代的"巡按御史"兼管地方行政、民政、军事,与行政权严重混淆,更是造成了监察部门职能上的混乱。

第四,监察制度基本上有章可循,但尚不科学完备。汉武帝时制定的《刺史六条》、唐玄宗时正式颁行的《监察六法》、宋代关于御史的有关规定、明代关于监察的十项权责,是中国古代监察制度法律化、制度化的具体体现;但总的来看,尚不够科学和完备。如魏晋南北朝时期,监察部门的职权比汉代大大强化,御史中丞"无所不纠",这虽然有利于纠正动荡社会中的混乱吏治,但对监察部门自身的监察却不完备,造成了监察官员权倾朝野,缺乏制约的现象。宋代虽规定了监察官员应具备的资历和素质,在这方面比前代更完备,但在弹劾程序上又很粗疏,规定可以凭道听途说进行弹劾,事后又可不受追究。这就容易造成冤案,一些官员的才干也难以施展。

第五，惩治职务犯罪。中国古代监察的主要任务之一是对官员的劣政与不法行为依法监察，惩办贪官污吏，惩治职务犯罪。凡在任期间，有身行贪秽、诏黩求容、挟私报怨、悖礼弃常、不率法令、失察失报、农桑荒废、公节不立、私门日富、家人扰害等劣政及其行为，在官风、礼律、度量、教化、课事、名节、法令、廉行等方面违制不法，均视为职务犯罪，要受到监察，并以律问罪。

第六，监察官员的地位相对独立。为了发挥监察机构的作用，历代王朝还赋予监察机构属下的监察官吏以相对独立的地位，在纠弹官吏时直接对皇帝负责，而不受监察机构主官的牵制，从而也保证各级监察官本身通过"互纠"而纳入接受监督和弹劾的范围以内。所谓"台官无长官"就是此意。唐以前已有这样的惯例。唐代除了开国初期，御史弹事无需禀告大夫。宋代自神宗时起，允许御史直接弹事。元明两代，监察官员的独立性更加明显。统治者允许监察官独立行使弹劾权，目的在于减少壅隔，提高监察效能；也是为了对官吏进行广泛的监督，即使监察官员本身，不论是主官还是属员，也可以互纠而无人可以免于监察。

第七，既严厉处罚诬告又允许根据传闻进行弹劾。中国古代大多对监察官员利用职权挟私诬陷他人者处罚十分严格，一般以诬告罪实行反坐，即科以诬告他人所犯罪名应处的刑罚；但是也对一般纠举失实的情况不予深究，有时甚至允许御史"风闻弹事"，即使所弹涉虚也不深究。至少在东晋以后已实行"风闻弹事"的制度。唐武则天时，也"许谏官御史得以风闻言事"，随后"宋人因按以为故事"。清朝又允许都察院弹劾贝勒大臣，"即所奏涉虚，亦不坐罪"，所谓"风闻弹事"，就是监察官员可以根据风闻所知弹劾官吏而不论是否属实。虽然这势必产生捕风捉影、中伤污蔑的弊端，显得十分荒谬，但在皇帝看来，要求监察官员言必有实据，会束缚监察机关的手脚，允许"风闻弹事"，是为了使监察机关放胆地行使弹劾权，有利于以"风闻访知"的名义隐略诉主的姓名，保护其权益不受侵犯。至于当政者利用御史弹劾作为打击政治反对派的工具，"风闻弹事"更有特殊的作用。因此，历代统治者往往不去顾及由此可能产生的反面效果。

第八，对监察者实行再监督。在我国历代的监察立法中，规定了监督者的尽责与反坐。不仅明确要求监督者要循法不避权贵，不违法纪，真正做到秉公执法，而且把失职违法规定为最严重的职务犯罪，规定察吏不得因贵废法，以功废法，以恩废法，以亲废法，凡有徇情枉法者以同罪论，规定监察官吏的法律责任高于一般官员，对监察者实行再监督，失职者要依法论处。

第九，监察权和行政权的混淆影响了监察效率。中国古代虽然对行政权和监察权已有所区分，但仍常出现行政权和监察权混一的现象，造成监察职能的弱化甚至丧失。如西汉时的御史大夫为丞相辅弼，兼有行政和监察长官的性质。御史大夫受制于丞相，致使监察机构对行政的监督受到局限和制约。东汉末年的州牧由原来权势较重的监察刺史演化为地方长官，监察职能完全丧失。唐宋时期的派出巡察大使，如按察使、观察使等，也由监察转化为操纵地方行政，这些既是监察权限的扩大，也是行政与监察权限的混淆，致使监察效率降低，法纪混乱。清朝中后期，巡抚作为一级监察官员，直接进入地方，成为地方行政长官，同时又兼任副都御史衔，以致重蹈前代的覆辙。

第二节　中国近代监察制度

一、中华民国的监察制度

（一）北洋军阀统治时期的监察制度

1911 年爆发的辛亥革命推翻了清王朝的统治。1912 年元旦，孙中山在南京宣誓就任临时大总统，正式宣告了中华民国的成立，结束了中国两千多年的封建帝制。不久，在帝国主义、袁世凯、革命阵营内部一些人施加的强大的内外压力下，以孙中山为首的革命党人同意让出政府，袁世凯则表示赞成共和，并逼迫清帝退位。2 月 15 日，临时参议院选举袁世凯为临时大总统。孙中山为了限制、约束袁世凯，防止其独裁，组织制定了《中华民国临时约法》，并于 1912 年 3 月 11 日予以颁布。《临时约法》根据资产阶级"三权分立"的原则，在中国确立了资产阶级政治制度，确认了中华民国为资产阶级民主共和国。《临时约法》是一部具有宪法性质的文献，在反对专制，对权力进行监督方面具有深远的历史意义。

1912 年 3 月 10 日，袁世凯在北京宣誓"谨守约法"，就任中华民国临时大总统。1912 年 3 月至 1928 年 6 月，是中国历史上的北洋军阀统治时期。北洋政府是在篡夺辛亥革命胜利成果的基础上建立起来的代表地主买办阶级利益的封建军阀独裁政权。袁世凯上台后不久便一步步把《临时约法》破坏殆尽。1914 年 5 月颁布《中华民国约法》，将总统的权力规定的与皇帝相差无几，其目的就是摆脱监督，实行专制统治。北洋政府初期，法律尚待制定，故监察机构并未设置。后因机构组建日趋完备，官吏人数激增，相伴而来的违法失职行为举目皆是，在一定程度上危及袁世凯的统治，于是在民国三年（1914年）4月10日公布《纠弹条例》，设置平政院肃政厅，专司违法和失职官吏的举发。平政院，设院长一人，特任，直属大总统，指挥、监督全院事条，有事故时，由官等最高的评事代理。平政院置总会议，由院长和评事组成，院长为议长，议决的事项由院长决定。平政院分设三个审判庭掌理行政诉讼审理权。每庭由评事五人组成，对中央或地方各级行政官署的违法不当处分，以致损害人民权利的案件，经人民陈诉进行审理。平政院设肃政厅行使纠弹权。肃政厅设都肃政史1人，由大总统任命，指挥监督全厅事务。设肃政史，定额为16人，肃政史的选任由平政院院长、各部部长、大理院院长及高等咨询机关密荐，呈大总统选命。肃政厅设总会议，由都肃政史及肃政史组成。都肃政史为议长，议决事项除特别规定外，由都肃政史经肃政史4人以上同意决定。此后的北洋军阀政府，起初沿袭肃政厅的建制，不久后又将其裁撤。北洋政府时期，一直没有设置地方监察机构或中央在地方派驻监察机构。

民国初年，政党林立，国会中有由同盟会扩大而来的国民党与立宪派的进步党对峙制衡，对政府形成监督，不久，袁世凯于1913年11月解散国会中的国民党党团，此后多党制的政党监督不复存在。

（二）南京国民政府时期的监察制度

为维护辛亥革命成果与北洋军阀进行斗争而屡遭失败的孙中山，于1924年接受中国共产党的建议，改组国民党，组成革命统一战线。1925年6月，国民党中央执行委员会政治委员会决议设立监察机关；7月，中华民国国民政府在广州正式宣告成立，并颁布了《监察院组织法》；8月，成立监察院，设监察委员5人，但实际上的最高监察机构是国民党中央监察委员会。该委员会拥有监察党政的职权。

1926年7月，国民政府发动了北伐战争，于1928年6月摧毁了北洋政府在中国的统治。1927年4月18日，在南京建立了以蒋介石为首的国民政府。1928年10月，国民党中央常务委员会通过了《训政纲领》，宣布对全国人民实行"训政"。《训政纲领》根据孙中山五权宪法的学说，把整个国家权力分为政权和治权两个部分，即以选举、罢免、创制、复决组成的政权和以行政、立法、司法、考试和监察组成的治权。《训政纲领》，在以蒋介石为首的国民党的把持下，法定国民党为最高训政者，事实上把国民党的中央政治会议提高到了支配政府和整个国家的地位。

　　1928 年 10 月 8 日国民党负责训政的最高机构中央政治会议分别通过了立法、行政、司法、考试、监察等五院组织法。同年 10 月 10 日，五院制国民政府在南京成立。立法院为最高立法机关，行政院为最高行政机关，司法院为最高司法机关，考试院为最高考试机关，监察院为最高监察机关。五院在名义上相互联系，相互制约又彼此独立。

　　《国民政府监察院组织法》规定：监察院依法行使弹劾、审计权。监察院对主管事项，可向立法院提出议案。监察院由院长、副院长各 1 人，监察委员19 人至 29 人（1931 年 12 月增加为 30 至 50 人）及秘书处等幕僚机关组成。院长、副院长由国民党中央选任，监察委员最初是由监察院长提请国民政府任命，1937 年规定，其中一半由法定人民团体选举。监察院本部，掌管中央监察事宜，由监察委员行使弹劾权。另由监察院派出监察使，分赴各监察区行使弹劾权。监察使由监察委员兼任，监察区由监察院决定。此外，原为独立机构的审计部门，也于 1931 年 2 月归入监察院，称为审计部。

　　1931 年 5 月 5 日召开的国民会议讨论并通过了《训政时期约法》。1936 年5 月 5 日，国民政府正式公布了经国民党中央审查修改并经蒋介石批准的宪法草案，即《五五宪草》。《五五宪草》套用了孙中山先生"五权宪法"的形式，掩盖了集大权于总统一身的实质。

　　抗日战争胜利后，迫于全国人民的压力，国民党于 1946 年 1 月 10 日在重庆召开有共产党人和各民主党派以及无党派民主人士参加的政治协商会议，达成了召开国民大会、改组国民政府和关于宪法问题的协议。这些协议，显然不利于国民党一党专政和蒋介石个人独裁。不久，蒋介石撕毁了政协决议，并于1946 年 11 月 15 日，召开了共产党、民主党派及无党派民主人士拒绝参加的"国民大会"，通过了与《训政时期约法》和《五五宪草》一脉相承的《中华民国宪法》。

　　1947 年 12 月 25 日，《中华民国宪法》开始实施。1948 年 3 月，召开了行宪国民大会，选举总统、副总统，5 月组成行宪政府，把训政时期的五院转为宪政时期的五院，但基本制度无大变化。依照《中华民国宪法》，国民政府监察院为国家最高监察机关。监察院设监察委员，由各省市议会和蒙古、西藏地方的议会及华侨团体选举。监察院设院长、副院长各 1 人，由监察委员互选。监察委员任期六年，连选得连任。监察委员享有不受逮捕权，除现行犯外，非经监察院许可，不得逮捕和拘禁。

监察院主要行使同意、弹劾、纠举及审计等监察权，其主要内容包括：

第一，同意权。同意权的内容是：司法院院长、副院长，大法官，考试院院长、副院长、考试委员，都由总统提名，经监察院同意后由总统任命。监察院拒绝时，总统要另行提名。监察院行使同意权时，须由监察委员过半数通过。

第二，调查权。监察院为行使监察权，可向行政院及其各部会调阅其所发布之命令及各种有关文件。

第三，纠正权。监察院按行政院及其各部会之工作，分设若干委员会，调查一切设施，注意其是否违法或失职。监察院经各委员会之审查及决议，可提出纠正案，移送行政院及其有关部会，使其注意改善。《监察法》还明确规定，行政院或有关部会，在接到纠正案后，应即为适当之改善与处置，并应以书面答复监察院。如逾二月仍未将改善与处置之事实答复监察院，监察院有权质问。

第四，纠举权。监察院对于中央及地方之公务人员，认为有失职或违法情事，可提出纠举案。纠举权针对的是公务人员的违法失职行为，与上述纠正权有所区别。

第五，弹劾权。监察院对于中央及地方之公务人员，认为有失职或违法情事，可提出弹劾案。监察院弹劾公务员或司法、考试人员，须由监察委员一人以上提议，9人以上审查及决定，方可提出；弹劾总统、副总统须有全体监察委员四分之一以上之提议，全体监察委员过半数之审查及决议，方可向国民大会提出。

第六，审计权。审计权由监察院行使。监察院设审计长，由总统提名，经立法院同意任命。审计长应于行政院提出决算后三个月内，依法完成其审核，并向立法院提出审核报告。

除此以外，监察院还依法享有监试权。1933年的《中华民国监试法》明确规定：凡举行考试时，由考试院咨请监察院就监察委员或监察使中，提请国民政府，简派监察委员。举行特种考试时，得由考试院咨请监察院派员监视。如发现有潜通关节，改换试卷或其他舞弊情事者，监察委员应提出弹劾。考试过后，监视人员应将经过情形呈报监察院。

南京国民政府建立的监察制度，具有如下特点：

第一，监察机构独立设置，分区监察。在中央政府设置独立的监察院，将监察权与立法、行政、司法、考试等国家权力并立，有利于对国家机关及其公务人员进行全面的监督，有利于监察权的统一行使，有利于强化国家监察权的效能；划分监察区，派出监察使分赴各监察区的做法与汉代设置十三部州和州刺史很相似。二者均为南京国民政府监察制度重要的特点，也是其深受中国古代监察制度影响的具体表现。

第二，监察机构拥有较广泛的监察权。监察权中最主要的两项是弹劾权和审计权，加上其他各项监察权，构成了一个主次分明的权力系统，但在实际中，监察机构往往不敢执法，形同虚设。

第三，监察法规体系较为完备，但往往徒具虚文。南京国民政府除颁布《中华民国国民政府组织法》，确立监察院的地位及职权外，还专门制定了《中华民国国民政府监察院组织法》，具体明确地规定了监察院的组织及其权限。1947年《中华民国宪法》明确规定了监察院为国家最高监察机关，此外，根据宪法的原则规定，还先后制定了《中华民国监察法》、《中华民国监察法实施细则》、《中华民国审计法》、《中华民国审计法实施细则》等具体法规。这些法规从字面上看，似乎都很严密，但多数是抄录西方国家的法规条文，在实际中始终未能真正发挥作用。

第四，个人控制。南京国民政府设立的五院，虽然在形式上遵循孙中山先生的"五权分立"学说，但实际上五院包括监察院均由国民党或蒋介石个人控制。在这一政治体制下建立的监察机构，难以真正依法进行监察。

二、革命根据地和解放区的监察制度

(一) 土地革命时期红色根据地的监察制度

红色根据地政权建立之初，由于物质条件极为艰苦，贪污腐化很少见，但也不是绝无仅有，另外也还存在其他违法失职行为。为此，红色根据地建立了早期的监察制度。最早在红色根据地建立监察制度的是鄂豫皖苏区。

在中华苏维埃共和国成立之前，鄂豫皖苏区就根据1931年7月颁布的《鄂豫皖区苏维埃临时组织大纲》的规定，建立了工农监察委员会。苏区及所辖县、乡都分别由同级苏维埃代表大会组建工农监察委员会，在代表大会的领导下进行工作，与同级苏维埃执行委员会处于同等的法律地位。

1931年7月还颁布了《鄂豫皖苏区苏维埃政府工农监察委员会条例》，规定工农监察委员会的职权主要是：（1）考察各级政府执行政策法令的情况；（2）检查苏维埃工作人员的官僚腐化和违法失职行为；（3）接受工农群众对公职人员的控告和申诉事件；（4）工农监察委员会的工作人员可以参加苏维埃的各种会议，查阅有关文件、记录和账册，并于必要时与执行委员会共同决定，由工农监察委员会颁布清洗苏维埃机关的条例，领导并执行这一工作。

1931年11月，第一次全国工农兵代表大会在江西瑞金召开，宣告了中华苏维埃共和国的正式成立，颁布了《中华苏维埃共和国宪法大纲》，并按照该宪法大纲设立了作为共和国最高行政机关的人民委员会。人民委员会下设的工农检查人民委员会就是专门负责监督监察的机关。该委员会隶属于政府，是国家行政机关的组成部分，在体制上与鄂豫皖苏区那种与同级苏维埃执行委员会平行的工农监察委员会显著不同。后来，原工农检查人民委员会改称工农检查委员会，原设在省、县、区、市各级地方政府内部的工农检查部也改称工农检查委员会。各级监察机关的主要任务是：（1）监督行政机关、国有企业及其工作人员坚决维护工农利益，正确执行苏维埃政纲和各项法律、法令；（2）受理工农群众对机关、企业及其工作人员的控告；（3）领导人民同苏维埃机关中的官僚主义作斗争。为保证上述任务的执行，工农检查委员会可以对监督对象采取两种检查方式。一是临时性的突击检查，二是有计划的检查。无论是临时的还是有计划的检查，都将检查结果公之于众，即一方面向工农检查部门的全体工作人员报告检查情况，一方面在报刊上公布结果以期引起各方面的关注。公布检查结果是红色区域工农检查机关活动的一个重要特点，也是土地革命时期初创的监察制度的一个重要特色。工农检查委员会对于检查发现的问题，有责任分别情况依法处理。一般说，属于工作上的问题，可以直接向被检查部门提出改进建议，被检查部门如果不予采纳，得提请政府的执行委员会以命令执行；属于行政工作人员违反纪律的问题，可以建议执行委员会给予纪律处分；属于触犯刑律、构成犯罪的问题，须将案件移送司法机关，由司法机关依法处理。当时的工农检查委员会，作为监察机关，其主要职权是"检查"，而且主要是通过"检查"来实施监督。对具体问题并不享有直接的最后的处理权。

红色区域的工农检查机关，在有效地监督国家行政机关及其工作人员的行政活动，保证依法行政，加强政府工作，支援革命战争等方面，都起到了重要的作用。但在工农检查机关建立初期，也存在不少问题，严重影响了正常的监察工作。为改变这种局面，中央临时政府在总结实践经验的基础上，采取了一系列措施以改善监察制度：（1）加强中央工农检查委员会的领导力量；（2）明确规定省和中央直属市由13至21人，县和省属市由9至11人，区和县属市由5至7人组成各级工农检查委员会；（3）工农检查委员会主要负责人不兼职、不轻易调动，以保持对工农检查队伍的领导的稳定性；（4）确定编制定员和工作人员职守，以建立一支专职工作队伍。省工农检查机关配备固定工作人员9至10人，县7至9人，市区5至7人。各司其职，分工处理各项日常工作，不担负与检查工作无关的其他任务；（5）在一切国家机关、企业、工厂、作坊、学校、社会团体和城市街道与广大乡村中，广泛发展通讯员，组织通讯网，吸收公正无私、密切联系群众的活跃分子参加检查监督工作。这些措施的贯彻执行，推进了工农检查机关的建设，加强和逐步完善了红色区域的监察制度。

抗日战争时期，由于客观环境的变化，抗日根据地政权废止了监察机构的建制，已经初步建立起来的监察制度也停止了发展。

（二）解放区的监察制度

解放战争时期，监察制度在华北解放区和陕甘宁边区得到了较大发展。1948年8月，华北人民政府设置了人民监察院，根据《华北人民政府组织大纲》和《华北人民政府各部门组织规程》的规定，华北人民监察院是华北人民政府所属的行政监察机关。监察院设院长一人，由华北人民政府一名副主席兼任。监察院在院长领导下，设人民监察委员会，由院长和政府任命的人民监察委员5至9人组成。人民监察院的主要任务是：（1）检查、检举并拟议处分各级行政人员、司法人员、公营企业人员的违法失职、贪污浪费、违反政策、侵犯群众利益等行为；（2）接受人民和公务人员对各级行政人员、司法人员以及公营企业人员的控诉与举发并拟议处理办法；（3）其他有关整肃政风事项。监察院在实施监察的职务活动中，有权向有关机关进行调查，有关机关必须接受调查，并提供必要的材料。决议交法院审判的，须提交法院审理，法院对这类案件，应予以受理，并应在审结以后函告监察院；决议涉及有关行政机关的，须提请华北人民政府主席批交各有关行政机关处理。

继华北人民政府设置监察院之后，陕甘宁边区也在1949年4月设置了隶属于边区政府的人民监察委员会，其性质、任务、职责权限和活动原则与华北人民监察院基本相同。

虽然解放区建立监察制度的时间不长，相关制度尚不完善，但却发挥过重要作用。华北人民监察院曾严肃查处过违反政策和纪律的个别领导干部，提请华北人民政府撤销了他们的职务。针对某些地方、某些部门、某些干部违法失职的现象，人民监察院也曾及时派出监察小组进行巡视，认真查处违法失职案件，有力地推动了华北地区整肃政风工作的开展。东北解放区也制定了惩治职务犯罪的法令，以监督和惩治公职人员的职务犯罪行为。如《东北解放区惩治贪污暂行条例》就具体规定了七种行为以贪污罪论处。解放区监察制度的建立，为新中国的监察制度奠定了基础。

第三节 当代中国监察制度

一、当代中国行政监察制度的演进

行政监察是指具有监督权的主体对政府行政机关及其工作人员执行法律、法规、方针、政策、决定、命令的情况以及不良行为进行监察、督促、纠正的活动。当代中国行政监察制度的演进可分为三个阶段。

（一）人民监察委员会时期的行政监察制度

新中国建立之初，就在政府中设立了监察机构，负责严肃政纪和反对腐败的工作。新中国成立初期，依据《中国人民政治协商会议共同纲领》和《中华人民共和国中央人民政府组织法》的规定，在政务院内部设立了最高行政监察机构——人民监察委员会，"负责监察政府机关和公务人员是否履行职责"。1950年10月，颁布了《政务院人民监察委员会试行组织条例》（以下简称《组织条例》）。根据该条例第2条的规定，人民监察委员会的职权是：一是监察全国各级国家机关和各种公务人员是否违反国家政策、法律、法令或损害人民及国家之利益，并纠举其中之违法失职的机关和人员。二是指导全国各级监察机关之监察工作，颁发决议和命令，并审查其执行。三是接受及处理人民和人民团体对各级国家机关和各种公务人员违法失职行为的控告。

根据《组织条例》第12条的规定，人民监察委员会处理事件，"得分别使用检举、纠正、惩处、建议或表扬等方法"。"对于中央各机关及国营企业部门或其高级工作人员之监察案件，应分别呈请中央人民政府委员会或政务院核定处理之"。根据《组织条例》第13条的规定，人民监察委员会"行使监察权时，如认为有犯罪嫌疑者，应移交检察机关办理"。"前项移送案件，在刑事程序未终结前，得停止该案之处理，如经处分不起诉或判决无罪者，人民监察委员会仍得分别予以处理"。在政府内部设立的监察机构，可以通过检举、纠正、惩处、建议或表扬等方法行使国家赋予的行政监察权，依法对法定的监察对象实施行政监督。

1951 年 9 月，政务院在所辖与财经有关的各部设立专门的监察司；1952 年 12 月，开始在各大区及省财政各厅等经济部门设立监察室。这些监察司（室）实行上级与平级双重领导，主要负责审计工作，监督经济。另外，1951 年 6 月，政务院还公布了《关于处理人民来信和接见人民来访工作的决定》，对政府机关各部门受理人民来信来访作了具体规定。

（二）初次设立监察部时期的行政监察制度

1954 年，新中国第一部宪法颁布以后，政务院改组为国务院。人民监察委员会改组为中华人民共和国监察部。根据 1954 年宪法和当时国务院组织法的规定，1955 年 11 月，国务院常务会议批准了《中华人民共和国监察部组织简则》（以下简称《组织简则》）。《组织简则》第 2 条规定："监察部为维护国家纪律，贯彻政策法令，保护国家财产，对国务院各部门、地方各级国家行政机关、国营企业、公私合营企业、合作社企业实施监督。其任务如下：（1）检查国务院各部门、地方各级行政机关、国营企业及其工作人员是否正确执行国务院的决议、命令；（2）检查国务院各部门、地方各级行政机关、国营企业执行国民经济计划和国家预算中存在的重大问题，并对上述部门、机关、企业和公私合营企业、合作社的国家资财的收支、使用、保管、核算情况进行监督；（3）受理公民对违反纪律的国家行政机关、国营企业及其工作人员的控告和国家行政机关工作人员不服纪律处分的申诉，并审议国务院任免人员的纪律处分事项"。

根据《组织简则》第 4 条、第 5 条、第 6 条、第 7 条、第 8 条的规定，监察部享有如下监察权：（1）对第 2 条规定的监察对象有权进行有计划的或者临时的检查。（2）对国家资财的使用、支付，可以实行事先审查，在审查中发现并且确认有违反制度或者不合理地使用、支付国家资财的时候，可以通知被审查的单位停止使用、支付。（3）可以向被检查部门提出改进工作的建议，被检查部门应当根据建议采取措施，并且将改进工作的情况通知监察部，监察部认为必要的时候，还可以对建议的执行情况进行检查。（4）监察部发现并确定国务院各部门、地方各级国家行政机关、国营企业有下列事实的时候，应当根据具体情况作出处理：一是对于未执行国务院决议、命令或者国家计划的，可以建议其执行或者通知其主管部门督促执行；二是对于发布不适当的决议、命令、指示的，可以建议其改正或者通知其主管部门予以改正。如果主管部门有不同意见的时候，监察部应当报请国务院处理。（5）监察部发现并且确认国家行政机关工作人员有下列事实的时候，应当分别处理：一是对于违反纪律的，作出结论后建议其主管部门按照纪律处分，或者报请国务院批准予以纪律处分；二是对于受纪律处分后工作有显著成绩或者经过考验证明确已改正错误的，建议其主管部门或者报请国务院批准撤销其处分；三是对于损害国家财产的，督促其主管部门依法令其赔偿；四是对于有犯罪事实的，应将案件移送人民检察院处理；五是对于向违反纪律行为作坚决斗争的或者在国家财产遭受损害的时候抢救有功的，建议其主管部门或者直接予以表扬、奖励。根据该《组织简则》第14条的规定，监察部按照需要，"可以在国务院所属财经部门设立国家监察局"。

此时的国家监察部，拥有比新中国成立初期建立的政务院人民监察委员会更为广泛的监督权，从而使国家行政机关内部的行政法制监督进一步加强。20世纪50年代，行政监察工作逐步走上了制度化、法律化的道路。除前述两个组织法规以外，国务院（政务院）和各级国家监察部门，为进一步加强行政监察工作，在宪法和法律规定的职权范围内，还制定发布了有关行政监察工作的一系列法律规范。这些法律文件的制定颁布，为建立健全国家行政机关内部行政监察制度奠定了坚实的法制基础。1955年3月，中共中央监察委员会和地方各级监察委员会重建，其职能也由只检查中共党员扩展到非党干部，把党内监督扩展到行政监督领域，与政府监察部发生了职能重叠。由于"左"的指导思想的影响，1959年4月，二届人大一次会议撤销了监察部，各级行政监察机构也随之取消，其职能并入了党的纪检系统。在国家行政机关内部建立的行政监督制度，从此停止发展多年。

（三）国家监察部的恢复

1986年12月，全国人大常委会作出《关于设立中华人民共和国监察部的决定》，恢复了国家监察机构的建制，行政监察工作得以重新恢复和发展。1987年6月，国家监察部正式成立。此后，全国县以上各级政府逐步重新建立了行政监察机构。1990年12月，国务院颁发《中华人民共和国行政监察条例》，1997年，人大常委会通过《中华人民共和国行政监察法》（以下简称《监察法》）。根据《监察法》的规定，"国务院监察机关主管全国的监察工作。县级以上地方各级人民政府监察机关负责本行政区域内的监察工作，对本级人民政府和上一级监察机关负责并报告工作，监察业务以上级监察机关领导为主"。"县级以上各级人民政府监察机关根据工作需要，经本级人民政府批准，可以向政府所属部门派出监察机构或者监察人员。监察机关派出的监察机构或者监察人员，对派出的监察机关负责并报告工作"。"监察机关依法行使职权，不受其他行政部门、社会团体和个人的干涉"。重新设立的国家监察部大力抓了各级监察机构的组织建设和业务建设，各级行政监察部门，在吸取以往建立行政监察制度经验教训的基础上，紧密结合当前行政监察工作面对的情况和问题，结合廉政建设和反腐败斗争的需要，围绕改革、开放，大力开展工作，已经取得了显著成效。监察部恢复以后的行政监察制度，参见其他章节，兹不赘述。

二、香港特别行政区以廉政公署为核心的监督制度

香港的监督制度是以廉政专员公署为核心的，廉政专员公署简称廉政公署，其英文缩写是 ICAC，意为反腐败独立委员会。廉政公署并非香港独有，一些国家也设有此类机构。

(一) 廉政公署的建立

香港曾被英国占领一百多年，在其发展的初期与中期，腐败曾经盛行一时，贪污成为日常生活的组成部分。早在 1897 年，香港已有法例明文禁止贪污贿赂；政府于 1948 年仿效英国法律，立法通过了《防止贪污条例》；20 世纪 50 年代，香港警队成立了检举贪污组，但贪污仍然日益猖獗。20 世纪 60 年代末至 70 年代初，香港经济高速发展，批文、办照、拿证、领牌等社会服务需求随之增多，政府部门、公共机构贪污受贿现象相当普遍，连负责反贪的警务部门也成为贪污受贿十分严重的部门。贪污受贿日趋严重，普通市民深受其害，社会公众对此反映十分强烈。

1971 年，港英当局颁布了《防止贿赂条例》，规定如果公务员所拥有的财产与其收入不相称，而本人又不能合理解释其财产来源时，就可以假定这些财产来自贪污或其他违法行为，反贪污部就可以对其进行调查起诉。1973 年，港英当局根据《防止贿赂条例》，要求当时的总警司葛柏对其巨额私人财产作出解释，但在当局对他诉诸法律之前，葛柏竟把赃款分存于 6 个国家的银行并偷渡潜逃英国。此事激起市民反贪污受贿的万人大游行，引起社会震动，也使港英当局震惊。同年 10 月，港督麦里浩宣布建立一个独立的、不隶属于任何政府机关的、专门从事肃贪倡廉工作的机构取代反贪污部。1974 年，港英当局颁布了《总督特派廉政专员公署条例》(简称《廉署条例》)，随后于 2 月 15 日正式成立了廉政公署。

（二）廉政公署的组织机构

廉政公署不隶属于任何政府机关，起初直接隶属于总督，现直接隶属于特区行政长官。廉政专员起初由总督委任，现由特区行政长官委任，向特区行政长官负责。廉政公署实行四级编制，在廉政专员之下，设立行政总部和执行处、防止贪污处、社区关系处等三个处级业务部门。行政总部负责行政工作。执行处负责接受举报，调查核实有关贪污受贿等腐败行为的指控。防止贪污处负责审查政府部门和公共机构的制度和工作程序，提出建议，以纠正可能出现贪污的工作方式，涉及的范围包括采购程序、员工管理、执法工作、合约管理、发牌及监管制度等。社区关系处负责向市民宣传贪污的危害，以取得市民对反贪工作的支持与合作。另外还有若干分处。分处是设在香港地区内的方便市民举报的机构。

廉政公署重视对职员进行专业培训，除在本港培训外，还有每年与海外同类机构互派人员交流的计划。廉政公署实行高薪制，其工作人员的薪酬高于政府部门同级公务员。廉政公署的经费由政府在每年的预算案中单独列支。

（三）廉政公署的职责权力

根据《廉署条例》、《防止贿赂条例》和《舞弊及非法行为条例》，廉政公署拥有以下权力：

第一，如果公务员拥有的财产与其收入不相称，而本人又不能作出合理解释时，廉政公署有权对其进行调查并起诉。与一般司法机关"告诉即受理"原则不同，廉政公署在无人举报的情况下，如果认为任何政府官员有贪污或其他违法行为，也可进行调查。

第二，在调查案件时，廉政公署拥有广泛的调查、逮捕、搜查、检取权。当发现有人涉嫌违法时，廉政专员可书面授权调查人员进行调查。调查人员出示该授权证书时，可以调查及查阅有关人员的任何股份账目、购买账目、俱乐部账目、捐助账目，任何保管箱，任何银行或公司账册；要求该人透露有关上述各项之全部资料，并提取该项账目及簿册或其中任何有关记录的副本；如果调查需要，经廉政专员同意，调查人员可搜查任何公共机构或其使用的任何房间；调查人员还有权限制涉嫌人员的活动，迫其交出有关证件；在发现涉嫌人员确有违犯相关条例的行为或犯有其他严重罪行时，调查人员可以行使拘捕权。

第三，廉政公署有权审查政府部门及公共机构的办事程序和资金的使用情况；在不妨碍各部门工作的前提下，有权修改"不良的惯例"。一方面要检查政府部门工作中的漏洞，另一方面也要尽力帮助政府和公共机构健全制度，改进办法，以杜绝贪污受贿。

（四）廉政公署的工作程序与纪律监察

廉政公署有一套完整的工作程序，举报中心 24 小时接受市民的举报，执行处接到举报后，将资料分类并立即立案调查，如果要中止某项调查，必须经有关的委员会批准，对于调查结果，要整理成书面报告呈交有关部门，在可能时还要向举报人通报。廉政公署还有一套有效的保密措施。

廉政公署内部纪律严明，违反条例者要受到惩治。为防止滥用权力和官僚主义，使廉政公署的工作处于社会监督之下，廉政公署还成立了不同的委员会，分别对各方面的工作进行监督。这些委员会的成员来自社会各阶层，大都是具有专门知识和经验的人士。其中廉政公署事宜投诉委员会，负责审查对廉政公署及其职员的投诉，并提出处理意见。贪污问题咨询委员会负责对廉政公署的一般政策作深入的检讨，向特区行政长官提供意见。审查贪污举报咨询委员会监督执行处的工作。防止贪污咨询委员会监督防止贪污处的工作。社区关系市民咨询委员会监督社区关系处的工作。这些委员会对于促进及监督廉政公署的工作起着重要的作用。

香港廉政公署是世界著名的监察机构，在反腐肃贪方面成效显著，当今香港是世界上廉洁度最高的地区之一。香港廉政公署不仅受到香港民众的赞扬，也受到世界许多国家和地区的关注。世界上一些地方借鉴香港的经验建立相似的机构，澳大利亚于 1989 年在新南威尔士州设立了廉政公署。韩国于 2002 年成立与廉政公署相似的反腐败委员会。澳门廉政公署的设立也借鉴了香港的成功经验。

三、澳门特别行政区的监督制度

澳门的监督制度与香港类似，也是以廉政专员公署为核心。廉政专员公署简称廉政公署。澳门廉政公署的设立，受到香港廉政公署一定的影响。

（一）廉政公署的建立

澳门廉政公署是专门负责反贪和行政申诉的部门，其前身是反贪污暨反行政违法高级专员公署，简称反贪公署。澳门的贪污犯罪一度相当猖獗。反贪公署的设立是经过澳门社会各界多年努力才得以实现的。1975 年，当时的总督李安道倡议成立专门对付贪污的肃贪机关。此后，在香港廉政公署打击贪污成效显著的影响下，澳门社会各界亦不断要求成立肃贪机关，以对付日益猖獗的贪污犯罪。1987 年，立法会制定专门的肃贪法律《贿赂处分制度》。1990 年，立法会通过反贪公署的权力法规。1991 年，澳门总督韦奇立任命来自葡萄牙的薛克法官为首任反贪专员。1992 年，立法会通过反贪公署的内部组织法。此后，反贪公署正式展开工作。反贪公署的规格相当于政务司级，运作上独立于以澳门总督为首的行政系统，也不是法院和检察院一类的司法机关，既不受总督统率也不受立法会指挥，是一个相对独立的执法机关。

1999 年 12 月 20 日，澳门特别行政区成立，根据《澳门基本法》的规定，澳门特别行政区设立廉政公署，反贪公署由廉政公署完全取代。

（二）廉政公署的组织机构

廉政公署独立工作，其最高长官为廉政专员，由特区行政长官提名并报请中央人民政府任命。廉政专员对行政长官负责。廉政公署实行四级编制，在廉政专员之下，设立廉政专员办公室以及反贪局和行政申诉局等局级业务部门，局下设厅，厅下设组。

廉政专员办公室直属廉政专员并辅助其履行职务。办公室下设综合事务厅、社区关系厅及资讯中心。

反贪局负责对相关犯罪及行为的调查、侦查工作及其他相关工作。对于兼属刑事及行政申诉范畴的个案，由反贪局局长负责与行政申诉局协调处理。

行政申诉局负责分析及处理行政申诉，研究及建议发出劝喻，旨在简化行政程序及改善公共部门运作，以及研究及分析有利于预防及遏止行政违法、贪污及由公务员作出的欺诈行为的措施。

（三）廉政公署的职责权力

按照 2000 年 8 月颁布的《澳门特别行政区廉政公署组织法》，廉政公署的权力为：

第一，查明具有充分依据使人怀疑发生贪污或欺诈行为的事实迹象或消息，以及查明具有充分依据使人怀疑发生针对公有财产的犯罪、滥用公共职能、损害公共利益的行为等的事实迹象或消息。

第二，进行履行其职责所需的一切调查及侦查行为。廉政专员及助理专员在其权限内的刑事诉讼行为方面，具有刑事警察当局地位。由廉政专员领导的侦查包括按照刑事诉讼法规定的一切属刑事警察当局及刑事警察机关权限的诉讼行为及措施，以及属检察院权限的搜查、搜索及扣押。可不经通知，进入任何公共实体范围检查，查阅文件，听取有关公务员所述或要求提供认为适当的资料。可要求所有自然人及法人在其权利及正当利益受保障的情况下合作。

第三，调查公共实体与私人关系范围内的行政行为及程序合法性；监督涉及财产利益的行为的合规范性及行政正确性。

第四，将其查清的违法行为迹象，向有权采取纪律行动的实体检举；因应情况所需，跟进有权实体进行的刑事或纪律程序；将主要调查结果报告行政长官。

第五，就所发现的法规缺点，特别是使人的权利、自由、保障或正当利益受到影响的缺点，作出解释、修改或废止有关法规的劝喻或建议，或作出制定新法规的劝喻或建议，但涉及属立法会权限的法规时，只是将公署的立场制成报告书呈交行政长官。

第六，建议行政长官作出规范性行为，以改善公共部门的运作及对依法行政的遵守，尤其消除各种有利于贪污及实施不法或道德上应受责备的行为的因素；向行政长官建议采取行政措施，以改善公共服务。

第七，直接向有权机关提出劝喻，以纠正违法或不公正的行政行为或行政程序；与有权机关及部门合作，谋求最适当的解决办法，以维护人的正当利益及改善行政工作。

2006 年 3 月，国际调查公司"政经风险评估"发表《亚洲贪污趋势年报》，在该评估报告涉及的 13 个亚洲国家及地区中，我国澳门的廉洁度排名第 4，廉洁水平仅次于新加坡、日本和中国香港。在 2007 年 3 月的同一评估报告中，我国澳门在 13 个亚洲国家及地区中，廉洁度仍然排名第 4。

2006 年 11 月，非政府国际反腐败组织"透明国际"公布 2006 国际清廉指数，澳门首次被纳入评选之列，在亚太区 25 个国家及地区中排行第 6，仅次于新西兰、新加坡、澳大利亚、中国香港及日本；在全球 163 个国家及地区中，排名第 26；"透明国际"指出，澳门第一次上榜即以 6.6 的高分跻身前列，这跟当地反贪机构大力倡导反腐败运动的努力是分不开的。

四、中国台湾地区的监察制度

当代台湾地区的政治制度是中华民国政治制度的延续，虽然进行了多次"修宪"，台湾地区现行"宪法"仍是以 1947 年南京国民政府公布的《中华民国宪法》为蓝本，现行政治体制的基本结构仍保留了原"中华民国宪政体制"，现行监察制度虽经历次调整，有很大变化，但与南京国民政府时期的监察制度仍是一脉相承的。在台湾地区的监察体系中，最主要的是"监察院"的监督，另外"立法院"和"行政法院"也发挥一定的监督作用。

（一）"监察院"的监督内容的调整

1992 年 5 月，台湾地区第二次"修宪"，对"监察院"的性质、职权、产生方式作了很大的改革，"监察院"失去了民意代表机关的性质和职权，成为单纯的准司法机关。主要变化是：

第一，"监察院"为最高监察机关，行使弹劾、纠举及审计权，不再享有对"司法院"、"考试院"的人事同意权。

第二，"监察委员"的产生，由原"宪法"规定的省市议会议员间接选举产生，改为由"总统"提名，经"国民大会"同意任命，2000 年第六次"修宪"又改为经"立法院"同意任命。

第三，"监察院"不再具有对"总统"、"副总统"的弹劾提案权，改为由"立法院"提出。

第四，"监察院"对于"中央"、地方公务人员及"司法院"、"考试院"人员的弹劾案，须经"监察委员"2 人以上提议，9 人以上审查及决定才能提出。

（二）"监察院"的职权

"监察院"依据"宪法"与法律的规定，行使弹劾、纠举及审计权，可以提出纠正案，享有收受人民书状、巡回监察、调查、监试等权力。民众如果认为公务人员有违法失职行为，可以直接向"监察院"或"监察委员"告发。经"监察委员"调查后，提出调查报告，属于纠正案性质的，交由各有关委员会处理；属于弹劾或纠举性质的，经过"监察委员"审查成立，移交"司法院"公务员惩戒委员会处理，或送交被纠举人员的主管长官或上级长官处理。公务员惩戒委员会是负责对有违法失职行为的公务员进行惩戒的机构，负责审议惩戒案件。凡经"监察院"弹劾，或者由各院部会长官、地方行政长官送请审议的案件，均由"公务员惩戒委员会"审议。

"监察院"依法受理公职人员财产申报。台湾"公职人员财产申报法"规定，"总统、副总统；五院院长、副院长；政务官；有给职之总统府资政、国策顾问及战略顾问；依法选举产生之乡（镇、市）级以上政府机关首长；县（市）级以上各级民意机关民意代表"均应向"监察院"申报财产。公职人员无正当理由不申报或故意申报不实的，处新台币 6 万～30 万元的罚款；逾期不报或不补正的，可处一年以下有期徒刑或拘役或处新台币 10 万～50 万元罚款；依法可在政府公报公告其姓名。

　　台湾对于财务的预决算和审计有较为明确的分工，立法机关负责议决预算案；行政机关负责提出预算案，并执行法定预算；审计机关负责监督预算执行和审定决算。审计权是监察权的一部分，由"监察院"的审计部行使。审计长应当在"行政院"提出决算后3个月内依法完成审核，并提出审核报告呈交"立法院"。

重要概念

1. 御史府　　　2.《刺史六条》　　　3. 一台三院
4. 风闻弹事　　5. 唐代十道监察区　6. 台谏合一
7. 都察院　　　8. 巡按御史　　　　9. 科道合一
10. 谏诤

思考题

1. 试述中国古代监察体制的演变。
2. 简述中国古代监察制度的特点。
3. 简述南京国民政府监察制度的特点。
4. 简述香港廉政公署。
5. 简述澳门廉政公署。

第四章

人民代表大会的监督

本章在阐述人民代表大会监督的概念和特征、地位和作用等基本知识的基础上，着重介绍了人民代表大会监督的范围和内容、方式和程序。

第一节 人民代表大会的监督概述

一、人民代表大会监督的含义和特征

人民代表大会的监督亦称国家权力机关的监督，简称人大监督，指各级人民代表大会及其常务委员会，根据法定的权限和程序，对各级国家行政机关、审判机关和检察机关的工作，对同级人民代表大会常务委员会和下级人民代表大会及其常务委员会的工作，以及宪法和法律的实施情况，所采取的了解、审议、督促和处置的行为。人民代表大会监督的内涵包括以下几个方面：

第一，人民代表大会监督的主体是各级人民代表大会及其常务委员会，包括全国人民代表大会及其常务委员会、地方各级人民代表大会及其常务委员会。只有人民代表大会及其常务委员会实施的监督才属人民代表大会的监督，除此之外，任何组织实施的监督都不成之为人民代表大会的监督。

第二，人民代表大会监督的对象包括各级国家行政机关、审判机关和检察机关，也包括各级人民代表大会对本级常务委员会的监督，上级人民代表大会对下级人民代表大会及其常务委员会的监督。需要特别注意的是，全国人民代表大会的监督对象还包括国家主席和中央军事委员会。

第三，人民代表大会的监督的依据是宪法和法律。人民代表大会及其常务委员会作为监督主体，与监督对象之间的关系是由《宪法》和《监督法》、《全

国人民代表大会组织法》、《地方各级人民代表大会和地方各级人民政府组织法》等法律明确规定的。人民代表大会监督的权限、范围、程序和方式都由宪法和法律明确规定，对哪些对象、哪些事务进行监督，根据什么程序、通过什么方式进行监督，都须依据宪法和法律的明确授权。各级人民代表大会及其常务委员会不能在宪法和法律没有规定的情况下进行监督，也不能超越、违反宪法和法律规定的权限、范围、程序和方式进行监督。

第四，人民代表大会监督的内容是法律监督和工作监督。法律监督指各级人民代表大会及其常务委员会根据法定的权限和程序，对宪法、法律、行政法规、地方性法规以及上级和同级人民代表大会及其常务委员会通过的决议、决定在所辖区域内的实施情况进行监督。工作监督则指各级人民代表大会及其常务委员会依法对行政机关、审判机关和检察机关的日常工作进行的监督，以及本级人民代表大会对同级常务委员会、上级人民代表大会及其常务委员会对下级人民代表大会及其常务委员会的日常工作进行的监督。

第五，人民代表大会监督的目的是保证宪法和法律的实施，维护人民的利益和法律的尊严。人民代表大会作为人民行使国家权力的机关，必须对由其产生的行政机关、审判机关和检察机关等行使权力的情况进行监督，保证人民的意志得到贯彻，保证人民的利益得到维护，保证体现人民意志的宪法和法律的尊严得到维护。

人民代表大会的监督有以下特征：

第一，民主性。根据宪法规定，人民代表大会是人民行使国家权力的机关，它由人民通过直接或间接的方式选举产生，对人民负责，受人民监督，代表人民行使国家权力。人民代表大会的产生与组成机制，体现了中国政治制度的民主性，反映了我国一切权力来自于人民的本质属性。同样，通过民主选举产生的人民代表大会实施的监督，也具有民主性的特征。人民代表大会监督的民主性不仅体现在监督主体本身的构成之上，还体现在其运行机制上。人民代表大会在工作中实行合议制，无论是制定法律，还是就重大问题作出决定，或者是重要的人事任免，都按照民主集中制的原则，充分发扬民主，集思广益，最终通过投票表决的方式进行，以真正集中和代表人民的意志和利益。具体到监督领域，人民代表大会的监督，也最终通过民主的途径，采取合议制方式作出具体监督决定，体现了这种监督方式的民主性。可见，人民代表大会监督从根本上说是代表人民实施的，体现了人民的意志和利益，反映了人民的呼声和要求，是民主政治制度在公权力监督领域中的直接表现。相较于其他监督方式而言，民主性是人民代表大会监督首要的特性。

第二，根本性与全局性。人民代表大会是人民选举产生的行使国家权力的机关，它关注的是全局性的问题，而不是具体领域中单一的、专业性的事务。在制定法律的时候，人民代表大会关注的是一些涉及范围大的全局性问题，并且是制度性而不是暂时性地解决这些问题。在就重大问题作出决议和决定时，人民代表大会不仅仅要解决所针对的具体问题，更要解决与该问题同类的或者相近的问题。相比较而言，行政机关、审判机关和检察机关所要做的是按照法律和人民代表大会决定，解决具体的单一的问题。例如，在行政许可领域，人民代表大会作为立法机关，它关注的是如何完善行政许可制度，而行政机关更关注解决具体的行政许可问题，法院关注的则是在行政许可中所引发争议的解决，检察院关注解决与行政许可相关的具体的违法犯罪案件。可见，人民代表大会的工作在本质上需要其从全局的眼光入手，解决根本性的、全局性的问题。具体到监督领域，人民代表大会的监督也需要站在全局的高度，紧紧围绕党和国家工作大局，抓住关系改革、发展、稳定的重大问题，抓住和群众切身利益密切相关、社会普遍关注的重大问题进行监督。

第三，权威性。人民代表大会是国家权力机关，相较于其他机关而言，它的权力直接来自于人民，它所实施的监督，是代表国家和人民进行的监督，是最高层次的监督，也是具有法律效力的监督，因而具有权威性。与人民代表大会的监督相比，其他国家机关的监督尽管也具有相应的法律效力，但这种法律效力来自法律的授权，来自于人民代表大会的授权，因而是第二层面的监督，人民代表大会的监督比其他国家机关的监督更具权威性。

第四，公开性。公开性是指人民代表大会的监督应该是公开的、透明的，除了法律规定的特别情况之外，人民代表大会应向社会公布与监督有关的所有信息，而不能隐瞒相关的监督信息。比如，人民代表大会在审议政府工作报告和政府的预决算报告、对政府部门负责人提出质询和询问、审查法规和规章的合法性与适当性的时候，应一律通过报纸、电视、网络等新闻媒介向社会公开相关信息，甚至可通过听证会、质询会的形式向公众开放整个监督过程。人民代表大会监督的公开性，是由人民代表大会制度的性质、地位和作用决定的。根据宪法规定，人民代表大会由人民选举产生，对人民负责，受人民监督，要达到这样一个要求，就要让人民群众了解人民代表大会监督工作在内的所有工作情况。只有让人民群众充分了解人民代表大会行使职权的情况，才能确保人民对权力机关的控制，确保国家权力机关按照人民的意志和利益行使监督权。

第五，多样性。多样性指人民代表大会的监督根据监督对象、监督内容和监督目的的不同，采取灵活多样的方式进行监督。比如，人民代表大会对行政机关制定规范性文件的监督可以采用行政法规和规章备案的方式进行监督；对特定事项则可以采取组织调查委员会的方式进行监督。在监督的过程中可以进行一般性的了解、调查，也可以通过召开听证会等方式，吸收社会公众参与到调查程序中来。可以对不胜任职务的干部进行罢免，也可以就特定的事项向相关人员进行质询，还可以就某些事项提出意见和建议。可以就由人民代表大会产生的机关的全面工作听取报告，也可以就经济社会发展等方面的专门情况听取报告、进行审议并作出相应决定。总而言之，与其他机关特别是司法机关的监督相比，人民代表大会的监督在方式上更具多样性，可以有针对性地进行监督，以取得最佳的监督效果。

二、人民代表大会监督的地位和作用

（一）人民代表大会监督的地位

人民代表大会制度是人民民主专政的政权组织形式，是中国的根本政治制度。在人民代表大会制度之下，国家的一切权力属于人民，由民主选举产生的全国人民代表大会和地方各级人民代表大会是人民行使国家权力的机关，是国家机构的核心。国家行政机关、审判机关、检察机关都由人民代表大会产生，对它负责，受它监督。与人民代表大会制度的特性相适应，人民代表大会的监督是我国社会主义民主与法制的重要组成部分，是我国最重要的监督形式。对于人民代表大会的监督，我国的《宪法》和法律都作了明确的规定，在我国的政治法律生活中具有无可比拟的崇高地位。

人民代表大会监督的这一崇高地位，须从我国的国体以及国体与政体的关系上来理解。《宪法》规定，我国是工人阶级领导的、以工农联盟为基础的人民民主专政的社会主义国家，这是我国的国体；人民代表大会制度是我国的根本政治制度，这是我国的政体。我国国体与政体决定了人民是国家的主人，"中华人民共和国的一切权力属于人民"，"人民行使国家权力的机关是全国人民代表大会和地方各级人民代表大会"。人民代表大会的监督是代表人民实施的监督，是人民意志和利益的体现，是人民当家做主、管理国家事务、行使国家权力的体现。人民代表大会的监督是我国各种监督制度中最根本的、层次最高的、最具有法律效力和最有权威性的监督。行政机关、审判机关和检察机关由国家权力机关产生，对其负责，向其报告工作，只有接受人民代表大会监督的义务，而没有制约人民代表大会的权力。

（二）人民代表大会监督的作用

人民代表大会的监督，在我国的政治法律生活中具有重要的作用，具体表现在以下几个方面：

第一，保证人民当家做主的实现。由于政治、经济、社会乃至文化传统等方面的原因，"一切权力属于人民，人民当家做主"并不像理论上设计的那样容易实现，现实生活中的国家权力还存在所有权和实际行使权相分离的情况，即权力是人民所有的，但不可能真正做到完全由作为权力所有者的人民亲自行使权力，而必须将权力授予特定的组织和人员，由他们来具体行使权力，从而实现人民的利益。在这样的情况之下，为保证权力的具体行使者真正按照人民的意愿行使权力，实现人民当家做主，保证人民政治、经济、文化等各方面的权力得以真正实现，就必须对他们所行使的权力加以限制，进行有效监督。人民代表大会监督的根本任务，也正在于通过权力的控制和制约机制，保证权力真正掌握在人民手中，实现人民当家做主。权力的具体行使者只能按照人民的意愿作出特定的决定，其根本目的在于维护人民的利益。

第二，促进依法行政。现代社会中，国家权力通常被划分成立法权、行政权与司法权三大类。法律意义上的行政指公共行政主体按照法定的权限与程序，贯彻执行法律，将立法的意图转化成现实的活动，换句话说，行政就是执行法律的活动。行政的这一特性，决定了行政主体的整个行为过程都必须严格按照法律的规定实施，不能超越法定的权限与程序。然而，与其他任何形式的权力一样，行政权也可能被实际拥有者滥用。为了保证行政权不被滥用，就必须设置完善的监督机制，对行政权的行使进行监督，人民代表大会对行政权的监督正是发挥了这样一种作用。人民代表大会通过听取工作报告、就特定事项进行调查、罢免特定人员、开展执法检查等方式，可有效纠正行政机关不依法行政甚至违法行政的行为，并使相关责任人员受到惩罚，从而促进行政机关及其工作人员依法实施行政行为。

第三，维护司法公正。一般而言，司法是指特定的国家机关按照法定的权限和程序，将相关法律适用于具体案件的专门化活动，专门负责进行这一活动的机关是司法机关，它所拥有的权力是司法权力。在我国，司法机关包括人民法院和人民检察院，两者行使职权的活动都是司法活动。在社会发展过程中，司法已经成了一种必不可少的国家活动，离开司法，社会纠纷无从解决，违法犯罪行为不能得到有效制裁，社会的正常运行与发展也就难以为继。司法活动的最基本要求是司法公正，即司法机关应处于不偏不倚的位置，公正对待争议双方，居中作出裁决。一旦司法失去公正性，司法就会失去人们的信任，其功能也就难以发挥。但在现实生活中，司法不公的现象总是在一定程度上存在，有些地方甚至出现了比较严重的权钱交易、枉法裁判等司法不公现象，影响了司法的公信力，损害了法制的尊严。人民代表大会通过各种方式对司法实施监督，可以纠正司法不公，重新树立司法的公正形象，赢得人们对司法的信任，提高司法的社会效益。

第四，维护法制统一和尊严。法制的统一和尊严是建立社会主义法治国家的必然要求。做到这一点，离不开各个国家机关严格执法、依法办事。但是，在现实生活中，要求所有国家机关都真正做到完全按照宪法和法律的规定行事是不现实的，总会有这样或者那样的违反宪法和法律的情况出现。在这一现实之下，人民代表大会的监督对维护法制的统一和尊严就具有了特别重要的意义，承担了特别重要的使命，是维护社会主义法制的统一和尊严的基本保证。通过人民代表大会的监督，有效防止下位法违背上位法的情况，防止出现破坏法制统一的现象，及时纠正有损于法制统一的行为，维护法制的统一。

第五，制约公权力，遏制腐败行为。权力是社会行动中不可或缺的因素，没有权力的存在，社会生活就难以有效地组织起来，就难以保证社会的稳定与秩序，难以保证经济的发展和人民生活水平的提升。在现实生活中，权力总是具体掌握在某一部分人手里，通过这些人来实施权力，达到特定的目的。然而，"一切权力都有腐败的趋势，绝对的权力将绝对地导致腐败"。正是由于权力的这种特性，人们必须通过一定的途径对权力的行使进行限制，以防止掌握权力的人超越界限，导致腐败行为的产生，人民代表大会的监督就是制约公共权力，遏制腐败行为的一种有效途径。具体而言，宪法与法律规定，人民依照法定程序选举代表组成人民代表大会，并通过人民代表大会产生行政机关、审判机关和检察机关。为了防止这些国家机关及其工作人员产生腐败行为，宪法与法律授予人民代表大会以监督权，可通过听取报告、实施调查、罢免相应领导人员等方式对这些机关进行监督。

人民代表大会的监督是防治腐败、实现勤政廉政的有力保障。邓小平同志早在1980年就指出，官僚主义现象是我们国家政治生活中广泛存在的一个大问题。经过三十余年的改革开放，国家机关中的官僚主义和腐败现象依然存在，在某些领域还呈现出越来越严重的倾向，一些国家机关工作人员出现贪污腐化、权钱交易等腐败现象。为了有效遏制腐败行为，制止权力滥用现象，真正做到权为民所用、利为民所谋，就必须积极发挥人民代表大会监督的功能，及时发现和制止腐败行为，促使其严格按照法定的权限和程序办事，保证改革开放和社会主义现代化建设顺利进行。

三、人民代表大会监督的法律框架

（一）《宪法》有关人民代表大会监督的规定

宪法是国家的根本大法，我国《宪法》对人民代表大会的监督作出了明确的规定。

首先，《宪法》第 2 条规定，中华人民共和国的一切权力属于人民。人民行使国家权力的机关是全国人民代表大会和地方各级人民代表大会。第 3 条规定，全国人民代表大会和地方各级人民代表大会都由民主选举产生，对人民负责，受人民监督。国家行政机关、审判机关、检察机关都由人民代表大会产生，对它负责，受它监督。这些规定明确了人民代表大会的监督权。

其次，《宪法》第 62 条规定，全国人民代表大会负责监督宪法的实施、审查和批准国民经济和社会发展计划和计划执行情况的报告、审查和批准国家的预算和预算执行情况的报告、改变或者撤销全国人民代表大会常务委员会不适当的决定。第 63 条规定，全国人民代表大会有权罢免中华人民共和国主席、副主席、国务院总理、副总理、国务委员、各部部长、各委员会主任、审计长、秘书长；中央军事委员会主席和中央军事委员会其他组成人员；最高人民法院院长；最高人民检察院检察长。这些规定明确了全国人民代表大会具体的监督权。

再次，《宪法》第 67 条规定，全国人民代表大会常务委员会有权解释宪法，监督宪法的实施；在全国人民代表大会闭会期间，审查和批准国民经济和社会发展计划、国家预算在执行过程中所必须作的部分调整方案；监督国务院、中央军事委员会、最高人民法院和最高人民检察院的工作；撤销国务院制定的同宪法、法律相抵触的行政法规、决定和命令；撤销省、自治区、直辖市国家权力机关制定的同宪法、法律和行政法规相抵触的地方性法规和决议。第 71 条规定，全国人民代表大会和全国人民代表大会常务委员会认为必要的时候，可以组织关于特定问题的调查委员会，并且根据调查委员会的报告，作出相应的决议。第 73 条规定，全国人民代表大会代表在全国人民代表大会开会期间，全国人民代表大会常务委员会组成人员在常务委员会开会期间，有权依照法律规定的程序提出对国务院或者国务院各部、各委员会的质询案。受质询的机关必须负责答复。这些规定明确了全国人民代表大会常务委员会及全国人大代表的监督权。

最后，《宪法》第 99 条第 2 款规定，县级以上的地方各级人民代表大会审查和批准本行政区域内的国民经济和社会发展计划、预算以及它们的执行情况的报告；有权改变或者撤销本级人民代表大会常务委员会不适当的决定。第 101 条规定，地方各级人民代表大会分别选举并且有权罢免本级人民政府的省长和副省长、市长和副市长、县长和副县长、区长和副区长、乡长和副乡长、镇长和副镇长。县级以上的地方各级人民代表大会选举并且有权罢免本级人民法院院长和本级人民检察院检察长。选出或者罢免人民检察院检察长，须报上级人民检察院检察长提请该级人民代表大会常务委员会批准。第 104 条规定，县级以上的地方各级人民代表大会常务委员会讨论、决定本行政区域内各方面工作的重大事项；监督本级人民政府、人民法院和人民检察院的工作；撤销本级人民政府的不适当的决定和命令；撤销下一级人民代表大会的不适当的决议；依照法律规定的权限决定国家机关工作人员的任免；在本级人民代表大会闭会期间，罢免和补选上一级人民代表大会的个别代表。这些规定明确了地方各级人民代表大会及其常务委员会的监督权。

（二）组织法有关人民代表大会监督的规定

有关组织法也对人民代表大会的监督权进行了规定。例如，《地方各级人民代表大会和地方各级人民政府组织法》第 44 条规定，县级以上的地方各级人民代表大会常务委员会行使下列监督职权：监督本级人民政府、人民法院和人民检察院的工作，联系本级人民代表大会代表，受理人民群众对上述机关和国家工作人员的申诉和意见；撤销下一级人民代表大会及其常务委员会的不适当的决议；撤销本级人民政府的不适当的决定和命令；在本级人民代表大会闭会期间，决定副省长、自治区副主席、副市长、副州长、副县长、副区长的个别任免；按照《人民法院组织法》和《人民检察院组织法》的规定，任免人民法院副院长、庭长、副庭长、审判委员会委员、审判员，任免人民检察院副检察长、检察委员会委员、检察员，批准任免下一级人民检察院检察长；省、自治区、直辖市的人民代表大会常务委员会根据主任会议的提名，决定在省、自治区内按地区设立的和在直辖市内设立的中级人民法院院长的任免，根据省、自治区、直辖市的人民检察院检察长的提名，决定人民检察院分院检察长的任免；在本级人民代表大会闭会期间，决定撤销个别副省长、自治区副主席、副市长、副州长、副县长、副区长的职务；决定撤销由它任命的本级人民政府其他组织人员和人民法院副院长、庭长、副庭长、审判委员会委员、审判员，人民检察院副检察长、检察委员会委员、检察员，中级人民法院院长，人民检察院分院检察长的职务。

(三)《立法法》有关人民代表大会监督的规定

《立法法》是一部有关立法的宪法性法律，其中对各级人民代表大会在立法方面的监督权作了较为详尽的规定。根据《立法法》第 88 条规定，全国人民代表大会有权改变或者撤销它的常务委员会制定的不适当的法律，有权撤销全国人民代表大会常务委员会批准的违背宪法和本法第 66 条第 2 款规定的自治条例和单行条例；全国人民代表大会常务委员会有权撤销同宪法和法律相抵触的行政法规，有权撤销同宪法、法律和行政法规相抵触的地方性法规，有权撤销省、自治区、直辖市的人民代表大会常务委员会批准的违背宪法和本法第 66 条第 2 款规定的自治条例和单行条例；省、自治区、直辖市的人民代表大会有权改变或者撤销它的常务委员会制定的和批准的不适当的地方性法规；地方人民代表大会常务委员会有权撤销本级人民政府制定的不适当的规章。此外，根据《立法法》第 89 条规定，行政法规、地方性法规、自治条例和单行条例、规章应当在公布后的 30 日内报国家权力机关备案（详见下述）。

(四) 监督法有关人民代表大会监督的规定

《监督法》是一部专门对人民代表大会常务委员会的监督进行规定的法律。这部法律对有关人民代表大会常务委员会监督的原则、性质、内容、方式、程序等都进行了比较详尽的规定，全文总计 9 章 48 条，其中监督的方式包括：听取和审议人民政府、人民法院和人民检察院的专项工作报告；审查和批准决算，听取和审议国民经济和社会发展计划、预算的执行情况报告，听取和审议审计工作报告；法律法规实施情况的检查；规范性文件的备案审查；询问和质询；特定问题调查；撤职案的审议和决定。

(五) 其他法律法规有关人民代表大会监督的规定

除了上述法律对人民代表大会的监督进行了规定之外，其他的一些法律和法规也都对人民代表大会的监督权进行了规定。例如《监督法》出台后，许多地方制定了相应的实施办法，对人民代表大会常务委员会的监督进行了细化规定。这些法律法规与前述法律一起，共同构成了我国人民代表大会监督的基本法律框架。

第二节　人民代表大会监督的范围和内容

一、人民代表大会监督的范围

人民代表大会监督的范围指人民代表大会及其常务委员会对哪些对象实施监督。具体而言，人民代表大会监督的范围包括：

（一）对行政机关进行的监督

对行政机关进行的监督即对行政机关的委任立法行为、贯彻实施宪法和法律的情况以及日常工作进行的监督。

第一，对行政机关的委任立法行为进行监督。按照《立法法》的规定，我国的行政机关被赋予了一定的立法权，国务院可以制定行政法规；国务院各部、委员会、中国人民银行、审计署和具有行政管理职能的直属机构，可以根据法律和国务院的行政法规、决定、命令，在本部门的权限范围内，制定规章；省、自治区、直辖市和较大的市的人民政府，可以根据法律、行政法规和本省、自治区、直辖市的地方性法规，制定规章。人民代表大会须对行政机关的这些立法行为进行监督。

第二，对行政机关制定行政法规和规章之外的规范性文件的行为进行监督。行政机关除了进行行政立法之外，在工作中还存在大量的制定规范性文件的行为，这些文件对行政管理工作的开展具有重要的意义，必须保证它们是合法制定的，否则将对公民权利的维护产生严重的损害。

第三，对行政机关实施宪法和法律的情况进行监督。行政机关必须严格按照宪法和法律的规定实施相应的管理行为，确保将宪法和法律落到实处，为达到这个目标，人民代表大会需要对行政机关进行监督，促进其按照宪法和法律的规定依法行政。

第四，对行政机关的日常工作进行监督，促进行政机关按照依法行政的要求，加强服务意识，提高行政能力，改善行政方法，及时发现存在的问题，真正做到体现人民的意志，维护人民的利益。

（二）对司法机关的监督

人民法院和人民检察院是我国的司法机关，负责通过司法活动贯彻实施宪法和法律。人民代表大会对司法机关的监督首先是由司法权力的性质决定的，与任何一种权力一样，司法权力也存在被滥用的可能性，因此必须受到监督。人民代表大会对司法机关的监督也是人民代表大会制度作为我国的根本政治制度的性质决定的，在人民代表大会制度下，人民代表大会与司法机关并不是平衡的相互制约关系，而是监督与被监督的关系。人民代表大会对司法机关的监督还是由我国司法现实决定的，由于历史的和现实的社会、政治、经济等方面的原因，目前我国司法还存在着不公正的现象，为保证公正司法目标的实现，加强人民代表大会对司法机关的监督是不可或缺的。

人民代表大会对司法机关的监督范围主要有：

首先，对司法政策的监督。人民代表大会监督司法机关在执行法律过程中是否围绕改革、发展、稳定的大局，制定并执行适当的司法政策，保证司法工作积极服务于国家当前的根本任务。

其次，对司法机关制定规范性文件的监督。在我国的司法实践中，司法机关有权制定具有普遍适用力的规范性文件，特别是最高人民法院和最高人民检察院制定的司法解释，在司法实践中具有重要的影响力。为保证这些规范性文件符合宪法和法律的精神，人民代表大会就需要对其进行监督。

再次，对个案的监督。人民代表大会的个案监督，在理论界存在一定争议，有人认为个案监督影响了司法独立，是违背法治精神的，但在实践中，个案监督对促进司法公正仍具有重要的意义。

最后，对司法机关日常工作的监督，监督司法机关的工作是否遵守宪法和法律的规定，是否存在需要改进的地方等。

（三）对本级人大常委会和下级人大及其常委会的监督

常务委员会是人民代表大会的常设机关，由本级人民代表大会选举产生。为保证本级人民代表大会常务委员会真正贯彻人民代表大会的意图，就必须由产生它的人民代表大会加强对它的监督。人民代表大会及其常务委员会还可对下级人民代表大会及其常务委员会进行监督。《宪法》规定，全国人民代表大会常务委员会有权撤销省、自治区、直辖市国家权力机关制定的同宪法、法律和行政法规相抵触的地方性法规和决议；县级以上各级人民代表大会常务委员会有权撤销下一级人民代表大会的不适当的决议。《立法法》对此也有相应规定。

二、人民代表大会监督的内容

人民代表大会的监督制度是人民代表大会制度的重要组成部分。这种监督不能只停留在理论上，而必须能落到实处，这就要求对人民代表大会监督的内容予以明确。

人民代表大会监督的内容是由人民代表大会的性质和地位决定的，宪法赋予了各级人民代表大会及其常务委员会作为国家权力机关的性质和地位，也就决定了它具有相应的监督权力，可对相应的事项作出监督。概括言之，人民代表大会监督的内容有两方面，一是监督宪法和法律的实施，即法律监督；二是监督相关对象特别是"一府两院"的工作，即工作监督。

(一) 法律监督

法律监督可以从多个层面进行理解。在最广义层面，法律监督指所有的国家机关、社会组织和公民对法律的实施情况和各种法律活动的合法性进行的监督。在狭义层面上，法律监督指专门的法律监督机关即各级人民检察院根据宪法和法律的授权和规定，依照法定的程序、方式和手段，对法律实施的各个环节所进行的监督，特别是对公安机关的侦查活动、人民法院的审判活动以及对监狱、看守所的活动所进行的监督。然而，人民代表大会监督意义上的法律监督不是指上述两类监督，而是指各级人民代表大会及其常务委员会根据法定的权限和程序，对宪法、法律、行政法规、地方性法规以及上级和同级人民代表大会及其常务委员会通过的决议、决定在所辖区域内的实施情况进行监督。具体包括：全国人民代表大会及其常务委员会监督宪法和法律的实施；地方各级人民代表大会及其常务委员会在本行政区域内，保证宪法、法律、行政法规和上级人民代表大会及其常务委员会决议的遵守和执行。

1. 立法监督

立法监督指各级人民代表大会及其常务委员会依据法定职权和程序对立法活动所进行的监督。此处的"立法"是广义的立法，不仅仅指国家制定的法律，还指有关主体制定的其他规范性文件，包括全国人民代表大会常务委员会制定的法律和作出的决定，国务院制定的行政法规和作出的决定、命令，地方各级人民代表大会及其常务委员会制定的地方性法规和作出的其他决议和决定，其他行政机关制定的规章和作出的决定、命令，司法机关作出的司法解释等。有关立法监督的内容，是我国在长期的实践过程中作出的经验总结，现行宪法对此进行了相应规定，1999 年制定的《立法法》对此作了进一步的明确。此外，《地方各级人民代表大会和地方各级人民政府组织法》及全国人民代表大会通过的《关于授权国务院在经济体制改革和对外开放方面制定暂行规定与条例的决定》等法律文件也对此作了规定。根据这些规定，人民代表大会享有立法监督权。

2. 执法监督

执法监督是各级人民代表大会及其常务委员会对宪法、法律、行政法规、地方性法规、上级人民代表大会和本级人民代表大会决议的执行情况实施的监督。法律的生命在于其是否在现实生活中得到切实的实施，是否被真正适用于人们的生活之中，如不能得到切实的实施，那么法律的制定将是毫无意义的。执法监督主要是监督各级国家行政机关、审判机关和检察机关及其工作人员是否根据法律的规定，依法履行职责。

人民代表大会执法监督首先在于监督国家行政机关是否严格依法行政，正确实施宪法、法律、地方性法规和各级人民代表大会的有关决议。现代社会日趋复杂，人们生活的各个方面都需要国家的介入与干预，在绝大部分情况之下，承担干预人们生活职责的国家机构都是国家行政机关，这决定了国家行政机关在现实生活中所具有的重要地位和发挥的重要作用。与此同时，这也决定了行政机关是否依法行政对宪法和法律的正确实施具有重要的作用，决定了人民代表大会对行政机关的执法监督对于保证宪法和法律的正确实施所具有的重要意义。

人民代表大会执法监督还包括人民代表大会及其常务委员会对审判机关和检察机关的司法活动进行的监督。在我国，审判机关和检察机关是负责将法律适用于具体案件的司法机关，它由国家权力机关产生，对国家权力机关负责，受国家权力机关监督。作为国家权力机关的各级人民代表大会及其常务委员会对各级审判机关和检察机关进行的执法监督既有必要性，也有可能性。它对保证司法机关按照宪法和法律的规定开展司法活动，正确实施法律，防止和克服司法不公、司法腐败具有重要意义。

具体而言，对审判机关和检察机关的执法监督包括以下几个方面：（1）对审判机关和检察机关行使职权情况进行监督，保证其按照应当分工负责，互相配合、互相制约的要求行使职权，保证准确有效地执行法律。（2）对司法程序进行监督，特别是保证审判机关和检察机关的司法解释、批复和决定等制定规范性文件的行为严格依法定程序作出，避免出现与法律冲突的现象。（3）对具体案件进行监督，避免出现司法不公与司法腐败现象。当然，我国宪法明确规定了人民法院和人民检察院依照法律规定独立行使审判权和检察权，不受行政机关、社会团体和个人的干涉，因此，人民代表大会在行使执法监督权，特别是对具体案件进行监督的同时，须注意尊重司法机关独立司法的权力，不得干预司法独立，更不得直接介入司法活动，甚至对案件的决定进行直接干涉。

（二）工作监督

人民代表大会的工作监督指各级人民代表大会及其常务委员会依法对行政机关、审判机关和检察机关的日常工作进行的监督，以及本级人民代表大会对同级常务委员会、上级人民代表大会及其常务委员会对下级人民代表大会及其常务委员会的日常工作进行的监督。人民代表大会的监督包括总体监督、决策监督、绩效监督、廉政监督和人事监督等方面。下文以人民代表大会对行政机关、审判机关和检察机关的工作监督为重点进行说明：

总体监督是指对国家行政机关、审判机关和检察机关贯彻、执行党和国家路线、方针、政策的总体工作进行的面上监督，这是我国人民代表大会作为国家权力机关的性质在监督方面的体现。

决策监督是指人民代表大会及其常务委员会对行政机关、审判机关和检察机关的决策活动是否依据宪法和法律实施，是否体现执政党的路线、方针和政策，是否反映人民的意愿和本地区实际而进行的监督。依据我国宪法规定，县级以上的地方各级人民代表大会常务委员会负责讨论、决定本行政区域内各方面工作的重大事项，但人民代表大会作为权力机关的性质决定了它对这些事项不可能事无巨细都作出决定，而必须将大部分具体事项的决策权交由其他机关特别是行政机关，同时对其他机关的决策权进行监督。

绩效监督是指人民代表大会对行政机关、审判机关和检察机关及其组成人员履行法定职责业绩、效率、效能情况进行的监督。宪法和法律规定了国家机关的相应职责，人民代表大会对他们是否切实履行了相应职责、取得了何种实效所进行的监督就是绩效监督。例如《宪法》第 62 条规定，全国人民代表大会负责审查和批准国民经济和社会发展计划和计划执行情况的报告，审查和批准国家的预算和预算执行情况的报告。第 67 条规定，全国人民代表大会常务委员会在全国人民代表大会闭会期间，审查和批准国民经济和社会发展计划、国家预算在执行过程中所必须作的部分调整方案。根据上述规定，各级行政机关承担着执行社会发展计划和国家预算的职责，而它到底是否依法实施社会发展规划和国家预算，取得了哪些成效，存在哪些问题等等，需要由国家权力机关负责监督。

廉政监督是指各级人民代表大会及其常务委员会对行政机关、审判机关和检察机关及其组成人员是否真正做到清正廉洁进行的监督。具体包括：监督行政机关、审判机关和检察机关及其组成人员在工作中是否存在假公济私、谋取个人或小集体利益的行为；监督相关工作人员是否有收受贿赂、贪污挪用、敲诈勒索等行为；监督相关工作人员是否有利用职权打击报复和陷害无辜人员的行为，等等。

人事监督是指对由人民代表大会及其常务委员会选举、任命、决定、批准任命的国家机关工作人员进行的监督。人事监督包括三个环节，即任前了解、任命表决和任后监督。其中任前监督主要是了解和公布被提名人的有关情况，使代表在投票表决掌握相关信息，做到心中有数，避免盲目投票或表决；表决任命是人民代表大会对相关工作人员进行表决和任命的过程，表决和任命同时也是一种监督，是对提名人实施具有否决权的监督；任后监督主要是对已经上任的有关机关工作人员的守法情况、履职情况、廉政情况等进行监督。

第三节 人民代表大会监督的方式和程序

一、人民代表大会监督的方式

人民代表大会监督的方式指人民代表大会行使监督权实施监督时所采取的方法和形式。按照宪法和法律的规定，目前人民代表大会监督的主要方式包括以下几种：

（一）法律文件的改变与撤销

全国人民代表大会有权改变或者撤销它的常务委员会制定的不适当的法律，有权改变或者撤销全国人民代表大会常务委员会不适当的决定，有权撤销全国人民代表大会常务委员会批准的违背《宪法》和《立法法》规定的自治条例和单行条例。

全国人民代表大会常务委员会有权撤销同宪法和法律相抵触的行政法规，有权撤销国务院制定的同宪法和法律相抵触的决定和命令；有权撤销同宪法、法律和行政法规相抵触的地方性法规，有权撤销省、自治区、直辖市国家权力机关作出的同宪法、法律和行政法规相抵触的决议；有权撤销省、自治区、直辖市的人民代表大会常务委员会批准的违背《宪法》和《立法法》规定的自治条例和单行条例；全国人民代表大会常务委员会有权撤销或纠正最高人民法院、最高人民检察院所作的违反宪法或法律及其立法精神的司法解释。

省、自治区、直辖市的人民代表大会有权改变或者撤销它的常务委员会制定的和批准的不适当的地方性法规；地方人民代表大会常务委员会有权撤销本级人民政府制定的不适当的规章。

县级以上的地方各级人民代表大会有权改变或者撤销本级人民代表大会常务委员会不适当的决定；县级以上的地方各级人民代表大会常务委员会有权撤销本级人民政府的不适当的决定和命令，撤销下一级人民代表大会的不适当的决议。

（二）法律文件的备案

国务院制定的行政法规报全国人民代表大会常务委员会备案；省、自治区、直辖市的人民代表大会及其常务委员会制定的地方性法规，报全国人民代表大会常务委员会和国务院备案；较大的市的人民代表大会及其常务委员会制定的地方性法规，由省、自治区的人民代表大会常务委员会报全国人民代表大会常务委员会和国务院备案；自治州、自治县制定的自治条例和单行条例，由省、自治区、直辖市的人民代表大会常务委员会报全国人民代表大会常务委员会和国务院备案；部门规章和地方政府规章报国务院备案；地方政府规章应当同时报本级人民代表大会常务委员会备案；较大的市的人民政府制定的规章应当同时报省、自治区的人民代表大会常务委员会和人民政府备案；根据授权立法的，授权机关有权撤销被授权机关制定的超越授权范围或者违背授权目的的法规，必要时可以撤销授权；根据授权制定的法规应当报授权决定规定的机关备案。

（三）法律文件的审查

各级人民代表大会及其常务委员会按照法定的权限和程序，对有关机关制定的法律文件进行审查，以保证其符合宪法和法律的要求。人民代表大会对法律文件进行审查的权限与程序，《宪法》与《立法法》已有详尽规定，此处不再赘述。至于对法律文件进行审查的缘由，则可能是人民代表大会在日常工作中发现法律文件有违法之处，也可能是在备案过程中发现备案法律文件有违法之处。另外，根据《立法法》第90条规定，还可能是因为有关机关或者社会团体、企业事业组织以及公民认为法律文件有违法之处，因而向全国人大常委会提起。

(四) 执法检查

执法检查是各级人民代表大会及其常务委员会为了维护法律的尊严，促进法律的贯彻执行，对法律和有关法律问题的决议、决定贯彻实施的情况进行的检查监督活动。执法检查是在长期的实践中逐步建立起来的监督检查制度，它已成为我国人民代表大会法律监督的一种基本方式，在实践中发挥了重要作用。1993 年 9 月 2 日，第八届全国人民代表大会常务委员会第三次会议通过了《全国人民代表大会常务委员会关于加强对法律实施情况检查监督的若干规定》，对执法检查的内容与重点、方式与程序、目的与手段等都作了明确规定。从那时开始，全国人民代表大会常务委员会执法检查工作就进入了制度化、常态化和规范化的状态，极大地加强了人民代表大会的法律监督。在实践中，大部分省级人民代表大会常务委员会也开展了执法检查工作，并制定了有关加强执法检查的地方性法律和规定，对完善执法监督机制，促进法律的正确实施具有重要的意义。例如，江苏省人民代表大会常务委员会于 1993 年通过了《关于加强对法律法规实施情况检查监督的若干规定》，天津市人民代表大会常务委员会于 1994 年通过了《关于加强对法律、法规实施情况检查监督的若干规定》，四川省人民代表大会常务委员会于 1995 年通过了《加强对法律实施情况检查监督的规定》，安徽省人民代表大会常务委员会于 1997 年通过了《安徽省各级人民代表大会常务委员会执法检查工作条例》。此外，一些地市级甚至县级人民代表大会常务委员会也制定了相关规定，例如，山东省德州市人民代表大会常务委员会于 2000 年制定了《关于加强对法律法规实施情况检查监督的规定》，湖南省岳阳市下属的县级临湘市人民代表大会常务委员会也于 2004 年通过了《关于加强法律、法规实施情况检查监督的若干规定》。

(五) 听取行政机关、审判机关和检察机关的工作报告

在每年举行的人民代表大会上，由行政机关、审判机关和检察机关的负责人对上一年度的工作情况及下一年度的工作计划进行全面汇报，然后由人民代表大会代表进行集体审议，并根据审议情况提出相应的批评、意见和建议，最后通过报告。根据《宪法》第 92 条和第 110 条的规定，国务院对全国人民代表大会负责并报告工作；在全国人民代表大会闭会期间，对全国人民代表大会常务委员会负责并报告工作；地方各级人民政府对本级人民代表大会负责并报告工作，县级以上的地方各级人民政府在本级人民代表大会闭会期间，对本级人民代表大会常务委员会负责并报告工作。根据《宪法》第 128 条和第 133 条的规定，最高人民法院对全国人民代表大会和全国人民代表大会常务委员会负

责并报告工作，地方各级人民法院对产生它的国家权力机关负责并报告；最高人民检察院对全国人民代表大会和全国人民代表大会常务委员会负责并报告工作，地方各级人民检察院对产生它的国家权力机关和上级人民检察院负责并报告工作。听取行政机关、审判机关和检察机关的工作报告是人民代表大会对"一府两院"的工作进行全面监督的一种主要方式，也是我国人民代表大会处于权力核心地位的"议行合一"政治制度的体现，这一方式对加强人民代表大会对"一府两院"的监督具有特别重要的意义。

（六）听取行政机关、审判机关和检察机关的专项工作报告

在各级人民代表大会闭会期间，各级人民代表大会常务委员会根据工作需要，选择专门事项听取行政机关、审判机关和检察机关的报告。专项工作报告是相对于全面性工作报告而言的，人民代表大会通过听取和审议"一府两院"工作报告是对其全面工作进行的监督，而人民代表大会常务委员会在代表大会闭会期间，听取和审议"一府两院"对特定事项的专项报告，是对其某一方面工作进行的监督。《监督法》第8条规定，各级人民代表大会常务委员会每年选择若干关系改革、发展、稳定大局和群众切身利益、社会普遍关注的重大问题，有计划地安排听取和审议本级人民政府、人民法院和人民检察院的专项工作报告。

听取和审议专项工作报告这一监督方式主要有四个特点：一是经常性，人民代表大会一年召开一次会议，不可能做到对相关机关的经常性监督，而常务委员会每年至少召开六次以上的会议，通过听取和审议专项工作报告这一监督方式，可以对相关机关的工作进行经常性的监督。二是广泛性，人民代表大会常务委员会可以根据工作需要，确定所要听取和审议专项工作报告的内容，这一内容可以包括人民代表大会监督的各个主要方面。三是针对性，人民代表大会常务委员会听取和审议专项工作报告，针对的是某一方面的工作，可以使监督更具针对性，目标更集中，更能体现监督工作实效。四是及时性，听取和审议专项工作报告没有时间限定，可由人民代表大会常务委员会根据需要及时开展，当政治经济生活中出现需要汇报的情况时，人民代表大会常务委员会就可要求相应机关进行专项汇报，有利于及时处理一些影响社会政治经济发展的重大问题，增强监督的时效性。

（七）审查和批准国民经济和社会发展计划、财政预决算，听取和审议审计工作报告

《宪法》第62条规定，全国人民代表大会有权审查和批准国民经济和社会发展计划和计划执行情况的报告；审查和批准国家的预算和预算执行情况的报告。第67条规定，全国人民代表大会常务委员会在全国人民代表大会闭会期间，审查和批准国民经济和社会发展计划、国家预算在执行过程中所必须作的部分调整方案。《监督法》第15条、第16条和第17条则具体规定，国务院应当在每年六月将上一年度的中央决算草案提请全国人民代表大会常务委员会审查和批准；国务院和县级以上地方各级人民政府应当在每年六月至九月期间，向本级人民代表大会常务委员会报告本年度上一阶段国民经济和社会发展计划、预算的执行情况；国民经济和社会发展计划、预算经人民代表大会批准后，在执行过程中需要作部分调整的，国务院和县级以上地方各级人民政府应当将调整方案提请本级人民代表大会常务委员会审查和批准。《监督法》第21条还规定，国民经济和社会发展五年规划经人民代表大会批准后，在实施的中期阶段，人民政府应当将规划实施情况的中期评估报告提请本级人民代表大会常务委员会审议。规划经中期评估需要调整的，人民政府应当将调整方案提请本级人民代表大会常务委员会审查和批准。有关对审计的监督，《监督法》第19条和第20条规定，人民代表大会常务委员会每年审查和批准决算的同时，听取和审议本级人民政府提出的审计机关关于上一年度预算执行和其他财政收支的审计工作报告，必要时，可以对审计工作报告作出决议。

（八）询问和质询

询问指人民代表大会代表为了解有关情况，向相关国家机关提出问题，并要求进行答复的一种监督方式。询问的目的是通过询问要求政府有关部门对工作中不清楚的事项作进一步的解释和说明，使人民代表大会代表更好地了解相关事项的情况，以便就相关事项作出正确的决定。《全国人民代表大会组织法》对全国人民代表大会代表的询问作出了明确的规定：在全国人民代表大会审议议案的时候，代表可以向有关国家机关提出询问，由有关机关派人在代表小组或者代表团会议上进行说明。《监督法》第34条则规定，各级人民代表大会常务委员会会议审议议案和有关报告时，本级人民政府或者有关部门、人民法院或者人民检察院应当派有关负责人员到会，听取意见，回答询问。

质询是指人民代表大会代表对本级行政机关、审判机关和检察机关及其组成人员提出的具有法律强制性的质问，有关机关和人员必须对此作出回答。质询一般是针对政府机关及其工作人员在工作中出现的重大失误，或实施了重大违法行为而实施的一种监督手段。与询问相比，质询更加正式，更具强制性，程序上也更严格。《宪法》第73条规定，全国人民代表大会代表在全国人民代表大会开会期间，全国人民代表大会常务委员会组成人员在常务委员会开会期间，有权依照法律规定的程序提出对国务院或者国务院各部、各委员会的质询案，受质询的机关必须负责答复。《监督法》第35条规定，全国人民代表大会常务委员会组成人员十人以上联名，省、自治区、直辖市、自治州、设区的市人民代表大会常务委员会组成人员五人以上联名，县级人民代表大会常务委员会组成人员三人以上联名，可以向常务委员会书面提出对本级人民政府及其部门和人民法院、人民检察院的质询案。

（九）就特定问题进行调查

特定问题调查指人民代表大会及其常务委员会为查证某个重大问题而依照法定程序成立专门的调查委员会开展调查，并作出调查报告。特定问题调查是人民代表大会实施监督的一种重要方式，也是法定的调查方式，它一般针对重大决策失误、司法腐败和在社会上产生了重大影响的其他事件进行。

（十）组织代表视察

人民代表大会常务委员会组织一定数量的代表，对国家行政机关、审判机关和检察机关的工作进行视察，提出建议、批评和意见。组织代表视察一般是在人民代表大会闭会期间由常务委员会组织的活动，其目的在于在人民代表大会闭会期间加强对国家行政机关、审判机关和检察机关的监督。根据《全国人民代表大会和地方各级人民代表大会代表法》第21条的规定，县级以上的各级人民代表大会代表根据本级人民代表大会常务委员会的统一安排，对本级或者下级国家机关和有关单位的工作进行视察。在进行视察期间，代表可以提出约见本级或者下级有关国家机关负责人，被约见的有关国家机关负责人或者由他委托的负责人员应当听取代表的建议、批评和意见。代表还可以持代表证就地进行视察，县级以上的地方各级人民代表大会常务委员会根据代表的要求，联系安排本级或者上级的代表持代表证就地进行视察。代表视察时，可以向被视察单位提出建议、批评和意见，但不直接处理问题。

（十一）受理公民和组织的申诉、控告和检举

公民和组织对于国家行政机关、审判机关和检察机关及其工作人员的违法失职行为，向人民代表大会及其常务委员会进行申诉、控告和检举。《宪法》第41条规定，公民对于任何国家机关和国家工作人员的违法失职行为，有向有关国家机关提出申诉、控告或者检举的权利，对于公民的申诉、控告或者检举，有关国家机关必须查清事实，负责处理，任何人不得压制和打击报复。人民代表大会是国家权力机关，县级以上人民代表大会常务委员会受理公民和组

织的申诉、控告和检举，是国家权力机关进行监督的重要方式之一。对于公民和组织的申诉、控告和检举，人民代表大会常务委员会应认真受理，并视所反映问题的性质和程度启动相应的程序，对于其中的重大问题，进行必要的调查，被调查的机关和人员须配合调查，并提供相关的情况。调查之后，人民代表大会常务委员会应根据调查的结果，作出相应的处理，或提出意见，交有关行政机关、审判机关或检察机关进行处理，并要求限期报告处理结果。对调查和处理的有关情况，应告知提出申诉、控告和检举的公民和组织。

（十二）提出罢免案

各级人民代表大会对由其选举或决定产生的国家行政机关、审判机关或检察机关的领导人，或本级人民代表大会常务委员会的组成人员，因存在违法失职行为或不能很好履行职责的行为，提案免去其担任的职务。罢免是人民代表大会实施的一种严厉的监督方式，也是保证国家机关工作人员忠于职守，防止滥用职权和滋生官僚主义的一种有效方式。

根据《宪法》第63条和第65条规定，全国人民代表大会有权罢免中华人民共和国主席、副主席；国务院总理、副总理、国务委员、各部部长、各委员会主任、审计长、秘书长；中央军事委员会主席和中央军事委员会其他组成人员；最高人民法院院长；最高人民检察院检察长；全国人民代表大会常务委员会的组成人员。

根据《宪法》第101条和103条规定，地方各级人民代表大会分别有权罢免本级人民政府的省长和副省长、市长和副市长、县长和副县长、区长和副区长、乡长和副乡长、镇长和副镇长。县级以上的地方各级人民代表大会有权罢免本级人民法院院长和本级人民检察院检察长。有权罢免人民检察院检察长，并报上级人民检察院检察长提请该级人民代表大会常务委员会批准。有权罢免本级人民代表大会常务委员会的组成人员。

（十三）其他监督方式

监督是人民代表大会的权力，其监督方式则是开放的，除了上述监督方式之外，人民代表大会还可通过其他方式进行监督，甚至可通过提出建议、意见的柔性方式进行监督。比如，针对2008年昆明市各级法院2008年审结的850件行政案件中，行政机关法定代表人出庭应诉的仅有15件，所占比例仅为1.76%的状况，昆明市人大内务司法委员会建议，各级法院要不断研究和改进与政府及所属部门沟通、协调的方式、方法，要对涉诉的行政机关法定代表人必须出庭的情形、不能出庭的委托、不愿出庭的处理等作出具体规定，使之更具有可操作性。同时，建议将行政机关法定代表人出庭应诉情况纳入年度依法行政的考核范围。作为对人大这一柔性监督方式的回应，昆明市人民政府法制办已经进行研究，有望尽快出台相关具体措施。

二、人民代表大会监督的程序

程序是主体从事一定行为时须遵循的方法、步骤、时间、顺序等方面的规则及其相互关系的总和。人民代表大会监督的程序，是人民代表大会及其常务委员会作为监督的主体，在实施监督行为时须遵循的方法、步骤、时间、顺序等方面的规则及其相互关系的总和。在现代民主国家中，为了防止和控制国家权力的掌控者滥用权力，保护人民的权利不致遭受无端侵害，国家机关的一切实施权力的行为都须遵循一定的程序，人民代表大会及其常务委员会实施监督行为时也不例外。宪法与相关组织法对人民代表大会监督的程序进行了相应的规定，《监督法》则对人民代表大会监督程序进行了相对详尽和规范的规定。

由于人民代表大会的监督是通过多种不同的方式实施的，不同的监督方式由于其性质所限，呈现出不同的特征，需要遵循不同的程序。下文选择听取和审议工作报告、执法检查、询问和质询、特定问题调查等监督方式，对人民代表大会监督的程序进行说明。

（一）听取和审议工作报告的程序

人民代表大会在全体会议上听取和审议国家行政机关、审判机关和检察机关的工作报告，遵循以下程序：

程序一，由国家行政机关、审判机关和检察机关向大会报告，报告须由有关机关的负责人口头进行，但同时必须附有正式的文稿。

程序二，人民代表大会代表对工作报告进行讨论、审议。一般而言，由于全体会议人数较多，故代表讨论、审议报告时都分组进行，报告机关的代表应分别参加各小组讨论，听取意见，并就与报告相关的问题回答代表的询问。

程序三，意见的整理与报告的修改。大会主席团及相关的办事机构对工作报告讨论和审议过程中的意见进行收集整理，并交给报告机关。报告机关根据代表的意见，对报告进行修改，必要时可就报告中的有关问题向会议作出专门的说明。

程序四，主席团的审议。在报告机关对报告进行修改后，会议主席团对修改后的报告进行审议，决定是否提交大会进行表决，如主席团认为报告仍不成熟而不同意提交大会表决，则由报告机关根据主席团的审议意见进行再次修改。

程序五，大会对报告进行表决。对主席团决定提交表决的工作报告，大会进行表决。表决以全体代表的过半数同意为通过，如报告未获得过半数通过，则须由报告机关再次进行修改后，再付诸表决。如报告获得通过，大会须形成决议，对工作报告做出评价。

（二）执法检查的程序

第一，执法检查计划的确定。人民代表大会及其常务委员会每年均须制定年度执法检查计划，有计划地对有关法律实施情况组织执法检查。年度执法检查计划，经委员长会议或者主任会议通过，印发常务委员会组成人员并向社会公布。执法检查的内容是关系改革发展稳定大局和群众切身利益、社会普遍关注的重大问题，这些问题根据以下途径确定：（1）本级人民代表大会常务委员会在执法检查中发现的突出问题；（2）本级人民代表大会代表对人民政府、人民法院和人民检察院工作提出的建议、批评和意见集中反映的问题；（3）本级人民代表大会常务委员会组成人员提出的比较集中的问题；（4）本级人民代表大会专门委员会、常务委员会工作机构在调查研究中发现的突出问题；（5）人民来信来访集中反映的问题；（6）社会普遍关注的其他问题。

第二，执法检查内容的确定与执法检查组的组成。年度执法检查计划确定以后，由本级人民代表大会有关专门委员会或者常务委员会有关工作机构具体组织实施。常务委员会根据年度执法检查计划，确定要进行执法检查的内容，按照精干、效能的原则，组织执法检查组。执法检查组的组成人员，从本级人民代表大会常务委员会组成人员以及本级人民代表大会有关专门委员会组成人员中确定，并可以邀请本级人民代表大会代表参加。

第三，执法检查的实施。执法检查组组成后，即针对相关内容开展执法检查工作。通常，执法检查组采取实地调研、查看文件档案、查询资料、召开座谈会等形式调查了解法律法规的实施情况。全国人民代表大会常务委员会和省、自治区、直辖市的人民代表大会常务委员会根据需要，可以委托下一级人民代表大会常务委员会对有关法律、法规在本行政区域内的实施情况进行检查。受委托的人民代表大会常务委员会应当将检查情况书面报送上一级人民代表大会常务委员会。

第四，执法检查报告的整理与提交。执法检查结束后，执法检查组应当及时整理出执法检查报告，由委员长会议或者主任会议决定提请常务委员会审议。执法检查报告应包括下列内容：（1）对所检查的法律、法规实施情况进行评价，提出执法中存在的问题和改进执法工作的建议；（2）对有关法律、法规提出修改完善的建议。执法检查执行完成后，需提交给常务委员会进行审议。

第五，执法检查报告的审议与处理。常务委员会组成人员对执法检查报告的审议意见连同执法检查报告，一并交由本级人民政府、人民法院或者人民检察院研究处理。人民政府、人民法院或者人民检察院应当将研究处理情况由其办事机构送交本级人民代表大会有关专门委员会或者常务委员会有关工作机构征求意见后，向常务委员会提出报告。必要时，由委员长会议或者主任会议决定提请常务委员会审议，或者由常务委员会组织跟踪检查；常务委员会也可以委托本级人民代表大会有关专门委员会或者常务委员会有关工作机构组织跟踪检查。常务委员会的执法检查报告及审议意见，人民政府、人民法院或者人民检察院对其研究处理情况的报告，向本级人民代表大会代表通报并向社会公布。

（三）质询程序

根据《全国人民代表大会议事规则》和《监督法》等法律的规定，质询的程序如下：

第一，质询的提起。全国人民代表大会会议期间，一个代表团或者30名以上的代表联名，可以书面提出对国务院和国务院各部门的质询案。地方各级人民代表大会举行会议的时候，代表10人以上联名可以书面提出对本级人民政府和它所属各工作部门以及人民法院、人民检察院的质询案。全国人民代表大会常务委员会组成人员10人以上联名，省、自治区、直辖市、自治州、设区的市人民代表大会常务委员会组成人员5人以上联名，县级人民代表大会常务委员会组成人员3人以上联名，可以向常务委员会书面提出对本级人民政府及其部门和人民法院、人民检察院的质询案。质询案应当写明质询对象、质询的问题和内容。

第二，质询案的提交。向全国人民代表大会提出的质询案，由大会主席团决定交给受质询的机关，由受质询机关的负责人在主席团会议、有关的专门委员会会议或者有关的代表团会议上口头答复，或者由受质询机关书面答复。向地方人民代表大会提出的质询案，由主席团决定交由受质询机关在主席团会议、大会全体会议或者有关的专门委员会会议上口头答复，或者由受质询机关书面答复。向人民代表大会常务委员会提出的质询案，由委员长会议或者主任会议决定交由受质询的机关答复。委员长会议或者主任会议可以决定由受质询机关在常务委员会会议上或者有关专门委员会会议上口头答复，或者由受质询机关书面答复。

第三，质询案的答复。受质询的机关负责人在收到质询案后，应依法作出答复。在全国人民代表大会开会期间，有关机关在主席团会议或者专门委员会会议上答复的，提出质询案的代表团团长或者代表有权列席会议，发表意见。提出质询案的代表或者代表团对答复质询不满意的，可以提出要求，经主席团决定，由受质询机关再作答复。在专门委员会会议或者代表团会议上答复的，有关的专门委员会或者代表团应当将答复质询案的情况向主席团报告。主席团认为必要的时候，可以将答复质询案的情况报告印发会议。质询案以书面答复的，受质询机关的负责人应当签署，由主席团决定印发会议。

在地方各级人民代表大会上提出的质询案，受质询机关在主席团会议或者专门委员会会议上答复的，提出质询案的代表有权列席会议，发表意见；主席团认为必要的时候，可以将答复质询案的情况报告印发会议。质询案以口头答复的，应当由受质询机关的负责人到会答复；质询案以书面答复的，应当由受质询机关的负责人签署，由主席团印发会议或者印发提质询案的代表。

在各级人民代表大会闭会期间向常务委员会提出的质询案，受质询机关须按委员长会议或者主任会议的安排进行答复。在专门委员会会议上答复的，提质询案的常务委员会组成人员有权列席会议，发表意见。委员长会议或者主任会议认为必要时，可以将答复质询案的情况报告印发常务委员会会议。提出质询案的常务委员会组成人员的过半数对受质询机关的答复不满意的，可以提出要求，经委员长会议或者主任会议决定，由受质询机关再作答复。质询案以口头答复的，由受质询机关的负责人到会答复。质询案以书面答复的，由受质询机关的负责人签署。

（四）特定问题调查程序

根据《宪法》、《全国人民代表大会议事规则》、《地方各级人民代表大会和地方各级人民政府组织法》、《监督法》的规定，人民代表大会或其常务委员会就特定问题开展调查的程序如下。

第一，调查程序的启动。全国人民代表大会认为必要的时候，可以组织关于特定问题的调查委员会。全国人民代表大会主席团、三个以上的代表团或者十分之一以上的代表联名，可以提议组织关于特定问题的调查委员会，由主席团提请大会全体会议决定。县级以上的地方各级人民代表大会可以组织关于特定问题的调查委员会。地方各级人民代表大会主席团或者十分之一以上代表书面联名，可以向本级人民代表大会提议组织关于特定问题的调查委员会，由主席团提请全体会议决定。在人民代表大会闭会期间，各级人民代表大会常务委员会对属于其职权范围内的事项，需要作出决议、决定，但有关重大事实不清的，可以组织关于特定问题的调查委员会。委员长会议或者主任会议可以向本级人民代表大会常务委员会提议组织关于特定问题的调查委员会，提请常务委员会审议。五分之一以上常务委员会组成人员书面联名，可以向本级人民代表大会常务委员会提议组织关于特定问题的调查委员会，由委员长会议或者主任会议决定提请常务委员会审议，或者先交有关的专门委员会审议、提出报告，再决定提请常务委员会审议。

第二，调查委员会的组成。人民代表大会开会期间组成的调查委员会由主任委员、副主任委员若干人和委员若干人组成，由主席团在代表中提名，提请大会全体会议通过。调查委员会可以聘请专家参加调查工作。人民代表大会闭会期间组成的调查委员会由主任委员、副主任委员和委员组成，由委员长会议或者主任会议在本级人民代表大会常务委员会组成人员和本级人民代表大会代表中提名，提请常务委员会审议通过。调查委员会可以聘请有关专家参加调查工作。与调查的问题有利害关系的常务委员会组成人员和其他人员不得参加调查委员会。

第三，调查的实施。调查委员会成立后，即开展相应的调查工作。调查委员会进行调查的时候，一切有关的国家机关、社会团体和公民都有义务如实向它提供必要的材料。提供材料的公民要求调查委员会对材料来源保密的，调查委员会应当予以保密。调查委员会在调查过程中，可以不公布调查的情况和材料。

第四，调查报告的提出。调查委员会应当通过人民代表大会或产生它的人民代表大会常务委员会提出调查报告。人民代表大会根据调查委员会的报告，可以作出相应的决议。人民代表大会可以授权它的常务委员会在人民代表大会闭会期间，听取调查委员会的调查报告，并可以作出相应的决议，报人民代表大会下次会议备案。常务委员会根据调查委员会提交的报告，可以作出相应的决议、决定。

案　例

山西省人民代表大会常务委员会监督周腊成案

周腊成系山西省晋城市泽州县巴公二村村民，1984 年至 2001 年在该村任党支部书记兼村委会主任。1994 年至 2001 年 5 月间，周腊成利用职务之便，用其私有的三辆汽车在巴公二村村办集体企业"春城煤矿"拉煤卖煤，除私自将卖煤所得的 460 余万元转入个人账户外，还指使"春城煤矿"矿长和会计采取瞒报收入、虚假申报等手段偷税 1 400 余万元。2003 年 5 月，晋城市中级法院一审以偷税罪，职务侵占罪，聚众扰乱社会秩序罪，非法拘禁罪，寻衅滋事罪，故意销毁会计凭证、会计账簿罪，行贿罪等 7 项罪名 33 起犯罪事实，数罪并罚判处被告人周腊成有期徒刑 20 年，并处罚金 20 万元。

周腊成不服一审判决，提出上诉。2004 年 3 月，山西省高级人民法院开庭审理此案，并于同年 6 月 24 日作出二审判决，以职务侵占罪，聚众扰乱社会秩序罪，非法拘禁罪和故意销毁会计凭证、会计账簿罪 4 项罪名，改判周腊成有期徒刑 3 年。一审认定的周腊成所犯 7 宗罪 33 起犯罪事实被陡减为 4 宗罪 6 起犯罪事实。在二审判决中，一审认定的且被告人周腊成也始终承认的"春城煤矿是巴公二村的集体企业"竟成了周腊成个人企业，并且认定周腊成拥有春城煤矿 90% 多的股份。更巧的是，二审判决周腊成的刑期自 2001 年 6 月 25 日至 2004 年 6 月 24 日，于是宣判当日周腊成即被释放。

2005 年 2 月，巴公二村 80 多名村民代表，在山西省十届人大三次会议期间到人代会信访组上访。接待村民上访后，山西省人民代表大会常务委员会办公厅认为案情重大，依法立即成立了调查组，展开调查。通过调查发现，省高级人民法院二审判决时认定周腊成不构成职务侵占罪的依据"产权界定意见书"是虚假证据，巴公二村村民反映的问题属实。考虑到此案性质恶劣、影响较大，省人民代表大会常务委员会办公厅遂将其列为重点督办案件，并以简报和口头通报的形式向山西省高级人民法院的主要负责人反映了案件中存在的疑点，经多次交涉后，山西省人大常务委员会办公厅下发督办函，但省高级人民法院对于再审后可否对周腊成改判加刑仍有不同看法。为统一认识，山西省人民代表大会常务委员会调查组就该案向全国人民代表大会常务委员会请示，并在山西省高级人民法院向最高人民法院送达请示后，赶往最高人民法院汇报，最终得到了与全国人大常务委员会一致的答复，认为可以加刑。省高级人民法院最终启动了再审程序。

经过再审程序，2007 年 4 月，周腊成被终审判决判处有期徒刑 11 年，并处罚金 5 万元。非但如此，在二审中主办此案的山西省高级人民法院法官孟来贵、郭文明均因徇私枉法罪被判刑。

案例思考题

当前我国人民代表大会的监督存在哪些问题与不足？应采取哪些措施改善人大监督？

重要概念

1. 人民代表大会的监督　　2. 法律监督　　　3. 工作监督

4. 立法监督　　　　　　　5. 执法监督　　　6. 质询与询问

7. 执法检查　　　　　　　8. 特定问题调查

思考题

1. 什么是人民代表大会的监督？人民代表大会的监督有什么特征？

2. 人民代表大会监督的地位和作用是什么？

3. 人民代表大会监督的法律框架是什么？

4. 人民代表大会监督包括哪几方面内容？

5. 人民代表大会监督有哪些方式？

6. 人民代表大会监督的程序包括哪些内容？

7. 法律监督的含义是什么？

8. 工作监督的含义是什么？

9. 听取和审议工作报告要遵循什么程序？

10. 质询的程序是什么？

11. 执法检查的程序是什么？

第五章

中国共产党的党内监督

本章首先阐述了党内监督的基本理论，包括党内监督的概念、性质与特征，党内监督主体、对象和内容，党内监督的基本制度以及党内监督的规则建设。在此基础上，对党组织的监督、党的纪律检查机关的监督和党员的监督分别作了介绍和说明。

第一节　党内监督概述

一、党内监督的含义、性质与特征

（一）党内监督的含义

中国共产党的党内监督简称为"党内监督"。关于党内监督的概念，学界存在不同认识。有的认为，党内监督是党运用自身力量，依据党纪国法进行的自我监督和约束，其目的是保持党的先进性和纯洁性；有的认为，党内监督是指党内各主体（包括全体党员和各级组织）之间，依照党章和党内法规相互监察、相互督促的活动；还有的认为，党内监督是党的各级组织、专门机关和全体党员，按照党章和党的其他规章制度的要求，对党的各种组织活动以及党员尤其是党员领导干部的行为实施的监察和督促活动。

本书认为，党内监督指中国共产党的各级组织、专门的监督机关和党员，按照宪法、法律和党章及其他党内规章制度的规定，对党组织和其他党员的活动进行的监督。党内监督概念应从以下方面去理解：第一，党内监督是中国共产党的内部监督，它既不是党对外的监督，也不是外部力量对党的监督。第二，党内监督的主体是党的各级组织、专门的监督机关和全体党员，其中党的组织包括党的各级代表大会、各级委员会，专门的监督机关则指党的各级纪律检查机关。第三，党内监督的重点对象是党的各级领导机关和领导干部，特别是各级领导班子主要负责人，但党的各级组织和全体党员都要受到党内监督。在一定意义上，党的所有组织和所有党员都是党内监督主体，也都是被监督对象。第四，党内监督的直接依据是党章及其他党的规章制度，与此同时，党章规定了党必须在宪法和法律规定的范围内活动，因此，在进行党内监督时还要监督党组织和党员的活动是否符合宪法和法律的要求，在这个意义上，宪法和法律也是党内监督的依据。

理解党内监督概念，要注意分清党内监督与党的监督的联系与区别。相对于党内监督而言，党的监督含义更为宽泛，包括多方面含义：一是党内监督；二是党对国家权力的监督，即中国共产党作为执政党，对国家立法权、行政权和司法权进行的监督；三是中国共产党与其他民主党派之间的党际监督，当前中国共产党与各民主党派合作的基本方针"长期共存，互相监督，肝胆相照，荣辱与共"中的"互相监督"即指此种党际监督。可见，党内监督与党的监督是不同的，前者只是后者的一项内容，或说一个组成部分，只是中国共产党的对内监督；而后者则不但包含对内监督，也包含党的对外监督以及其他政党对中国共产党的监督。

理解党内监督概念，还须分清党内监督和党纪监督的关系。党纪监督也称党的纪律监督，即对共产党员是否遵守党的纪律进行的监督，对违反党纪的党员进行制止和惩处。党章规定，共产党员须"自觉遵守党的纪律，模范遵守国家的法律法规，严格保守党和国家的秘密，执行党的决定，服从组织分配，积极完成党的任务"。党纪监督是党内监督的一个方面、一种形式，相对党纪监督而言，党内监督外延更加宽广，不仅包括党的纪律监督，还包括政治监督等方面，如对党员是否起到先锋模范作用进行的监督。

（二）党内监督的性质

事物的性质指的是特定事物区别于其他事物的内在规定性。讨论党内监督的性质，目的在于明确党内监督具有什么样的内在规定性，了解党内监督所具有的重要意义，提高对党内监督的认识。《中国共产党党内监督条例（试行）》（以下简称《党内监督条例》）第一条规定，制定该条例的目的是为了"加强党内监督，发展党内民主，维护党的团结统一，提高党的领导水平和执政水平，增强拒腐防变和抵御风险能力，坚持党的先进性，始终做到立党为公、执政为民"。根据这一目的，党内监督的实质，就是党从人民利益出发，按照从严治党的要求，进行自我约束和自我完善。党内监督的核心问题，是加强对权力的制约，通过各种形式发挥监督机制所具有的揭露、评价、控制、制约等作用，对党组织和党员的权力进行有效的制约，保证这些权力能根据正确的目的、按照正确的方式得到规范的运用。

（三）党内监督的特征

1. 广泛性

党内监督的广泛性指党内监督作为一种监督制度，它的监督主体、监督对象和监督内容范围广阔，具体体现在以下几方面：一是监督主体的广泛性。《党内监督条例》规定了六种党内监督主体，即党的各级委员会、党的各级委员会委员、党的各级纪律检查委员会、党的各级纪律检查委员会委员、党员、党的各级代表大会代表。二是监督对象的广泛性，《党内监督条例》第3条规定，党内监督的重点对象是党的各级领导机关和领导干部，特别是各级领导班子主要负责人。但上述规定只是指明了党内监督的重点对象，而不是所有监督对象，除了重点监督对象之外，一切党的组织和全体党员都应按照党章和其他党内法规的规定接受党内监督。中国共产党的组织和党员不仅仅集中在各级党的机关，更分布在国家权力机关、行政机关、司法机关和企业、事业单位，分布在各行各业，党内监督对这些党的组织和党员进行全面的监督，其广泛性是显而易见的。三是监督内容的广泛性，即对党组织和党员思想和行为的各个方面进行广泛的监督，尤其是对党员而言，党内监督涉及政治、经济、文化等方面的行为，涉及学习、工作、生活和思想多个层面。

2. 有限性

党内监督尽管在主体、对象和内容方面都十分广泛，但这种广泛性是受到必要限制的。首先，党内监督只能在党内进行，只能由党内监督主体对党内监督对象进行监督，这是由党内监督的本质决定的，一旦超出了党内监督的范围，就不成之为党内监督，而成为党的对外监督，或者广大群众或其他组织对党的监督。其次，党内监督在手段上是有限的，任何监督都要采取一定的手段，否则监督就不可能取得实际效果。党内监督对保持党的先进性与纯洁性具有重要意义，但在手段上，党内监督是受到限制的，不能像国家那样采取剥夺他人财产和限制人身自由的强制手段，更不可能采取剥夺他人生命的强制手段。因为这些手段都是作为合法暴力机器的国家所特有的，中国共产党作为执政党，虽然对这些国家暴力手段的确定与运用具有强大影响力，但其本身终究不是国家机关，因而也不能直接采取这些暴力手段。再次，党内监督在内容上也是有限的。党内监督的内容涉及党的组织和党员的学习、工作、生活、思想等各个层面的内容，但尽管如此，党内监督的内容并非是不受任何限制的，如对超出党章及其他党内法规要求的党员的一般家庭生活内容，就不宜进行监督，对党员及其他社会成员之间正常的普通朋友性质的交往，也不宜进行监督。

3. 强制性

监督的目的在于通过监察和督促，使监督对象改变或规范自己的行为，使其行为符合监督规范的要求。要达到这个目的，就必须赋予监督者以一定的强制权，否则监督目的就难以达到。也就是说，任何监督，在某种意义上讲，都是具有一定的强制性的，党内监督也同样如此。党内监督的强制性首先要求，所有党的组织和全体党员都要无条件接受党内监督，如果在监督的过程中确需对监督对象施以一定的制裁，那么无论监督者主观上是否愿意，都必须接受这种制裁。党内监督的强制性在实施党的纪律处分的时候尤其明显，纪律处分一旦作出，则受处分的党员除依规定进行申诉外，都必须接受。如对有违法违纪嫌疑的党员采取的"双规"措施，尽管不如刑事强制措施那样具有直接的强制性，被调查的党员仍须按要求在规定的时间内到规定的地点接受调查。由于中国共产党是执政党，党内监督的强制性还体现在它对党员的政治生活的影响上，一个党员一旦因党内监督而受到党纪处分，往往意味着它不能再参与国家的政治生活，或离开国家机关的特定工作岗位。在一定程度上，正是党内监督所具有的这种强制性，才使得中国共产党作为执政党的路线、方针、政策能得到坚决的贯彻实施，巩固和加强其执政地位。

4. 目的性

党内监督的目的性指党内监督的确定和实施，都具有特定的目的，这就是：发展党内民主，维护党的团结统一，提高党的领导水平和执政水平，增强拒腐防变和抵御风险的能力，坚持党的先进性，始终做到立党为公、执政为民。

5. 先进性

党内监督的先进性指的是，党内监督的标准高于一般政党和社会团体对其组织和成员的监督。党章规定，中国共产党是中国工人阶级的先锋队，同时是中国人民和中华民族的先锋队，是中国特色社会主义事业的领导核心，代表中国先进生产力的发展要求，代表中国先进文化的前进方向，代表中国最广大人民的根本利益。中国共产党党员是中国工人阶级的有共产主义觉悟的先锋战士。党和党员的先进性决定了党的组织和全体党员对自己的思想和行为应有比普通组织和一般群众更高的要求，其思想和行为都要符合先锋队和先进分子的要求，并要根据党章和其他党内法规的要求接受监督。

二、党内监督的主体、对象与内容

(一) 党内监督的主体

党内监督是党内监督主体、监督对象和监督内容及其相互联系共同构成的辩证统一体，离开党内监督主体，党内监督就无法实施，党内监督制度将不复存在。只有明确党内监督主体，充分发挥党内监督主体的作用，保证监督主体的各项权利，党内监督才能真正得到贯彻落实，达到确立党内监督制度的预期目标。

监督主体指的是由谁来负责对监督对象实施监督，在这个意义上，党内监督的主体指负责实施党内监督的机构或个人。监督主体是监督权力（利）、监督责任和监督能力的合一体。监督权力（利）指的是监督主体须具备党内监督的权力或权利，具体而言，党章和其他党内法规赋予了了党的组织和专门机关以监督权力，而党员则具有相应的监督权利，这些权力和权利主要体现为知情权、参与权、批评权、咨询权、检举权、罢免权等。监督责任是监督主体所承担的进行监督的职责，只有承担监督的职责，才可能有监督的动力和自觉性，以实施有效的监督。监督能力是监督主体实际上进行监督的能力和力量，是监督主体实施监督的必要条件。

根据《党内监督条例》的规定，党内监督的主体主要包括：党的各级委员会、党的各级委员会委员、党的各级纪律检查委员会、党的各级纪律检查委员会委员、党员、党的各级代表大会代表。

第一，党的各级委员会。党的各级委员会是同级党的□□□□□产生的机构，是党的各级领导机关。党的各级委员会及其常务□□□□□□□各级代表大会闭会期间，执行上级党组织的指示和同级代表大会的决议，领导党的工作。党的各级委员会作为党内监督的主体地位，是党章和《党内监督条例》等专门的规章制度赋予的。《党内监督条例》第6条规定了党的各级委员会在党内监督方面的具体职责。

第二，党的各级委员会委员。党的各级委员会是由同级党的代表大会选举产生的，具体而言，是由同级党的代表大会选举的委员会委员组成的。党的各级委员会委员具有双重的身份，一方面，它是千千万万党员中的一员，与其他党员享有同样的权利，履行同样的义务；另一方面，他们并不是一般的党员，同时还是党的领导机关的组成人员。作为党的委员会组成人员，党章和专门的规章制度规定了他们作为党内监督主体的地位。《党内监督条例》第7条规定了党的各级委员会委员的党内监督职责。

第三，党的各级纪律检查委员会。党的各级纪律检查委员会是专门负责党内监督的机关，从其性质而言，它的党内监督主体的地位是天然具备的。党章第44条规定，党的各级纪律检查委员会的主要任务是：维护党的章程和其他党内法规，检查党的路线、方针、政策和决议的执行情况，协助党的委员会加强党风建设和组织协调反腐败工作。《党内监督条例》第8条更是明确规定，党的各级纪律检查委员会是党内监督的专门机关。

第四，党的各级纪律检查委员会委员。纪律检查委员会委员是纪律检查委员会的组成人员。纪律检查委员会委员也具备普通党员和专门的监督机关委员的双重身份，是党内监督的主体之一。《党内监督条例》第9条规定了党的各级纪律检查委员会委员在党内监督方面的责任。

第五，党员。党员是党的基本细胞，党作为按照民主集中制组织起来的统一整体，是由千千万万党员组成的。党员作为党的组成细胞，是党内监督的主体，广大党员通过对监督权的运用，及时地揭露错误，反映问题，从而对党内不良问题的发生发展构成经常性的抑制和约束力量，是党内监督的基础。

第六，党的各级代表大会代表。党的代表大会代表是各级党的代表大会的组成人员，党的代表大会代表由选举产生。党的代表大会代表也是党内监督的主体，⋯⋯在党的代表大会闭会期间，代表要经常性地行使监督权。《党内监督条⋯⋯条对此有明确规定。

上⋯⋯内监督的最主要主体，但并不是说这就是党内监督的全体主体⋯⋯之外，同时还存在其他监督主体，如党的各级代表大会就是党内监督⋯⋯主体之一。党章明确规定，党的各级委员会向同级的代表大会负责并报告工作，这正是党的代表大会的监督权的体现。

(二) 党内监督的对象

监督对象指对哪些个人或者组织的行为进行监督，或者说其行为须接受监督的个人或者组织。党章规定了党的一切组织和全体党员都要接受监督，都是党内监督的对象，要"加强对党的领导机关和党员领导干部的监督，不断完善党内监督制度"；"不允许有任何不参加党的组织生活、不接受党内外群众监督的特殊党员";"上下级组织之间要互通情报、互相支持和互相监督"。具体而言，党内监督的对象包括：

第一，党的各级领导机关和党的领导干部，特别是各级领导班子的主要负责人。将这些机关和人员作为党内监督的重点对象，是根据党内监督的实践和为解决党内监督中存在的问题而提出的。这些机关和人员掌握着党和人民赋予的重要权力，如何运用好这些权力为人民服务，是党内监督要解决的重点问题。如何加强对这些机关和人员的监督，也是党内监督实践中的难点和薄弱环节。这个问题如果能得到较好的解决，就可以带动党内监督其他工作的顺利进行。在长期的执政过程中，党不仅拥有大量的决策权和管理权，而且拥有大量的对于人、财、物等资源的调配权。这些权力主要掌握在党的各级领导机关和领导干部，特别是各级领导班子主要负责人手中。从党目前的领导体制和工作机制来看，"一把手"的权力过于集中，集人、财、物大权于一身。有的"一把手"大权独揽，搞家长制，甚至有恃无恐，胡作非为，"一把手"权力过于集中问题已经成为党内存在的各种问题的焦点，许多不受监督的"一把手"走向腐败。也正因如此，将党的各级领导机关和领导干部，特别是各级领导班子主要负责人列为党内监督的主要对象是必须的。

第二，党员。党章规定，每个党员，不论职务高低，都必须编入党的一个支部、小组或者其他特定组织，参加党的组织生活，接受党内外群众的监督。党员领导干部还必须参加党委、党组的民主生活会。不允许有任何不参加党的组织生活、不接受党内外群众监督的特殊党员。这说明，中国共产党的全体党员，不论是领导干部，还是普通党员，都必须接受党内监督，自觉根据党章和党的其他规章制度的要求规范自己的思想和行为，努力发挥先锋模范作用，全心全意为人民服务。

第三，党的领导机关之外的其他组织。党的各级组织，不论是否领导机关，都要接受党内监督，如党的纪律检查机关，尽管其是作为专门的党内监督机关而存在的，但它们的行为也应接受党内监督，而不能脱离党内监督。党组织的派出机关，也要接受党内监督，包括派出它的机关的监督，也包括其他党的监督主体的监督。

（三）党内监督的重点内容

党内监督的内容指的是，监督主体对监督对象的哪些行为进行监督。根据《党内监督条例》第4条规定，党内监督的重点内容是：

第一，遵守党的章程和其他党内法规，维护中央权威，贯彻执行党的路线、方针、政策和上级党组织决议、决定及工作部署的情况。中国共产党是一个纪律严明的政党，党的所有组织和全体党员都应遵守党和章程，遵守党的规章制度，贯彻执行党的路线、方针、政策，党内监督首先对党的组织和党员的行为是否符合这方面要求进行监督。

第二，遵守宪法、法律，坚持依法执政的情况。党章规定，"党必须在宪法和法律的范围内活动"；要"坚持科学执政、民主执政、依法执政"。遵守宪法、法律，坚持依法执政，是中国共产党执政的一项基本要求，党内监督将此作为重要的监督内容。

第三，贯彻执行民主集中制的情况。民主集中制是民主基础上的集中和集中指导下的民主的结合体。它既是党的根本组织原则，也是群众路线在党的生活中的运用，是党的建设必须实现的四项基本要求之一。没有民主集中制，就没有党的建设的发展。

第四，保障党员权利的情况。党员是党的基本细胞，没有党员，没有党员的权利，就没有党的发展。党章对党员的权利作出了明确的规定，党的任何一级组织直至中央都无权剥夺党章规定的党员的权利。党内监督也将党员权利的保障作为重要内容。

第五，在干部选拔任用工作中执行党和国家有关规定的情况。干部是党的事业的骨干，是人民的公仆，干部的选拔任用事关社会主义现代化建设的全局，在选拔任用干部时必须严格执行党和国家的有关规定，努力实现干部队伍的革命化、年轻化、知识化、专业化。为达到这一目标，《党内监督条例》将在干部选拔任用工作中执行党和国家有关规定的情况列为党内监督的重要内容之一。

第六，密切联系群众，实现、维护、发展人民群众根本利益的情况。密切联系群众是我们党的最大政治优势，脱离群众则是党执政后的最大危险。实现、维护、发展人民群众的根本利益则是中国共产党的执政目的之一，党除了工人阶级和最广大人民群众的利益，没有自己特殊的利益。党在任何时候都把群众利益放在第一位。

第七，廉洁自律和抓党风廉政建设的情况。党风问题事关党的兴废存亡，党坚持标本兼治、综合治理、惩防并举、注重预防的方针，建立健全惩治和预防腐败体系，坚持不懈地反对腐败，加强党风建设和廉政建设。没有广大党员的廉洁自律，就不能有效促进党的建设。因此，廉洁自律和抓党风廉政建设的情况也是党内监督的重点内容之一。

三、党内监督的主要制度

党内监督必须通过一定的监督形式和手段，离开一定的形式和手段，监督的作用就无从发挥，从而也就达不到监督的目的。中国共产党在长期的党内监督实践中，形成了一系列有效的监督方式和手段，例如民主生活会、党内报告、诫勉谈话、党纪处分等，这些监督方式和手段，对加强和完善党内监督，保持党的先进性和纯洁性起到了重要作用。《党内监督条例》对这些方式和手段进行了进一步的完善和丰富，发展出了党内监督以下十项制度：

(一) 集体领导和分工负责制度

集体领导和分工负责制度指在领导班子中，一方面要实行集体领导，另一方面又要实行领导干部的分工负责，将班子的集体领导与领导干部个人的分工负责结合起来。这项制度的目的是解决领导班子中的民主集中制问题，特别是解决哪些重要事项必须由领导班子集体讨论，哪些事项必须列入会议议程；目的在于解决现实生活中存在的一些重要事项常常由"一把手"个人或者由少数人决定的问题。

《党内监督条例》规定，凡属方针政策性的大事、凡属全局性的问题、凡属重要干部的推荐、任免和奖惩，都要按照集体领导、民主集中、个别酝酿、会议决定的原则，由党的委员会集体讨论作出决定。党的委员会成员要根据集体的决定和分工，切实履行自己的职责；同时要关心全局工作，积极参与集体领导。党的各级领导班子主要负责人应当带头执行民主集中制，支持领导班子成员在职责范围内独立负责地开展工作。领导班子成员要互相信任、互相支持，维护和增强领导班子的团结。

党的各级领导班子应当制定、完善并严格执行议事规则，保证科学决策、民主决策。按照议事规则应当由集体讨论决定的事项，必须列入会议议程。党的各级领导班子讨论决定事项，应当充分发表意见，对于少数人的不同意见，应当认真考虑。各种意见和主要理由应当如实记录。讨论干部任免事项，还应当如实记录推荐、考察、酝酿、讨论决定的情况。领导班子成员个人向党组织推荐领导干部人选，必须负责地写出推荐材料并署名。党的各级领导班子决定重要事项，应当进行表决。表决采用口头、举手、无记名或记名投票等方式。表决结果和表决方式应当记录在案。

对于应当经集体讨论决定的事项而未经集体讨论，也未征求其他成员意见，由个人或少数人决定的，除遇紧急情况外，应当区别情况追究主要责任人的责任。党的各级领导班子成员不遵守、不执行集体的决定，或未能按照集体的决定和分工履行自己的职责，给工作造成损失的，应当追究责任。

（二）重要情况通报和报告制度

重要情况通报和报告制度指的是，上级党组织向下级党组织和全党通报重要情况；党的各级委员会、纪律检查委员会向党代会代表通报情况；下级党组织向上级党组织报告或请示重要情况，上级党组织要及时批复下级党组织的报告和请示；领导干部向党组织如实报告个人重大事项。具体包括以下内容：

第一，中央委员会作出的决议、决定和中央政治局会议的内容，根据需要以适当方式在一定范围通报或向全党通报。地方各级党的委员会全体会议作出的决议、决定，一般应当向下属党组织和党员通报，根据实际情况，以适当方式向社会公开。地方各级党委常委会会议的内容和本地区的重要情况，根据需要以适当方式在一定范围通报或向本地区的党组织和党员通报。

第二，党的各级委员会、纪律检查委员会在同级党的代表大会闭会期间，根据需要将有关决策、重要情况向本次党的代表大会代表通报。

第三，党组织对于本地区、本系统、本单位事关全局和社会稳定的重要情况以及重大问题，应当按照规定时限和程序向上级党组织报告或请示。同时，地方各级党委应当在职权范围内发挥总揽全局、协调各方的作用，支持政府和有关方面独立负责地处理好有关问题。对隐瞒不报、不如实报告、干扰和阻挠如实报告或不按时报告、请示的，追究有关负责人的责任。对下级请示不及时答复、批复或对下级报告中反映的问题在职责范围内不及时处置，造成严重后果的，追究有关责任人的责任。

第四，各级党员领导干部应当向党组织如实报告个人重大事项，自觉接受监督。至于个人重大事项的具体内容，《党内监督条例》中没有规定报告的具体内容，而是规定："个人重大事项的具体内容，另行规定"。根据中共中央办公厅、国务院办公厅 1997 年 3 月 24 日发布的《关于领导干部报告个人重大事项的规定》，报告人应当报告的重大事项有六项：（1）本人、配偶、共同生活的子女营建、买卖、出租私房和参加集资建房的情况；（2）本人参与操办的本人及近亲属婚丧喜庆事宜的办理情况（不含仅在近亲属范围内办理的上述事宜）；（3）本人、子女与外国人通婚以及配偶、子女出国（境）定居的情况；（4）本人因私出国（境）和在国（境）外活动的情况；（5）配偶、子女受到执法执纪机关查处或涉嫌犯罪的情况；（6）配偶、子女经营个体、私营工商业，或承包、租赁国有、集体工商企业的情况，受聘于三资企业担任企业主管人员或受聘于外国企业驻华、港澳台企业驻境内代办机构担任主管人员的情况。此外，本人认为应当向组织报告的其他重大事项，也可以报告。

（三）述职述廉制度

述职述廉指党的相关组织和领导人员向有关监督主体汇报履行职务的情况和保持廉洁的情况。根据《党内监督条例》第19条、第20条的规定，述职述廉制度包括以下内容：

第一，中央政治局向中央委员会全体会议报告工作。中央纪委常委会向中央纪委全体会议报告工作。地方各级党委常委会、纪委常委会分别向委员会全体会议每年报告工作一次。设常委会的基层党组织的党委常委会、纪委常委会分别向委员会全体会议每年报告工作一次。

第二，中央各部门、直属机构、派出机关以及相当于这一级别的党组（党委），地方各级党委、纪委和党委工作部门、直属机构、派出机关以及相当于这一级别的党组（党委）的领导班子成员，分别在届中和换届前一年在规定范围述职述廉一次。基层党委、纪委，党总支、党支部负责人，每年在规定范围述职述廉一次。述职述廉时可以邀请群众代表参加会议。在届中和换届前的述职述廉后，上一级党组织应当结合当年的年度考核组织民主评议或民主测评。

（四）民主生活会制度

民主生活会指一定范围内的党员在支部、党小组中，以交流思想，开展批评与自我批评为主要形式的组织活动。民主生活会是中国共产党实行多年的一项制度，《党内监督条例》将其作为正式的党内监督制度确定下来。民主生活会的目的是通过这一会议形式，统一思想，改进作风，加强监督，增进团结，提高依靠自身力量解决问题和矛盾的能力。按照规定，县级以上党和国家机关党员领导干部都应当参加双重组织生活会。

民主生活会的主题应当按照上级党组织的要求、针对党性党风方面存在的突出问题确定。领导班子成员在民主生活会上，应当针对自身存在的廉洁自律方面的问题以及党员、群众、领导班子其他成员和下级党组织提出的意见，负责任地作出检查或说明，积极开展批评和自我批评。领导班子主要负责人对开好民主生活会负责，并承担制定和落实领导班子整改措施的领导责任。

党员、群众和下级党组织对领导班子及其成员的意见、民主生活会情况和整改措施，应当按照规定如实上报，并将民主生活会情况和整改措施及时在一定范围通报。党员有权了解本人所提意见和建议的处理结果。

上级党组织要加强对下级领导班子民主生活会的指导和监督。发现下级领导班子民主生活会主题不符合要求，应当提出明确意见，必要时可以直接确定；认为下级领导班子民主生活会不符合规定要求，可以责令重新召开。中央纪委、中央组织部和中央直属机关工委、中央国家机关工委领导班子成员，除参加所在领导班子民主生活会外，每人每年应当参加一个以上省部级领导班子的民主生活会。地方各级党委、纪委和党委组织部门领导班子成员，除参加所在领导班子民主生活会外，每人每年应当参加一个以上下一级领导班子的民主生活会。

（五）信访处理制度

信访处理制度是有关对党的组织和党员的信访处理的一系列规则的总和。《党内监督条例》规定，各级党委、纪委要通过信访处理，对下级党组织和领导干部实施监督，及时研究来信来访中提出的重要问题。对重要信访事项的办理，应当督促检查，直至妥善处理。凡向党组织检举党员或下级党组织严重违纪违法问题的以及党员控告侵害自己合法权益行为的，党组织应当按照有关规定及时调查处理。党员署真实姓名检举的，应当视情况将处理结果告知该党员，听取其意见。

（六）巡视制度

巡视制度指中央和省一级的党委，按照有关规定派出巡视组，对下级党组织领导班子及其成员进行的监督。巡视工作的主要任务是：（1）了解贯彻执行党的路线、方针、政策、决议、决定和工作部署的情况，执行民主集中制的情况，落实党风廉政建设责任制和廉政勤政的情况，领导干部选拔任用的情况，处理改革发展稳定的情况，中央要求巡视的其他事项；（2）向派出巡视组的党组织报告巡视工作中了解到的情况，提出意见和建议。

在巡视的过程中，巡视组可以根据巡视工作需要列席所巡视地方的党组织的有关会议，查阅有关文件、资料，召开座谈会，与有关人员谈话，了解和研究群众来信来访中反映的有关领导干部的重要问题。但巡视组不处理所巡视地方的具体问题。

（七）谈话和诫勉制度

谈话和诫勉制度指各级党委、纪委领导班子成员和党委组织部门负责人，不定期与党委工作部门、直属机构、派出机关以及相当于这一级别的党组（党委）和下级党组织领导班子主要负责人谈话，了解该地区、该系统、该单位落实党的指导思想、执行党的路线方针政策、坚持民主集中制、实施党内监督的情况和领导班子及其成员廉政勤政的情况，并提出建议和要求。

党委（党组）或组织（人事）部门对领导干部进行任职谈话，应当把贯彻执行民主集中制、廉政勤政方面的要求和存在的问题作为重要内容。在谈话诫勉过程中，发现领导干部在政治思想、履行职责、工作作风、道德品质、廉政勤政等方面的苗头性问题，党委（党组）、纪委和党委组织部门应当按照干部管理权限及时对其进行诫勉谈话。对该领导干部提出的诫勉要求和该领导干部的说明及表态，应当作书面记录，经本人核实后，由组织（人事）部门或纪律检查机关留存。

（八）舆论监督制度

舆论监督制度指新闻媒体在党的领导下，按照有关规定和程序，通过内部反映或公开报道，发挥舆论监督的作用，对党的组织和党员进行监督。党的各级组织和党员领导干部应当重视和支持舆论监督，听取意见，推动和改进工作。新闻媒体在进行舆论监督时应当坚持党性原则，遵守新闻纪律和职业道德，把握舆论监督的正确导向，注重舆论监督的社会效果。在党内法规层面上就舆论监督专门作出规定，在中国共产党历史上还是第一次。

（九）询问和质询制度

询问和质询制度指党的地方各级委员会委员，对党的委员会全体会议决议、决定执行中存在的问题，对党的地方各级纪律检查委员会委员以及对纪律检查委员会全体会议决议、决定执行中存在的问题，提出询问或质询。询问可口头提出，也可以书面形式署真实姓名提出。有关部门应当作出说明。询问人在对有关部门所作的说明不满意的情况下，可以书面形式署真实姓名对同一问题提出质询。有关部门应当作出书面解释或答复。对质询中发现的问题，有关党组织应当及时研究处理。质询人利用质询故意刁难、无理纠缠的，给予批评教育；情节严重的，追究责任。

（十）罢免或撤换要求及处理制度

《党内监督条例》第38条规定，党的地方各级委员会委员，有权向上级党组织提出要求罢免或撤换所在委员会和同级纪委中不称职的委员、常委。党的地方各级纪律检查委员会委员，有权向上级党组织提出要求罢免或撤换所在委员会不称职的委员、常委。受理罢免或撤换要求的党组织应当认真研究处理。罢免或者撤换要求应当以书面形式署真实姓名提出，并有根据地陈述理由。提出罢免或撤换要求应当严肃慎重。对于没有列举具体事例，不负责任地提出罢免或撤换要求的，给予批评教育；对于捏造事实陷害他人的，依纪依法追究责任。

四、党内监督的规则建设

中国共产党党内监督的规则建设经历了一个漫长的不断发展和完善的过程。党的一大时确立的党纲规定："工人、农民、士兵和学生等地方组织的人数很多时，可以派他们到其他地区去工作，但是一定要受当地执行委员会最严格的监督。"到了中共五大时，党章专门把"监察委员会"列为一章，选举产生了由 10 人组成的中央监察委员会。中共七大党章对党的各级监察委员会的产生办法、任务与职权、领导体制等作了明确的规定。

中华人民共和国成立后，党中央于 1949 年 11 月发出《关于成立中央及地方各级党的纪律检查委员会的决定》，并成立了中央纪律检查委员会；与此同时，各中央局和一些省市也开始建立纪律检查机关。1955 年 3 月，中国共产党全国代表会议通过《关于成立中央和地方监察委员会的决议》，选举产生了中央监察委员会。中共八大党章增加了各级监委的任务，对上下级监委的关系也作了规定，并规定"党的中央委员会，省、自治区、直辖市、自治州委员会和县、自治县、市委员会，都设立监察委员会"，把党的监察委员会作为必须设立的党的纪律检查机关用党章的形式固定下来。

"文化大革命"期间，党的纪律遭到严重破坏，党的监察机构陷于瘫痪。"文化大革命"结束以后，党内监督制度开始逐步恢复。十一届三中全会决定重建党的纪律检查机关，选举产生了中央纪律检查委员会，并规定了它的根本任务，即"维护党规党法，切实搞好党风"。此后，县级以上党委绝大多数都建立了纪律检查机关。1982 年中共十二大通过的党章，对中央党的纪律检查机关的任务提出明确要求，发展了党内监督机制。1992 年十四大党章对各级纪委领导人的选举办法及任期的规定更明确，突出"双重领导"，提高了纪委的地位。十六大党章增加了纪律检查机关"组织协调反腐败工作"、"对党员领导干部行使权力进行监督"等职能。2003 年，中共中央颁布实施《党内监督条例》，此后又制定颁布了一批党内监督方面的规范性文件，党内监督制度进一步完善。当前，中国共产党党内监督的规则体系主要由以下三个层次的内容组成：

第一层次，《中国共产党章程》。现行党章由中共第十七次全国代表大会修改通过，对党内监督有着明确的规定，提到"监督"一词的地方多达 17 处，对加强党内监督提出了明确要求。

第二层次，《党内监督条例》，该条例是由中共中央于2003年通过并发布施行的，这是中国共产党历史上第一个专门的党内监督的党内法规，对加强党内监督的各个方面内容都作出了相当详尽的规定，是实施党内监督的主要依据。

第三层次，其他有关党内监督的规范性文件，例如1997年发布的《中国共产党纪律处分条例（试行）》；2001年发布的《中共中央关于加强和改进党风建设的决定》；2002年发布的《党政领导干部选拔任用工作条例》；2003年发布的《党政领导干部选拔任用监督检查试行办法》；2004年发布的《中国共产党党员权利保障条例》；2009年发布的《关于实行党政领导干部问责的暂行规定》；2009年发布的《中国共产党巡视工作条例（试行）》等。

第二节　党组织的监督

一、党组织监督的含义和特点

党组织是党内按照一定宗旨和规则建立起来的集体，是由党的各级组织构成的组织体系。在我国，党的组织系统包括党的中央组织、地方组织、党组和基层组织。党的中央组织是党的首脑机关，由党的全国代表大会、中央委员会、中央纪律检查委员会、中央政治局、中央政治局常务委员会、中央政治局和中央政治局常务委员会办事机构——中央书记处等组成。党的地方组织包括省、自治区、直辖市、设区的市、自治州、县（旗）、自治县、不设区的市和市辖区的代表大会及上述各级党的委员会。党组是在中央和地方国家机关、人民团体、经济组织、文化组织或其他非党组织的领导机关中成立的党组织。党的基层组织是指在基层单位即企业、农村、机关、学校、科研所、街道、人民解放军连队和其他基层单位设置的党组织。党组织监督是党组织作为监督主体对本组织之外的其他党组织和党员进行的党内监督。党组织监督的特征是：

（一）层级性与系统性

党组织监督是由党的组织实施的监督，在一定意义上，党组织的特性也决定了党组织监督的特性。中国共产党的党组织是一个严密、完整的组织体系，包括党的中央组织、地方组织、党组和基层组织。党组织具有严格的层级性和系统性，从作为党的最高领导机关的全国代表大会和中央委员会，到省级代表大会和委员会，再到地级和县级代表大会与委员会，一直到基层代表大会（党员大会）和委员会，此外还包括党组织的派出机关和在非党组织中设立的党组，这些不同层级的党组织构成了一个金字塔形的组织体系。由党组织的层级性与系统性所决定，党组织作为监督主体所实施的监督也呈现出层级性和系统性的特征。

（二）单向性与相互性

党的组织体系呈现出单向性的特征，下级组织要向上级组织请示和报告工作，执行上级党组织的指示，上级党组织可向下级党组织发布命令和指示。党的组织体系的单向性决定了党组织监督也呈现出单向性的特征，即上级党组织领导下级党组织，对下级党组织实施党内监督。但与此同时，党组织监督的单向性并不是绝对的，党章在规定上级党组织对下级党组织的领导监督权的同时，还规定"上级上下级组织之间要互通情报、互相支持和互相监督"，"党的上级组织要经常听取下级组织和党员群众的意见，及时解决他们提出的问题"。也就是说，党组织监督还呈现出上下级党组织相互监督的特性。

（三）强制性与有效性

党章规定，民主集中制是党的建设的基本要求之一，而民主集中制的第一项基本原则就是，党员个人服从党的组织，少数服从多数，下级组织服从上级组织，全党各个组织和全体党员服从党的全国代表大会和中央委员会。党的民主集中制决定了党组织所实施的党内监督是具有一定的强制性的，特别是下级组织对于上级组织的监督，党员个人对于党组织的监督必须服从，各个党组织和全体党员服从党的全国代表大会和中央委员会的监督。党组织监督的强制性也决定了这种监督是有效的监督，能有效地保证党的各级组织和全体党员都最终团结在党中央周围。

（四）全面性与广泛性

如前所述，党的组织是一个严密的组织体系，在全党全国范围内形成了一个完整的组织网络。不仅如此，党章还规定：每个党员，不论职务高低，都必须编入党的一个支部、小组或其他特定组织，参加党的组织生活，接受党内外群众的监督。也就是说，党的组织体系不仅本身是严密的，所有党员也都被纳入了这一体系之中。党组织这种完整的体系性，决定了它作为监督主体所实施的党内监督是全面的监督，没有任何组织与任何党员能脱离党组织的监督。同时，党组织的监督还具有广泛性，即监督主体对监督对象与其职责和义务有关的各方面事务都实施监督，这些事务对于被监督的党组织而言，包括与其职责有关的各方面情况；对于被监督的党员而言，包括与其党内身份有关的各方面情况，特别是对党员领导干部而言，不仅其作为普通党员的有关情况要受到党组织的监督，与其作为领导干部应承担的职责履行和应符合特别要求有关的情况也要受到党组织的监督。

二、党的代表大会的监督

党的代表大会是党的领导机关和组织形式之一，是党的权力机关和立法机关。党章规定，党的最高领导机关，是党的全国代表大会和它所产生的中央委员会。党的全国代表大会每五年举行一次，由中央委员会召集。中央委员会认为有必要，或者有三分之一以上的省一级组织提出要求，全国代表大会可以提前举行；如无非常情况，不得延期举行。党的地方各级领导机关，是党的地方各级代表大会和它们所产生的委员会。党的省、自治区、直辖市的代表大会，设区的市和自治州的代表大会，县（旗）、自治县、不设区的市和市辖区的代表大会，每五年举行一次。党的地方各级代表大会由同级党的委员会召集。在特殊情况下，经上一级委员会批准，可以提前或延期举行。党的地方各级代表大会代表的名额和选举办法，由同级党的委员会决定，并报上一级党的委员会批准。

《党内监督条例》并没有对党的代表大会的党内监督职责作出明确的规定，但作为党的领导机关，党的代表大会的党内监督主体地位是不言而喻的。党章规定，党的各级委员会向同级的代表大会负责并报告工作，这说明党的各级代表大会对同级的党的委员会具有监督职责。如党的全国代表大会的职权就包括听取和审查中央委员会的报告、听取和审查中央纪律检查委员会的报告；党的地方各级代表大会的职权则包括听取和审查同级委员会的报告和听取和审查同级纪律检查委员会的报告。党的代表大会不仅仅对同级党的委员会承担监督职责，还通过党的委员会等党的组织对一定范围内的其他对象实施党内监督。

党的代表大会由代表组成，与党的代表大会监督职责密切相关的是代表大会代表的监督职责。《党内监督条例》对党的各级代表大会代表在代表大会闭会期间的监督作出了明确规定：代表除履行党员的监督责任和享有党员的监督权利外，按照有关规定对其选举产生的党的委员会、纪律检查委员会及其成员进行监督，反映所在选举单位党员的意见和建议。

三、党的委员会的监督

党的委员会是由党的权力机关即党的代表大会选举产生的，与党的代表大会同是党的领导机关。党的委员会分为中央委员会和地方各级委员会。党的中央委员会每届任期五年，全国代表大会如提前或延期举行，它的任期相应地改变。中央委员会全体会议由中央政治局召集，每年至少举行一次会议。在全国代表大会闭会期间，中央委员会执行全国代表大会的决议，领导党的全部工作，对外代表中国共产党。党的地方各级委员会在代表大会闭会期间，执行上级党组织的指示和同级党代表大会的决议，领导本地方的工作。

党的委员会是党内监督的重要主体，《党内监督条例》明确了党的委员会在党内监督中的职责：(1) 领导党内监督工作，明确同级纪委和党委工作部门、直属机构、派出机关以及相当于这一级别的党组（党委）在党内监督方面的任务和要求；(2) 制定贯彻上级党组织和同级党的代表大会关于加强党内监督工作决议、决定的措施，研究解决党内监督工作中的重要问题；(3) 对党委常委、委员，同级纪委和党委工作部门、直属机构、派出机关以及相当于这一级别的党组（党委）的领导班子及其成员进行监督；(4) 对下一级党组织及其领导班子，特别是主要负责人进行监督；(5) 党的地方各级委员会和基层委员会监督上级党委、纪委的工作，提出意见和建议。

党的委员会的党内监督职责和工作方式主要包括：(1) 听取工作报告。党的委员会要听取下级党的委员会和同级党委常委会的工作报告。(2) 开展调查。例如党章规定，党的地方各级代表大会和基层代表大会的选举，如果发生违反党章的情况，上一级党的委员会要进行调查核实。(3) 批准下级党的委员会的请示报告。例如，党的地方各级代表大会在特殊情况下需提前或延期举行的，应经上一级委员会批准。(4) 通报相关信息。党的各级委员会作出的决议、决定应以适当方式在一定范围内通报。(5) 召开民主生活会。各级党的委员会都要召开民主生活会，以统一思想，改进作风，加强监督，增进团结，提高解决问题和矛盾的能力。(6) 处理来信来访。各级党的委员会都要及时研究来信来访中提出的重要问题，按照有关规定及时调查处理。(7) 巡视。中央和省、自治区、直辖市党委建立巡视制度，按照有关规定对下级党组织领导班子及其成员进行监督。(8) 谈话和诫勉。各级党的委员会班子成员应当不定期与党委工作部门、直属机构、派出机关以及相当于这一级别的党组（党委）和下级党组织领导班子主要负责人谈话，了解相关情况，提出建议和要求。（9）作出处理决定。对党员的纪律处分，通常由支部大会讨论决定，报党的基层委员会批准。（10）提出意见和建议。《党内监督条例》特别规定，党的地方各级委员会和基层委员会对于上级党委、纪委的工作可以进行监督，提出意见和建议。

与党的委员会的监督职责相适应，《党内监督条例》还规定了党的各级委员会委员在党内监督方面的责任，包括：（1）对所在委员会、同级纪委和党委工作部门、直属机构、派出机关以及相当于这一级别的党组（党委）的工作进行监督；（2）对所在委员会、同级纪委的常委、委员和党委工作部门、直属机构、派出机关以及相当于这一级别的党组（党委）的负责人进行监督；（3）党的地方各级委员会委员和基层委员会委员，对第（1）、（2）项所列党组织和党员领导干部的问题和意见，署真实姓名以书面形式或其他形式向党委常委会、同级纪委常委会提出或向上一级党委、纪委反映；（4）中央委员对中央政治局委员、常委的意见，署真实姓名以书面形式或其他形式向中央政治局常委会或中央纪委常委会反映。

四、党委常委会的监督

党委常委会是党的地方委员会的常设机关。党章规定，党的地方各级委员会全体会议，选举常务委员会和书记、副书记，并报上级党的委员会批准。党的地方各级委员会的常务委员会，在委员会全体会议闭会期间，行使委员会职权；在下届代表大会开会期间，继续主持经常工作，直到新的常务委员会产生为止。可见，在委员会全体会议闭会期间，党委常委会行使与党的委员会一样的监督职权。实际上，由于地方党的委员会在大部分时间都处于闭会期，因此，地方党的委员会的监督职责，在大部分时间都是由党委常委会履行的。

与党的地方委员会选举产生地方党委常委会不同的是，党的中央委员会并不直接选举产生常委会。党章规定，由中央委员会全体会议选举产生党的中央政治局、中央政治局常务委员会和中央委员会总书记。中央政治局和它的常务委员会在中央委员会全体会议闭会期间，行使中央委员会的职权。可见，党的中央委员会的监督职权，在中央委员会全体会议闭会期间，是由中央政治局和它的常务委员会行使的，其行使党内监督权的内容、程序和方式都与中央委员会一样。

第三节　党的纪律检查机关的监督

一、纪律检查机关的地位与作用

(一) 纪律检查机关的地位

党的纪律检查机关是对党组织和党员遵守党的纪律的情况进行监督、检查，对违纪党组织和党员执行纪律处分的职能机关。党的纪律检查委员会是由党的代表大会选举产生的重要机构，向党的代表大会报告工作。党章规定，党的中央纪律检查委员会由党的全国代表大会选举产生，党的中央纪律检查委员会全体会议选举常务委员会和书记、副书记，并报党的中央委员会批准。党的中央纪律检查委员会在党的中央委员会领导下进行工作。

党的地方各级纪律检查委员会由同级党的代表大会选举产生，党的地方各级纪律检查委员会全体会议，选举常务委员会和书记、副书记，并由同级党的委员会通过，报上级党的委员会批准。党的地方各级纪律检查委员会在同级党的委员会和上级纪律检查委员会双重领导下进行工作。

党的基层委员会设立纪律检查委员会，还是设立纪律检查委员，由它的上一级党组织根据具体情况决定。设立纪律检查委员会的，纪律检查委员会由基层党员大会或代表大会选举产生，基层纪律检查委员会在基层党的委员会和上级纪律检查委员会双重领导下进行工作。

党章有关党的纪律检查委员会的组成与领导体制的规定表明了纪律检查委员会的重要地位。《党内监督条例》第 8 条规定，党的各级纪律检查委员会是党内监督的专门机关，中央纪委在中央委员会领导下，党的地方各级纪委和基层纪委在同级党委和上级纪委领导下，履行党内监督职责。这一规定确立了党纪律检查委员会作为党内监督的专门机关的地位。

(二) 纪律检查机关的作用

党的纪律检查机关通过行使监督、检查、调查、建议、处分等职权，保证党的路线、方针、政策的贯彻落实，保证党的队伍的纯洁性和纪律的严肃性，在党的建设和党的各项事业中发挥着重要的作用。这种作用体现在：

第一，保证党的路线、方针、政策的贯彻执行。党的纪律检查委员会对党组织和党员特别是党员领导干部，是否认真贯彻执行党章和其他党内法规、正确运用人民赋予的权力进行监督，保证党的路线、方针、政策的贯彻执行。

第二，保证党的纯洁性与先进性。党纪律检查委员会按照党关于坚持和健全民主集中制的要求，监督党员干部尤其是党员领导干部严格遵守民主集中制的各项规章制度，使党内的政治生活得以正常和健康地开展，通过加强对党员的教育，促进党员树立正确的世界观、人生观和价值观，保证党的纯洁性与先进性。

第三，查处违纪案件，维护党的纪律。党的纪律检查委员会负责按照从严治党的方针，依据党章和其他党内法规，查处党员的违纪案件，维护党的纪律的严肃性，维护党中央的权威，协助党的委员会加强党风建设廉政建设。

第四，保护党员的民主权利不受侵犯。党员在履行党员义务的同时，在党内享有特定的权利，党章对党员的权利作出了明确的规定。对党员的权利，任何一级党组织和党员领导干部都无权擅自剥夺。各级纪律检查机关在工作中，按照党章和《中国共产党党员权利保障条例》的规定，负责保护党员享有的党员权利。

二、纪律检查机关监督的对象与内容

（一）纪律检查机关的监督对象

纪律检查机关的监督对象指纪律检查机关对哪些个人或组织进行监督。有关此问题应从广义和狭义两个方面进行理解。从广义上讲，全体党员和所有党的组织都是监督的主体，也是监督的对象。在这个意义上，纪律检查机关作为监督的主体，它所监督的对象包括全体党员和所有党的组织，既包括党的代表大会，也包括党的委员会，还包括其他党的职能部门和专门组织；既包括普通党员，也包括党的领导干部。从狭义上讲，纪律检查机关是党内监督的专门机关，它本身也分为一个个具体的机关，并由这些不同层级的机关构成完整的纪律检查机构体系。对于一个具体的纪律检查机关而言，它的监督对象范围实际上不可能覆盖全体党员和所有党的组织，因此须按各个具体的纪律检查机关的层级和所处地域进行分工。在这个意义上，特定的纪律检查机关的监督对象总是有限的。党的中央纪律检查委员会负责领导全国范围内党的纪律检查工作，并对应由其直接监督的对象实施党内监督；党的地方各级纪律检查委员会则负责本地区范围内党的纪律检查工作，并对应由其直接监督的对象实施党内监督。

（二）纪律检查机关的监督内容

纪律检查机关的监督内容指的是对哪些范围内的事务进行监督。《党内监督条例》规定了党内监督的七项内容，即遵守党的章程和其他党内法规，维护中央权威，贯彻执行党的路线、方针、政策和上级党组织决议、决定及工作部署的情况；遵守宪法、法律，坚持依法执政的情况；贯彻执行民主集中制的情况；保障党员权利的情况；在干部选拔任用工作中执行党和国家有关规定的情况；密切联系群众，实现、维护、发展人民群众根本利益的情况；廉洁自律和抓党风廉政建设的情况。作为重要的党内监督主体，这七项监督内容当然也是纪律检查机关的工作内容。但纪律检查机关是专门的党内监督机关，党章还明确规定了党的各级纪律检查委员会的主要任务，即维护党的章程和其他党内法规，检查党的路线、方针、政策和决议的执行情况，协助党的委员会加强党风建设和组织协调反腐败工作。这三大主要任务实际上也表明了纪律检查机关实施党内监督的主要内容：

第一，遵守党的章程和其他党内法规的情况。维护党的章程和其他党内法规，是党章规定的纪律检查机关的首要任务，也是纪律检查机关的最基本的和经常性的任务。党的章程是党的根本大法，党的各级组织和全体党员都必须切实遵守党章的规定，以党章为行动的准则。作为专门的党内监督机关，纪律检查机关要对党的各级组织和党员是否遵守党章，是否违反党章的规定进行监督。如党的组织和党员的行为是否符合党的民主集中制的基本原则、党员的行为是否违反了党章规定的党员的义务、党章规定的党员的权利是否被擅自剥夺等。党的章程规定的是党内政治生活中的重大原则和根本制度，但党内根本大法的性质也决定了党章对这些原则和制度的具体内容不可能作出详尽规定。因此，还需要制定一些相对具体的党内法规，对一些特定的问题作出具体规定，以利于党的各级组织和党员遵照执行。这些党内法规对党的建设、对党在特定历史条件下任务的完成有着重要意义，因此也应得到严格遵守。党的各级纪律检查机关承担着监督这些党内法规是否得到确实遵守的职责。

第二，党的路线、方针、政策和决议的执行情况。党的路线、方针、政策和决议必须得到全面的贯彻实施，得不到执行的路线、方针、政策和决议将失去存在的意义，党的目标也就难以实现。中国是一个大国，有 13 亿人口，中国共产党是一个拥有 7 000 多万党员的大党。这一方面意味着党的路线、方针、政策和决议的执行客观上会存在一些难度，但另一方面也决定了党的思想和行动必须得到统一。也因如此，需要有专门的机关对党的各级组织和党员贯彻执行党的路线、方针、政策和决议的情况进行监督。党的纪律检查机关作为党内监督的专门机关，正发挥着这样的作用，它运用党纪，对不执行党的路线、方针、政策和决议的党组织和党员实施制裁，保证党的路线、方针、政策和决议的贯彻执行。换句话说，党的路线、方针、政策和决议的执行情况，也正是党的纪律检查机关实施党内监督的主要内容之一。

第三，党风廉政建设的情况。反腐倡廉，加强党风廉政建设具有极端重要性。"党风建设搞好了，党员有了较高的思想水准，遵守党的纪律就有了思想基础；党风建设搞不好，党员的思想素质提不高，遵守党的纪律就缺乏思想基础。党风端正，党内不正之风就形不成大的气候，违纪行为就可以减少；党风不正，党内不正之风盛行，党内违纪行为就会滋长"。党风廉政建设，是加强党的建设的重要内容，只有加强党风廉政建设，才可能使党永葆青春和活力。协助党的委员会加强党风建设，是党章规定的纪律检查机关的又一项主要任务，也是党的纪律检查机关实施党内监督的一项重要内容。

三、纪律检查机关的监督权与监督方式

（一）纪律检查机关的监督权

纪律检查机关的监督权指的是纪律检查机关在实施党内监督时具备哪些权限、可采取哪些措施。《党内监督条例》第8条规定，党的各级纪律检查委员会在党内监督方面的权限包括以下内容：（1）协助同级党的委员会组织协调党内监督工作，组织开展对党内监督工作的督促检查；（2）对党员领导干部履行职责和行使权力情况进行监督；（3）检查和处理党的组织和党员违反党的章程和其他党内法规的比较重要或复杂的案件；（4）向同级党委和上一级纪委报告党内监督工作情况，提出建议，依照权限组织起草、制定有关规定和制度，作出关于维护党纪的决定；（5）受理对党组织和党员违犯党纪行为的检举和党员的控告、申诉，保障党员的权利。

与党的各级纪律检查委员会权限密切相关的是党的各级纪律检查委员会委员的权限，《党内监督条例》第8条规定，党的各级纪律检查委员会委员在党内监督方面的权限包括：（1）对所在委员会及其派驻机构、派出的巡视机构的工作进行监督；（2）对所在委员会常委、委员和派驻机构、派出的巡视机构的负责人进行监督；（3）党的地方各级纪委委员和基层纪委委员，对第（1）、（2）项所列纪检机关（机构）和党员领导干部的问题和意见，署真实姓名以书

面形式或其他形式向纪委常委会、同级党委提出或反映，对所在委员会委员、常委的意见还可以向上一级党委和纪委反映；（4）中央纪委委员对中央纪委常委的意见，署真实姓名以书面形式或其他形式向中央纪委常委会或中央政治局常委会反映。

（二）纪律检查机关的监督方式

第一，案件检查。案件检查是纪律检查机关的监督方式之一，指纪律检查机关依照党章和其他党内法规的规定，为查明党内违纪案件或反映党纪问题的事实真相而开展的相关活动。案件检查工作是党的纪检机关的一项重要工作，是严肃党纪的中心环节。《中国共产党纪律检查机关案件检查工作条例》规定，党的纪律检查机关开展案件检查时，必须坚持实事求是和在党的纪律面前人人平等的原则，通过执纪办案，维护党的章程和其他党内法规，严肃党的纪律，加强党风廉政建设，保护改革开放，促进经济发展，保证党的基本路线的贯彻执行。

第二，案件审理。案件审理指党的纪律检查机关对调查结束的党员违纪案件所作的审核处理，是党的纪律检查工作的重要组成部分，是检查处理党员或党组织违反党纪案件的重要环节，也是纪律检查机关开展党内监督的方式之一。做好案件审理工作，对于正确地处理违反党的纪律的案件，维护党的纪律的严肃性，端正党风；对于坚持四项基本原则，保证党的路线、方针、政策、决议的贯彻执行，促进社会主义物质文明和精神文明建设，有着积极的作用。案件审理工作的任务是，审查处理党员、党组织违反党的纪律的案件和复查的案件。实事求是地核对违反党的纪律的案件的事实材料，审核鉴别证据，根据党的政策和国家的法律法规，分析认定问题的性质，按照党章的规定和党对犯错误党员的一贯政策以及规定的程序，正确地处理违反党的纪律的党员或党组织。

第三，宣传教育。宣传教育指党的纪律检查机关根据党章和其他党内法规的规定，在党内开展的以提高党员遵守纪律的自觉性为主要目的、有组织的和经常性的思想引导活动。宣传教育是党的思想政治工作的重要组成部分，是党内监督的重要形式，对加强党的建设具有重要的意义。通过宣传教育，特别是通过剖析典型案例进行宣传教育，可引导党员干部树立正确的世界观、人生观、价值观，增强党员干部的拒腐防变能力。

第四，信访处理。对群众来信来访进行处理也是党的纪律检查机关实施党内监督的方式之一。开展信访处理工作是贯彻党的群众路线的体现，也是保障党内外群众充分行使民主权利，对党组织和党员特别是党员领导干部进行监督的重要渠道，对促进党风廉政建设有着重要意义。信访的受理范围包括：对党组织和党员违犯党章和其他党内法规，违反党的路线、方针、政策和决议的检举控告；对党员利用职权谋取私利和其他败坏党风行为的检举、控告；对党员对所受党纪处分或其他处理不服的申诉；其他有关党纪党风的问题。

第五，其他监督方式。除了以上监督方式之外，纪律检查机关还通过其他一些方式开展党内监督。如对下级党的组织的决策活动进行事前监督，参与党的其他组织和部门的监督活动，对特定时期带有一定普遍性的问题进行集中检查和处理，开展与其党内监督职责有关的调查研究并向有关机关提出意见和建议等。

四、违反党纪案件的查处

（一）违反党纪案件查处的概念

违反党纪案件的查处指党的纪律检查机关对于党的组织和党员违反党纪的行为，依据党章和党的其他规章制度的规定，予以立案调查，并在查清案件事实的基础上，视情节予以处理的活动。理解这一概念须把握以下几点：(1) 违反党纪案件的查处是党内监督活动的一种，由党的纪律检查机关负责实施，其他党的组织不负责直接的案件查办工作。(2) 违反党纪案件的查处针对的是党的组织和党员的违纪行为，对于党组织之外的其他组织的行为，或党员之外的其他个人的行为，不属于违反党纪案件查处的范围。(3) 违反党纪案件的查处依据的是党的章程和其他规章制度，查处的是违反党的纪律的行为。对于党的组织或党员违反国家法律法规的行为，由相应的主体进行处理，党的纪律检查机关不负责处理违反此类规定的行为。对同时违反党纪的，党的纪律检查机关在查处违反党纪行为之后，将案件移送相应的有权机关进行处理。(4) 违反党纪案件的查处目的在于通过案件的查处，惩治违反党纪的组织和党员，维护党的章程和其他党内法规的严肃性，保持党的先进性与纯洁性。

（二）违反党纪案件查处的管辖

违反党纪案件查处的管辖指的是不同层级和地域的纪律检查机关之间有关案件查处工作的分工。不同地域的纪律检查机关之间有关案件查处的分工为地域管辖；不同层级的纪律检查机关之间有关案件查处的分工为级别管辖。由于各级党的组织所管辖的地域总是相对确定的，而党的组织除了中央组织外，总是从属于一定的上级组织，党员总是按照干部管理权限由一定的党组织进行管理，因此，违反党纪案件查处的管辖主要指级别管辖问题。

根据《中国共产党纪律检查机关案件检查工作条例》的规定，违反党纪案件查处的管辖分工如下：(1) 党的中央委员会委员、中央纪律检查委员会委员违犯党纪的问题，由中央纪委报请中央批准立案。(2) 党的中央以下各级委员会常务委员、纪律检查委员会常务委员（基层党委、纪委为书记、副书记）违犯党纪的问题，与党委常务委员同职级的党委委员违犯党纪的问题，由上一级纪委决定立案，上一级纪委在决定立案前，应征求同级党委的意见。其他委员违犯党纪的问题，由同级纪委报请同级党委批准立案。(3) 其他党员干部违犯党纪的问题，均按照干部管理权限，由相应的纪委或纪工委、纪检组决定立案，在决定立案前应征求同级党委或党工委、党组的意见。未设立纪委或纪工委、纪检组的，由相应的党委或党工委、党组决定立案。(4) 不是干部的党员违犯党纪的问题，由基层纪委决定立案。未设立纪委的，由基层党委决定立案。

对于党的关系在地方、干部任免权限在主管部门的党员干部违犯党纪的问题，除另有规定的外，一般由地方纪检机关决定立案。若地方纪检机关认为由部门纪检机关立案更为适宜的，经协商可由部门纪检机关立案；根据规定应由部门纪检机关立案的违纪问题，经协商也可由地方纪检机关立案。对于党组织严重违犯党纪的问题，由上一级纪检机关报请同级党委批准立案，再上一级纪委在征求同级党委意见后也可直接决定立案。属于下级纪检机关立案范围的重大违纪问题，必要时上级纪检机关可直接决定立案。上级纪检机关发现应由下级纪检机关立案的违纪问题，可责成下级纪检机关予以立案。

（三）违反党纪案件查处的证据

证据是证明相关的事实是否存在的事实材料。在违反党纪案件中，证据包括：物证、书证、证人证言、受侵害人的陈述、被调查人的陈述、视听材料、现场笔录、鉴定结论和勘验、检查笔录。所有证据只有在经过鉴别属实后，才能作为定案的根据。

纪律检查机关在查处案件时，有权按照规定程序，采取以下措施调查取证：(1) 查阅、复制与案件有关的文件、资料、账册、单据、会议记录、工作笔记等书面材料；(2) 要求有关组织提供与案件有关的文件、资料等书面材料以及其他必要的情况；(3) 要求有关人员在规定的时间、地点就案件所涉及的问题作出说明；(4) 必要时可以对与案件有关的人员和事项，进行录音、拍照、摄像；（5）对案件所涉及的专门性问题，提请有关的专门机构或人员作出鉴定结论；（6）经县级以上（含县级）纪检机关负责人批准，暂予扣留、封存可以证明违纪行为的文件、资料、账册、单据、物品和非法所得；（7）经县级以上（含县级）纪检机关负责人批准，可以对被调查对象在银行或其他金融机构的存款进行查核，并可以通知银行或其他金融机构暂停支付；（8）收集其他能够证明案件真实情况的一切证据。

纪律检查机关在调查取证时要做到：（1）收集物证、书证，应尽量收取原物、原件；不能收取原物、原件的，也可拍照、复制，但须注明保存单位和出处，书证还须由原件的保存单位或个人签字、盖章。（2）收集证言，应对出证人提出要求，讲明责任。证言材料要一人一证，可由证人书写，也可由调查人员作笔录，并经本人认可。所有证言材料应注明证人身份、出证时间，并由证人签字、盖章或押印。证人要求对原证作出部分或全部更改时，应重新出证并注明更改原因，但不退原证。与证人谈话，调查人员不得少于两人。（3）对于有关机关移送的调查材料，必须认真审核，经调查人员认定后才可作证据使用。

纪律检查机关应认真鉴别证据，严防伪证、错证。发现证据存在疑点或含糊不清的，应重新取证或补证。在认定事实的时候，须有确实、充分的证据。只有被调查人的交代，而无其他证据或无法查证的，不能认定；被调查人拒不承认而证据确凿、充分的，可以认定。

（四）违反党纪案件查处的程序

1. 受理

违反党纪案件的受理指纪律检查机关对获取的相关案件材料予以接受，并据以启动下一步程序的活动。纪律检查机关对检举、控告以及发现的下列违纪问题，予以受理：（1）同级党委委员、纪委委员的违纪问题；（2）属上级党委管理的在本地区、本部门工作的党员干部的违纪问题；（3）同级党委管理的党员干部的违纪问题；（4）下一级党组织的违纪问题；（5）领导交办的反映其他党员和党组织的违纪问题。此外，对属于下级党委管理的党员和党组织重大、典型的违纪问题，必要时也可以受理。

2. 初步核实

纪律检查机关受理案件后，视情况进行初步核实，必要时也可委托下级纪律检查机关进行初步核实，以了解所反映的主要问题是否存在，为立案与否提供依据。经初步核实后，由参与核实的人员写出初步核实情况报告，区别不同情况作出处理：(1) 反映问题失实的，应向被反映人所在单位党组织说明情况，必要时还应向被反映人说明情况或在一定范围内予以澄清；(2) 有违纪事实，但情节轻微，不需追究党纪责任的，应建议有关党组织作出恰当处理；(3) 确有违纪事实，需要追究党纪责任的，应予立案。初步核实的时限为两个月，必要时可延长一个月。重大或复杂的问题，在延长期内仍不能初核完毕的，经批准后可再适当延长。

3. 立案

对检举、控告以及发现的党员或党组织的违纪问题，经初步核实，确有违纪事实，并需追究党纪责任的，按照规定的权限和程序办理立案手续。凡需立案的，应写出立案呈批报告，并附检举材料和初步核实情况报告，按立案批准权限呈报审批。立案审批时限不得超过一个月。

4. 调查

案件立案后，纪律检查机关应根据案情组织调查组，开展案件调查取证工作，以查明案件真相。调查取证基本结束后，调查组应经过集体讨论，写出调查报告。调查报告的基本内容包括：立案依据，主要错误事实及性质；有关人员的责任；被调查人对错误的态度；处理建议。对调查否定的问题应交代清楚，对难以认定的重要问题用写实的方法予以反映。调查报告须由调查组全体成员签名。调查组应将调查报告的主要内容向被调查人所在单位党组织通报，并征求意见。案件调查的时限为三个月，必要时可延长一个月。案情重大或复杂的案件，在延长期内仍不能查结的，可报经立案机关批准后延长调查时间。

5. 移送审理

案件调查终结后，应移送相关组织进行案件审理。移送审理时，应移送下列材料，并办交接手续：(1) 分管领导同意移送审理的批示；(2) 立案依据；(3) 调查报告和承办纪检室的意见；(4) 全部证据材料；(5) 与被调查人见面的错误事实材料；(6) 被调查人对错误事实材料的书面意见和检讨材料；(7) 调查组对被调查人意见的说明。

6. 案件审理

如前所述，案件审理工作是党的纪律检查工作的重要组成部分，是检查处理党员或党组织违犯党纪案件的重要环节。案件审理工作的任务是：审查处理党员、党组织违犯党的纪律的案件和复查的案件。实事求是地核对违犯党的纪律的案件的事实材料，审核鉴别证据，根据党的政策和国家的法律法规，分析认定问题的性质，按照党章的规定和党对犯错误党员的一贯政策以及规定的程序，正确地处理违犯党的纪律的党员或党组织。案件审理应做到事实清楚、证据确凿、定性准确、处理恰当、手续完备。审理部门在接到须由本部门审理的案件后，应即指定承办人。除案情简单者外，每个案件应由两人共同承办，特别重大复杂的案件，应组成两人以上的审议组办理。承办人员对案件认真审理，提出审理意见。对于重大或复杂的案件，必要时，对主要事实和证据直接进行复查核实。审理部门要集体审议案件，并根据会议决定写出审理报告，并将案件审理报告和下级纪委或党委报来的有关材料，一并提请本级纪委常委会审批。纪委常委会讨论决定后，按照批准权限，由本级纪委批准的案件，立即办理批复手续；需报同级党委或上级党委、纪委审批的案件，及时办理请示手续。在接到同级党委或上级党委、纪委的批复后，及时办理给有关党组织的批复手续。

7. 结案与归档

案件审查处理完毕后，即进入结案阶段，由承办人按照规定将案卷立卷归档。

第四节 党员的监督

一、党员监督的含义与依据

党员监督指广大党员作为监督主体对各级党的组织和其他党员进行的监督。党员监督的基本构成要素是：在主体上，党员监督的主体是广大党员，无论是普通党员，还是党员领导干部，只要其具备党员身份，就有权实施党员监督；在对象上，党员监督的对象是党的各级组织和全体党员，这是由党内监督的性质决定，任何组织和党员都必须接受其他党员的监督；在内容上，党员监督的内容是监督对象的行为是否符合党章和党的其他规章制度的要求。

党员是党的细胞，所有党的组织都是由一个个具体的党员组成的，整个党也是由党员组成的，党的任务需要靠党员的行动去完成，党的目标需要党员去实现，党内监督也需要靠党员的行动去实施和实现。从这个意义上，党员的监督是党内监督最基本的形式，是党内监督的基础，也是党组织的监督包括专门的监督机关纪律检查机关的监督的基础，对加强党的建设具有重要的意义。

党员监督的依据是党章和党的其他规章制度。

首先，党章第 8 条规定，每个党员，不论职务高低，都必须编入党的一个支部、小组或其他特定组织，参加党的组织生活，接受党内外群众的监督。党员领导干部还必须参加党委、党组的民主生活会。不允许有任何不参加党的组织生活、不接受党内外群众监督的特殊党员。这一规定表明，所有党员都必须接受监督，而这种监督包括党员之间的监督。党章第 4 条规定，党员的权利包括：在党的会议上和党报党刊上，参加关于党的政策问题的讨论；对党的工作提出建议和倡议；在党的会议上有根据地批评党的任何组织和任何党员，向党负责地揭发、检举党的任何组织和任何党员违法乱纪的事实，要求处分违法乱纪的党员，要求罢免或撤换不称职的干部；行使表决权、选举权，有被选举权。上述权利实际上已经包括了党员对党组织与其他党员的监督权，意味着党员可对党组织和其他党员实施党内监督。不仅如此，党章第 3 条还规定，党员要"切实开展批评和自我批评，勇于揭露和纠正工作中的缺点、错误，坚决同消极腐败现象作斗争"，这表明，开展党内监督不仅是党员的权利。

其次，《党内监督条例》第 10 条对党员在党内监督方面的责任和权利进行了专门规定，这一规定的前提是党员具有实施党内监督的权利，并具体规定了监督的责任和权利内容。

再次，《中国共产党党员权利保障条例》第 8 条规定，党员有权以口头或者书面方式对本地区、本部门、本单位的党组织、上级党组织直至中央的各方面工作提出建议和倡议。第 9 条规定，党员有权在党的会议上以口头或者书面方式有根据地批评党的任何组织和任何党员。党员以书面方式提出的批评意见应当按照规定送被批评者或者有关党组织。党员有权向党组织负责地揭发、检举党的任何组织和任何党员的违法违纪事实；有权向所在党组织或者上级党组织提出处分有违法违纪行为党员的要求。党员有权向所在党组织或者上级党组织提出罢免或者撤换不称职党员领导干部职务的要求。这两条规定也明确了党员具有党内监督的权利，可据此实施党内监督。

二、党员监督的主要方式

党员监督的方式指的是党员进行党内监督的方法和形式。根据党章、《党内监督条例》和《中国共产党党员权利保障条例》的规定，党员监督的主要方式包括：

第一，向党组织反映群众的意见和要求。中国共产党是执政党，是中国社会主义现代化建设事业的领导核心，其路线、方针、政策的制定和执行，乃至党的组织和党员领导干部的具体决定，都事关广大群众的切身利益。作为党内监督的主体，每一个党员都有权对群众在党的路线、方针、政策和决定的执行过程中的意见和要求，向党的有关组织进行反映，要求组织维护群众的利益。向党组织反映群众的意见和要求可以通过多种形式进行，可以书面提出，也可以口头提出；可以在党的会议上提出，也可以通过其他形式提出。

第二，对党的决议和政策如有不同意见，在坚决执行的前提下，可以在党的会议上或向党的组织提出保留，并且可以把自己的意见向党的上级组织直至中央反映。中国共产党是纪律严明的政党，对于党的决议和政策，全体党员必须坚决贯彻执行，如果党的决议和政策得不到贯彻执行，那么党的任务无法完成，党的目标也无法实现。但是，坚决执行党的决议和政策并不是说党员自己不可以有不同的意见；相反，在坚决执行的前提下，党员可以在党的会议上或通过其他途径对党的决议和政策提出自己的保留意见。不仅如此，党员还可将自己的意见向党的上级组织进行反映，直至向党中央反映。

第三，在党的会议上有根据地批评党的任何组织和任何党员，揭露和纠正工作中的缺点、错误。在党的工作中，存在一定的缺点和错误是难以避免的，关键是出现了缺点和错误之后必须及时地得到纠正，这样才能将这些缺点和错误消灭在萌芽状态，消灭在它们还没有发展到严重影响党的形象和工作时。为达到这一目标，就需要党员发挥监督作用，行使监督权利，在党的会议上对党的任何组织和任何党员工作中的缺点和错误提出批评，进行揭露和纠正，以促进党的工作的顺利开展。当然，党员行使这一监督权，并不是无条件的，而应该在特定的场合即党的会议上提出。并且，所提出的批评必须是有根据的，而不应是捕风捉影、道听途说的，否则就达不到加强党内监督的目的，反而会影响到党内团结。

第四，检举党的任何组织和任何党员违纪违法的事实，同消极腐败现象作斗争。法是普遍性的行为规则，在一国范围内，除非宪法和法律自身的限制，所有公民和组织都应该遵守宪法和法律。在我国，宪法和法律是人民意志的体现，是人民利益的反映，所有的公民和组织都严格遵守宪法和法律。中国共产党作为组织之一、中国共产党党员作为公民，也都必须严格遵守宪法和法律，不得有违反宪法和法律规定的行为。事实上，党章序言已明确规定，"党必须在宪法和法律的范围内活动"，这表明，党的组织和党员必须遵守且应该模范地遵守宪法和法律，违法的行为不仅是宪法和法律所禁止的，也是党章明确禁止的。不仅如此，党的组织和党员还必须遵守党的纪律，不得实施违反党纪的行为，所有违反党纪的行为都会受到相应惩处。为确保党的组织和党员不实施违法违纪的行为，需要加强党内监督，发挥广大党员的作用，对违法违纪的事实进行检举，使实施违法违纪行为的组织和党员受到法律和党的纪律的惩处。当广大党员都积极检举有关党的组织和党员的违法违纪事实，与消极腐败现象作坚决斗争时，违法违纪行为就能得到及时制止，消极腐败现象就能得到有效遏制。

第五，参加党组织开展的评议党员领导干部活动，发表意见。参加评议活动是党员行使监督权利开展党内监督的一个重要方式。通过参加党组织开展的评议党员领导干部的活动，党员可对领导干部的各方面情况进行评议，对存在的不足与问题提出自己的意见，对他们的工作进行监督，使他们将自己的行为约束在宪法和法律的范围之内，约束在党章和其他党内法规的要求之下。

第六，向所在党组织或者上级党组织提出罢免或者撤换不称职党员领导干部职务。对于不称职的党员领导干部，党员可以向所在党组织或上级党组织提出罢免或者撤换的请求。但在提出这一请求时，应按照组织原则，符合有关程序，不得随意扩散、传播，不得夸大和歪曲事实，更不得捏造事实、诬告陷害。

第七，向党的上级组织直至中央提出请求、申诉、意见和控告。根据《中国共产党党员权利保障条例》规定，请求是党员在政治、工作、学习等方面遇到需要党组织帮助解决的重要问题时提出的；申诉是党员对于党组织给予本人的处分、鉴定、审查结论或者其他处理不服的而提出的，党员有权向本人所在党组织、上级党组织直至中央提出申诉；意见是党员认为党组织给予其他党员的处分、鉴定、审查结论或者其他处理不当时提出的；控告则是党员认为自己的合法权益受到党组织或者其他党员侵害时提出的。提出请求、申诉、意见和控告的直接目的在于维护党员自身或其他党员的合法权利，但在客观上，这一权利行使也可发挥制止和纠正党的组织和其他党员的违法违纪行为或其他不当行为的作用，因此也成为党内监督的重要方式之一。

三、党员监督的主要内容

根据党章和《党内监督条例》、《中国共产党党员权利保障条例》等有关党内法规的规定，党员监督的主要内容包括以下几个方面：

第一，党的各级组织和全体党员贯彻执行党的路线、方针、政策和上级党组织决议、决定及工作部署的等方面的情况。党的各级组织和全体党员都必须贯彻执行党的路线、方针、政策和上级党组织决议、决定及工作部署，完成党的任务，实现党的目标。为此，必须将这些情况作为党员监督的主要内容之一，将它们置于广大党员的监督之下，确保党的路线、方针、政策和上级党组织决议、决定及工作部署得到坚决的执行。同时，广大党员在进行监督的同时，也可对党和国家的某些政策、措施存在的缺陷和不足，提出自己的意见和建议，以促进这些政策和措施的完善。

第二，干部选拔任用工作中执行党和国家有关规定的情况。建立科学规范的党政领导干部选拔任用制度，形成富有生机与活力、有利于优秀人才脱颖而出的选人用人机制，推进干部队伍的革命化、年轻化、知识化、专业化，事关党和国家的事业发展大局。党和国家有关的法律法规和规定对干部的选拔任用作出了明确的规定。如《党政领导干部选拔任用工作条例》对干部选拔的原则、条件、程序、考核、撤职与免职等都作了明确的规定，贯彻执行这些规定，对保证干部选拔任用科学性和规范性具有的意义。为此，必须将干部选拔任用工作中执行党和国家的规定的情况纳入党员监督的范围，由广大党员对此进行监督。

第三，党员特别是党员领导干部履行党章和其他党内法规所规定义务的情况。党章对党员特别是党员领导干部的基本义务作出了规定，其他党内法规也对此进行了规定，这些义务是党员特别是党员领导干部必须履行的。同时，中国共产党是执政党，许多党员都在各单位的担任了一定的领导职务，掌握着一定的权力。在这种情况下，某些党员特别是领导干部意志不够坚定，思想认识发生变化，忘掉了党的根本宗旨，没有履行党员的义务，出现了利用职权谋取私利的情况，对党的威望和形象产生了极为不利的影响。为了防止和纠正这些现象，就有必要在开展党内监督的时候，将党员履行党章和其他党内法规规定的义务的情况列为党员监督的内容，促进全体党员特别是党员领导干部严格履行党员义务。

第四，党的各级组织和党员特别是党员领导干部贯彻党的民主集中制情况。民主集中制是民主基础上的集中和集中指导下的民主相结合。这一制度要求在党内充分发扬民主，将民主和集中有机统一起来，既有民主又有集中，既有统一意志，又有个人心情舒畅。实施民主集中制是历史经验的结晶，可有效保证党内政治生活的正常进行，保证党和国家政治局势的安定团结。但在现实生活中，民主集中制的实行却往往出现偏差，特别是某些领导干部官僚主义严重，实行"一言堂"的家长式作风，专断独行，影响甚至压制其他党员发挥积极性和创造性。为正确理解和贯彻民主集中制，有必要将此作为党员监督的重要内容，由广大党员对各级组织特别是领导干部贯彻民主制的情况进行监督，密切和融洽党组织之间、党员之间及党组织与党员之间的关系，搞好党内团结，提高党的战斗力。

第五，党员和党的领导干部践行全心全意为人民服务的宗旨的情况。中国共产党党员是中国工人、农民、军人、知识分子和其他社会阶层的先进分子。党章规定，中国共产党党员必须全心全意为人民服务，不惜牺牲个人的一切，为实现共产主义奋斗终身。所有党员，无论是党员领导干部还是普通党员，都必须践行为人民服务的宗旨，以广大人民群众的利益为自己的最大利益。党员践行全心全意为人民服务的根本宗旨的情况是党员监督的重要内容，全体党员都有权对其他党员践行为人民服务这一根本宗旨的情况进行监督，监督他们是否按这一标准约束和规范自己的行为，做到在思想上想着人民的利益，在政治上代表人民的利益，在行动上为了人民利益。

第六，党员和党的领导干部遵纪守法的情况。党员作为中国工人、农民、军人、知识分子和其他社会阶层的先进分子，必须在各方面起到模范带头作用，并自觉遵守党的纪律，遵守国家的法律法规，严格保守党和国家的秘密，执行党的决定，服从组织分配，积极完成党的任务。确保广大党员特别是党员领导干部遵纪守法，是现阶段党的建设中的一个极为重要而紧迫的问题。为此，必须加强党内监督，将遵纪守法情况作为党内监督包括党员监督的一项重要内容。

第七，保障党员权利的情况。党员的权利是党章所规定并为其他党内法规所细化和保障的，对于党员的权利，党的任何一级组织直至中央都无权剥夺，《中国共产党党员权利保障条例》对党员权利的保障作出了明确的规定。党员权利不能得到有效保障，党员的义务就难以确保履行，党的路线、方针、政策就难以有效贯彻，党的任务和目标就难以实现。因此，《党内监督条例》规定，保障党员权利的情况是党内监督的重点内容之一。

案　例

阜阳腐败群案：一手遮天之祸

　　王怀忠是新中国成立后第三个因严重腐败而被处以极刑的省级以上高官。法院查明：自1994年以来，王怀忠在任阜阳市主要领导和安徽省副省长期间，索取、收受贿赂共计517万余元人民币。并对其拥有的价值480余万元的财产不能说明合法来源。此外，他还利用职务之便，通过直接干预、"打招呼"等方式为他人谋取利益，其妻韩桂荣从中收受巨额钱款及两套别墅。

　　以王怀忠为代表的"阜阳腐败群案"，揭示了诸多深层次问题。而关键是"一把手"一旦失控，因其一手遮天而营造出来的"一把手天下"，将给地方经济和社会发展造成严重灾难。

　　第一，长官意志扭曲干部选拔机制。早在20世纪70年代初，王怀忠担任亳县县委常委、区委书记时，就有人反映他乱搞男女关系，不按规矩办事。当地干部群众给他起了个绰号叫"王大胆"。王怀忠为了达到升迁的目的，极力揣摸领导的心思，迎合上级的心理。上级领导好大喜功，他就大吹特吹，伪造政绩；上级领导要抓典型，他就到处建立闪光点和形象工程。因此，尽管他名声一直不好，却靠着那套善于投机钻营、见风转舵的本领，一再被当做有能力的干部受重用。80年代初他成了全地区最年轻的县长之一，此后又担任县委书记、常务副专员、专员，直至升到阜阳市市委书记和安徽省副省长的高位。像王怀忠这样的人之所以一而再、再而三地被提拔重用，原因就在于当地的各级党组织在选人用人上没有坚持"德才兼备"的原则。

　　第二，家长独裁取代集体决策。王怀忠担任市委书记期间，在市委常委班子内部，一切大事都由他个人说了算。首先，他常把班子里正常的不同意见指责为"杂音"。他在班子里拉几个亲信，形成一股势力，使班子其他成员不敢发表反对意见；对于持不同意见的人，他既拉又打，软硬兼施，使其屈服；他经常欺上瞒下，推说是省里某领导的意思，使持不同意见的人不敢坚持。再不行，则采取冷落、孤立、打击手段，甚至恶人先告状，让上级领导出面批评。在使用干部上，不按原则、条件和程序办事，说用谁就用谁。对于一些明知有劣迹的人，只要是他的小圈子里的，或是给他送钱送物的，都最终得到提拔重用。在王怀忠的家长制作风影响下，不少区县"一把手"独裁的现象十分突出，在重大事项和人事任免上都是少数主要领导说了算。在有些领导班子中，只要谁对"一把手"持不同意见，就会被以"闹不团结"或"有杂音"的借口加以调整，以致谁也不敢违背"一把手"的意志。

第三，浩然民意不敌上级青睐。王怀忠以及阜阳腐败群案涉案人员，在被挖出前一直都是群众密集举报的对象。反映王怀忠问题的群众来信特别多，在安徽人所共知，王怀忠甚至在大会上扬言："你们不是到处告我吗？告状又有什么用？你们告一次，我就升一级！"而反映各县领导的信件在王怀忠的压制下，更是得不到正常的调查处理。王怀忠在阜阳当政数年，乱纪无纲，随心所欲，把人的思想搞乱了，风气搞坏了，经济搞垮了。有能力、说真话的人受排挤，拍马逢迎、满嘴假话的庸碌之辈受重用，阜阳人一度普遍缺乏信心，甚至发出"阜阳没有共产党"的感慨。

第四，纪委监督受制"乌纱帽"。地方纪委没有独立办案权，在同级党委的领导下工作，如果党委"一把手"没有坚定反腐败和一抓到底的决心，纪委监督和查处案件的力度就会大为削弱。同级党委"一把手"捏着纪委的"乌纱帽"，对"一把手"的监督被虚置，这也是阜阳市县"一把手"成为腐败重灾区的原因。与王怀忠沆瀣一气的王汉卿、付红杰、张华琪等人的问题，早有确凿证据反映到阜阳市纪委，但因王怀忠的阻挠，不仅纪委的查案工作根本无力展开，而且腐败官员能逆着民怨步步高升。

案例思考题

监督党政"一把手"是监督的重点和难点，在这方面，我国应当有针对性地创制或者完善哪些具体监督制度？

重要概念

1. 党内监督
2. 党组织的监督
3. 党的代表大会的监督
4. 党的委员会的监督
5. 党委常委会的监督
6. 党的纪律检查机关的监督
7. 党员监督

思 考 题

1. 什么是党内监督？党内监督有什么特征？

2. 党内监督的主体与对象是什么？

3. 党内监督的重点内容是什么？

4. 党内监督有哪些主要制度？

5. 党内监督的规则体系由哪些方面内容组成？

6. 党组织监督的含义和特点是什么？

7. 党的代表大会监督的内涵是什么？

8. 党的委员会监督的内涵是什么？

9. 党委常委会监督的内涵是什么？

10. 什么是党的纪律检查机关的监督？

11. 党的纪律检查机关的地位与作用是什么？

12. 党的纪律检查机关监督的对象与内容是什么？

13. 党的纪律检查机关有哪些监督权？

14. 党的纪律检查机关可采取哪些监督方式进行监督？

15. 什么是违反党纪案件的查办？案件查办须遵循什么程序？

16. 党员监督的含义是什么？党员依据什么规定进行监督？

17. 党员监督有哪些主要方式？

18. 党员监督的主要内容是什么？

第六章

检察机关的法律监督

中国的检察机关是人民检察院。人民检察院由同级人民代表大会产生，向人民代表大会负责并报告工作。在设置上分为四级：最高人民检察院；省、自治区、直辖市人民检察院；自治州和省辖地级市人民检察院；县、市（县级）和区人民检察院；此外，还有铁路检察院和军事检察院等专门检察院以及省级和县级人民检察院根据工作需要在工矿区、林区和农垦区设置的派出检察院。本章介绍了检察机关的法律监督，包括检察机关监督的含义、性质、内容和方式等，着重介绍了对职务犯罪的监督、侦查监督、刑事审判监督等。

第一节 检察机关监督概述

一、检察机关监督的概念与特征

（一）检察机关监督的概念

检察机关监督是检察机关运用检察权对其他国家机关及其工作人员是否依法行使职权进行的监督。根据《宪法》的有关规定，国家明确赋予各级各类人民检察院以国家法律监督机关的职能。《宪法》第 129 条规定："中华人民共和国人民检察院是国家的法律监督机关。"《宪法》第 131 条规定："人民检察院依照法律规定独立行使检察权，不受行政机关、社会团体和个人的干涉。"《中华人民共和国人民检察院组织法》（以下简称《人民检察院组织法》）也根据《宪法》确立的原则，作出相应的规定。该法第 4 条规定："人民检察院通过行使检察权，镇压一切叛国的、分裂国家的和其他反革命活动，打击反革命分子和其他犯罪分子，维护国家的统一，维护无产阶级专政制度，维护社会主义法制，维护社会秩序、生产秩序、工作秩序、教学科研秩序和人民群众生活秩序，保护社会主义的全民所有的财产和劳动群众集体所有的财产，保护公民私人所有的合法财产，保护公民的人身权利、民主权利和其他权利，保卫社会主义现代化建设的顺利进行。"

人民检察院在法理和实践中构成了以对刑事诉讼的监督为主，以对民事诉讼和行政诉讼的监督为辅的法律个案监督态势。

根据《宪法》和《人民检察院组织法》等法律规定，检察机关法律监督的对象包括两个方面：一方面是对有关国家机关执法活动的法律监督。检察机关依照法定的权限和程序，监督公安机关、安全机关、人民法院、监狱、看守所、劳动教养机关的执法活动。另一方面是对国家机关、企事业单位、社会团体和公民犯罪行为的法律监督，对国家工作人员职务犯罪和利用职权违反法律、破坏法制等构成犯罪的行为行使检察权。检察机关对公安机关、审判机关执法情况的监督，由于对象的特殊性质，属于司法监督的范畴。检察机关对公安机关、审判机关执法情况的监督对于保障统一正确地实施法律，保护诉讼参与人的民主权利和合法诉讼权利具有重要的意义。

（二）检察机关监督的基本特征

第一，检察机关的监督具有国家性和权威性。全国人民代表大会是国家最高权力机关，有权监督宪法和法律的实施，而全国人民代表大会赋予人民检察院专门法律监督机关的地位，使之成为国家机关中唯一行使检察权的机关，这就保证了检察机关法律监督的权威性。

第二，检察机关的法律监督具有专门性和独立性。一方面，检察机关以法律监督为专门职责，而不担负法律监督以外的任何职责，即不具有行政职能、审判和其他职能；另一方面，检察机关法律监督具有独立性，人民检察院依法独立行使检察权，不受行政机关、社会团体和个人的干涉。检察机关法律监督的专门性和独立性保证其能够有效地维护社会主义法制。

第三，检察机关的法律监督具有规范性和合法性。检察机关履行法律监督职责时，必须依法监督，做到合法化、规范化。我国宪法和有关法律明确规定了检察机关的性质、地位、任务以及法律监督的内容、对象、活动原则、活动的方式、方法和程序等。检察机关法律监督的规范性和合法性有力地保证了检察机关正确履行追诉犯罪、纠正违法的法律监督职责。

第四，检查机关的法律监督具有强制性。这种强制性由国家的强制力保证其实现。法律具有强制性，保障法律正确实施的监督活动也同样具有强制性。

检察机关法律监督的强制性具体表现在：一方面国家赋予其立案侦查、提起公诉的权力，使其在监督中可以追究犯罪人的刑事责任，在执法监督中纠正公安、司法机关的违法行为；另一方面国家赋予其采取一定强制性措施的权力。因此，检察机关在法律监督活动中作出的决定是具有强制力的，被监督的单位和公民必须认真接受和执行，并在法定的时限内作出相应的答复。

二、检察机关监督的性质

检察机关监督权是一种通过起诉、抗诉和建议等方式对一切违法犯罪行为进行合法性监督的权力。因此，检察机关监督的性质是一种诉讼监督。即人民检察院通过参与刑事、民事、行政诉讼活动，依法对有关机关和人员的违法行为实行监督并予以纠正。

人民检察院的法律监督主要限于诉讼活动的范围，通过诉讼方式进行。人民检察院作为诉讼主体，在刑事诉讼中承担公诉、审查批捕等职责，参加侦查起诉、审判和执行各个诉讼阶段，对审查批捕、审查起诉中发现的公安机关侦查活动的违法情况，通知公安机关予以纠正。对法院确有错误的裁判，依照法定的程序提出抗诉。检察建议也是检察机关履行法律监督职能的方式之一。人民检察院主要是对诉讼中的违法行为进行监督，这种监督的主要特点是具有司法性、诉讼性，而不具有行政指令性。

人民检察院的法律监督必须严格依法。刑事诉讼法、民事诉讼法、行政诉讼法及其他有关法律对监督刑事诉讼活动是否正确、合法及纠正违法的原则、程序、方法作了具体规定，检察院的监督应当严格依照法律规定的程序和方法进行，而不能采取其他的方法。

三、检察机关监督的内容和方式

检察机关法律监督的范围是由其履行法律监督职责所依据的法律规定的。按照法律部门的划分，检察机关的法律监督可以分为刑事法律监督、民事法律监督和行政法律监督。刑事法律监督所依据的是刑法、刑事诉讼法和其他有关刑事法律的规定。对于国家机关、国家工作人员和公民个人，只要触犯刑法，构成犯罪，都应依法追究刑事责任；对公安、司法机关的违法行为亦应进行检察监督。在民事、行政法律监督方面，检察机关依据民法通则和民事、行政法律，履行审判和诉讼监督的职责。按照不同的对象和范围，人民检察院的法律监督可以分为国家工作人员职务犯罪的监督、侦查监督、审判监督和刑罚执行监督等。检察机关法律监督的不同内容是检察机关内部业务分工的基础。

（一）检察机关监督的内容

根据《人民检察院组织法》第 5 条的规定和其他法律的规定，检察机关监督的主要内容包括法纪监督和经济犯罪监督、侦查监督、审判监督和刑罚执行监督。

法纪监督和经济犯罪监督，主要是指对叛国案、分裂国家案和严重破坏国家的政策、法律、法令、政令统一实施的重大犯罪案件，直接行使检察权；对国家工作人员与职务有关的犯罪直接行使检察权（包括侵犯公民权益、贪污贿赂和失职渎职的案件）。检察机关可以通过立案侦查和提起公诉或抗诉来履行这一职能。

侦查监督是指人民检察院对侦查机关的侦查工作是否合法所进行的审查监督，以利于全面贯彻公、检、法三机关在刑事诉讼中"互相配合、互相制约"的原则，提高办案质量，及时纠正侦查机关的违法行为，防止和减少冤案、假案、错案的发生。侦查监督主要是通过审查批捕、审查起诉和侦查活动监督来完成的。监督的主要内容是公安机关（含国家安全机关）侦查活动中各种法律手段是否完备，有无错捕、漏捕情况，公安机关在立案、拘留、搜查、预审、羁押、勘验、检查、侦查实验、扣押书证物证、鉴定、收集证据等活动中有无违法乱纪、刑讯逼供情况。

审判监督是指人民检察院审核法院的审理活动是否遵守法律规定的程序，法院作出的刑事、民事或行政诉讼方面的判决和裁定是否有错漏或偏颇，使用提起抗诉、派员出席法庭、检察长列席法院审判委员会会议和受理控告等方式，保证法院尽量避免冤案、假案、错案的发生。审判监督范围主要包括：法院对案件审判的法庭组成是否合法；是否遵守法定程序；是否遵守法定审理时限和送达时限；被告人和其他诉讼参与人的合法权利是否得到保护；庭审过程中的决定是否合法；庭审过程中审判人员是否依法审判等。这些主要是检察机关在案件审判的一审过程中的监督，目的在于督促法院能够作出公正判决。同时，检察机关的审判监督职能还体现在对已经发生法律效力的判决和裁定的监督上，这主要包括监督法院作出的判决、裁定在认定事实和适用法律上是否正确等。如发现违反法律、法规规定的，有权按照审判监督程序提出抗诉。

刑罚执行监督是指对刑事案件判决、裁定的执行和监狱看守所、劳动教养机关的活动是否合法所实行的监督。刑罚执行监督的内容有：监督死刑执行；监督公安和劳改机关在执行人民法院已生效的死刑缓期两年执行、无期徒刑、有期徒刑、拘役的判决过程中交付狱内执行的情况和在执行刑罚期间提出减刑、假释等执行的变更情况；通过掌握本地区判处管制、剥夺政治权利、宣告缓刑，以及假释、监外执行罪犯的情况，检察公安机关的具体交付执行和对犯罪分子的管束、监督措施是否落实；检察了解监管改造情况，主要是落实劳改政策，执行收押、分管分押的制度和规定，检查使用武器、械具、禁闭处罚及狱政管理是否文明等工作情况。

（二）检察机关监督的方式

根据相关法律的规定，人民检察院实施法律监督主要是通过行使其监督职能中的调查权、抗诉权、建议权和纠正权来进行的，主要方式有以下几种：

第一，公诉权。凡是公安机关侦查的案件，侦查终结需要提起公诉的，一律由检察机关提起公诉，人民检察院通过提起公诉的方法，将那些行为已经触犯刑律且应当追究刑事责任的被告人交付人民法院审判，判处其应得的刑罚，以此保障法律的实施，履行其法律监督的职责。在民事诉讼和行政诉讼中，人民检察院对于那些涉及国家、社会重大利益以及有关公民重要权利的案件，在无人起诉或者当事人不知、不愿、不敢起诉的情况下，代表国家将案件提交人民法院，对违法者提出诉讼，要求人民法院追究其法律责任，以维护国家、社会和公民的权益。按照《人民检察院组织法》第15条的规定，检察院提起公诉的案件，由检察长或者检察员以国家公诉人的身份出庭，支持公诉。在法庭上宣读起诉书、参与法庭调查和参加法庭辩论等。

第二，审查批捕权。《刑事诉讼法》第59条、第66条规定，逮捕犯罪嫌疑人，必须经过人民检察院批准或者人民法院决定，由公安机关执行。公安机关要求逮捕人犯时，应当写出提请批准逮捕书，连同卷宗材料、证据一并移送同级人民检察院审查批准。

第三，侦查权。《人民检察院组织法》第5条规定，人民检察院对于直接受理的刑事案件进行侦查。《刑事诉讼法》第18条规定，贪污罪、侵犯公民权利罪、渎职罪以及人民检察院认为需要自己直接受理的其他案件，经省级以上人民检察院决定，可以由人民检察院立案侦查。

第四，纠正权。这是指检察机关行使对侦查机关、审判机关和监所（含狱政、劳教机构）的监督权，依法督促纠正其在执法活动中的违法程序和违法情形。纠正的具体措施有：口头通知、书面通知、抗诉、追究违法责任人的法律责任。在必要的时候，有关纠正违法行为的监督情况，可以向同级人民代表大会及其常委会汇报，也可以向上一级公、检、法机关反映。

第二节　职务犯罪的监督

一、职务犯罪的概念与范围

职务犯罪不是刑法术语，而是理论界针对涉及职务违法犯罪的情况作出的一种概括和表述。职务犯罪的本质特征是以权谋私、权钱交易。广义的职务犯罪可包括一切基于职务行为的犯罪；狭义的职务犯罪是指国家机关和国家工作人员利用职务之便，贪污、受贿、玩忽职守或滥用职权侵犯公民权利，破坏国家对公务活动的管理职能，依照法律规定应当受到惩处的行为。本章叙述的是狭义的职务犯罪。

职务犯罪可划分为三大类，即贪污贿赂、渎职和侵犯公民人身权利。贪污贿赂犯罪包括：贪污罪、挪用公款罪、受贿罪、单位受贿罪、行贿罪、对单位行贿罪、介绍贿赂罪、单位行贿罪、巨额财产来源不明罪、隐瞒境外存款罪、私分国有资产罪、私分罚没财物罪等。渎职罪包括：滥用职权、玩忽职守、枉法追诉裁判罪、私放在押人员罪、国家工作人员签订（履行）合同失职被骗罪等。侵犯公民人身权利民主权利的犯罪包括刑讯逼供罪、报复陷害罪等。

检察机关通过立案侦查和提起公诉或抗诉等，履行对职务犯罪的监督职责。20世纪90年代以来，反贪污贿赂等职务犯罪的工作成为中国检察工作的重要内容之一。检察机关在行使法律监督的过程中设置了反贪污贿赂局负责贪污贿赂犯罪的侦查工作和预防工作，还设立了职务犯罪举报中心（站）和举报电话。

二、贪污罪的认定

(一) 贪污罪的概念

贪污罪是指国家工作人员和受国家机关，国有公司、企业、事业单位，人民团体委托管理、经营国有财产的人员，利用职务上的便利，侵吞、窃取、骗取或者以其他手段非法占有公共财物的行为。

（二）贪污罪的构成要件

从贪污罪的构成要件看，贪污罪的主体是特殊主体，包括国家工作人员和受国家机关，国有公司、企业、事业单位，人民团体委托管理、经营国有财产的人员；贪污罪的主观方面是故意，并且以非法占有公共财物为目的；贪污罪的客体是复杂客体，即公共财产所有权和国家廉政制度；贪污罪的客观方面表现为行为人利用职务上的便利，侵吞、窃取、骗取或者以其他手段非法占有公共财物的行为。

（三）贪污罪的界限

1. 贪污罪与非罪的界限

贪污公共财物并非都构成贪污罪。《刑法》第383条规定，个人贪污数额不满5 000元，贪污行为又未达到情节较重程度的，不构成犯罪。个人贪污数额在5 000元以上，或者虽然不满5 000元但情节较重的，才构成犯罪。

2. 贪污罪与职务侵占罪的界限

这两种犯罪主观方面都是故意，客观方面都具有利用职务之便侵吞、窃取、骗取财物的行为。二者的主要区别在于：一是犯罪主体不同。本罪的主体是国家工作人员和受国家机关，国有公司、企业、事业单位，人民团体委托管理、经营国有财产的人员；而职务侵占罪的主体则是公司、企业或者其他单位中不具有国家工作人员身份的工作人员。二是犯罪客体和犯罪对象不同。本罪侵犯的客体是复杂客体，即公共财产所有权和国家的廉政制度，犯罪对象是公共财物；而职务侵占罪侵犯的客体是单位财产所有权，犯罪对象是单位财物。

3. 贪污罪与盗窃罪、诈骗罪的界限

这三种犯罪主观方面都是故意，并且都以非法占有财物为目的，在客观方面，贪污罪也主要采用窃取、骗取财物的方法，因此容易混淆。贪污罪与盗窃罪、诈骗罪的主要区别是：一是犯罪主体不同。本罪的主体是特殊主体，即国家工作人员和受国家机关，国有公司、企业、事业单位，人民团体委托管理、经营国有财产的人员；而盗窃罪和诈骗罪的主体是一般主体。二是犯罪客体和犯罪对象不同。本罪侵犯的客体是复杂客体，即公共财产所有权和国家的廉政制度，犯罪对象是公共财物；而盗窃罪、诈骗罪侵犯的客体是简单客体，即公私财产所有权，犯罪对象是公私财物。三是犯罪客观方面不完全相同。本罪窃取、骗取财物的行为是利用职务上的便利实施的；而盗窃罪、诈骗罪不存在利用职务上的便利的问题。

（四）贪污罪的共同犯罪

《刑法》第 382 条第 3 款规定，与国家工作人员或者受国家机关、国有公司、企业、事业单位、人民团体委托管理、经营国有财产的人员勾结，伙同贪污的，以共犯论处。最高人民法院《关于审理贪污、职务侵占案件如何认定共同犯罪几个问题的解释》规定，非国家工作人员与国家工作人员相勾结，利用国家工作人员职务上的便利共同非法占有公共财物的，按贪污罪的共同犯罪处理；国家工作人员与非国家工作人员相勾结，利用非国家工作人员职务上的便利共同非法占有该单位财物的，按职务侵占罪的共同犯罪处理；国家工作人员与非国家工作人员相勾结，分别利用各自的职务便利，共同将本单位财物非法占为己有的，按主犯的犯罪性质定罪。

三、贿赂罪的认定

（一）受贿罪的认定

1. 受贿罪的概念和构成要件

受贿罪是指国家工作人员利用职务上的便利，索取他人财物，或者非法收受他人财物，为他人谋取利益的行为。从受贿罪的构成要件看，该罪的主体是特殊主体，只有国家工作人员才能构成该罪；该罪的主观方面是故意，并且具有非法获取财物的目的；该罪的客体是国家的廉政制度；该罪的客观方面表现为利用职务上的便利，索取他人财物，或者非法收受他人财物，为他人谋取利益的行为。

2. 受贿罪的界限

受贿罪的认定需划清下述界限：

（1）受贿罪与非罪的界限。在司法实践中，要正确区分受贿罪和以下行为的界限：一是受贿罪与获取合法报酬的界限。合法报酬，是指行为人在法律、法规、政策和组织纪律允许的范围内，利用自己的知识技能，为他人提供服务而获得的报酬。二者之间的区别主要在于行为人是否利用了职务上的便利和是否付出了劳务。获取合法报酬是付出劳务所得，不存在利用职务上的便利为他人谋取利益的问题。二是受贿罪与接受馈赠的界限。馈赠是指亲友之间出于亲情与友谊而赠与的财物。受贿和接受馈赠表面上都是收受他人财物，有时很难区分。二者的区别主要在于：行为人是否利用职务上的便利为赠与财物者谋取利益。利用职务上的便利为赠与人谋取利益的，构成受贿罪，否则属于接受馈赠。三是受贿罪与一般受贿行为的界限。区分二者主要看受贿数额的大小和情节的轻重。依照《刑法》的规定,受贿数额达到 5 000 元以上的,均已构成受贿罪。受贿数额不满 5 000 元,但情节严重的,也构成受贿罪。所谓情节严重,主要包括因受贿给国家、集体或者公民合法权益造成重大损失;受贿情节恶劣、造成极坏社会影响等情形。如果受贿数额不满 5 000 元,受贿情节一般的,不能以犯罪论处。

(2) 受贿罪与贪污罪的界限。两罪在犯罪主体、主观方面和利用职务之便谋取财物方面有相同之处。二者的主要区别在于:一是犯罪的手段方式不同。受贿罪表现为行为人利用职务上的便利,索取他人财物或者非法收受他人财物,为他人谋取利益;而贪污罪则表现为行为人利用职务上的便利,采用侵吞、窃取、骗取或者其他方法非法占有公共财物。二是犯罪的客体和对象不同。受贿罪侵犯的客体主要是国家的廉政制度,或者说是国家工作人员的职务廉洁性,犯罪对象是公私财物;而贪污罪侵犯的客体主要是公共财产所有权,犯罪对象是公共财物。

(3) 受贿罪与敲诈勒索罪的界限。以索贿方式构成的受贿罪有时容易与敲诈勒索罪相混淆。区别二者除了分析主体、客体的不同外,关键是看客观方面行为人索取他人财物是利用了职务上的便利还是采用了暴力、胁迫手段。索贿行为是利用职务上的便利,乘人有求于己时,主动索要财物;而敲诈勒索行为则表现为使用暴力、胁迫手段,给被害人造成精神上的恐惧,被迫交出财物。

(4) 受贿罪与公司、企业人员和其他人员受贿罪的界限。两罪在主观方面都是故意,客观方面都有利用职务上的便利,索取或者非法收受他人财物的行为。二者的区别在于:一是犯罪主体不同。受贿罪的主体是国家工作人员;而公司、企业人员和其他人员受贿罪的主体是非国有公司、企业中不具有国家工作人员身份的工作人员和其他人员。二是犯罪客体不同。受贿罪的客体是国家的廉政制度,或者说是国家工作人员职务的廉洁性;而公司、企业人员受贿罪的客体是公司、企业和其他单位的管理秩序和公平竞争的市场交易秩序。

3. 受贿罪的共犯

最高人民法院、最高人民检察院联合发布的《关于办理受贿刑事案件适用法律若干问题的意见》规定,国家工作人员利用职务上的便利为请托人谋取利益,授意请托人以交易、收受干股、合作开办公司、委托投资理财、赌博、挂名领取薪酬等形式,将有关财物给予特定关系人的,以受贿论处。

特定关系人与国家工作人员通谋,共同实施上述行为的,对特定关系人以受贿罪的共犯论处。特定关系人以外的其他人与国家工作人员通谋，由国家工作人员利用职务上的便利为请托人谋取利益，收受请托人财物后双方共同占有的，以受贿罪的共犯论处。这里的特定关系人是指国家工作人员的家人、情人等。

（二）行贿罪的认定

1. 行贿罪的概念和构成要件

行贿罪是指为谋取不正当利益，给予国家工作人员以财物的行为。从行贿罪的构成要件看，行贿罪的主体是一般主体，凡年满 16 周岁，具有刑事责任能力的自然人都可构成该罪；行贿罪的主观方面是故意，典型的行贿罪具有谋取不正当利益的目的；行贿罪的客体是国家工作人员所在单位的正常活动，行贿对象是国家工作人员；行贿罪的客观方面表现为给予国家工作人员以财物的行为。

2. 行贿罪的界限

行贿罪的认定需划清下述界限：

第一，行贿罪与非罪的界限。二者的区分应当从行为人主观上是否以谋取不正当利益为目的，客观上行贿数额大小、其他情节是否严重这两个基本方面来把握。凡是以谋取不正当利益为目的，行贿数额较大的，或者行贿数额虽未达到较大标准，但有其他严重情节的，应当认定为犯罪。如果行为人为谋取不正当利益而给予国家工作人员少量财物，又不具有其他严重情节的，或者为谋取正当利益而给予国家工作人员以财物的，不构成行贿罪。《刑法》规定，在经济往来中，违反国家规定，给予国家工作人员以财物，数额较小的；因被勒索给予国家工作人员以财物，没有获得不正当利益的，不应以行贿论处。根据最高人民检察院《关于人民检察院直接受理立案侦查案件立案标准的规定（试行）》和《关于行贿罪立案标准的规定》，行贿具备下列情形之一的，应予立案：一是行贿数额在 1 万元以上的；二是行贿数额不满 1 万元，但具有下列情形之一的：为谋取非法利益而行贿的；向 3 人以上行贿的；向党政领导、司法工作人员、行政执法人员行贿的；致使国家或者社会利益遭受重大损失的。

第二，行贿罪与对公司、企业人员行贿罪的界限。两罪的主要区别在于犯罪对象不同。本罪的行贿对象是国家工作人员；而对公司、企业人员行贿罪的对象只能是公司、企业中不具有国家工作人员身份的人员。

第三，行贿罪一罪与数罪的界限。行为人在实施某种犯罪之前或在犯罪过程中，为使犯罪得以顺利实施而给予有关国家工作人员以财物，或者在实施犯罪后，为逃脱罪责或减轻刑事责任而给予有关国家工作人员以财物，又构成行贿罪的，应对行贿罪和行为人实施的其他犯罪实行数罪并罚。

四、挪用公款罪的认定

(一) 挪用公款罪的概念

挪用公款罪是指国家工作人员利用职务上的便利，挪用公款归个人使用，进行非法活动，或者挪用公款数额较大、进行营利活动，或者挪用公款数额较大、超过三个月未还的行为。这里所谓挪用公款"供个人使用"是指将公款供本人、亲友或者其他自然人使用的；以个人名义将公款供其他单位使用的；个人决定以单位名义将公款供其他单位使用，谋取个人利益的。

挪用公款归个人使用进行非法活动，以挪用公款 5 000 元至 1 万元为追究刑事责任的数额起点。挪用公款归个人使用进行营利活动，且数额较大的起点为 1 万元至 3 万元。挪用公款归个人使用，数额较大，超过 3 个月未还的起点为 1 万元至 3 万元。这种挪用公款行为是指挪用数额较大的公款用于非法活动、营利活动以外的事情，至案发之日起，超过 3 个月未还的情况。

(二) 挪用公款罪的构成要件

该罪的主体是特殊主体，只有国家工作人员才能构成本罪。该罪的主观方面是故意，过失不构成该罪。该罪的客体是复杂客体，即公共财产所有权和国家的廉政制度。该罪的客观方面表现为行为人利用职务上的便利，挪用公款归个人使用，进行非法活动，或者挪用公款数额较大、进行营利活动，或者挪用公款数额较大、超过 3 个月未还的行为。

(三) 挪用公款罪的界限

1. 挪用公款罪与非罪的界限

挪用公款行为是否构成犯罪，应从挪用公款的数额、时间、目的、用途、是否归还等方面，综合分析认定。对于一般违反财经制度的挪用公款行为，不应以挪用公款罪处理。

2. 挪用公款罪与贪污罪的界限

两罪侵犯的客体和罪过形式相同，客观方面都具有利用职务上的便利的特点。二者的区别在于：一是主观目的不同。挪用公款罪以非法使用公款为目的；而贪污罪则以非法占有公共财物为目的。二是主体范围不同。挪用公款罪的主体只能是国家工作人员；贪污罪的主体除国家工作人员外，还包括受国有单位委托管理、经营国有财产的人员。三是客观方面的行为方式不同。挪用公款罪表现为利用职务上的便利，挪用公款进行非法活动，或者挪用公款数额较大进行营利活动，或者挪用公款数额较大超过 3 个月未还的行为；贪污罪则表现为利用职务上的便利，以侵吞、窃取、骗取或者其他手段非法占有公共财物的行为。根据有关司法解释的规定，行为人携带挪用的公款潜逃的，应当以贪污罪定罪处罚。

3. 挪用公款罪与挪用资金罪的界限

两罪在主观方面都是故意并具有非法使用单位资金的目的，客观方面都表现为利用职务上的便利挪用单位资金的行为。二者的区别在于：一是犯罪主体不同。挪用公款罪的主体是国家工作人员；挪用资金罪的主体是非国有单位的不具有国家工作人员身份的工作人员。二是犯罪客体和犯罪对象不同。挪用公款罪的客体是复杂客体，包括公共财产所有权和国家廉政制度，犯罪对象是公款；而挪用资金罪的客体是简单客体，即单位财产所有权，犯罪对象是非国有单位的资金。

4. 挪用公款罪与挪用特定款物罪的界限

《刑法》第 384 条第 2 款规定，国家工作人员利用职务上的便利，挪用国家用于救灾、抢险、防汛、优抚、扶贫、移民、救济款物归个人使用的，构成挪用公款罪，从重处罚。如果违反特定款物专用制度，将用于救灾、抢险、防汛、优抚、扶贫、移民、救济款物挪作他用，情节严重，致使国家和人民群众利益遭受重大损害的，构成《刑法》第 273 条规定的挪用特定款物罪。

属于贪污贿赂犯罪的还有单位受贿罪、对单位行贿罪、介绍贿赂罪、单位行贿罪、隐瞒境外存款罪、私分国有资产罪、私分罚没财物罪等。单位受贿罪，是指国家机关，国有公司、企业、事业单位，人民团体索取、非法收受他人财物，为他人谋取利益，情节严重的行为。对单位行贿罪，是指个人或者单位为谋取不正当利益，给予国家机关，国有公司、企业、事业单位，人民团体以财物的，或者在经济往来中，违反国家规定，给予各种名义的回扣、手续费的行为。介绍贿赂罪，是指向国家工作人员介绍贿赂，情节严重的行为。单位行贿罪，是指单位为谋取不正当利益而行贿，或者违反国家规定，给予国家工作人员以回扣、手续费，情节严重的行为。隐瞒境外存款罪是指国家工作人员对于在境外存款，应当依照国家规定申报而隐瞒不报，数额较大的行为。私分国有资产罪是指国家机关，国有公司、企业、事业单位，人民团体，违反国家规定，以单位名义将国有资产集体私分给个人，数额较大的行为。私分罚没财物罪是指司法机关、行政执法机关违反国家规定，将应当上缴国家的罚没财物，以单位名义集体私分给个人的行为。

五、滥用职权罪与玩忽职守罪的认定

（一）滥用职权罪的认定

1. 滥用职权罪的概念

滥用职权罪是指国家机关工作人员滥用职权或者玩忽职守，致使公共财产、国家和人民利益遭受重大损失的行为。国家机关工作人员，专指国家机关中从事公务的人员，是国家工作人员的一部分。

2. 滥用职权罪的构成要件

滥用职权罪的主体是特殊主体，包括国家机关工作人员；在依照法律法规规定行使国家行政管理职权的组织中从事公务的人员；在受国家机关委托代表国家机关行使职权的组织中从事公务的人员；虽未列入国家机关人员编制但在国家机关中从事公务的人员。滥用职权罪的主观方面一般是间接故意，即行为人明知自己不正确行使职权或者超越职权的行为会使公共财产、国家和人民利益遭受重大损失而放任这种危害后果发生。因徇私舞弊而滥用职权，主观方面是出于直接故意。滥用职权罪的客体是国家机关的正常管理活动。滥用职权罪的客观方面表现为行为人滥用职权，致使公共财产、国家和人民利益遭受重大损失。

3. 滥用职权罪的界限

滥用职权罪的认定需划清下述界限：

（1）滥用职权罪与非罪的界限。二者的区别在于滥用职权的行为是否造成了重大损失。未造成重大损失的，不能构成犯罪，可由行为人所在单位或者上级主管机关给予行政处分。

（2）滥用职权罪与其他滥用职权犯罪的界限。规定滥用职权罪的《刑法》第397条规定："本法另有规定的，依照规定。"这表明本条是对滥用职权罪的概括性规定，属于普通法条，适用一般滥用职权罪。对于某些发生在特定领域或由特定主体实施的滥用职权情节严重的行为，在其他条文中将其规定为独立的犯罪。如《刑法》第403条规定的滥用管理公司、证券职权等犯罪行为，第407条规定的违法发放林木采伐许可证等犯罪行为，第410条规定的非法批准征用、占用土地等犯罪行为。这些法条属于特别法条，与《刑法》第397条形成法条竞合关系。在认定相关犯罪时，应正确区分滥用职权罪与特别的滥用职权犯罪的界限，对于符合上述特别法条规定的犯罪行为，不应按滥用职权罪处理。

（二）玩忽职守罪的认定

1．玩忽职守罪的概念

玩忽职守罪是指国家机关工作人员玩忽职守，致使公共财产、国家和人民利益遭受重大损失的行为。

2．玩忽职守罪的构成要件

玩忽职守罪的主体是特殊主体，包括国家机关工作人员；在依照法律法规规定行使国家行政管理职权的组织中从事公务的人员；在受国家机关委托代表国家机关行使职权的组织中从事公务的人员；虽未列入国家机关人员编制但在国家机关中从事公务的人员。玩忽职守罪的主观方面是过失，即行为人应当预见自己玩忽职守的行为会使公共财产、国家和人民利益遭受重大损失，由于疏忽大意而没有预见或已经预见但轻信能够避免，致使这种结果发生。玩忽职守罪的客体是国家机关的正常管理活动。玩忽职守罪的客观方面表现为行为人玩忽职守，致使公共财产、国家和人民利益遭受重大损失。

3．玩忽职守罪的界限

玩忽职守罪的认定需划清下述界限：

（1）玩忽职守罪与非罪的界限。首先要区别玩忽职守罪与工作失误的界限。工作失误，是指因对法律、法规、政策理解和认识上的偏差而决策不当，因业务水平和能力所限对客观条件的变化和处理的相关事务产生错误判断，导致公共财产、国家和人民利益遭受损失的行为。工作失误者本意是想把工作做好，但实际上事与愿违。这一点与主观上存在过失的玩忽职守行为有本质区别。其次要区别玩忽职守罪与一般玩忽职守行为的界限。二者的区别关键在于玩忽职守行为是否造成了公共财产、国家和人民利益的重大损失。如果玩忽职守行为没有造成重大损失，不能构成犯罪，只能按照一般玩忽职守行为，给予行为人相应的行政处分。

（2）玩忽职守罪与重大责任事故罪的界限。本罪与重大责任事故罪在主观方面都是过失，客观方面都有严重危害后果。二者的区别在于：首先犯罪主体不同。本罪的主体是国家机关工作人员；重大责任事故罪的主体是工厂、矿山、林场、建筑企业或者其他企业、事业单位的工作人员。其次犯罪客体不同。本罪的客体是国家机关的正常管理活动；重大责任事故罪的客体是公共安全。再次犯罪发生的场合不同。本罪发生在国家机关的管理活动中；重大责任事故罪则发生在生产、作业过程中。

(3) 玩忽职守罪与滥用职权罪的界限。二者侵犯的客体、造成的后果、构成的主体是相同的。二者的区别在于：首先犯罪的主观方面不同。玩忽职守罪是出于过失；滥用职权罪是出于故意。其次犯罪的行为方式不同。玩忽职守是以不作为或作为方式表现出的不履行或不正确履行职责的行为；而滥用职权是以作为方式表现出的胡乱、随意使用职权或逾越职权的行为。

(4) 玩忽职守罪与其他玩忽职守犯罪的界限。《刑法》除在第397条规定一般玩忽职守罪外，还在其他条文中规定了发生在特定领域或由特定主体实施的特别的玩忽职守犯罪。如《刑法》第400条第2款规定的失职致使在押人员脱逃的犯罪行为，第406条规定的国家机关工作人员签订、履行合同失职被骗的犯罪行为，第408条规定的环境监管失职等犯罪行为，第409条规定的传染病防治失职的犯罪行为，第419条规定的失职造成珍贵文物损毁或者流失等犯罪行为。本罪与这些犯罪之间存在普通法条与特别法条竞合关系。因此，对于符合特别法条规定的玩忽职守犯罪，不能按照本罪定罪处罚。

六、巨额财产来源不明罪的认定

(一) 巨额财产来源不明罪的概念

巨额财产来源不明罪是指国家工作人员的财产或者支出明显超过合法收入且差额巨大，而本人不能说明其来源是合法的行为。

(二) 巨额财产来源不明罪的构成要件

本罪的主体是特殊主体，只有国家工作人员才能构成本罪。本罪的主观方面是直接故意，即行为人明知明显超过其合法收入的巨额财产的真实来源，却在被责令说明其来源时不予说明。本罪的客体是复杂客体，即国家廉政制度和公私财产所有权。本罪的客观方面表现为国家工作人员不能说明其明显超过合法收入的巨额财产来源合法。具体包括两项内容：

第一，国家工作人员的财产或者支出明显超过合法的收入，且差额巨大。所谓国家工作人员的财产，是指国家工作人员实际拥有的房屋、车辆、存款、现金、有价证券、生活用品等；支出，是指各种消费及其他开支；合法收入，是指依法获得的财物，如工资、资金、津贴、合法继承的遗产、接受的合法赠与、合法报酬等。巨额财产来源不明罪的定罪数额用等式表示为：现有全部财产＋所有支出－合法收入－其他犯罪所得－违纪所得＝来源不明的巨额财产数额。如果超过 30 万元，则构成巨额财产来源不明罪。

第二，本人不能说明与合法收入差额巨大的财产或者支出的来源合法。不能说明巨额财产来源合法，包括拒不说明财产来源合法和编造财产来源合法，但被司法机关的调查所否定。巨额财产来源不明罪的举证责任是超常规责任。因为该罪的举证责任发生了转移，被告负有证明自己无罪的责任。这与刑事立法通例中被告人不负证明自己无罪的责任是不同的。

第三节　侦查监督

一、侦查监督的概念

侦查监督是指检察机关对侦查机关、侦查部门处理刑事案件一切活动的监督，既包括对侦查机关、侦查部门在认定事实、适用法律方面是否正确实行的监督，也包括对侦查机关、侦查部门在进行侦查活动中有无违法行为实行的监督，具体表现为立案监督、审查监督（审查批准逮捕、审查起诉）和侦查活动监督。

（一）刑事立案监督

刑事立案监督是指人民检察院对刑事立案主体的立案活动是否合法进行的法律监督，是法律赋予检察机关的一项重要职权，是检察机关法律监督职能的重要组成部分。刑事立案监督使我国的刑事法律监督制度进一步完善，对于解决司法实践中有案不立，有罪不究，以罚代刑等形象，纠正打击不力，维护国家法律的尊严，保证法律的统一正确实施具有重要意义。

（二）审查批准逮捕

审查批准逮捕简称审查批捕或者审查逮捕，是指人民检察院对于公安机关、国家安全机关、监狱管理机关（以下简称公安机关）提请批准逮捕的案件进行审查后，依据事实和法律，作出是否逮捕犯罪嫌疑人的决定的一种诉讼活动，是人民检察院的一项重要的法律监督职权，也是人民检察院开展侦查监督的有效途径之一。审查决定逮捕是指人民检察院在直接受理的刑事案件的侦查过程中，依照事实和法律，作出是否逮捕犯罪嫌疑人决定的一种诉讼活动。

人民检察院审查批准、决定逮捕犯罪嫌疑人，对于保障刑事诉讼的顺利进行，及时有效地收集证据，保护公民人身自由不受侵犯，保障犯罪嫌疑人的人权，及时发现漏罪和漏犯，防止打击不力，发现和纠正侦查活动中的违法行为都具有重要的意义。

(三) 审查起诉

审查起诉是我国刑事诉讼中一个独立的诉讼阶段，是人民检察院对侦查终结的案件进行全面审查，作出提起公诉或不起诉的审查决定的诉讼活动。审查起诉是人民检察院参与刑事诉讼，正确履行检察职能的重要基础环节。《刑事诉讼法》第 136 条规定："凡需要提起公诉的案件，一律由人民检察院审查决定。"《刑事诉讼法》第 140 条和第 142 条又规定了三种情况，人民检察院可以或应当作出不起诉决定。人民检察院审查起诉的任务是：按照实事求是的诉讼原则，以事实为根据，以法律为准绳，就案件在认定事实、收集与运用证据、适用法律等方面是否符合法律的要求，进行全面、细致的审查，为提起公诉或作出不起诉的决定作好充分准备。

审查起诉在刑事诉讼中具有以下重要作用：一是可以把好防错防漏关，保证办案质量。二是为作出提起公诉或不起诉的决定作好充分的准备。三是为出庭支持公诉。四是人民检察院通过审查起诉，可以及时发现和纠正侦查机关在侦查活动中的违法情况，保证刑事诉讼活动的合法性。

(四) 侦查活动监督

侦查活动监督是指人民检察院依法对侦查机关的侦查活动是否合法进行的监督。《刑事诉讼法》第 18 条规定："刑事案件的侦查由公安机关进行，法律另有规定的除外。"而根据我国法律规定，国家安全机关、监狱管理机关、军队保卫部门、走私犯罪侦查机关和人民检察院的侦查部门均享有侦查权。因此，人民检察院对上述机关或部门的侦查活动是否合法，都可以依法进行监督。通过实施监督，人民检察院可以发现侦查机关或部门和侦查人员在侦查活动中违反法定程序的行为和刑讯逼供、敲诈勒索、贪赃枉法等违法犯罪行为，从而采取纠正和预防措施，进而有利于保障侦查活动的依法进行，保护诉讼参与人特别是犯罪嫌疑人的合法权利，保证刑事案件的正确处理。

二、侦查监督的主要内容与方式

(一) 刑事立案监督的主要内容与方式

1. 刑事立案监督的内容

根据《刑事诉讼法》和《人民检察院刑事诉讼规则》的规定，刑事立案监督的内容包括三个方面：

　　首先，公安机关应当立案而不立案侦查的案件。公安机关应当立案侦查而不立案侦查的案件是人民检察院刑事立案监督的主要内容。公安机关应当立案侦查的案件，是指根据案件情况或者现有证据，经审查符合《刑事诉讼法》规定的立案条件的案件。公安机关应当立案的案件包括三种情况：一是公安机关发现犯罪事实时，应当立案；二是公安机关发现犯罪嫌疑人时，应当立案；三是公安机关对于报案、控告、举报和自首的材料，经审查认为有犯罪事实，需要追究刑事责任的时候，应当立案。对于符合上述条件的案件，公安机关决定不立案侦查的，即属于应当立案侦查而不立案侦查的案件。

　　其次，公安机关不应当立案而立案侦查的案件。公安机关不应当立案侦查而立案侦查的案件，是指公安机关对不符合《刑事诉讼法》规定的立案条件而决定立案侦查的案件。

　　再次，人民检察院侦查部门应当立案侦查而不报请立案侦查的案件。人民检察院侦查部门对应当立案侦查的案件而不报请立案侦查，是指人民检察院侦查部门对于发现或者受理的案件线索，符合《刑事诉讼法》规定的立案条件，但是不报请检察长决定立案侦查的案件。

　　人民检察院在刑事立案监督工作中，要准确把握刑事立案监督的内容和范围，应做到：

　　首先，注意发现案件线索。人民检察院在刑事立案监督工作中，必须认真对待被害人的申诉，注意从审查批准逮捕、审查起诉、贪污贿赂犯罪检察、渎职侵权犯罪检察以及监所检察中发现案件线索。

　　其次，划清"没立案"和"不立案"的界限。"没立案"是指公安机关没有发现或者虽然已经发现，但是正在审查，还没有作出是否立案决定的案件。"不立案"是指公安机关对发现的案件线索或者报案、控告、举报和自首的材料，经审查决定不立案的案件。公安机关没有发现或者还没有决定不立案的案件不属于刑事立案监督的内容。如果是公安机关没有发现的案件，检察机关发现后，如果属于公安机关管辖，则应移送公安机关办理。只有公安机关决定不立案的案件，才属于检察机关刑事立案监督的范畴。

　　再次，明确刑事立案监督与侦查活动监督的界限。刑事立案监督针对的是公安机关应当立案侦查而不立案侦查的案件、不应当立案侦查而立案侦查的案件以及人民检察院侦查部门应当报请立案侦查而不报请立案侦查的案件。解决的是符合《刑事诉讼法》规定的立案条件的案件能否进入刑事诉讼程序问题以及不符合刑事诉讼法规定的立案条件的案件违法进入刑事诉讼程序问题。根本目的是保障立案活动的合法性。侦查活动监督是针对已经进入刑事诉讼程序的案件，其解决的是立案后的侦查活动是否合法的问题。根本目的是保障侦查活动的合法性。

2. 刑事立案监督案件的受理

人民检察院负责刑事立案监督的职能部门是侦查监督部门和控告申诉部门。刑事立案监督案件的受理主要有三种形式：一是受理被害人的申诉。二是受理其他有关人员的报案、控告和举报。三是人民检察院发现的刑事立案监督案件的受理。人民检察院对于发现或者收到的刑事立案监督案件线索，应当作出是否受理的决定。

3. 刑事立案监督案件的审查

该审查主要包括：

第一，被害人认为公安机关应当立案侦查而不立案侦查案件的审查。人民检察院在受理被害人提出的公安机关应当立案而不立案侦查案件后，应当由控告申诉部门指定专人进行审查。审查的主要内容一般包括：是否存在应当立案侦查而公安机关不立案侦查的事实；是否符合刑事诉讼法规定的刑事立案条件；是否属于相应的公安机关管辖；公安机关是否决定不立案。人民检察院控告申诉部门在审查时，可以要求被害人提供有关材料，例如认为公安机关应当立案的事实证据材料，公安机关不立案的有关证据材料。必要时，人民检察院也可以进行调查。控告申诉部门经审查，认为应当要求公安机关说明不立案理由的，应当将案件移送侦查监督部门办理。

第二，人民检察院发现的刑事立案监督案件的审查。人民检察院发现的公安机关应当立案侦查而不立案侦查案件，应当由侦查监督部门进行审查。审查的主要内容与前述相同。必要时，侦查监督部门也可以就有关问题进行调查。经审查，认为需要公安机关说明不立案理由的，按照有关规定要求公安机关说明不立案理由。

人民检察院发现的公安机关不应当立案侦查而立案侦查的案件，应当由侦查监督部门进行审查。侦查监督部门应当指定专人进行审查。审查的内容应当包括：公安机关据以决定立案的事实或者犯罪嫌疑人是否存在；是否符合《刑事诉讼法》规定的立案条件；是否需要追究犯罪嫌疑人的刑事责任等。必要时，可以进行调查。

对于人民检察院侦查部门应当立案侦查而不报请立案侦查的案件，侦查监督部门应指定专人进行审查。审查的内容主要包括：是否存在应当立案侦查的犯罪事实或者犯罪嫌疑人；是否符合刑事诉讼法规定的立案条件；是否属于本院管辖；是否属于不报请立案侦查的情形。侦查监督部门在审查时，也可以进行必要的调查。

第三，报案人、控告人、举报人等提出的刑事立案监督案件的审查。对于报案人、控告人、举报人等提出的刑事立案监督案件线索，包括认为公安机关应立案而不立案侦查或不应立案而立案侦查的案件，应由人民检察院控告申诉检察部门进行审查。必要时，也可以进行调查。经审查，认为需要纠正的，应当移送侦查监督部门。

4. 刑事立案监督案件的调查

刑事立案监督调查，是人民检察院受理刑事立案监督案件线索后，经审查，认为有必要时，对公安机关是否存在应当立案侦查而不立案侦查，或者不应当立案而立案侦查的事实和证据，对人民检察院侦查部门是否存在应当报请立案侦查而不报请立案侦查的事实和证据进行的了解和查证性活动。刑事立案监督的调查方法主要包括：调取、审查有关书面材料；询问有关当事人、证人；勘验、检查；鉴定。

5. 对公安机关应当立案而不立案侦查案件的监督

人民检察院发现公安机关应当立案侦查而不立案侦查的案件，经审查，认为符合刑事诉讼法规定的立案条件，公安机关应当立案的，应当要求公安机关说明不立案理由。公安机关说明不立案理由后，人民检察院应当对说明的理由是否成立进行审查。如果认为公安机关的不立案理由不能成立，应当通知公安机关立案侦查。通知公安机关立案侦查，一般应符合以下条件：一是有犯罪事实，或者有犯罪嫌疑人，需要追究犯罪嫌疑人的刑事责任；二是证据有查证属实的；三是属于相应的公安机关管辖；四是应当立案侦查而公安机关决定不立案侦查。

6. 对公安机关不应当立案而立案侦查案件的监督

人民检察院在刑事立案监督工作中，对于控告人、报案人、举报人等提出的公安机关不应当立案而立案侦查的案件，经审查，认为确属不合法的，可以建议公安机关撤案，已采取拘留、取保候审、监视居住等强制措施的，应当建议解除强制措施。对于拒不撤案的，可以直接向公安机关提出纠正违法意见。公安机关仍不纠正的，应当向上一级人民检察院报告。上一级人民检察院认为不应当立案的，通知同级公安机关督促下级公安机关撤销案件。认为公安机关立案正确的，通知下一级人民检察院撤回纠正违法意见。

7. 人民检察院审查决定直接立案侦查

根据《刑事诉讼法》的规定，人民检察院对于属于公安机关管辖的国家机关工作人员利用职权实施的重大犯罪案件，需要由人民检察院直接受理的，经省级以上人民检察院决定，可以直接立案侦查。这一做法的目的是充分发挥人民检察院在法律监督中的作用，强化刑事立案监督的效果，保障一切犯罪特别是国家机关工作人员利用职权实施的重大犯罪依法受到惩处。

第一，人民检察院决定直接立案侦查的案件的条件。根据《刑事诉讼法》的规定，人民检察院在刑事立案监督工作中，可以直接决定立案侦查的案件是指同时具备下列条件的案件：一是国家机关工作人员利用职权实施的犯罪案件。二是属于公安机关管辖的案件，凡由人民检察院管辖的案件，不属于此类可以直接受理立案侦查的案件。三是重大犯罪案件。以上条件，缺一不可。

第二，人民检察院审查决定直接立案侦查的程序。人民检察院在刑事立案监督工作中，在审查决定是否直接立案侦查前，除由特定组织交由人民检察院立案侦查的案件以及其他危害严重、影响重大、不宜由公安机关立案侦查的案件以外，首先应当经过要求公安机关说明不立案理由，通知公安机关立案等程序。如果公安机关坚持不立案，并且属于前述的人民检察院直接受理立案侦查的案件的范围的，人民检察院可以通过立案监督程序，并经省级以上人民检察院批准，决定直接立案侦查。省级人民检察院在审查决定是否直接受理时，对于特别疑难、复杂的案件，或者影响特别重大的案件，在提出审查意见后，可以报请最高人民检察院审查决定。最高人民检察院决定直接受理的案件，可以由最高人民检察院直接立案侦查，也可以交由下级人民检察院立案侦查。

8. 对人民检察院侦查部门的立案监督

人民检察院侦查监督部门发现本院侦查部门对应当立案侦查的案件而不报请立案侦查的，应当指定专人进行审查。审查起诉部门发现本院侦查部门对应当立案侦查的案件不报请立案侦查的，应当移送侦查监督部门进行审查。当侦查部门不采纳侦查监督部门应予立案的建议时，应报请检察长决定。

9. 刑事立案监督案件的备案与审查

人民检察院通知公安机关立案或者建议公安机关撤案，纠正公安机关不应当立案而立案的案件，应当向上一级人民检察院备案。上一级人民检察院对于下级人民检察院备案的案件，要认真进行审查。认为下级人民检察院通知公安机关立案或者建议公安机关撤案错误时，应当通知作出决定的人民检察院纠正，也可以直接撤销下级检察院的决定通知公安机关，并通知作出决定的人民检察院。

人民检察院侦查监督部门发现或者审查的本院侦查部门应当立案而不报请立案侦查的案件，应当报请上一级人民检察院备案。

省级人民检察院批准或者不批准直接受理立案侦查的案件，应当将有关材料报最高人民检察院备案。最高人民检察院认为省级人民检察院批准或者不批准直接受理决定错误时，可以直接撤销省级人民检察院的决定，也可以通知省级人民检察院纠正。

（二）审查批准逮捕的主要内容与方式

1. 审查批准、决定逮捕的条件

《刑事诉讼法》第 60 条规定："对有证据证明有犯罪事实，可能判处徒刑以上刑罚的犯罪嫌疑人、被告人，采取取保候审、监视居住等方法，尚不足以防止发生社会危险性，而有逮捕必要的，应即依法逮捕。"这表明，逮捕犯罪嫌疑人的条件由三个方面组成：有证据证明有犯罪事实；可能判处徒刑以上刑罚；有逮捕必要。三个方面必须同时具备，缺一不可。

2. 审查批准、决定逮捕的权限

《宪法》第 37 条、《刑事诉讼法》第 59 条规定，逮捕犯罪嫌疑人、被告人，必须经过人民检察院批准或者人民法院决定，由公安机关执行。根据《宪法》和《刑事诉讼法》的规定，公安机关侦查案件的批准逮捕权、人民检察院直接受理侦查案件的决定逮捕权由人民检察院行使，人民法院审判的案件的决定逮捕权由人民法院行使，公安机关为逮捕的执行机关。人民法院只有在审理没有逮捕羁押被告人的公诉案件和在审理自诉案件的过程中，认为有逮捕被告人必要的，才作出逮捕决定。绝大多数刑事案件的逮捕都是由人民检察院批准或者决定的。

除了上述一般规定外，《全国人民代表大会和地方各级人民代表大会代表法》、《人民检察院刑事诉讼规则》等对检察机关如何行使批准、决定逮捕的权限，作出了较为具体的规定：一是如果罪该逮捕的犯罪嫌疑人是县以上人民代表大会的代表，人民检察院在审查批准或者决定逮捕之前应当报请相关人民代表大会主席团或者常务委员会许可。二是对于现役军人中的犯罪嫌疑人，需要逮捕的，应当由主管的军事检察院审查批准或者决定逮捕。军队在编职工的逮捕权也归军事检察院。武警部队人员中的犯罪嫌疑人需要逮捕的，应当由地方县以上人民检察院审查批准、决定逮捕。三是对于作案后逃到外地的犯罪嫌疑人的逮捕，一般仍由其犯罪地人民检察院审查批准逮捕。但是如果遇有特殊情况，犯罪地公安机关来不及报经当地人民检察院审查批捕时，也可以凭犯罪嫌疑人的犯罪事实材料和证据，直接通过犯罪嫌疑人所在地公安机关向同级人民检察院提请批准逮捕，由该检察机关审查批准逮捕。

3. 审查批准逮捕的程序和方法

根据《刑事诉讼法》第66条至第70条和《人民检察院刑事诉讼规则》的规定，人民检察院审查批准逮捕犯罪嫌疑人的具体程序和主要方法如下：

第一，受理案件。《刑事诉讼法》第66条规定："公安机关要求逮捕犯罪嫌疑人的时候，应当写出提请批准逮捕书，连同案卷材料、证据，一并移送同级人民检察院审查批准。"受理提请逮捕案件是人民检察院审查批准逮捕的基础性工作。对于公安机关提请逮捕犯罪嫌疑人的案件，人民检察院审查批捕部门首先应当检查其所移送的案卷材料和证据等是否齐全，法律手续是否齐备。证据齐全，手续齐备的应当受理并进行实体审查。如果发现公安机关提请批准逮捕的案件，未按刑事诉讼法的规定移送案卷材料和证据的，应当将案件退回公安机关或者要求公安机关补充移送；如果公安机关提请批准逮捕的案件，只缺少部分法律文书的，可要求公安机关补充移送。如果公安机关拒绝补充移送案件的有关材料，而现有的证据材料不足以证明有犯罪事实的，人民检察院应当依法作出不批准逮捕的决定。

第二，审查案件。人民检察院依法受理公安机关提请批准逮捕犯罪嫌疑人的案件后，应当指定专人进行认真审查。

审查的内容：公安机关提请批准逮捕书认定的犯罪嫌疑人的行为是否构成犯罪；公安机关所认定的犯罪性质和罪名是否正确；犯罪嫌疑人是否可能判处有期徒刑以上刑罚；犯罪嫌疑人有无逮捕的必要；是否符合有证据证明有犯罪事实这一逮捕条件；有无遗漏应当逮捕的共同犯罪嫌疑人和犯罪事实；公安机关的侦查活动有无违法情形。

审查的具体方法：审阅案卷材料，阅卷情况应当制作阅卷笔录；讯问犯罪嫌疑人，询问证人、被害人。如果发现证人证言、被害人的陈述前后矛盾，或者主要情节表述不清，或者证人、被害人的智力不健全或者年幼无辨别是非的能力，以及发现侦查人员有暴力逼取证人证言或诱取证言情形的，应当询问证人、被害人，以审查证人证言、被害人陈述的真实性；讯问时应依法制作讯问笔录或询问笔录，而且检察人员不得少于两人。人民检察院审查批捕部门可以适时介入公安机关的侦查活动，以提高审查批捕的效率和质量。同时应注意发现和纠正公安机关在侦查中的违法问题，开展侦查监督，确保侦查工作依法进行。办案人员在审阅案卷材料、制作阅卷笔录、调查核实证据的基础上，应当依据事实和法律提出审查意见。

审查的时间：根据《人民检察院刑事诉讼规则》第99条的规定："对公安机关提请批准逮捕的犯罪嫌疑人，已被拘留的，人民检察院应当在接到提请批准逮捕书后的七日以内作出是否批准逮捕的决定；未被拘留的，应当在接到提请批准逮捕书后的十五日以内作出是否批准逮捕的决定，重大、复杂的案件，不得超过二十日。"

第三，作出决定。根据《人民检察院刑事诉讼规则》第92条的规定，办案人员审查案件后，应当依照事实和法律，提出是否批准逮捕的处理意见，经审查逮捕部门负责人审核后，报请检察长批准；重大案件应当经检察委员会讨论决定。(1)批准逮捕。对于公安机关提请批准逮捕的犯罪嫌疑人，经审查，符合《刑事诉讼法》第60条规定的逮捕条件的，人民检察院即应作出批准逮捕的决定，并制作《批准逮捕决定书》，经检察长签发，移送提请批准逮捕的公安机关执行逮捕。人民检察院办理审查批捕案件时，发现应当逮捕而公安机关未提请批准逮捕的犯罪嫌疑人，人民检察院应当制作《应当逮捕犯罪嫌疑人意见书》送交公安机关，建议公安机关提请批准逮捕。如果公安机关不提请批准逮捕的理由不能成立的，人民检察院可以直接作出逮捕决定，制作《逮捕决定书》，送达公安机关执行。(2)不批准逮捕。人民检察院审查逮捕后作出的不捕决定主要有三种：不符合逮捕条件的不批捕；具有法定不追诉情形的不批捕；证据不足的不批捕。

第四，复议、复核。复议是指人民检察院根据公安机关的要求，对于本院所作的不批捕决定依法重新进行审议，以决定是否改变原决定的一种诉讼活动。复核是指人民检察院根据下级公安机关的提请，对下级人民检察院所作的不批捕决定进行审查，以决定是否改变下级人民检察院的不批捕决定的一种诉讼活动。《刑事诉讼法》第70条规定："公安机关对人民检察院不批准逮捕的决定，认为有错误的时候，可以要求复议，但是必须将被拘留的人立即释放。如果意见不被接受，可以向上一级人民检察院提请复核。上级人民检察院应当立即复核，作出是否变更的决定，通知下级人民检察院和公安机关执行。"这一规定是公安机关与人民检察院在刑事诉讼中互相配合、互相制约的具体体现，有利于防止该捕不捕而放纵该逮捕的犯罪嫌疑人，保证人民检察院所作的不批捕决定的正确性，保证国家法律准确、有效地实施。

4.审查决定逮捕的程序和方法

根据《刑事诉讼法》第 132 条的规定，人民检察院对自行侦查、直接受理的案件，认为犯罪嫌疑人符合逮捕条件，应当逮捕时有权作出逮捕决定，通知公安机关执行。为了提高办案质量，尽可能减少和防止错捕、漏捕现象发生，检察机关内部建立了相应的制约机制。对于直接受理侦查的案件，认为需要逮捕犯罪嫌疑人时，先由负责案件侦查的业务部门提出逮捕犯罪嫌疑人的意见和理由，交本院的审查逮捕部门审查。审查逮捕部门指定专人对案件进行审查后，提出应否逮捕犯罪嫌疑人的意见，报本部门负责人审核并报请检察长决定或检察委员会讨论决定。

5. 审查逮捕案件的备案审查

为了提高办案质量，保证审查批准、决定逮捕犯罪嫌疑人的准确性，防止和及时纠正错捕、漏捕现象，《人民检察院刑事诉讼规则》规定了审查逮捕案件的备案审查制度。备案审查是指上级人民检察院通过对下级人民检察院的审查批准、决定逮捕犯罪嫌疑人案件的备案材料的审查，了解下级人民检察院审查批准、决定逮捕工作情况，发现和纠正错捕和漏捕问题，确保办案质量，进行业务指导的一项工作制度。备案审查的范围是：批准逮捕的危害国家安全的案件；批准逮捕的涉外案件；作出逮捕或不逮捕决定的检察机关直接立案侦查的案件。人民检察院办理这些审查逮捕案件，应当报上一级人民检察院备案。

6. 审查逮捕案件的复查

审查逮捕案件的复查是指各级人民检察院对于办理过的逮捕犯罪嫌疑人的案件，定期或不定期地进行复查，以发现和纠正错误的审查逮捕决定的一项工作制度。

（三）审查起诉的主要内容与方式

1. 受理审查起诉

受理审查起诉，是指人民检察院按照刑事诉讼法的有关规定，接受并初步审查公安机关侦查终结和人民检察院自行侦查终结移送起诉的案件，决定是否受理的过程。人民检察院受理审查起诉应初步审查以下情况：一是起诉意见书及案卷材料是否齐备。二是移送审查起诉的实物与物品清单是否相符。三是犯罪嫌疑人是否在案以及采取强制措施的情况。四是是否属于与本院同级的人民法院管辖的案件。经初步审查，对于具备受理条件的，人民检察院审查起诉部门应指定专人对案件进行审查。

人民检察院受理审查起诉案件后，还应当履行以下义务：一是告知犯罪嫌疑人、被害人、附带民事诉讼的当事人等，有权委托律师等为其提供法律服务。二是接待犯罪嫌疑人委托的辩护律师、其他辩护人。

2.审查起诉的主要内容

人民检察院受理侦查机关移送审查起诉的案件后，指派专人就以下主要内容进行审查：（1）犯罪事实是否清楚，认定犯罪性质和罪名的意见是否正确；有无法定的从重、加重、从轻、减轻或者免除处罚的情节，共同犯罪案件的犯罪嫌疑人在犯罪活动中的责任认定是否恰当。（2）证据是否随案移送，不宜移送的证据的清单、复制件或者其他证明文件是否随案移送。（3）证据是否确实、充分。（4）有无遗漏罪行和其他应当追究刑事责任的人。（5）是否属于不应当追究刑事责任的。（6）有无附带民事诉讼，对国家财产、集体财产遭受损失的，是否需要由人民检察院提起附带民事诉讼。（7）采取的强制措施是否适当。（8）侦查活动是否合法。（9）与犯罪有关的财物及其孳息是否扣押、冻结并妥善保管，以供核查。对被害人合法财产的返还和对违禁品或者不宜长期保管的物品的处理是否妥当，移送的证明文件是否完备。

3.审查起诉的基本要求

人民检察院应按下述要求做好审查起诉工作：（1）认真、严格审查案件的证据，看证据是否确实充分、是否真实可靠、是否与案件具有关联性、是否具有系统性、是否合法等；（2）通过讯问犯罪嫌疑人、询问被害人及证人核实证据；（3）通过审查技术鉴定结论核实证据；（4）以法律为准绳衡量是否应对犯罪嫌疑人提起公诉；（5）根据刑法分则条文，审查侦查机关所认定的犯罪性质和罪名是否正确，正确的可按原来的认定，错误的就要准确适用法律，重新正确认定犯罪性质和罪名；（6）查明有无附带民事诉讼。

4.作出审查决定

对移送审查起诉的案件，人民检察院应当在1个月内作出决定；重大、复杂的案件，1个月内不能作出决定的，审查起诉部门报经检察长批准，可以延长15日。

（四）侦查活动监督的主要内容与方式

1.侦查活动监督的主要内容

根据《人民检察院刑事诉讼规则》第381条的规定，侦查活动监督的主要内容：一是对犯罪嫌疑人刑讯逼供、诱供的；二是对被害人、证人以体罚、威胁、诱骗等非法手段收集证据的；三是伪造、隐匿、销毁、调换或者私自涂改证据的；四是徇私舞弊，放纵、包庇犯罪分子的；五是故意制造冤假错案的；六是在侦查活动中利用职务之便谋取非法利益的；七是在侦查过程中不应当撤销案件而撤销案件的；八是贪污、挪用、调换所扣押、冻结的款物及其孳息的；九是违反刑事诉讼法关于决定、执行、变更、撤销强制措施规定的；十是违反羁押和办案期限规定的；十一是在侦查中有其他违反刑事诉讼法有关规定的行为的。

2. 侦查活动监督的方式

侦查活动监督的方式包括：

(1) 发现违法侦查行为。人民检察院发现侦查机关或部门和侦查人员的违法行为，主要有以下几种方式：一是人民检察院在审查逮捕、审查起诉中，应当审查侦查机关或部门的侦查活动是否合法；二是人民检察院根据需要可以派员参加侦查机关对于重大案件的讨论和其他侦查活动，从中发现违法行为；三是通过受理诉讼参与人对于侦查机关或部门和侦查人员侵犯其诉讼权利和人身侮辱的行为向人民检察院提出的控告，从中发现违法行为；四是通过审查公安机关执行人民检察院批准或者不批准逮捕决定的情况以及释放被逮捕的犯罪嫌疑人或者变更逮捕措施的情况，发现违法行为。

《刑事诉讼法》规定，对于人民检察院批准逮捕的决定，公安机关应当立即执行，并且将执行情况及时通知人民检察院；对于人民检察院不批准逮捕的，公安机关应当在接到通知后立即释放被关押的犯罪嫌疑人，并且将执行情况及时通知人民检察院；公安机关发现对犯罪嫌疑人采取逮捕措施不当而撤销、变更逮捕措施的，应当通知原批准的人民检察院；公安机关在侦查过程中撤销案件的，如果犯罪嫌疑人已被逮捕，应当立即释放，并通知原批准的人民检察院；公安机关延长侦查羁押期限的，应当提起人民检察院批准；公安机关重新计算侦查羁押期限的，应当通知原批准逮捕的人民检察院。对于上述通知，人民检察院应当及时审查，以发现公安机关的违法行为。

(2) 对违法侦查行为的处理。根据《刑事诉讼法》和有关规定，人民检察院如果发现侦查机关的侦查活动有违法情况，可以分别作出以下三种处理：一是口头通知纠正。对于情节较轻的违法行为，检察人员可以口头方式向侦查人员或者侦查机关负责人提出，要求纠正，检查人员口头提出纠正意见后，应及时向本部门负责人汇报，必要时，由部门负责人提出纠正意见。人民检察院口头通知纠正违法的，一般不要求对方书面答复，但对于通知纠正这一情况应当记录在案。二是书面通知纠正。对于情节较重的违法行为，检察人员应当报请检察长批准后，向侦查机关发出纠正违法通知书。人民检察院发出纠正违法通知书的，侦查机关应当将纠正情况书面通知人民检察院。人民检察院应当根据侦查机关的回复，监督纠正违法通知书的落实情况；没有回复的，应当督促侦查机关回复。三是移送有关部门依法追究刑事责任。人民检察院审查逮捕部门、审查起诉部门发现侦查人员在侦查活动中的违法行为情节严重，构成犯罪的，应当移送本院侦查部门审查，并报告检察长。侦查部门审查后应当提出是否立案侦查的意见，报请检察长决定；对不属于人民检察院管辖的，应当移送有管辖权的机关处理。

人民检察院内部各部门间实行分工，相互之间存在制约关系。人民检察院审查逮捕部门或者审查起诉部门对本院侦查部门在侦查或者决定、执行、变更、撤销强制措施等活动中的违法行为，应当根据情节分别处理：情节较轻的，可以直接向侦查部门提出纠正意见；情节较重或者需要追究刑事责任的，应当报请检察长决定。

第四节　刑事审判监督

一、刑事审判监督的概念

刑事审判监督是指人民检察院对人民法院的整个刑事审判工作实行的监督，既包括对人民法院在进行刑事审判活动中有无违法行为实行的监督，又包括对人民法院所作的刑事判决、裁定在认定事实、适用法律上是否正确实行的监督。前者主要是刑事审判活动监督，后者主要是刑事抗诉。

（一）刑事审判活动监督

刑事审判活动监督是指人民检察院依法对人民法院的刑事审判活动是否违反法律规定的诉讼程序所进行的专门法律监督。这一监督是人民检察院法律监督职能的重要组成部分。人民检察院作为国家的法律监督机关，对刑事诉讼的各个阶段，各项活动都应当依法实行监督，全面履行法律监督职责。在刑事审判过程中，人民检察院对法律的实施负有特殊的责任。一方面代表国家对公民犯罪实行法律监督，行使公诉权；另一方面对人民法院的审判进行监督，行使刑事审判监督权。刑事审判监督既包括对人民法院刑事审判活动是否违反法律规定的诉讼程序的监督，也包括对法院的刑事判决、裁定是否正确的监督。

刑事审判活动监督具有以下特点：第一，监督的主体是人民检察院。对人民法院审理刑事案件的活动进行法律监督，这是人民检察院作为国家法律监督机关的职责。第二，监督的目的是保障人民法院依法正确地行使刑事审判权，维护刑事司法的公正和效率。

（二）刑事抗诉

我国刑事诉讼中的抗诉，是指人民检察院依法通过诉讼程序要求人民法院对确有错误的刑事判决和裁定予以重新审理的一种法律监督活动。刑事抗诉是国家法律监督机关对国家审判机关的审判活动实行法律监督的一项重要内容。人民检察院是国家的法律监督机关，法律赋予人民检察院对人民法院确有错误的判决、裁定依法提出抗诉的权力，其他任何国家机关、团体、企事业单位都无权对人民法院的判决和裁判提出抗诉。

人民检察院履行抗诉的职能的意义在于：一是有利于保证国家法律的统一实施，保障国家刑罚权的正确行使。人民检察院通过对确有错误的判决、裁定提出抗诉，使人民法院依法正确适用刑罚，对保障国家刑罚权的正确行使，维护国家法律的严肃性、权威性和司法机关的威信具有重要的意义。二是有利于维护被害人和被告人的合法权益。人民检察院的抗诉，虽然针对的是人民法院确有错误的判决和裁定，但从实质上讲，直接关系到被害人、被告人的切身利益。人民检察院作为国家的法律监督机关，对刑事判决和裁定实行监督，从而保证无罪的人不受追究，有罪的人依法受到惩处；罪行的轻重与所处的刑罚相适应，以切实保护被害人、被告人的合法权益，真正实现刑事诉讼的目的。

刑事抗诉是人民检察院履行法律监督职能的有效法律手段。人民检察院通过刑事抗诉的方式，监督人民法院依法行使审判权，维护司法公正。由于刑事案件本身具有的复杂性，以及司法人员业务素质、职业道德等方面的原因，司法实践中有可能出现错误的判决和裁定。人民检察院在审判监督活动中，若发现并确认人民法院的刑事判决、裁定确有错误，依法通过法定程序提出抗诉，必然阻断未生效的判决、裁定的执行，引起对案件的二审或再审，从而及时纠正错误的判决、裁定，使案件得以合法、正确的处理。

刑事抗诉作为刑事审判监督的重要方法，具有以下特征：一是刑事抗诉的监督性，即刑事抗诉是基于检察机关的监督职能而进行的一种诉讼活动。二是刑事抗诉的专门性，即人民检察院是行使刑事抗诉职权的专门机关，其他任何机关、团体、企事业单位和个人均无权行使。三是刑事抗诉的特定性，即刑事抗诉的对象只能是确有错误的判决和裁定。四是刑事抗诉的程序性，即刑事抗诉必须严格依照法定程序提出。五是刑事抗诉对审判的制约性，即刑事抗诉一经依法提出，必然引起案件的二审或再审，阻止判决、裁定的生效或执行。

二、刑事审判监督的基本方式

(一) 刑事审判活动监督的基本方式

1. 刑事审判活动监督的内容与范围

刑事审判活动监督的内容包括：人民法院对刑事案件的受理活动非法的；人民法院对刑事案件的受理违反管辖规定的；人民法院审理案件违反法定审理和送达期限的；法庭组成人员不符合法律规定的；法庭审理案件违反法定程序的；侵犯当事人和其他诉讼参与人的诉讼权利和其他合法权利的；法庭审理时对有关程序问题所作的决定违反法律规定的；审判人员徇私舞弊，枉法裁判的。刑事审判活动监督的范围：按审判程序分，包括一审、二审、再审和死刑复核程序的监督；按案件性质分，包括对公诉案件和自诉案件以及附带民事诉讼审判程序的监督。

2. 刑事审判活动监督的程序和方法

刑事审判活动监督的程序和方法包括：

(1) 刑事审判活动监督的途径。人民检察院对人民法院的刑事审判活动进行有效的监督，及时发现人民法院刑事审判过程中的违法行为。人民检察院只有运用各种方法，通过不同渠道，全面了解和掌握人民法院刑事审判活动的情况，才能从中发现问题，予以纠正。《人民检察院刑事诉讼规则》第393条规定，审判监督由审查起诉部门承办，对于人民法院审理案件违反法定期限的，由监所检察部门承办。人民检察院可以通过调查、审阅案卷受理申诉等活动，监督审判活动是否合法。人民检察院对人民法院审理刑事案件是否违反法定诉讼程序进行监督，主要有以下途径：

第一，出席法庭。人民法院的刑事审判活动主要是通过法庭进行的，开庭审理是人民法院审理刑事案件的主要形式。《刑事诉讼法》规定，除部分适用简易程序审理的案件外，人民法院开庭审理的公诉案件，人民检察院都应当派员出席法庭。《人民检察院组织法》第15条规定："人民检察院提起公诉的案件，由检察长或者检察员以国家公诉人的身份出席法庭，支持公诉，并且监督审判活动是否合法。"人民检察院通过派员出席一审、二审和再审法庭，在依法行使支持公诉、支持抗诉、支持或反驳被告人上诉等职权的同时，对法庭的刑事审判活动进行监督，这是人民检察院的法定权力和重要职责。人民检察院要实现对人民法院的审判活动是否违反法定程序进行监督，必须依法出席法庭，把出庭作为实现监督的基本途径，围绕出庭进行监督。出席法庭的检察官，在法庭上既履行公诉职能，也承担法律监督职能；既要充分行使法律赋予的各项具体诉讼权力，也要注意对刑事审判活动是否合法的监督。在我国刑事诉讼体制中，支持公诉和庭审监督是不可分割的两个方面。人民检察院在出庭支持公诉的过程中，首要的职责是指控犯罪和证明犯罪，而只有加强对审判活动的监督，才能保证刑事审判顺利进行，完成追诉犯罪的任务。

第二，庭外调查。庭外调查也是发现人民法院审判活动中的违反法定诉讼程序行为、核实证据材料的重要途径。实践表明，只有充分确实地掌握违法事实和证据材料，才能发现问题，完成监督任务。除了通过参与法庭审判直接了解审判情况以外，要广泛收集和查实人民法院在审判活动中的违法事实和证据，大量的工作要在法庭审判之外进行。这是由于一方面法律规定了人民法院庭外调查取证的权力，人民法院的一些审判活动要在庭外进行；另一方面，一些违法活动往往出现在庭外。即使在参加法庭审判中发现的违法行为，在许多情况下也要经过法庭以外进一步的调查核实。人民检察院进行庭外调查的方法主要有：一是处理人民群众来信来访。通过认真处理人民群众来信，接待人民群众来访，可以从中了解和掌握人民法院刑事审判活动的情况，进而发现违法行为的蛛丝马迹，找出问题。二是受理当事人等诉讼参与人的申诉、控告和检举。申诉、控告和检举是宪法和法律赋予公民的一项重要权利。当事人等诉讼参与人直接参与人民法院的刑事审判活动，对人民法院在审判中的违反法定诉讼程序行为使自己的权利受到的非法侵害有切身体验。他们的申诉、控告和检举是人民检察院发现人民法院审判活动中违反法定诉讼程序行为的重要线索。特别是对于人民检察院不派员出席法庭的适用简易程序的案件和自诉案件，更是如此。三是访问、询问有关知情人和讯问被告人。在发现人民法院审判活动中违法行为的有关线索后，为进一步核实违法情况，可主动访问、询问有关知情人，讯问原案被告人，从多方面了解情况，全面掌握事实证据。

第三，检察长列席审判委员会。检察长列席审判委员会，有利于了解合议庭对案件的评议情况，有利于促使和监督审判委员会全面了解案情，对案件作出正确的处理决定。对于不开庭审理的案件，或者人民检察院未曾派员出席法庭的案件，检察长可以通过列席人民法院的审判委员会了解法庭审理情况。作为审判组织，审判委员会在讨论决定具体案件的时候，进行的是刑事审判活动。检察长通过列席审判委员会，可以对审判委员会的审判活动实行监督，保证其程序上的合法性。

(2) 纠正违法的方法。人民检察院对于人民法院在刑事审判活动中违反法定诉讼程序的行为，应当依法纠正。应当根据人民法院在刑事审判活动中出现的违反法定诉讼程序的行为的不同情况和结果，采取不同的纠正方法，使轻微违法得到制止和纠正，使严重违法通过抗诉得到纠正，使枉法犯罪受到追究。

第一，对庭审活动中违反法定诉讼程序行为的纠正方法。最高人民法院、最高人民检察院、公安部、国家安全部、司法部和全国人大常委会法制工作委员会《关于刑事诉讼法实施中若干问题的规定》第43条规定："人民检察院对违反法定程序的庭审活动提出纠正意见，应当由人民检察院在庭审后提出。"《人民检察院刑事诉讼规则》第394条规定，出席法庭的检察人员发现法庭审判违反法律规定的诉讼程序，应当在休庭后及时向本院检察长报告。人民检察院对违反程序的庭审活动提出纠正意见，应当在庭审后提出。出庭支持公诉的检察人员，对人民法院审理案件违反法律规定诉讼程序的行为，不能当庭向人民法院或者审判法庭提出纠正意见，即使是检察长本人出庭支持公诉也是如此。当出庭支持公诉的检察人员发现在法庭审理活动中出现违反法律规定程序的行为时，只能待法庭审理休庭后或者法庭闭庭后，将有关情况及时向检察长汇报，由检察长或者检察委员会作出决定，以人民检察院的名义，向人民法院提出书面的纠正意见。人民检察院对人民法院庭审活动的监督，是一种事后监督，并且只能由人民检察院向人民法院提出，而不能以出席法庭的检察人员个人的名义进行。这些规定体现了人民检察院刑事审判监督的权威性和严肃性，同时，也有利于维护人民法院在法庭上的尊严，保证庭审活动在合议庭的统一组织指挥下进行，使检察权和审判权都得以充分行使。

根据法庭审理的不同情形，人民检察院纠正庭审活动中违反法定程序的行为，主要有两种方式。一种方式是提出书面纠正意见。这种方式适用于出庭支持公诉的检察人员发现法庭庭审活动有违反法定程序的行为，而合议庭并未当庭宣判的情况。检察人员可向人民检察院汇报，以人民检察院的名义向人民法院发出《纠正审理违法意见书》，通知人民法院纠正违反法定程序的行为。人民法院收到人民检察院《纠正审理违法意见书》后，应当迅速审查，及时作出书面答复。这是人民检察院进行刑事审判监督的主要形式。

另一种方式是抗诉。这种方式适用于违反法律规定的诉讼程序可能影响公正审判的情况。人民法院对人民检察院《纠正审理违法意见书》拒绝答复或拒不纠正并作出判决的，或者当出庭支持公诉的检察人员发现法庭审理活动有违反法定程序的行为时，合议庭已当庭作出判决的，人民检察院认为该违反诉讼程序的行为可能影响公正审判的，可依法提出抗诉。

在法庭审理过程中，控辩双方都有权对庭审程序的有关问题提出自己的意见。因而，公诉人若认为合议庭的审理活动违反法定程序，可以先从公诉人的角度向法庭当庭提出相应的建议。这种建议不同于人民检察院的纠正意见，而是公诉人对不合法或不妥当的诉讼活动提出的诉讼异议。庭审中，公诉人有权对合议庭的诉讼行为发表意见，阐明异议。这是《刑事诉讼法》赋予公诉人的权利，其实质是控辩双方都享有诉讼程序的建议权。对于公诉人的建议，法庭可以根据情况决定采纳或不采纳。

第二，对其他违法行为的纠正方法。人民法院刑事审判活动中的违法行为不仅会出现在庭审过程中，人民检察院对人民法院刑事审判活动的监督也不仅限于庭审后发出《纠正审理违法意见书》，而是应当针对不同情况，采取不同方法。当人民法院在审判活动中出现不规范行为，而又尚未构成明显的违法行为时，人民检察院可向人民法院发出《检察建议书》，商请人民法院引起注意，在以后的审判活动中予以纠正、避免。而对于审判人员违法行为严重但尚未构成犯罪，需要给予党纪、政纪处分的，人民检察院除发送《纠正审理违法意见书》纠正违法行为外，也可以向人民法院有关部门发出《检察建议书》，建议给予有关责任人必要的处分。

对于审判人员在审判过程中徇私舞弊、枉法裁判，情节严重，构成犯罪的，应当按照案件管辖范围，移送侦查部门，追究有关人员的刑事责任。由此将刑事审判监督与职务犯罪监督结合起来。

（二）刑事抗诉的基本方式

1. 刑事抗诉的对象和形式

关于刑事抗诉的对象，《刑事诉讼法》第 181 条和第 205 条第 3 款规定，人民检察院应当对人民法院确有错误的判决、裁定提出抗诉。这里所说的人民法院确有错误的刑事判决和裁定，既包括未发生法律效力的，也包括已发生法律效力的；既包括量刑畸重的，也包括量刑畸轻的；既包括公诉案件，也包括自诉案件及适用简易程序的案件；既包括一审、二审判决、裁定，也包括人民法院提审、再审后作出的判决、裁定；既包括定性错误，也包括量刑错误；既包括量刑中主刑部分的错误，也包括附加刑及刑事附带民事诉讼部分的错误；既包括实体问题的错误，也包括违反程序的错误等。

关于刑事抗诉的形式，根据《刑事诉讼法》的规定，刑事抗诉有两种不同形式：一是第二审程序的抗诉。人民检察院对于尚未发生法律效力的判决、裁定，发现确有错误，在法定期限内向上一级人民法院提出抗诉。这种抗诉，因为是按照上诉程序提出来的，所以也称为上诉程序的抗诉。二是审判监督程序抗诉。这是指人民检察院对于已经发生法律效力的判决和裁定，发现确有错误，向人民法院提出对案件重新审理的诉讼活动。因为这种诉讼活动必然引起法院的再审，所以也称为再审程序的抗诉。两种形式的抗诉是有区别的。

第一，抗诉对象不同。第二审程序的抗诉是针对尚未发生法律效力的判决和裁定提出的，而审判监督程序的抗诉是针对已经发生法律效力的判决和裁定提出的。已经发生法律效力的判决和裁定是指已经超过法定上诉、抗诉期限的第一审法院的判决和裁定；第二审人民法院的判决和裁定，即终审判决和裁定；最高人民法院的判决和裁定；按照死刑复核程序，经最高人民法院核准的死刑案件；执行程序中的裁定；各级人民法院核准的死刑缓期二年执行的判决。

第二，抗诉权限不同。第二审程序的抗诉权限限于地方各级人民检察院，只有地方各级人民检察院有权对本级人民法院第一审判决和裁定提出抗诉。最高人民检察院对最高人民法院第一审案件的判决和裁定，无权按第二审程序提出抗诉。因为，最高人民法院为第一审的判决和裁定是发生法律效力的判决和裁定。而审判监督程序的抗诉，除最高人民检察院对各级人民法院生效的判决和裁定有权抗诉外，只有上级人民检察院对下级人民法院的生效判决和裁定才有权抗诉，地方各级人民检察院对同级人民法院或上级人民法院的判决和裁定不能按审判监督程序抗诉。地方各级人民检察院如果发现本级人民法院已经发生法律效力的判决和裁定确有错误时，应当提请上一级人民检察院审查决定是否提出抗诉。

第三，审理的程序不同。对于第二审程序的抗诉，人民法院要按照第二审程序审理，所作出的判决和裁定是终审判决、裁定，同级人民检察院不能抗诉。对于审判监督程序的抗诉，人民法院按照刑事诉讼法规定，分别不同情况，适用不同的程序。如果原来是第一审案件，应当依照第一审程序进行审判，所作的判决、裁定，同级人民检察院可以抗诉；如果原来是第二审案件，或者是上级人民法院提审的案件，应当依照第二审程序进行审判，所作的判决、裁定，是终审的判决、裁定。

第四，提出抗诉的期限不同。第二审程序抗诉的提出有一定期限的限制。《刑事诉讼法》第183条规定：不服判决的上诉和抗诉期限为10日，不服裁定的上诉和抗诉期限为5日。而按照审判监督程序提出的抗诉，法律没有期限的限制，只要发现已经发生法律效力的判决和裁定确有错误，任何时候都可以提出抗诉。

第五，抗诉作用不同。第二审程序的抗诉，主要是为了阻断一审法院错误的判决和裁定交付执行。只要在抗诉期限内依法提出抗诉，此后即使在抗诉期满之后，原裁判也不能视为已经生效，当然也就不能交付执行。而审判监督程序的抗诉，主要是为了纠正错误的判决和裁定，对已经交付执行的冤错案件予以纠正。

2. 刑事抗诉的理由

刑事抗诉的理由是人民检察院据以提出抗诉的根据，也是要求审判机关必须对案件进行二审或再审的依据。《刑事诉讼法》第 181 条规定："地方各级人民检察院认为本级人民法院第一审的判决、裁定确有错误的时候，应当向上一级人民法院提出抗诉"。《人民检察院刑事诉讼规则》规定了法院判决、裁定确有错误的若干情形：原判决和裁定认定事实不清，证据不足的；原判决、裁定定性错误的；原判决、裁定适用法律错误的；原判决、裁定量刑不当的；原判决裁定严重违反诉讼程序的；审判人员在审理案件时有贪污、受贿、徇私舞弊、枉法裁判行为的。

3. 刑事抗诉的材料来源

刑事抗诉的材料来源于：对人民法院判决书、裁定书的审查；被害人及其法定代理人的抗诉请求；当事人及其法定代理人、近亲属的申诉。

4. 刑事抗诉的程序

刑事抗诉的程序内容包括：

（1）有权提出抗诉的机关。有权提出抗诉的机关有二：一是与原审人民法院相对应的同级人民检察院；二是最高人民检察院和上级人民检察院。

（2）提出抗诉的期限。人民检察院认为人民法院未发生法律效力的判决、裁定确有错误，必须在法定期限内提出抗诉。不服判决的抗诉期限为 10 日，不服裁定的抗诉期限为 5 日，从接到判决书、裁定书的第 2 日起算。人民检察院受理被害人及其法定代理人请求抗诉案件时，自收到抗诉请求 5 日内，应作出是否抗诉的决定并答复请求人。对于按审判监督程序提出抗诉的期限，法律未作具体限定，但为了规范工作，最高人民检察院《关于刑事抗诉工作的若干意见》规定："人民检察院审查适用审判监督程序的抗诉案件，应当在六个月以内审结；重大、复杂的案件，应当在十个月以内审结"。"对终审判处被告人死刑、缓期二年执行的案件，省级人民检察院认为应当判处死刑立即执行的，应当在收到终审判决书后三个月内提请最高人民检察院审查"。

(3) 按照第二审程序提出抗诉的程序。人民检察院接到人民法院尚未发生法律效力的第一审刑事判决书或者裁定书后，或收到被害人及其法定代理人的抗诉请求后，应指定专人及时进行审查。审查判决书和裁定书是检察机关行使审判监督权的重要内容，也是发现问题，提出抗诉的首要环节。重点审查认定事实是否清楚，证据是否充分，适用法律是否正确，定罪量刑是否恰当，法院诉讼程序是否合法等方面的内容。应特别注意审查判决与起诉书及法庭审理认定的事实、适用法律等方面的不同点，弄清分歧的焦点和各自的依据。对重大、复杂案件，可事先征求上级检察机关的意见。对于被害人及其法定代理人的抗诉请求，经审查决定后，应填写《抗诉请求答复书》，在5日内答复请求人。

对作出抗诉决定的案件，必须在法定期限内制作《刑事抗诉书》，通过原审人民法院向上一级人民法院提出抗诉，并且将抗诉书副本抄送上一级人民检察院。原审人民法院应当在3日内将抗诉书连同案卷、证据材料移送上一级人民法院，并且将抗诉书副本送交当事人。上一级人民检察院收到下级人民检察院《刑事抗诉书》副本，经过审查并查阅案卷，认为抗诉正确的，应当做好派员出席第二审法庭的准备；认为抗诉不当时，制作《撤回抗诉决定书》，向同级人民法院撤回抗诉，同时通知提出抗诉的下级人民检察院。下级人民检察院如果认为上一级人民检察院撤回抗诉不当时，可以提请复议。上一级人民检察院应当进行复议，并将复议结果通知下级人民检察院。

上一级人民检察院在上诉、抗诉期限内，发现下级人民检察院应当提出抗诉而没有提出抗诉的案件，可以指令下级人民检察院依法提出抗诉。第二审人民法院发回原审人民法院重新按照第一审程序审判的案件，如果人民检察院认为重新审判的判决、裁定确有错误的，仍然可以按照第二审程序提出抗诉。

(4) 按照审判监督程序提出抗诉的程序。人民检察院认为人民法院已经发生法律效力的判决、裁定确有错误，应当按审判监督程序向人民法院提出抗诉。虽然法律没有规定审判监督程序提出抗诉的期限，但为了保证生效判决、裁定的质量，防止交付执行的判决、裁定造成难以挽回的损失，原二审承办的检察人员应当及时对第二审的判决、裁定进行审查，同时按照最高人民检察院《关于刑事抗诉工作的若干意见》的规定，在六个月内审结，重大、复杂案件在十个月内审结，"抗杀"案件在三个月内提请抗诉。

对认为确有错误的第二审的判决、裁定进行审查时，一般将判决、裁定书与引起二审的抗诉书或上诉状对照审查。主要审查判决、裁定是否采纳了检察机关的正确抗诉意见和上诉人的有理要求；对无理的上诉，是否驳回。另外，也要注意二审中新发现的事实和证据是否得到认真对待，能确认并影响定罪量刑的事实是否在判决、裁定中作出反应。二审改判的案件，在定罪，特别是在量刑上是否体现了公正执法等。

承办人审查后，要写出《刑事抗诉案件审查报告》，写明并提出是否提请上级人民检察院抗诉的意见，经审查起诉部门负责人复核同意后，报检察长提交检察委员会讨论决定。

最高人民检察院及上级人民检察院在接到《提请抗诉报告书》后，应及时指定检察人员审查，如果认为已生效的判决、裁定确有错误，需要提出抗诉的，由审查起诉部门报请检察长提交检察委员会讨论决定，并由最高人民检察院或原审人民法院的上一级人民检察院制作《刑事抗诉书》，向同级人民法院提出抗诉。人民检察院应当将抗诉书副本报送上一级人民检察院。

人民检察院按照审判监督程序提出抗诉的案件，人民法院经审理作出的判决、裁定仍然确有错误的，如果案件是依照第一审程序审判的，同级人民检察院应当按照第二审程序向上一级人民法院提出抗诉；如果案件是依照第二审程序审判的，上级人民检察院应当按照审判监督程序向同级人民法院提出抗诉。

5. 刑事抗诉案件的出庭

刑事抗诉案件的出庭，是指人民检察院派员出席同级人民法院公开审理刑事抗诉案件法庭的一种诉讼活动。包括按照第二审程序和审判监督程序开庭审理的刑事抗诉案件的出庭活动。出席抗诉法庭实际上是支持抗诉的一种诉讼活动。检察人员以国家法律监督机关代表的身份出席二审法庭，其任务一是支持抗诉，对审判活动实行监督；二是对某些案件继续支持公诉，一种身份承担双重任务。检察人员出席再审法庭的法律地位和任务，与出席二审法庭大致相同。

(1) 出庭的准备工作。出庭的准备工作包括：全面审查，突出重点；制作阅卷笔录；讯问被告人；认真复核证据；提出审查意见；制作出庭意见和辩论提纲。除了上述出庭前的准备工作外，检察人员还要针对案件情况，研究、掌握有关的政策、法律规定、司法解释和法学理论以及案件涉及的其他各种专业知识。

(2) 出席法庭的主要活动。第二审程序和审判监督程序的抗诉案件必须开庭审理。第二审人民法院开庭审理抗诉案件应当重点针对抗诉理由，全面查清事实、核实证据。审判监督程序的抗诉案件也应照此办理。检察人员出席第二审、审判监督程序抗诉案件法庭的主要活动是：

第一，宣读《刑事抗诉书》。审判长或审判员宣读第一审或第二审判决、裁定书后，由检察人员宣读抗诉书。如果是既有上诉又有抗诉的案件，先由检察人员宣读抗诉书，再由上诉人陈述上诉理由。

第二，参加法庭调查和法庭辩论。检察人员、辩护人、当事人可以在法庭调查阶段对案件事实、证据进行相互辩论。检察人员和辩护人通过讯问被告人，询问证人、鉴定人和出示、宣读证据以及双方对证据进行质证，可以更好地体现审判活动中的抗辩性。

出庭检察人员应当针对以下事实和证据，在征得审判长同意后，主动讯问原审被告人，询问证人、鉴定人，出示、宣读证据，以及与辩护人进行质证、辩论：一是抗诉书中提出异议的事实、证据；二是对于新的证据予以出示或者进行法庭核查。因为只有经法庭质证并核查属实的证据才能作为定案的依据。三是与抗诉理由相当的事实、情节、证据。在有重点地对于犯罪事实和证据进行核查、相互质证、辩论后，检察人员适时发表《出庭意见书》，对于部分支持抗诉的意见要予以阐明。如果既有上诉、又有抗诉的案件，应当先由检察人员发言，再由上诉人和他的辩护人发言。并针对抗诉的理由和分歧的焦点依次进行辩论。

重要概念

1. 检查机关监督　　　　2. 职务犯罪　　　　3. 侦查监督
4. 侦查活动监督　　　　5. 审查批捕　　　　6. 审查起诉
7. 刑事审判监督　　　　8. 刑事审判活动监督　　9. 刑事抗诉

思考题

1. 试述检察机关在监督体系中的地位与作用。
2. 简述当前职务犯罪的特点。
3. 简述贪污罪和受贿罪的认定。
4. 简述挪用公款罪的认定。
5. 简述滥用职权罪和玩忽职守罪的认定。
6. 试述刑事审判监督。

第七章

人民法院的审判监督

本章介绍了人民法院的审判监督。人民法院是国家审判机关，由同级人民代表大会产生，向人民代表大会负责。人民法院在设置上分为：最高人民法院；省、自治区、直辖市人民法院；自治州和省辖地级市人民法院；县、市（县级）和区人民法院；此外，还有铁路法院、海事法院和军事法院等专门法院。最高人民法院是最高审判机关。最高人民法院监督地方各级人民法院和专门人民法院的审判工作，上级人民法院监督下级人民法院的审判工作。本章还介绍了行政诉讼制度和行政赔偿制度等。

第一节　审判监督概述

一、审判监督的概念和特征

审判监督是指人民法院通过行使审判权，在个案中对其他国家机关及其工作人员是否依法行使职权进行的监督以及上级人民法院对下级人民法院审判工作的监督。审判监督的法律依据是《宪法》、《人民法院组织法》、《行政诉讼法》等法律的有关规定。审判机关的监督主要包括刑事审判监督和行政审判监督。另外，还包括法院的内部监督，其中主要是审级监督制度。

审判监督的主要特征是：第一，审判机关——人民法院依照法律规定独立行使审判权，不受行政机关、社会团体和个人的干涉。第二，最高人民法院监督地方各级人民法院和专门人民法院的审判工作，上级人民法院监督下级人民法院的审判工作。第三，除法院自身的监督外，法院主要通过刑事案件与行政诉讼案件的审理对行政机关进行监督。

二、刑事审判监督与行政审判监督概述

（一）刑事审判监督

刑事审判监督是指人民法院通过对国家机关及其工作人员在职务行为过程中的犯罪行为予以定罪量刑，从而实现监督目的的一种司法监督形式。刑事审判监督的对象主要是行政单位和行政机关的工作人员。行政机关作为单位，可以作为有关罪名的犯罪主体，比如走私罪、索贿罪、行贿罪等。行政机关的工作人员作为犯罪主体，既可以是个人行为，也可以是职务行为，只要是犯罪行为，都必须受到审判。作为个人主体，罪名可以是经济犯罪，也可以是渎职犯罪，还可以是其他罪名。只要罪名成立，就要依法追究刑事责任。无论行政单位或者个别工作人员，如果因其行政行为给公民的合法权益造成损害，法院应当判令赔偿。

（二）行政审判监督

行政审判监督是指人民法院在行政诉讼程序中通过行使行政审判权，对行政机关是否依法行使职权进行的监督。行政审判的基本法律依据是《中华人民共和国行政诉讼法》和《最高人民法院关于执行〈中华人民共和国行政诉讼法〉若干问题的解释》。行政审判监督的对象是行政机关的具体行政行为，这些行为包括：行政处罚行为（行政机关对违反行政管理秩序的公民、法人或者其他组织给予的行政制裁）、行政强制行为（行政主体依法采用强制方式维护社会秩序或者督促相对人履行特定行政义务的行为）、侵犯法律规定的经营自主权行为、行政许可行为（行政主体根据相对人的申请，依法解除法律禁止，准许相对人行使某种权利、获得某种资格的行为）、不履行法定职责的行为、不依法发给抚恤金的行为、违法要求履行义务的行为以及其他侵犯行政相对人人身权、财产权的行为。

行政机关的有些行为是法律规定的人民法院不予受理的行为，这类行为主要有国防、外交等国家行为；抽象行政行为（行政机关创制行政法规、规章或者制定、发布具有普通约束力的决定、命令的行为）；内部行政行为（行政主体对自己的下属机关或者人员作出的决定或者处罚）；行政终局裁决行为（法律规定由行政机关作出最终裁决的行为）等。

行政审判监督的载体是判决，判决的种类有：维持判决，即判决被诉行政行为合法，予以维持；撤销判决，即判决被诉行政行为不合法，并予以撤销；

履行判决，即判决行政主体在一定期限内履行法定职责；变更判决，即判决改变被诉具体行政行为的内容；赔偿判决，即责令有关行政主体因其侵犯行政相对人合法权益并造成损害而依法给予赔偿的判决；确认判决，即判决被诉行政行为合法有效或者违法无效的判决；驳回诉讼请求判决，即驳回原告诉讼请求的判决。

第二节　审级监督制度

一、审级监督制度：概念与功能

审级监督是指法律所规定的上级法院对下级法院审判工作的监督。审级监督通过二审程序、审判监督程序、核准程序和死刑复核程序来完成。审级监督的功能主要有三：

第一，审级监督的必要性在于人们认识到，法官的认识能力属于有限理性，作出的判决、裁定不可能完全正确。一般情况下，一审判决不应是发生法律效力的终审的判决、裁定，为此，世界各国普遍设立上诉制度，力图建构完备的审级制度，使下级法院作出的可能是错误的判决、裁定能够通过上级法院的复查得到纠正。依据我国现行法律规定，上下级法院的关系是监督关系，《宪法》第 127 条规定："最高人民法院监督地方各级人民法院和专门人民法院的审判工作，上级人民法院监督下级人民法院的工作。"由于司法案件所具有的复杂性以及处理这些案件必须具有的专业性，使得法院的外部监督具有很大的局限性，于是具有业务熟悉、反应迅速特点的内部监督就成为审判监督体系的重要方面，法院的内部监督是指来自法院内部机构、组织和人员的监督，是整个监督体系的基础，其作用能否充分发挥，直接关系到司法公正目标的实现。审级监督则是人民法院系统内部自上而下监督的主要形式。

第二，审级监督的主体是最高人民法院或上级人民法院，由合议庭、审判委员会等审判组织行使此项权力。合议庭是审级监督的主要机构。合议庭通过开庭或书面形式对案件进行二审或再审，从事实认定和法律适用两方面判断原判决或裁定是否正确，并进而裁决维持、撤销或直接改判。其特点是严格依照诉讼法规定的程序进行，强调的是案件本身的监督，能直接改变案件审理的结果，具有很强的专业性，是从案件审理过程中的实体和程序两方面进行监督，关注事实认定和法律适用等专业问题。审判委员会是一个会议制机构，其内部监督职能之一是通过二审、再审等方式对下级法院实行审级监督，能直接影响个案的审理结果，其权限和专业性决定了监督的有效性。

第三，审级监督的重点是对案件审判质量与效率的监督。近年来，最高人民法院为确保审判工作公正高效运行，积极指导各级人民法院全面加强审判质量与效率的监督制度建设，采取了一系列措施，加强对审判工作的监督和制约，强化上级法院对下级法院、二审对一审的监督功能。严格禁止下级法院就个案的事实认定和如何处理进行请示，确保诉讼当事人有效行使上诉权利，确保下级法院的审级独立和二审的审级监督功能。完善了依法纠错的申诉审查和再审监督机制。还要求上级法院负责组织下级法院交流审判经验，帮助下级法院及时总结改判和发回重审案件的经验教训，提高一审案件审判质量。

二、二审监督制度

二审监督制度是指第一审法院的上一级法院根据上诉、抗诉，对第一审法院作出的尚未生效的判决或者裁定进行第二次审理的法律监督制度。

（一）二审程序的提起

在刑事诉讼中，二审案件的监督启动来源于当事人的上诉和检察院的抗诉两个方面。在民事诉讼中，上诉的主体仅为"当事人"。只要有上诉权的人不服第一审判决或裁定，在法定上诉期内都可以提出上诉，不必说明理由。抗诉则必须有理由，抗诉的理由是人民检察院据以提出抗诉的根据，也是要求审判机关必须对案件进行二审的依据。上诉可以采取书面的方式，也可以采取口头的方式。书面上诉的，应提交上诉状，口头上诉的，人民法院应将其制成笔录，以固定和转呈其上诉意愿。上诉可以向原审人民法院提出，也可以直接向原审法院的上一级法院即第二审法院提出。抗诉则必须制作抗诉书。抗诉书应通过原审人民法院提交。上诉和抗诉必须在法定的期限内提出。不服判决的上诉、抗诉的期限为 10 日，不服裁定的上诉、抗诉的期限为 5 日。

（二）二审案件的审理

二审人民法院收到一审人民法院移送的上诉或抗诉案件后，应当进行认真审查，认为符合形式要件的，即应予以立案，进入案件审理阶段。

二审案件应全面审查。对一审的事实部分和法律适用部分，都应进行审查，发现问题，进行纠正。审查包括：认定事实是否清楚、准确；用以证明事实的证据是否真实、确凿、充分，各证据间是否存在矛盾；审判中适用法律是否适当，例如刑事判决引用法条是否准确，量刑是否得当；审判程序是否符合法律规定，如是否遵守期限的规定，是否严格执行回避制度、审判公开制度、辩护制度等。以上内容的审查通过阅卷、讯问被告人或询问当事人、调查核实等方式进行。

二审裁判是终局裁判，为了保证审判质量，在审判方式上有严格的规定。我国《刑事诉讼法》、《民事诉讼法》都规定，二审人民法院对二审案件的审理应当由审判员组成合议庭进行，二审案件的主要审理方式是开庭审理，不开庭审理是补充方式，只适用于事实清楚，不需要开庭审理的上诉案件。刑事二审如果是由检察院提起的抗诉，必须开庭审理。

（三）二审案件的处理方式

二审法院审理后，对上诉、抗诉案件，可以有以下几种处理方式：（1）裁定驳回上诉、抗诉，维持原判。作出这种处理的情形是，原审判决认定的事实和适用法律正确，量刑适当，程序合法。（2）依法直接改判。作出这种处理的情形分别是：原判决认定事实没有错误，但适用法律有错误或者量刑不当；原判决事实不清或者证据不足，但第二审法院自行调查能查清改判的。（3）裁定撤销原判决，发回重审。作出这种处理的情形分别是：原判决事实不清或者证据不足，第二审法院自行调查难以查清的；第一审严重违反法定诉讼程序的，包括违反《刑事诉讼法》关于审判公开的规定的，违反回避制度的，限制或者剥夺当事人的法定诉讼权利，有可能影响公正审判的，审判组织的组成不合法的，其他违反法律规定的诉讼程序，可能影响公正审判的。原审法院在重审时必须依法组成新的合议庭，依照第一审的程序进行重新审理。重新审理所作出的判决仍为一审判决，符合条件的主体仍可对判决提起上诉或抗诉。根据法律规定，民事案件的二审可以进行调解。

（四）上诉不加刑原则

刑事二审实行上诉不加刑原则，这一规定有利于保护被告人的上诉权利，打消其上诉顾虑，更好地加强上级人民法院对下级人民法院的监督。但这一规定不适用于检察院的抗诉或自诉人的上诉，也不适用于第二审法院审理时发现了新的犯罪事实，发回原审法院重审，原审法院查明新的犯罪事实后，应当适用其他刑罚的。

三、再审监督制度

再审监督是指人民法院、人民检察院对已经发生法律效力的判决和裁定，发现在认定事实或者适用法律上确有错误，依法提起并由人民法院对案件重新审判的一种特别审判程序。再审监督程序与二审程序、死刑复核程序一样，都是对审判活动进行监督的不同形式或者不同手段。

再审监督制度与二审监督制度的主要不同之处在于：再审监督是对已经生效的判决和裁定提起的审判监督，二审监督是对尚未生效的判决和裁定提起的审判监督。再审监督程序提起的前提是已经发现原判决或裁定在认定事实上或适用法律上确有错误，这是再审提起的必需要件。刑事案件再审程序的提起除因发现新罪或将无罪改为有罪外，不受时效的限制，只要发现生效判决或裁定确有错误，即可向有关机关提起再审；民事案件的当事人申请再审，应当在判决、裁定发生法律效力后二年内提出；二年后据以作出原判决、裁定的法律文书被撤销或者变更，以及发现审判人员在审理该案件时有贪污受贿、徇私舞弊、枉法裁判行为的，自知道或者应当知道之日起三个月内提出。再审程序的提起不受审级的限制，可以是本法院内部发现错误之后，由本法院组织再审，也可以是向上级人民法院提起，或直接向最高人民法院提起再审。

（一）再审程序的提起

根据法律规定，有权提起审判监督程序的机关和人员是最高人民法院和上级人民法院；各级人民法院院长及审判委员会；最高人民检察院和上级人民检察院；符合条件的当事人。最高人民法院对地方各级人民法院有审判监督权，上级人民法院对下级人民法院有审判监督权，他们均可以提起再审程序。各级人民法院院长对本院已经发生法律效力的判决、裁定，发现在认定事实上或者适用法律上确有错误，认为需要再审的，有权提请审判委员会决定是否再审。人民检察院作为国家的法律监督机关，有权对确有错误的、人民法院已经发生法律效力的判决、裁定，按照法定程序提起抗诉，对于人民检察院的抗诉，人民法院必须提审或指令下级人民法院再审。

《刑事诉讼法》规定，当事人及其法定代理人、近亲属，对已经发生法律效力的判决、裁定，可以向人民法院或者人民检察院提起申诉，申诉符合下列情形之一的，人民法院应当重新审判：一是有新的证据证明原判决、裁定认定的事实确有错误的；二是据以定罪量刑的证据不确实、不充分或者证明案件事实的主要证据之间存在矛盾的；三是原判决、裁定适用法律确有错误的；四是审判人员在审理该案件的时候有贪污受贿、徇私舞弊、枉法裁判行为的。

《民事诉讼法》规定，当事人的申请符合下列情形之一的，人民法院应当再审：一是有新的证据，足以推翻原判决、裁定的；二是原判决、裁定认定的基本事实缺乏证据证明的；三是原判决、裁定认定事实的主要证据是伪造的；四是原判决、裁定认定事实的主要证据未经质证的；五是对审理案件需要的证据，当事人因客观原因不能自行收集，书面申请人民法院调查收集，人民法院未调查收集的；六是原判决、裁定适用法律确有错误的；七是违反法律规定，管辖错误的；八是审判组织的组成不合法或者依法应当回避的审判人员没有回避的；九是无诉讼行为能力人未经法定代理人代为诉讼或者应当参加诉讼的当事人，因不能归责于本人或者其诉讼代理人的事由，未参加诉讼的；十是违反法律规定，剥夺当事人辩论权利的；十一是未经传票传唤，缺席判决的；十二是原判决、裁定遗漏或者超出诉讼请求的；十三是据以作出原判决、裁定的法律文书被撤销或者变更的。对违反法定程序可能影响案件正确判决、裁定的情形，或者审判人员在审理该案件时有贪污受贿、徇私舞弊、枉法裁判行为的，人民法院应当再审。

人民法院接到当事人的再审申请后，经审查，符合再审条件的，应当立案并及时通知各方当事人；不符合再审条件的，予以驳回。

提起再审程序时，如系原审人民法院院长提起再审程序，必须报经审判委员会决定。上级人民法院提起再审程序，既可以自己审理，也可以根据相关法律规定，指令下级人民法院再审。人民检察院进行抗诉，应当符合有关法律的规定，其抗诉的具体程序是：最高人民检察院对各级人民法院已经发生效力的判决、裁定向最高人民法院抗诉；上级人民检察院对下级人民法院已经发生效力的判决、裁定，向同级人民法院抗诉；地方各级人民检察院对同级人民法院已经发生法律效力的判决、裁定，报请上级人民检察院，由上级人民检察院向同级人民法院提起抗诉。对于人民检察院的抗诉，人民法院应当再审。人民法院开庭审理抗诉案件时，应当通知人民检察院派员出庭。

（二）再审案件的审理

再审案件是指按照审判监督程序审理的案件。人民法院审理再审案件，应当对原判决、裁定认定的事实、证据和适用法律的情况进行全面审查，原来是第一审案件的，按照第一审程序另行组成合议庭审理，原来是第二审的，或者是上级人民法院提审的，按照第二审程序另行组成合议庭审理。再审案件的审理不得实行独任审判，并且以直接审理为原则，以书面审理为例外。

按照审判监督程序决定再审的案件，应当裁定中止原判决的执行，裁定由院长署名，加盖人民法院印章。上级人民法院决定提审或者指令下级人民法院再审的，应当作出裁定，裁定应当写明中止原判决的执行；情况紧急的，可以将中止执行的裁定口头通知负责执行的人民法院或者作出生效判决、裁定的人民法院，但应当在口头通知后 10 日内发出裁定书。

在案件再审过程中，当事人应当享有在一审、二审程序中享有的全部诉讼权利，如公开审判、辩护权利、申请回避权利等。

（三）再审案件的处理

人民法院对刑事案件再审后，应分别情况作出以下不同处理：一是原判决、裁定认定事实和适用法律正确的，应当裁定维持原判，驳回申诉或者抗诉。二是原判决、裁定认定事实没有错误，但适用法律有错误，或者量刑不当的，应当改判。按照二审程序审理的案件，认为必须判处被告人死刑立即执行的，直接改判后，应报请最高人民法院核准。三是应当对被告人实行数罪并罚的案件，原判决、裁定没有分别定罪量刑的，应当撤销原判决、裁定，重新定罪量刑，并决定执行的刑罚。四是按照二审程序审理的案件，原判决、裁定认定事实不清，或者原判决、裁定认定事实不清，证据不足，经再审仍无法查清，证据不足，不能认定原审被告人有罪的，应当参照有关规定，宣告被告人无罪。人民法院对民事案件再审后，应分别情况作出以下不同处理：一是原判决、裁定事实认定准确，法律适用恰当，应当裁定维持原判，驳回申诉或抗诉。二是原判决、裁定认定事实有错误，或者适用法律不当，依法部分改判或者全部改判。

四、死刑复核制度

（一）死刑复核程序的概念、特点和意义

死刑复核程序是指对已经判处被告人死刑立即执行的案件和判处死刑缓期二年执行的案件进行审查核准的一种特别审判程序。

死刑复核程序具有以下特点：一是死刑复核程序审理的对象仅是按照其他审判程序审结的判处被告人死刑的案件。二是死刑复核的法院只能是最高人民法院。三是死刑复核程序是由作出死刑判决、裁定的法院主动报请而引起的，是法院依职权而启动而不是依当事人请求而启动的程序，无论当事人有无请求

都必须启动。四是死刑复核程序的内容包括审查和核准。审查是指对判处死刑裁决认定事实是否清楚，证据是否确凿充分，适用法律是否准确，判处死刑是否得当等进行全面审查。核准是指经过审查以后，决定是否核准已经判处死刑的判决或者裁定。

死刑复核程序是一项重要的审判程序，对于统一理解和执行死刑案件的适用标准，保证死刑判决的正确性，对于既打击犯罪又防止错杀和坚持少杀的刑事政策都具有重要的意义。《刑事诉讼法》规定了严格的死刑复核程序，以加强监督。《刑事诉讼法》第199条规定："死刑由最高人民法院核准。"20世纪80年代以来，我国曾将部分判处死刑立即执行案件的核准权下放到省、自治区、直辖市高级人民法院行使。2006年，第十届全国人民代表大会常务委员会第二十四次会议通过了《关于修改〈中华人民共和国人民法院组织法〉的决定》，规定"死刑除依法由最高人民法院判决的以外，应当报请最高人民法院核准"。最高人民法院据此作出《最高人民法院关于统一行使死刑案件核准权有关问题的决定》，自2007年1月1日起，最高人民法院根据全国人民代表大会常务委员会有关决定和《人民法院组织法》原第13条的规定发布的关于授权高级人民法院和解放军军事法院核准部分死刑案件的通知，一律予以废止。自2007年1月1日起，死刑除依法由最高人民法院判决的以外，各高级人民法院和解放军军事法院依法判决和裁定的，应当报请最高人民法院核准。

（二）判处死刑立即执行案件的复核

1. 判处死刑立即执行案件的核准权

根据《刑事诉讼法》第199条、《人民法院组织法》第13条、《最高人民法院关于统一行使死刑案件核准权有关问题的决定》，死刑除依法由最高人民法院判决的以外，应当报请最高人民法院核准。

2. 报请复核

本问题主要涉及两个问题，即报请复核的人民法院和报请复核的基本要求。

（1）报请复核的人民法院。《刑事诉讼法》规定，报请死刑复核的人民法院有中级人民法院和高级人民法院。

中级人民法院报请复核的死刑案件是由其审结的判处被告人死刑的第一审刑事案件。中级人民法院判处被告人死刑的第一审案件在上诉、抗诉期满后，当事人没有上诉、人民检察院没有抗诉的，应将全部案卷立即报送高级人民法院复核。高级人民法院复核后同意判处死刑，应当提出审核意见，报请最高人民法院核准。如不同意对被告人判处死刑，可以提审改判或者撤销原判发回中级人民法院重审。中级人民法院第一审判处被告人死刑的案件，如果被告人提出上诉或者人民检察院提出抗诉，高级人民法院要按第二审程序进行审理，只有高级人民法院裁定维持死刑判决的，才能报请最高人民法院核准。

高级人民法院审理的第一审死刑案件，上诉、抗诉期满后，当事人未提出上诉、人民检察院未提出抗诉的，应当将全部案卷材料报送最高人民法院核准死刑；如果被告人提出上诉的，应当按照第二审程序的规定，将全部案卷材料报送最高人民法院审理，不能因为被告人被判处死刑还要经过复核，就不按第二审程序上送，而按照死刑复核程序上报。高级人民法院审结的不服中级人民法院第一审死刑判决的上诉、抗诉案件，对维持原判的，应将全部案件材料及死刑判决、裁定，报送最高人民法院，由最高人民法院审查核准。

有的被告人犯有数罪，只要其中有一罪判处死刑，则应当将该案全部报送最高人民法院核准。在共同犯罪案件中，只要有一名被告人被判处死刑，也应当将全部案件材料报送最高人民法院核准。

（2）报请复核的基本要求。根据《刑事诉讼法》的有关规定和司法解释，报请复核死刑案件，必须符合以下要求：一是报请复核的前提是死刑案件犯罪事实清楚，证据确实、充分，适用法律正确，诉讼文书齐备。二是一案一报。审结一起死刑案件，应单独将其报请复核，不能将两个或两个以上的死刑案件凑在一起报请复核。三是报请复核时，应当报送死刑案件综合报告、判决书、全部诉讼案卷和证据。共同犯罪的案件，应当报送全案的诉讼案卷和证据。报请复核的报告，应当说明案由、简要案情、审理过程及意见。

3. 审查核准

本问题主要涉及两个问题，即审查核准的组织及方式以及死刑案件复核后的处理。

（1）审查核准的组织及方式。最高人民法院复核死刑案件，应当由审判员三人组成合议庭进行。复核死刑案件一般采取书面审查或者书面审查与调查研究相结合的方式，不开庭审理。具体做法如下：

第一，通过阅卷的方法，全面审查案卷材料和证据。在坚持全面审查原则的前提下，重点审查以下方面：犯罪的事实和证据，查明死刑判决、裁定认定的事实是否清楚，证据是否确实、充分；犯罪情节、后果和危害程度，是否达到了罪大恶极的程度；死刑判决、裁定适用的法律是否正确，定性是否准确，罪名的认定是否与案件事实、证据及有关法律规定相吻合；有无不应当对被告人判处死刑的情况。不应当判处死刑的情况有三种：一是犯罪时不满 18 岁；二是审判时怀孕的妇女；三是无刑事责任能力。

第二，进行必要的调查工作。合议庭在复核死刑案件时，一般还应进行必要的调查，如讯问被告人，听取其辩解，询问原审辩护人对案件的处理意见等。对于有疑点的证据还要进行必要的调查核实工作。

(2) 死刑案件复核后的处理。对报核的死刑案件全面审查后，合议庭进行评议并写出复核审理报告，报告包括以下内容：案件的由来和审理经过；被告人和被害人简况；案件的侦破、揭发情况；原判要点和各方意见；复核对事实和证据的分析与认定；需要说明的问题。

合议庭在对死刑案件审查后，应当根据不同情况分别作出以下处理决定：一是原判认定事实和适用法律正确、量刑适当、诉讼程序合法的，裁定予以核准。由最高人民法院院长签发执行死刑的命令。原判判处被告人死刑并无不当，但具体认定的某一事实或者引用的法律条款等不完全准确、规范的，可以在纠正后作出核准死刑的判决或者裁定。二是原判认定事实不清、证据不足的，裁定不予核准，并撤销原判，发回重新审判。三是原判认定事实正确，但依法不应当判处死刑的，裁定不予核准，并撤销原判，发回重新审判。四是发现原审人民法院违反法定诉讼程序，可能影响公正审判的，裁定不予核准，并撤销原判，发回重新审判。五是一人有两罪以上被判处死刑，其中部分犯罪的死刑裁判认定事实不清、证据不足的，对全案裁定不予核准，并撤销原判，发回重新审判；其中部分犯罪的死刑裁判认定事实正确，但依法不应当判处死刑的，可以改判并对其他应当判处死刑的犯罪作出核准死刑的判决。六是一案中两名以上被告人被判处死刑，其中部分被告人的死刑裁判认定事实不清、证据不足的，对全案裁定不予核准，并撤销原判，发回重新审判；其中部分被告人的死刑裁判认定事实正确，但依法不应当判处死刑的，可以改判并对其他应当判处死刑的被告人作出核准死刑的判决。

(三) 判处死刑缓期二年执行案件的复核程序

1. 对死刑缓期二年执行案件的核准权

《刑事诉讼法》第 201 条规定："中级人民法院判处死刑缓期二年执行的案件，由高级人民法院核准。" 2006 年十届全国人大常委会第二十四次会议通过《关于修改中华人民共和国〈人民法院组织法〉的决定》，规定 "死刑除依法由最高人民法院判决的以外，应当报请最高人民法院核准"。最高人民法院据此作出《最高人民法院关于统一行使死刑案件核准权有关问题的决定》，规定自

2007 年 1 月 1 日起，死刑除依法由最高人民法院判决的以外，应当报请最高人民法院核准。这些决定并未修改《刑事诉讼法》第 201 条的规定，由此可知，除了最高人民法院判决的以外，死刑缓期二年执行的案件仍应由高级人民法院核准。死刑复核权的收回只是将判处死刑立即执行案件的复核权收回最高人民法院，而死刑缓期二年执行案件的复核权并没有收回。

2.复核死刑缓期二年执行案件的程序

复核死刑缓期二年执行案件与复核死刑案件的程序基本一致，一般是由报请复核和复核两个阶段组成。

第一，报请复核。中级人民法院审判的第一审死刑缓期二年执行案件，在上诉、抗诉期满后当事人没有上诉、人民检察院没有抗诉的，应将该案件报请高级人民法院复核。中级人民法院在报送案件时，应写出死刑缓期二年执行案件综合报告，连同各种诉讼文书及全部证据等案卷材料，一并送交高级人民法院。报请复核时，要坚持一案一报原则，不能多案一报。

第二，复核。高级人民法院在复核死刑缓期二年执行案件时，应当由审判员三人组成合议庭，对死刑缓期二年执行案件进行全面审查。复核的基本内容、方式方法与复核死刑立即执行案件基本相同。

3.复核后对案件的处理

高级人民法院对死刑缓期二年执行案件复核后，可根据不同情况，作出以下处理：一是对于认定事实清楚，证据确实、充分，适用法律正确，判处死缓适当的判决，用裁定予以核准；二是对于认定事实不清，或者证据不确实、不充分的判决，用裁定予以撤销，发回原审人民法院重新审判；三是对于认定事实清楚，证据确实、充分，但适用法律有错误，或者量刑畸重的判决，裁定撤销原判，发回原审人民法院重新审判，或者提审后改判。

第三节　行政诉讼制度与行政赔偿制度

一、行政行为的概念、特征和分类

（一）行政行为的概念

行政行为是行政主体在行使行政职权、实施行政管理活动过程中作出的具有直接或者间接法律效力的行为。行政行为的概念包括以下含义：

第一，行政行为是行政主体所为的行为。行政主体包括行政机关和法律、法规授权的组织。行政机关的公务员、法律法规授权组织的工作人员以及行政主体委托的组织或者个人，以行政主体的名义实施的行为皆视为行政主体的行为。

第二，行政行为是行使行政职权，进行行政管理的行为。从性质上看，行政主体的活动主要包括两类，一类是民事活动，即行政主体以平等民事主体的身份出现所进行的活动，该活动受民事法律规范调整，行政主体不享有行政优益权；另一类是行政管理活动，这类活动以行政主体行使行政职权为核心，有行政职权的存在，才有行政行为。

第三，行政行为能够产生直接的或者间接的法律效力。能产生法律效力是指能在法律上影响行政相对人的权利义务，这种影响可能是直接的（行政执法行为），也可能是间接的（行政立法行为）；可能是有利于相对人的（行政许可、行政救助等），也可能是不利于相对人的（行政处罚、行政强制等）。从广义上看，行政指导、行政建议、行政调解等也是行政主体的行政行为，但由于这些行为不具法律效力，即不在法律上影响行政相对人的权利义务，因而不是行政法律行为。

（二）行政行为的特征

1. 行政行为的从属性

行政行为是执行法律的行为，任何行政行为的作出均须有法律根据，因而行政行为必须从属于法律。没有法律的明确规定或者授权，行政主体不得作出任何行政行为。这一点与对公民、法人和其他组织的要求是不同的。公民、法人和其他组织只要不做法律禁止的事情即为守法、合法，而行政主体则只能做法律明文规定或者授权其做的事情。

2. 行政行为的裁量性

由于行政管理的复杂与多样，法律规范不可能对行政主体行政行为的每一个步骤、每一个细节都予以规定，因此行政主体必须享有一定的自由裁量权，以利合理行政和科学行政。行政行为的这种裁量性并不与依法行政相对立。因为，行政主体所拥有的自由裁量权不是无限制的自由裁量权，而是法律规定范围内的自由裁量权，这种权力的运用必须符合法律的立法目的和宗旨。

3. 行政行为的单方性

只要是在法定的职权范围内，行政主体即可自行决定和直接实施某种行政行为。这种单方性不仅表现在依职权的行政行为中，而且表现在依申请的行政行为中。依申请的行政行为虽然是在行政相对人申请的前提下作出的，但行政相对人的申请行为并不必然引起行政主体的许可行为。

4. 行政行为的强制性

行政行为是行政主体代表国家公权力机关、以国家公权力机关的名义和国家强制力为后盾实施的，因此行政行为具有强制性。行政行为的强制性体现在：行政行为一经作出，即产生法律效力，行政相对人必须遵守和服从，否则行政主体可以自行或者依法申请人民法院强制执行。行政行为的强制性有助于行政管理的顺利进行和社会秩序的有效维护。

（三）行政行为的分类

按照不同的标准，可以对行政行为进行不同的分类：

1. 行政立法行为、行政执法行为和行政司法行为

依据实施行政行为时所形成的法律关系的不同，可以将行政行为分为行政立法行为、行政执法行为和行政司法行为三类。行政立法行为是指国家行政机关依照法定权限和程序制定行政法规、规章的活动。行政立法所形成的法律关系是以行政机关为一方，以不特定的行政相对方为另一方的普遍性的法律关系，其内容是涉及对行政法规、规章的制定、修改和废止。行政执法行为是指行政主体执行或者适用法律规范，使法律规范在实际生活中得以实现的活动。行政执法所形成的法律关系是双方法律关系，以行政机关为一方，以特定行政相对人为另一方，其内容涉及法律的执行和行政措施的运用。行政司法行为是指行政机关作为中立的第三方裁决行政争议和民事争议的行为，行政司法中的法律关系是三方法律关系，以行政机关为一方，以发生纠纷的双方当事人各为一方。

2. 要式行政行为与非要式行政行为

以行政行为是否具备一定的法定形式为标准，可以将行政行为分为要式行政行为和非要式行政行为。要式行政行为是指必须根据法定方式进行或者必须具备法定形式才能生效的行为。非要式行政行为指不需要具备特定形式或者特定程序，只需行为人口头意思表示就可生效的行政行为。一般来说，在出现紧急情况或者情况比较简单条件下实施的行政行为多是非要式行政行为。要式行为与非要式行为的区别，关键不在于有无行为的形式，而在于法律是否要求某种行为必须具备特定形式。

3. 抽象行政行为和具体行政行为

根据行政行为实施对象及适用力的不同，可以将行政行为分为抽象行政行

为和具体行政行为。抽象行政行为是指行政主体针对不特定的行政管理对象实施的行政行为，主要表现为行政主体制定行政法规和规章、制定行政措施、发布行政决定和命令的行为。抽象行政行为具有普遍约束力，可以重复适用。具体行政行为是指行政主体针对特定的行政管理对象实施的行政行为，能够直接影响特定行政管理对象的权利和义务，例如行政许可、行政强制、行政处罚等行为。抽象行政行为与具体行政行为的主要区别是行政行为的对象是否特定，抽象行政行为的对象是不特定的，而具体行政行为的对象是特定的。

4. 依职权行政行为与依申请行政行为

依据行政行为启动方式的不同，行政行为可以划分为依职权行政行为与依申请行政行为。依职权行政行为是指行政主体根据其法定职权而无须行政相对方的申请即能主动实施的行政行为，例如税务机关依法收税的行为、交通警察依法处罚违章行为的行为等。依申请行政行为是指行政主体只有在行政相对方提出申请后才能实施的行政行为，例如工商机关发放营业执照的行为，民政部门发放抚恤金的行为等。

5. 单方行政行为、双方行政行为与多方行政行为

根据决定行政行为时参与意思表示的当事人的数目为标准，可将行政行为分为单方行政行为、双方行政行为和多方行政行为。单方行政行为是指由行政机关单方面决定，无须取得相对方同意的一种行政行为。除非法律作特殊规定，行政机关实施行政行为，大多采取单方行政行为的形式。双方行政行为，是行政机关与行政相对方互相协商，经双方意思表示一致后才采取的行政行为。多方行政行为是双方行政行为的延伸，参与意思表示的相对方由一方增至多方。双方或者多方行政行为并不表示相对方也有权实施行政行为，相对方参与意思表示只是实施行政行为的前提条件，而不是实施行为本身。目前人事管理中普遍采用的招聘合同即属双方行政行为；公安机关在解决治安纠纷中通常采用的行政调解则属于多方行政行为。

除上述之外，行政行为还可以依据不同的标准作不同的分类。例如，以行政行为受法律规范的拘束程度为标准，行政行为分为羁束行政行为和自由裁量行政行为；依行政行为有无限制条件为标准，行政行为分为附条件行政行为与不附条件行政行为；依行政行为能否纳入行政诉讼受案范围为标准，行政行为分为可诉行政行为与不可诉行政行为；根据行政行为是否授予行政相对方权利与利益为标准，行政行为分为授益行政行为与负担行政行为等。

二、违法与无效行政行为的认定

(一) 违法行政行为的认定

违法行政行为是指行政行为不具备合法要件。一般来说，行政行为应具备以下合法要件，否则即视为违法。

1. 主体合法

主体合法是指行政行为的作出主体必须具有行政主体资格。在我国，行政主体是指具有独立法律人格，能以自己的名义作出行政行为，并能独立承担由此而产生的法律责任的组织，包括行政机关和法律法规授权组织。由于行政行为通常由行政公务人员实施，因而这些人员应当具备法定条件，才能保证行政行为的合法有效性。另外，主体合法除了要求行为主体必须是行政主体以外，还要求其行为必须在法定的职责权限范围内，若行政主体的行为超出了法定的职责权限范围，则其行为不合法。

2. 内容合法

行政行为的内容是指行政行为对行政相对人权利义务所产生的具体影响。行政行为的内容可能是赋予相对人某种权利或者剥夺相对人某种权利，也可能是设定相对人某项义务或者免除相对人某项义务，所有这些都必须符合法律的规定，即不能违法对行政相对人的权利义务施加影响。

3. 程序合法

程序是指实施行政行为所经过的步骤，包括方式、步骤、时间、顺序等要素。任何行政行为的作出均须通过一定的程序，没有脱离程序的行政行为。行政行为的程序是否合法也是判断行政行为是否合法的重要标准。程序合法的基本要求是：第一，行政行为符合行政程序法确定的基本原则和制度，例如行政行为公开、公正、效率等原则以及为确保上述原则的实现而确立的情报公开制度、调查制度、职能分离制度、回避制度、辩论制度、听证制度、案卷制度、时效制度等。第二，行政行为应当符合法定的步骤和顺序。例如行政处罚的"先调查取证后裁决"的顺序不得颠倒，否则即构成程序违法。

(二) 无效行政行为的认定

无效行政行为是指行政行为有重大违法或者明显瑕疵，以致自始至终不产生法律效力，即对行政相对人没有拘束力。行政行为具备下述情形即为无效：一是行为主体不明确。例如，行政主体及其行政公务人员在执行公务时不表明身份，使相对人无从确定行政主体。二是行政行为严重超越职权。例如，物价部门吊销经营单位的营业执照，工商部门对违法经营者进行行政拘留等。三是行政行为有重大实体违法和程序违法。例如，行政机关批准在城市主要居民区建设能造成环境污染的工厂；商标局作出撤销注册商标的决定，且不允许当事人申请行政复议等。四是行政行为有犯罪或者有唆使他人犯罪的情形。例如，公安人员或者公安人员唆使他人对相对人使用暴力手段，造成对相对人生命或者健康的威胁等。五是行政行为的内容在客观上无实施的可能。例如，城建部门要求某建筑施工队在半个月内完成在正常情况下至少需要半年才能完成的建筑任务等。

无效行政行为自始至终不发生法律效力，行政相对人可以不受该行为的约束，可以自行决定不履行该行为所设定的义务而不承担法律责任。确认行政行为无效不受时效限制，有权机关可以在任何时候宣布某行政行为的无效。行政行为被宣布为无效后，行政主体因此所得到的一切利益应当返还给相对方，而相对方因此而受到的损害应予以行政赔偿。

三、行政诉讼制度

行政诉讼与民事诉讼、刑事诉讼并称为三大诉讼制度。从中华人民共和国成立到改革开放之前，我国未能真正建立起行政诉讼制度，大量行政纠纷无法通过法律途径得到解决。1979 年后，行政诉讼制度随着改革开放和民主政治的发展而逐步建立起来。从 1980 年颁布《中外合资经营企业所得税法》到 1989 年 3 月底，已有 130 多部法律和行政法规对行政诉讼作出了规定，而行政诉讼的程序准用民事诉讼程序，初步确立了行政诉讼制度。1989 年 4 月 4 日颁布、1990 年 10 月 1 日施行的《行政诉讼法》，以法典形式最终确立了行政诉讼制度，标志着我国行政诉讼制度走上了独立发展的道路，行政诉讼制度进入到了一个新的、迅速发展的时期。我国《行政诉讼法》的颁布是一种巨大的历史进步，对行政监督和人权保护都具有重要意义。

（一）行政诉讼的概念和特征

行政诉讼指公民、法人和其他组织认为行政主体和行政公务人员的具体行政行为侵犯其合法权益，依法向人民法院提起诉讼，由人民法院进行审理并作出判决的活动。行政诉讼的这一概念包含了行政诉讼的一些主要特征。

第一，行政诉讼的原告是公民、法人和其他组织，被告是作出具体行政行为的行政主体。行政诉讼原被告的位置是恒定不变的，也就是说，原告只能是公民、法人和其他组织，被告只能是作出具体行政行为的行政主体，且被告没有反诉权。行政诉讼原被告的这一特征与民事诉讼、刑事诉讼原被告特征形成了很大不同。因为，民事诉讼的被告有反诉权；刑事诉讼自诉案件的被告也有反诉权。行政诉讼原被告位置的这种特点源于政府行政管理实践。在行政管理中，行政相对人通常处于被管理位置，当他们认为行政主体的具体行政行为侵犯其合法权益时，只能以原告身份，通过行政诉讼的途径来寻求司法保护。

第二，行政诉讼的客体是行政主体作出的具体行政行为。相应地，人民法院审理行政案件，也仅对具体行政行为是否合法进行审查。这意味着，首先，行政诉讼只针对具体行政行为而不针对抽象行政行为，尽管抽象行政行为与具体行政行为具有千丝万缕的联系，但我国现行法律未将抽象行政行为纳入司法审查的范围。其次，行政诉讼只针对具体行政行为的合法性而一般不针对具体行政行为的合理性。

第三，行政诉讼的首要目的是维护公民、法人和其他组织的合法权益。在行政管理过程中，行政主体处于管理者位置，行政相对人处于被管理位置。如果行政相对人认为行政行为侵犯了自己的合法权益，则以原告身份向人民法院提起行政诉讼。从这个角度看，行政诉讼的程序是由行政相对人启动的。在行政公益诉讼制度缺失的情况下，行政相对人启动行政诉讼程序的首要目的应为维护自身的合法权益而不是其他。

第四，行政诉讼是人民法院运用审判权进行司法审查的制度。按照权力分立与制衡原则，人民法院行使审判权，并对行政权进行监督或制约。当行政相对人对具体行政行为提起行政诉讼后，行政行为即进入了司法审查程序，由人民法院对行政行为进行审查并作出判决。例如，人民法院对于违法行政行为作出撤销或者部分撤销的判决等。其结果，行政权力的运用受到来自其他独立权力机关的监督与约束，这对于造就一个有限政府是极为必要的。需要注意的是，人民法院应当独立行使审判权以保证司法审查的公正。对此《行政诉讼法》第3条规定："人民法院依法对行政案件独立行使审判权，不受行政机关、社会团体和个人的干涉"。这意味着，行政审判权（行政案件受理权、管辖权、取证权等）是公权力的重要组成部分，这一权力只能由人民法院行使，且只能由人民法院统一、依法、独立行使，无此便不能实现司法公正或社会正义。

（二）提起行政诉讼的条件

原告提起行政诉讼的条件主要有六。一是原告是认为具体行政行为侵犯其合法权益的公民、法人或者其他组织。二是有明确的被告，被告应为作出具体行政行为的行政主体。作出具体行政行为的行政公务人员，因其行为是以所在行政主体的名义实施的，所以不能成为行政诉讼的被告，受行政机关委托的组织因不具有行政主体资格，所以也不能成为行政诉讼的被告。三是原告要有明确的诉讼请求，这些诉讼请求包括：请求确认（请求人民法院确认某种行政法律关系是否存在）、请求履行（请求人民法院判决行政机关履行法定职责）、请求撤销（请求人民法院撤销行政机关的具体行政行为）、请求变更（请求人民法院变更行政机关显失公正的行政处罚行为）、请求赔偿（请求人民法院判决行政赔偿）等。四是原告提起行政诉讼的事项必须属于人民法院的受案范围和受诉人民法院的管辖。五是原告提起行政诉讼必须是在法定期限之内。六是法律法规规定起诉必须先经过行政复议程序的，要先经过行政复议程序，否则不能直接向人民法院提起行政诉讼。

（三）行政诉讼的基本原则

行政诉讼与其他诉讼既有一些共同的司法原则，也有一些特有的司法原则。

第一，与其他诉讼共有的司法原则：（1）人民法院依法独立行使审判权原则。（2）以事实为根据，以法律为准绳原则。（3）合议制原则。（4）回避原则。（5）公开审判原则。（6）两审终审制原则。（7）当事人法律地位平等原则。（8）使用本民族语言进行诉讼原则。（9）当事人有权辩论原则。（10）人民检察院进行法律监督原则。

第二，行政诉讼特有的司法原则：（1）选择复议原则。（2）具体行政行为不因诉讼停止执行原则。（3）主要由被告承担举证责任原则。（4）不适用调解原则。（5）具体行政行为合法性审查原则。（6）司法变更权有限原则。

（四）行政诉讼与民事诉讼的关系

民事诉讼是指人民法院在当事人和其他诉讼参与人的参加下，审理和解决民事争议、经济纠纷的活动。行政诉讼与民事诉讼的程序有不少相同之处。在我国，行政诉讼是从民事诉讼中分离出来的，在发展初期往往适用民事诉讼程序。我国在制定《行政诉讼法》之前，于1982年制定的《民事诉讼法（试行）》中规定，人民法院受理法律规定可以起诉的行政案件，审理行政案件时适用民事诉讼程序。我国虽然于1989年制定了《行政诉讼法》，但内容简略，对诉讼过程中的一些程序性问题，如期间、送达、开庭步骤、集团诉讼等未作规定，因而在审理行政案件过程中，必然要参照《民事诉讼法》的有关条款规定。对此，最高人民法院在 1991 年所作的司法解释中作了明确规定。由于两种诉讼活动都是在人民法院主持下进行的，因此一些司法原则，例如公开审判、回避制度、两审终审制、合议制等是共同的。由于所要解决的争议性质不同，决定了行政诉讼与民事诉讼在许多方面存在重大差异。主要差异有以下几点：一是案件性质不同。民事诉讼解决的是平等主体之间的民事争议；行政诉讼解决的是行政主体与作为行政管理相对方的公民、法人或者其他组织之间的行政争议。二是适用的实体法律规范不同。民事诉讼适用民事法律规范，如《民法通则》等；行政诉讼适用行政法律规范，如《治安管理处罚法》等。三是当事人不同。民事诉讼发生于法人之间、自然人之间、法人与自然人之间；行政诉讼只发生在行政主体与公民、法人或者其他组织之间。四是诉讼权利不同。民事诉讼中，双方当事人的诉讼权利是对等的，如一方起诉，另一方可以反诉；行政诉讼只能由公民、法人或者其他组织一方起诉，行政主体方没有起诉权和反诉权。五是起诉的先行条件不同。行政诉讼要求以存在某个具体行政行为为先行条件；民事诉讼则不需要这样的先行条件。六是举证责任不同。民事诉讼中举证责任的分担原则是"谁主张，谁举证"，行政诉讼则要求主要由被告行政机关负举证责任。七是是否适用调解不同。通过调解解决争议，是民事诉讼的结案方式之一；人民法院审理行政案件，是对行政机关的具体行政行为的合法性进行审查，因而不可能通过被告与原告相互妥协来解决争议。

四、行政赔偿制度

（一）行政赔偿的概念

行政赔偿是指行政主体及其行政公务人员违法行使职权，侵犯公民、法人和其他组织的合法权益并造成损害，由国家承担责任对受害人予以赔偿的法律制度。我国 1982 年《宪法》第 41 条第 3 款规定："由于国家机关和国家工作人员侵犯公民权利而受到损失的人，有依照法律规定取得赔偿的权利"。这一规定是我国国家赔偿制度建立的宪法依据。此后，1986 年颁布的《治安管理处罚条例》、1987 年颁布的《民法通则》、1989 年颁布的《行政诉讼法》等一些单行法律、法规相继规定了国家赔偿责任。1994 年颁布的《国家赔偿法》标志着我国全面确立了国家赔偿制度。

（二）行政赔偿的成立要件

行政赔偿的成立要件是指国家承担行政赔偿责任所应具备的前提条件。按照我国现行法律规定，行政赔偿的成立要件主要有五：

1. 主体要件

主体要件即引起行政赔偿的侵权损害行为主体是行政主体及其行政公务人员。"行政公务人员"的范围包括政府公务员和其他行政公务人员。政党、人民团体、国有企业事业单位等不是引起行政赔偿的侵权损害行为主体。

2. 行为要件

行为要件即引起行政赔偿的侵权损害行为是行政主体及其行政公务人员行使行政权力、实施行政管理的行为，即职权行为。《国家赔偿法》并未对职权行为作出明文解释，但是，从《国家赔偿法》对行政赔偿范围的规定看，职权行为主要是指行政主体及其行政公务人员行使行政权力，对相对人实施管理的单方面行为。这类行为均带有命令——服从的特点，即国家强制特点，直接影响行政相对人的权利义务。据此可以推论出，行政公务人员作出的与职权行为无关的个人侵权行为，不能引起国家行政赔偿责任，所产生的法律后果由行政公务人员自己承担；国有公共设施因设置、管理欠缺所造成的损害，也不能引起国家行政赔偿责任，受害的公民、法人和其他组织有权要求得到民事赔偿。

3. 违法要件

违法要件即引起行政赔偿的侵权损害行为是违法行政行为，例如违法拘留、非法拘禁、违法实施罚款、违法查封财产等。也就是说，行政赔偿责任的归责原则是"违法责任原则"，即只有行政主体及其行政公务人员的职权行为违法并对行政相对人合法权益造成损害时，国家才承担赔偿责任。实行违法责任原则，有利于促进行政机关依法行政。

4. 损害要件

损害要件即行政机关的违法职权行为确实已经损害了行政相对人的合法权益，且损害是直接损害，损害的大小和范围可以确定。一方面，有侵权不一定有损害。例如，违法行政处罚决定一经作出即构成侵权，但在处罚决定执行之前，则只存在侵权事实，而不存在损害事实，被处罚人不能要求行政赔偿。另一方面，非直接的和无法确定的损害不能得到赔偿。例如，就业机会的丧失肯定会对当事人造成损害，但这种损害是无法确定的，因此不能获得赔偿。此外，按照我国现行法律规定，抽象行政行为和国家行为不属于国家赔偿的范围；精神损害不具有物质赔付的内容。

（三）行政赔偿的作用

1. 权利救济作用

行政主体及其行政公务人员违法行使职权侵犯公民、法人和其他组织的合法权益造成损害时，行政赔偿可以使受害人的权利得到救济。例如，行政诉讼如果没有行政赔偿制度，受害人只能在诉讼中请求人民法院撤销违法行政行为、请求人民法院责令被告重新作出行政行为或在规定的期限内履行职责。这些救济手段虽然可以起到迫使被告停止侵害的作用，但对于违法行政行为已经造成的损害却无法予以救济，而这恰恰是行政赔偿所要解决的问题。权利救济作用是行政赔偿的主要作用，也是国家实行国家赔偿制度的根本目的。

2. 制约防范作用

国家行政赔偿具有制约和防范行政主体及其行政公务人员作出违法行政行为的作用。因为，一旦违法行政行为侵犯行政相对人的合法权益并造成实际损害，不仅国家要承担行政赔偿责任，而且可以通过其他措施，例如对直接责任人给予行政处分、规定侵权机关为赔偿义务机关、责令责任人员和责任机关承担部分或全部赔偿费用等，把履行职务的状况和行政主体及其行政公务人员的切身利益结合起来，进而达到制约、防范行政职务违法侵权活动的目的。

3. 社会平衡作用

首先，由于国家行政赔偿制度的建立，行政公务活动的受害人可以从国家得到相应的赔偿，这就缓解甚至消除了国家与个人之间的矛盾以及行政相对人对行政公务活动的不满情绪，使行政管理活动能够顺利进行。通过这样的方法，使国家赔偿机制在保护行政相对人合法权益和增进国家行政活动效能之间保持一种合理的平衡。

4. 文明标示作用

衡量一个社会文明程度的重要标尺即是国家和政府是否和人民一样有守法的义务，是否在违法后也要承担相应的法律责任。行政赔偿以及其他类型的国家赔偿便是国家和政府对人民承担侵权责任的方式。人们可以从包括行政赔偿在内的国家赔偿制度的有无、好坏去观察一个国家文明发展的水平，特别是民主与法制的真实状况。无论如何，一个对人民不承担违法责任的国家不能说是一个文明的国家。因此，以行政赔偿为主体的国家赔偿制度的建立，是社会文明发展的必然要求，也是社会进步的衡量尺度。

重要概念

1. 审判监督　　　2. 刑事审判监督　　　3. 行政审判监督

4. 审级监督　　5. 二审监督　　6. 再审监督

7. 死刑复核　　8. 行政行为　　9. 抽象行政行为

10. 具体行政行为　11. 违法行政行为　12. 行政主体

13. 无效行政行为　14. 行政诉讼　　15. 行政赔偿

思 考 题

1. 试述审判机关的审判监督。

2. 简述行政行为的合法要件。

3. 简述无效行政行为的认定。

4. 简述行政诉讼的特征。

5. 简述行政赔偿的成立要件。

6. 简述行政赔偿的作用。

7. 试述人民法院与人民检察院在法律活动中的相互关系。

第八章

行政机关的监督

行政机关的监督简称"行政监督"，是指行政组织内部各监督主体对行政机关及其行政公务人员的行政行为所作的监察或者督察。本章在阐述行政监督一些基本问题的基础上，着重介绍了层级监督、行政监察、审计监督、行政复议等行政监督形式。

第一节　行政监督概述

一、行政监督的概念和特征

(一) 行政监督的概念

学界对行政监督的界定有广义、狭义之说。广义的行政监督是指行政系统内外监督主体依法对行政机关及其行政公务人员的行政行为所作的监察或者督察。狭义的行政监督是指行政组织内部各监督主体对行政机关及其行政公务人员的行政行为所作的监察或者督察。本章采用狭义的行政监督的概念。

行政监督的组织基础是行政组织以及金字塔式的行政组织结构。行政组织又称政府组织。我国的政府组织由各级人民政府以及各级人民政府职能部门所构成。可见，行政组织数量众多。如此多的行政组织如果不能按照一定的原则加以整理或者编排，使其显现出严密的、稳定的组织结构，就会成为一盘散沙而无法发挥其功能。按照行政学对于行政组织的相关研究，整理、编排这些行政组织并使其呈现出特有结构的原则主要有三，即精简、统一、效能。精简是指在保证行政职能履行的前提下，行政组织的数量应尽可能地减少，以避免政府成为"巨型政府";统一是指在行政组织系统内,下级必须服从上级,不能政出多门,以保证政令统一;效能是指行政组织的活动既要有行政效率又要保证社会的公平正义,对社会发展起正面的、积极的作用。按照精简、统一、效能的原则整理、编排行政组织,行政组织呈现出金字塔式的组织结构。这个金字塔的内部是分层的,称为"行政层次",行政层次以数量计算,每一层代表着一个级别的政府。例如五级政府是指中央政府、省级政府、市级政府、区县级政府、乡镇政府;四级政府是指中央政府、直辖市政府、区县级政府、乡镇政府等。

行政监督制度的运行原理是关于行政组织层级节制的原理。在这方面,比较有影响的理论是德国的组织理论家马克斯·韦伯提出的"理想官僚制"。按照马克斯·韦伯的设计,理想的行政组织具有四个特点。一是在政府组织中,每个官员都有固定的职责权限,他只能在自己的职责权限范围内发布命令而不能超越;二是政府组织内部有着严格的等级关系,下级组织必须接受上级组织的监督控制;三是政府的各项活动都要严格依照规范性文件的规定进行;四是以能够胜任工作为前提,政府工作人员领取固定薪俸并终身任职,使政府公职成为受尊重的职业。韦伯认为,按照职权分明、层级节制、政令严格、稳定任职原则建构起来的政府组织是最为合理的政府组织,完全能够取得高的行政效率和胜任各项行政任务。近几十年来,韦伯的理想官僚制受到广泛质疑,各国也都在不断地进行政府机构改革,但机构改革所改的通常只是政府机构的设置方式和数量,而不是韦伯理想官僚制本身,政府组织内部仍然普遍保留着上级对下级的层级节制关系,原因就在于这种层级节制关系是行政组织运行所必需的。这种关系规定了行政权力的运行方向、行政首脑的指挥线路、行政信息的传递渠道、行政人员的职责权限,同时也使行政监督制度的建立和运行成为可能。也就是说,如果没有行政组织中上级行政机关对下级行政机关的层级节制,行政监督制度是无法建立、也无法运行的。

(二) 行政监督的特征

行政监督的特征主要有四。一是监督主体的多样性。行政监督的主体包括各级政府、各级政府职能部门、行政监察机关、审计机关等。二是监督对象的特定性。行政监督的对象是行政机关、政府公务员以及行政机关任命的其他人员,更确切地说是行政机关和行政公务人员的行政行为。三是监督内容的广泛性。行政监督不仅包括对政府及其职能部门行政管理活动的监督,而且包括对行政执法人员行政处理活动的监督,不仅监督行政行为的合法性,而且监督行政行为的合理性。广泛的监督内容使得行政机关及其行政公务人员的行为更加规范。四是监督程序的法定性。行政监督是一种法制监督。监督程序法定是实现监督目的的基本前提，没有相应法律程序的保障，行政监督的目的不可能实现。例如，香港特别行政区《特派廉政专员公署条例》，基本上是一个程序性法规，从而保障了廉政公署职权的有效行使。监督程序法定还意味着对监督对象合法权益的程序性保障。行政监督法律程序在保障监督机关有效行使监督权的同时，也对监督机关滥用监督权形成制约，保护被监督人的合法权益。

二、行政监督的对象和范围

（一）行政监督的对象

行政监督的对象是指行政监督活动所针对的组织或者个人。我国行政监督的对象是行政机关及其行政公务人员。

第一，行政机关。行政机关是依照宪法和行政机关组织法设立的、享有且能以自己的名义行使国家行政权，并能独立承担由此而产生的法律责任的机关。根据宪法和行政机关组织法的规定，我国的行政机关包括中央行政机关和地方行政机关。中央行政机关包括国务院、国务院各部委、国务院直属机构和国务院办事机构。地方行政机关包括地方各级政府、地方各级政府职能部门、地方政府的派出机关等。在我国，享有行政权的组织包括两大类：一类是行政机关；另一类是法律法规授权组织。由于行政机关行使大部分且最重要的行政权力，因而行政机关理应成为行政监督的重点对象。

第二，政府公务员。政府公务员是指在国家行政机关中执行公务的人员。国家通过法律将行政权力赋予行政机关，行政机关由公务员组成，所以归根结底行政权力是由公务员行使的，对公务员实施监督是行政机关依法行政的基础。监督公务员主要是针对公务员的职务行为。

第三，行政机关任命的其他人员，主要是指行政机关任命的国有企事业单位的领导人员。《中华人民共和国行政监察法》第2条规定："监察机关是人民政府行使监察职能的机关，依照本法对国家行政机关、国家公务员和国家行政机关任命的其他人员实施监察。"这些人员成为行政监督对象的原因主要有三：一是这些人员由行政机关任命；二是这些人员受行政机关的委托，行使特定的行政职权，并向行政机关负责；三是这些人员履行职务的行为是执行公务的行为，他们的职务行为是行政机关管理社会事务的特殊方式。

（二）行政监督的范围

行政监督贯穿于行政管理的全过程，是一种全程化监督，因而行政监督的范围与行政管理的范围是相适应的，行政监督的范围能否与行政管理的范围相适应，是衡量一国行政监督制度是否完备的重要标志。行政监督的范围有两种划分方法。

第一，按照政府基本职能划分的行政监督范围。政府基本职能是政府在国家和社会发展中所承担的义务和所发挥的作用。政府基本职能包括政治职能、经济职能、文化职能和社会职能，相应地，行政监督涉及对政府履行政治、经济、文化、社会职能的监督。例如，对政府在工业、农业、商业、基本建设、交通运输、财政金融、公用事业等领域的管理活动实施监督，对政府在科技、教育、文化、卫生等领域的管理活动实施监督等。

第二，按照政府运行职能划分的行政监督范围。政府运行职能是政府管理的程序性职能，主要包括计划（决策）、执行、指挥、协调、控制等。例如，行政决策是行政管理的起点，同时也贯穿于行政管理的全过程。采用各种方式对行政决策的制定进行监督，对于保证决策的科学化与民主化有重要作用。再如，行政执行是行政管理的关键环节，采用各种监督方式对行政执行实施监督，对于实现决策目标、检验决策正误、完善决策内容、实现决策创新等都是非常必要的。

三、行政监督机关的领导体制

我国行政系统内的行政监督机关主要包括上级行政机关以及行政监督的专门机关，例如监察机关、审计机关等。

第一，上级行政机关。如前所述，我国的行政组织由各级政府及其职能部门构成，组织结构类似于"金字塔"，塔内又分层级，上级领导下级，下级服从上级。从政府角度看，乡镇政府处于行政组织的底层；从部门角度看，县政府部门处于行政组织的底层。在我国，政府系统实行垂直领导，政府部门大多实行"条块结合"的双重领导，少数实行上级政府职能部门的垂直领导，例如海关、金融、国税、国家安全等部门。行政组织的这种上下级关系是行政机关作为执行机关的本质属性所决定的，这种关系是政府有效行政的组织保障，也是行政监督的组织保障。

第二，行政监督的专门机关。我国行政监督的专门机关包括行政监察机关和审计机关。这些机关均实行双重领导体制，对本级人民政府和上一级主管机关负责并报告工作，监督业务以上一级主管机关领导为主。这种领导体制的优点是监督机关的工作条件能够得到本级政府的支持，缺点是监督机关的监督活动可能受制于监督对象。因此，行政监督专门机关领导体制的改革值得关注和研究。

四、行政监督对象的法律责任

（一）法律责任的概念

行政监督对象的法律责任是指行政机关、政府公务员、行政机关任命的其他人员因行政违法和行政不当所应承担的不利法律后果。法律责任的意思是：此种责任由法律规范设定，以法律规范规定的职责、内容以及承担方式为根据，并通过一定的法律途径（行政复议、行政诉讼等）来实现。也就是说，这种责任并非基于约定和道义而产生的责任，而是与违宪责任、民事责任、刑事责任相并列的独立的责任形式。我国行政监督制度在发展过程中，逐步确立了"责任法定"的原则。例如，2007年颁布执行的《行政机关公务员处分条例》第2条第4款规定："除法律、法规、规章以及国务院决定外，行政机关不得以其他形式设定行政机关公务员处分事项。"第4条规定："给予行政机关公务员处分，应当与其违法违纪行为的性质、情节、危害程度相适应。给予行政机关公务员处分，应当事实清楚、证据确凿、定性准确、处理恰当、程序合法、手续完备。"

（二）法律责任的形式

行政机关及其行政公务人员的法律义务主要有二：一是不得作出损害公民、法人和其他组织（行政相对人）合法权益的行为；二是不得失职和违背公共利益。如果有违上述法律义务，行政机关及其行政公务人员就应当承担法律责任，或者是承担赔付性法律责任，或者是承担惩罚性法律责任。赔付性法律责任的特点是恢复原状，亦即使行政相对人的权利义务恢复到行政行为未作出前的状态。惩罚性法律责任的特点是惩罚违法行为主体。可见，法律责任形式是广泛而多样的，绝不仅仅是给责任人行政处分这种单一形式。

1. 赔付性法律责任

赔付性法律责任形式较多，例如行政行为的撤销、行政行为的变更、行政职责的限期履行、行政赔偿等。行政行为的撤销是指有权机关（上级行政机关、行政复议机关、人民法院等）撤除、注销违法行政行为，使之自始不发生法律效力；行政行为的变更是指有权机关改变不适当的行政行为，使行政行为合理、适当；行政职责的限期履行是指有权机关责令行政机关在一定期限内履行法定职责，不得拒绝和拖延履行法定职责；行政赔偿是指行政机关及其行政公务人员违法行使职权，侵害行政相对人的合法权益并造成损害，由赔偿义务机关予以赔偿的法律制度。

2. 惩罚性法律责任

惩罚性法律责任的形式包括行政处分、刑事处罚、权力机关的罢免和撤职等。

行政处分是行政机关基于行政隶属关系对不履行法定义务或者有明确违纪行为的行政公务人员作出的制裁性行为。根据《中华人民共和国公务员法》的规定，行政处分包括警告、记过、记大过、降级、撤职、开除等。

刑事处罚是行政公务人员违反刑事法律所应当承担的法律责任，是最为严厉的职务责任，这种责任对应的行为是严重的职务犯罪行为。我国法律通常在"法律责任"一章中规定：行政机关工作人员滥用职权、徇私舞弊、玩忽职守，构成犯罪的，依法追究刑事责任。

权力机关的罢免是指各级人民代表大会免除由其选举或者决定的行政机关组成人员。我国《宪法》第63条规定，全国人民代表大会有权罢免国务院总理、副总理、国务委员、各部部长、各委员会主任、审计长、秘书长；《地方各级人民代表大会和地方各级人民政府组织法》第10条规定，地方各级人民代表大会有权罢免本级人民政府的组成人员。

权力机关的撤职是指各级人大常委会撤销由其任命的违法失职的行政机关组成人员的职务。例如，《地方各级人民代表大会和地方各级人民政府组织法》第44条第12项规定："在本级人民代表大会闭会期间，决定撤销个别副省长、自治区副主席、副市长、副州长、副县长、副区长的职务；决定撤销由它任命的本级人民政府其他组成人员和人民法院副院长、庭长、副庭长、审判委员会委员、审判员，人民检察院副检察长、检察委员会委员、检察员，中级人民法院院长，人民检察院分院检察长的职务"。

（三）法律责任的作用

行政法律责任是公民、法人和其他组织合法权益的保障。行政权力以行政行为作用于行政相对人，并对其权利义务产生影响。由于行政权力具有单方性、强制性和自我扩张性等特点，因而在行使过程中极易侵犯相对人的合法权益，给相对人的人身和财产造成损害。行政法律责任很大程度上减小了行政行为的随意性，约束行政行为不能随意对相对人的权利义务施加影响，否则就要承担法律责任，这使得相对人合法权益得到了有效保障。

行政法律责任是实现社会秩序的保障。在社会生活中，无论何人、何组织都必须对自己的行为负责，这是实现社会秩序的基本要求，也是社会赖以生存、发展的基本条件。比较而言，国家行政活动更应该建立在责任的基础之上。从性质上看，行政活动具有公共性，它以整个社会为对象，以公共利益为目标，如果行政活动可以随意实施而无须承担责任，社会就将进入无秩序状态。

行政法律责任是行政权力滥用的约束力量。在政治和法律制度发展史上，确实存在过国家无责任时期。在这样的时期，专制和权力滥用现象不仅是普遍的，甚至是必然的。正是为了反对封建专制，防止国家权力的滥用，才有了近代民主制度和行政法的产生。行政法律责任是贯穿于所有行政法规范的基本原则或曰基本精神，各种行政法规范都规定了行政权力行使的规则、程序以及违反这些规则和程序所要承担的法律责任，其目的就在于克服行政活动的无责任状态，把全部行政活动置于法律责任的基础之上，从而避免行政权力运用的随心所欲。

第二节　层级监督

层级监督是基于行政系统上下级隶属关系而实行的自上而下的监督，这是行政监督中最经常、最主要、最有力的监督形式。

一、上级政府对下级政府的监督

上级政府对下级政府的监督又称"政府监督"，包括国务院对地方各级政府的监督、本行政区域内上级地方政府对下级地方政府的监督等。

政府监督的依据是宪法和组织法的规定。《宪法》第89条第4项规定，国务院统一领导全国地方各级国家行政机关的工作，规定中央和省、自治区、直辖市的国家行政机关的职权的具体划分；第14项规定：国务院改变或者撤销地方各级国家行政机关的不适当的决定和命令。《地方各级人民代表大会和地方各级人民政府组织法》第55条规定："全国地方各级人民政府都是国务院统一领导下的国家行政机关，都服从国务院。"第59条第2项、第3项规定：县级以上地方各级政府领导下级政府的工作，改变或者撤销下级政府的不适当的决定、命令。

（一）政府监督的范围

政府监督的范围依据政府职权而划定。这就是说，政府有怎样的职权，政府监督就有怎样的范围。根据有关组织法的规定，政府职权主要包括：执行本级人大及其常委会的决议；执行上级行政机关的决定和命令；规定行政措施，发布决定和命令；领导所属各工作部门和下级政府的工作；改变或者撤销所属各工作部门和下级政府的不适当的决定、命令；任免、培训、考核、奖惩政府公务员；执行国民经济和社会发展计划、预算；管理本行政区域内的经济、教育、科学、文化、卫生、体育、环保、城乡建设、财政、民政、公安、民族事务、司法、监察、计划生育等行政工作；保护国家财产和私人合法财产；维护社会秩序，保障公民各项权利；保护各种经济组织的合法权益；保障少数民族的权利；办理上级行政机关交办的其他事项等。由此可见，上级政府对下级政府的监督是一种全方位的监督，包括下级政府的建章立制情况、法律执行情况、行政决策活动、财政收入支出情况、人员任免奖惩情况等。

（二）政府监督的方式

政府监督的方式多种多样。除行政复议、行政监察、审计监督（后文阐述）外，还包括改变或者撤销、文件备案、文件清理与审查、重大具体行政行为备案等。

第一，改变或者撤销，即上级政府改变或者撤销下级政府制定的规范性文件和其他规范性文件。在规范性文件（行政立法）层面，按照《立法法》的规定，国务院有权改变或者撤销不适当的地方政府规章；省、自治区政府有权改变或者撤销下一级政府制定的不适当的规章。在其他规范性文件层面，国务院有权改变或者撤销地方各级行政机关的不适当的决定和命令；县级以上地方各级政府有权改变或者撤销下级政府不适当的决定、命令。

第二，规范性文件和其他规范性文件的备案，即下级政府制定的规范性文件和其他规范性文件应当报上级政府备案。在规范性文件备案上，按照《立法法》的规定，地方政府规章同时报国务院和本级人大常委会备案，较大的市的地方政府规章应当同时报国务院、本级人大常委会、省（自治区）人大常委会、省（自治区）政府备案。在其他规范性文件备案上，下级政府制定的其他规范性文件应当同时报本级人大常委会和上一级政府备案。

第三，规范性文件和其他规范性文件的清理与审查，即上级政府对下级政府制定的文件进行整理、处理、审查。文件清理与审查含有四个方面的基本要求，即以法律为准绳，审查文件与法律相抵触、相违背之处；审查过去发布的文件，并确定哪些文件已经全部或者部分失去效力，应予全部或者部分废止；修正下位文件与上位文件相抵触之处；清除同一效力层级文件之间的不和谐或者相互矛盾之处等。文件清理与审查的目的是纠正文件违法，克服文件混乱，使文件适应已经发展了的社会现实和法律变化。文件清理、审查后要及时向社会公布结果，列出继续有效的、废止的、失效的文件目录，凡未列入继续有效目录的文件不得作为行政管理的依据。

第四，重大具体行政行为备案，即下级政府作出的重大具体行政行为报上级政府备案。具体行政行为是指行政机关针对特定对象和特定事项作出的处理决定，例如行政处理、行政许可、行政强制执行等。近些年来，我国不少地方的基层政府都建立了重大具体行政行为备案制度。例如，江西修水县政府2006年4月5日发布了《关于建立重大具体行政行为备案制度的通知》，该《通知》规定，乡镇政府和县政府所属工作部门具体行政行为属下列情形之一的，为重大具体行政行为，必须向县人民政府报送备案：(1) 乡镇人民政府作出的行政处罚；(2) 对公民、法人或者其他组织处以1 000元以上罚款或者没收其相当于该数额财物；(3) 吊销证照或者责令停产停业；(4) 责令拆除对公民、法人或者其他组织的生活、生产有重大影响的建筑物、构筑物的；(5) 通过听证方式作出重大行政许可决定；(6) 涉及资源权属争议的行政处理决定；(7) 行政赔偿决定；(8) 其他涉及公民、法人或者其他组织重大权益的具体行政行为。同时规定，重大具体行政行为应自作出之日起15日内报送县政府备案。

二、上级政府部门对下级政府部门的监督

政府部门是政府根据工作需要和精干原则设立的、管理本行政区域某一方面行政事务的行政机关，例如工商、税务、质监、建设、经贸、公安、司法、教育、卫生等部门。上级政府部门对下级政府部门的监督又称"主管监督"，包括国务院部门对地方各级政府部门的监督、上级地方政府部门对下级地方政府部门的监督等。

（一）监督依据

除国务院部门和少数实行垂直领导的部门（金融、国税、海关、外汇管理、国家安全等机关）外，我国地方政府部门受本级人民政府和上一级主管部门的双重领导，即省级政府部门受本级政府的统一领导，受国务院主管部门的业务指导或者领导；县级政府部门受本级政府的统一领导，受上级政府主管部门的业务指导或者领导。对此《地方各级人民代表大会和地方各级人民政府组织法》第66条规定："省、自治区、直辖市的人民政府的各工作部门受人民政府统一领导，并且依照法律或者行政法规的规定受国务院主管部门的业务指导或者领导。自治州、县、自治县、市、市辖区的人民政府的各工作部门受人民政府统一领导，并且依照法律或者行政法规的规定受上级人民政府主管部门的业务指导或者领导。"可见，上级政府部门有权对下级政府部门进行监督。

（二）监督范围

主管监督的范围依据部门职权而划定。这就是说，政府部门有怎样的职权，主管监督就有怎样的范围。在我国，政府部门的职权由法律和国务院有关机构设置的方案规定。例如，根据《国务院关于机构设置的通知》，国家林业局的职权是：(1) 负责全国林业及其生态建设的监督管理；(2) 组织、协调、指导和监督全国造林绿化工作；(3) 承担森林资源保护发展监督管理的责任；(4) 组织、协调、指导和监督全国湿地保护工作；(5) 组织、协调、指导和监督全国荒漠化防治工作；(6) 组织、指导陆生野生动植物资源的保护和合理开发利用；(7) 负责林业系统自然保护区的监督管理；(8) 承担推进林业改革、维护农民经营林业合法权益的责任；(9) 监督检查各产业对森林、湿地、荒漠和陆生野生动植物资源的开发利用；(10) 承担组织、协调、指导、监督全国森林防火工作的责任，承担林业行政执法监管的责任；(11) 参与拟订林业及其生态建设的财政、金融、价格、贸易等经济调节政策，组织、指导林业及其生态建设的生态补偿制度的建立和实施；(12) 组织指导林业及其生态建设的科技、教育和外事工作，指导全国林业队伍的建设；(13) 承办国务院交办的其他事项。因此，国家林业局有权对地方政府林业部门履行上述职责的情况实施监督。

（三）监督方式

上级政府部门监督下级政府部门的方式包括行政复议、行政监察、审计监督、改变或者撤销、文件备案等。这些方式前文、后文已有阐述，在此不再赘述。与政府不同的是，政府部门都承担着具体的执法职能，主管监督的方式还包括现场检查、案卷评查、向具体执法部门和执法人员了解情况、向社会和行政相对人进行调查、就有关重点问题组织调查等。上级政府部门进行检查监督，发现下级政府部门的行政行为不合法、不合理，有权依法采取措施予以纠正，并对下级政府部门或者执法人员予以惩处，例如撤销或者变更行政行为、责令立即纠正或者限期改正、责令在一定期限内履行法定职责、暂扣或者收缴行政执法证件、给予通报批评、建议给予行政处分等。

三、本级政府对所属工作部门的监督

根据行政组织法的规定，各级政府根据工作需要和精干原则设立必要的工作部门，政府对其所属的工作部门实行统一领导。

（一）监督依据

本级政府对所属工作部门的监督同样源自二者的行政隶属关系，是层级监督的重要类型。根据行政组织法的规定，各级政府对其所属的工作部门实行统一领导。《宪法》第89条第3项规定：国务院"规定各部和各委员会的任务和职责，统一领导各部和各委员会的工作"；第13项规定：国务院"改变或者撤销各部、各委员会发布的不适当的命令、指示和规章"；《地方各级人民代表大会和地方各级人民政府组织法》第59条第2项、第3项规定，县级以上地方政府领导所属各工作部门的工作，改变或者撤销所属各工作部门的不适当的命令、指示。

（二）监督范围

本级政府对所属工作部门的各项行政活动实行监督，监督范围涉及政府部门的行政决策活动、制定文件活动和行政执法活动。本级政府的监督与上级政府部门的监督相结合，目的是督促政府部门合法、合理行政，使行政活动更有利于推动社会发展和保护公民、法人或者其他组织的合法权益。

（三）监督方式

本级政府监督所属工作部门的方式多种多样，除行政复议、行政监察、审计监督（后文阐述）外，还包括审批、检查、备案、报告等。审批是指本级政府对所属工作部门的行政活动进行事前监督，对所属工作部门可能出现的违法活动实行预先防范；检查是本级政府对所属工作部门的行政活动进行事中监督，以便及时发现和纠正违法行政活动，或者是将违法行政活动的不利影响降至最小限度；备案是本级政府对所属工作部门的行政活动进行事后监督，包括

文件和重大具体行政行为备案等，如果在备案时发现所属工作部门的行政活动违法，政府有权改变或者撤销；报告是指政府工作部门向政府汇报工作，这是本级政府监督所属工作部门的重要方式。

四、我国层级监督存在的问题及其制度完善

第一，法律制度的完善。我国虽有层级监督方面的法律规定，例如《国务院组织法》、《地方各级人民代表大会和地方各级人民政府组织法》、《行政复议法》、《行政监察法》、《审计法》、《法规规章备案条例》等，但法律制度不健全、不完善、操作性不强等问题比较突出。层级监督缺乏完善的法律制度的保障，无法收到层级监督的应有效果。因此，完善层级监督法律制度十分必要。对于层级监督的主体、内容、方式、程序、监督结果的运用等问题，法律应有全面而具体的规定，为层级监督提供良好的制度环境。

第二，监督主体的公务合作。目前，我国层级监督的主体是多元的，而多元监督主体之间缺乏协调与沟通，未形成监督合力，存在推诿、漏监、重复监督、各自为政等问题，影响了层级监督的权威性和有效性。因此，有效整合现有监督力量，建立起一种既分工、又合作（信息共享、规划合议、行政协调、行政协助）的层级监督机制，这对于发挥层级监督的整体效能，克服分散监督的弊端，形成监督合力是非常必要的。

第三，监督端口前移。从实际情况看，我国的层级监督主要是追惩性的事后监督，而不是从源头的、防微杜渐的事前、事中监督，通常是在下级作出违法行政行为之后，监督机关才予以查处。因此，将层级监督的端口前移至事前、事中监督，有利于将违法行政活动遏制在未发和初发时。在这方面，监督机关应健全重大决策审批、经常性执法检查、重要事情报告等制度，形成层级监督的长效机制，对下级行政活动的整个过程实行全方位监督。

第四，提高保障水平。从现实情况看，我国层级监督普遍存在着人员和费用不足、技术落后的问题，对监督工作的开展以及监督效果形成较大制约。因此，有必要提高层级监督的保障水平，包括增加人员编制、单列业务费用等。

第三节　行政监察制度

行政监察是行政监察机关依法对行政机关、政府公务员和行政机关任命的其他人员实施的行政监督活动，其目的是保证政令畅通、维护行政纪律、促进廉政建设、改善行政管理、提高行政效能。

一、行政监察概述

（一）行政监察的对象

行政监察机关的监察对象主要有三，即行政机关、政府公务员和行政机关任命的其他人员（主要是国有企业、事业单位负责人）。行政监察机关对监察对象的管辖根据行政监察机关的级别而定。具体来说，国家监察部对下列机关和人员实施监察：国务院各部门及其工作人员；国务院及国务院各部门任命的其他人员；省、自治区、直辖市政府及其领导人员。县级以上地方行政监察机关对下列机关和人员实施监察：本级政府各部门及其工作人员；本级政府及本级政府各部门任命的其他人员；下一级政府及其领导人员。县、自治县、不设区的市、市辖区政府监察机关还对本辖区所属的乡、民族乡、镇政府的工作人员以及乡、民族乡、镇政府任命的其他人员实施监察。

（二）行政监察机关的权力

行政监察机关开展行政监察活动，行使《行政监察法》赋予的监察权力，主要有检查权、调查权、建议权和决定权等。当然，行政监察机关及其工作人员在享有职权、采取措施的同时，也必须承担相应的法律责任。监察人员滥用职权、徇私舞弊、玩忽职守、泄露秘密的，依法给予行政处分；构成犯罪的，依法追究刑事责任。监察机关及其工作人员违法行使职权，侵犯公民、法人和其他组织合法权益并造成损害的，应当承担行政赔偿责任。

1. 检查权和调查权

检查权和调查权是指监察机关依法对监察对象的行政行为进行检查和调查的权力。通常，检查权行使在先，调查权是检查权的深化。根据《行政监察法》第19条至第22条以及第26条、第27条的规定，检查权和调查权的内容主要有11项：(1) 要求被监察部门和人员提供与监察事项有关的文件、资料、财务账目等进行查阅、复制；（2）要求被监察部门和人员就监察事项涉及的问题作出解释和说明；（3）责令被监察部门和人员停止违法违纪行为；（4）暂扣、封存可以证明违纪行为的文件、资料、财务账目等；（5）责令案件涉嫌单位和涉嫌人员在调查期间不得变卖、转移与案件有关的财物；（6）责令有违纪嫌疑的人员在指定的时间、地点就调查事项涉及的问题作出解释和说明，但是不得对其实行拘禁或者变相拘禁；（7）建议有关机关暂停有严重违纪嫌疑的人员执行职务；（8）在调查贪污、贿赂、挪用公款等违纪行为时，经县级以上监察机关领导人员批准，可以查询案件涉嫌单位和涉嫌人员在银行或者其他金融机构的存款，必要时，可以提请人民法院采取保全措施，依法冻结涉嫌人员的存款；（9）在办理违纪案件中，可以提请公安、审计、税务、海关、工商行政管理等机关予以协助；（10）对监察事项涉及的单位和个人进行查询；（11）列席本级政府的有关会议，列席被监察部门与监察事项有关的会议。

2. 建议权

建议权是指监察机关在检查、调查之后，就监察事项涉及的有关问题向被监察部门或者被监察部门的主管部门提出建议的权力，目的是改善行政管理，对出现的问题提出补救措施。根据《行政监察法》第 23 条的规定，监察机关遇有下列情形可以提出监察建议：（1）拒不执行法律、违反法律以及政府决定、命令，应当予以纠正的；（2）行政机关的决定、命令、指示等违反法律或者国家政策，应当予以纠正或者撤销的；（3）给国家利益、集体利益和公民合法权益造成损害，需要采取补救措施的；（4）录用、任免、奖惩决定明显不适当，应当予以纠正的；（5）依法应当给予行政处罚的；（6）其他需要提出监察建议的。

3. 决定权

决定权是指监察机关根据检查、调查的结果，对被监察部门和人员作出处理决定的权力，包括对违纪人员的处分决定和对违纪财物的处理决定。根据《行政监察法》第 24 条的规定，监察机关遇有下列情形之一的，可以作出监察决定：（1）违反行政纪律，依法应当给予警告、记过、记大过、降级、撤职、开除行政处分的；（2）违反行政纪律取得的财物，依法应当没收、追缴或者责令退赔的。需要指出的是，我国政府公务员任免和行政机关任命人员的途径大致分为三种：一类是由人民代表大会及其常务委员会选举、任命或者批准任命；一类是由政府任命；一类是由政府部门任命。由于任命程序和权限不同，监察机关对监察对象行使处分权必须按照国家有关人事管理权限和处理程序的规定办理。

（三）行政监察的原则与程序

行政监察机关依法和独立行使职权，不受其他行政部门、社会团体和个人的干涉；必须坚持实事求是，重证据、重调查研究，在适用法律和行政纪律上人人平等；应当实行教育与惩处相结合、监督检查与改进工作相结合；应当依靠群众，建立举报制度，保障公民的控告和检举权。行政监察机关对于违反行政纪律的行为进行调查处理，必须遵循法定程序，这些程序包括：

第一，立案。行政监察机关对需要调查处理的事项进行初步审查，认为有违反行政纪律的事实，需要追究行政纪律责任的，予以立案。重要、复杂案件的立案，应当报本级政府和上一级监察机关备案。

第二，调查。行政监察机关对于立案案件组织实施调查，收集有关证据，并应当听取被监察部门和人员的陈述和申辩。如果监察机关经调查认定被监察部门和人员不存在违反行政纪律事实或者不需要追究行政纪律责任，应当撤销立案，并告知被调查单位及其上级部门或者被调查人员及其所在单位。重要、复杂案件的撤销，应当报本级政府和上一级监察机关备案。

第三，审理。在调查终结后，行政监察机关对于有证据证明违反行政纪律，需要给予行政处分或者作出其他处理的案件进行审理。

第四，作出监察决定或者提出监察建议。行政监察机关办案期限一般不超过6个月，因特殊原因需要延长办案期限的，可以适当延长，但最长不得超过1年，并应当报上一级监察机关备案。监察机关作出的重要监察决定和提出的重要监察建议，应当报经本级政府和上一级监察机关同意。国务院监察机关作出的重要监察决定和提出的重要监察建议，应当报国务院同意。监察决定、监察建议应当以书面形式送达有关单位或者有关人员。有关单位和有关人员应当自收到监察决定或者监察建议之日起的30日内，将执行监察决定或者采纳监察建议的情况通报监察机关。

二、行政监察机关及其领导体制

（一）行政监察机关

行政监察机关是政府系统设置的专司行政监察的职能机关。在我国，行政监察机关包括：

第一，国家监察部。国家监察部是国务院行政监察机关，也是国家最高行政监察机关，主管全国的行政监察工作。

第二，地方行政监察机关。我国在县以上各级政府设置行政监察机关，负责本行政区域内的行政监察工作，例如在县政府设置行政监察局，在省政府设置行政监察厅等。

第三，行政监察机关的派出机构。县级以上行政监察机关根据工作需要，经本级政府批准，可以向本级政府所属部门派出监察机构或者监察人员，负责驻在部门的行政监察工作。派出的监察机构或者监察人员，对派出的监察机关负责并报告工作。

（二）行政监察机关的领导体制

除国家监察部外，我国其他行政监察机关实施双重领导体制，即国家监察部受国务院领导，地方行政监察机关受本级政府和上一级行政监察机关的领导。《行政监察法》的多处规定都反映了这种领导体制。例如，《行政监察法》第7条第2款规定："县级以上地方各级人民政府监察机关负责本行政区域内的监察工作，对本级人民政府和上一级监察机关负责并报告工作，监察业务以上级监察机关领导为主"。第11条规定："县级以上地方各级人民政府监察机关正职、副职领导人员的任命或者免职，在提请决定前，必须经上一级监察机关同意。"第34条规定："监察机关作出的重要监察决定和提出的重要监察建议，应当报经本级人民政府和上一级监察机关同意。"第42条规定："对监察建议有异议的，可以自收到监察建议之日起的30日内向作出监察建议的监察机关提出，监察机关应当自收到异议之日起30日内回复；对回复仍有异议的，由监察机关提请本级人民政府或者上一级监察机关裁决。"

三、我国行政监察的主要制度

（一）廉政监察制度

1. 廉政监察的概念

廉政监察是行政监察机关依法对行政机关、政府公务员和行政机关任命的其他人员的各种腐败行为进行监督和惩戒的一种职能活动。行政机关和政府公务员掌握并具体运用行政权力，承担国家和社会管理的多项职能。行政机关和政府公务员合法、合理地运用行政权力，是公民、法人和其他组织合法权益的保障，也是国家和社会秩序的保障。但是，如果行政机关和政府公务员以权谋私、贪污腐败、行贿受贿，行政权力最终堕落成为掌权、用权者非法攫取各种私利的工具，则不仅直接损害被管理者的权益，而且会给国家利益、行政管理秩序以及政府形象带来巨大损害。廉政监察是监察机关的主要职能之一，主要任务是监督行政机关和政府公务员执行廉政制度的情况，查处各类以权谋私、贪污贿赂的违法违纪案件，促进廉政建设，以保证行政机关和政府公务员的为政清廉。

2.廉政监察的主要对象和内容

廉政监察的主要对象是行政领导。在我国，行政领导的范围较为宽泛，凡科级以上和相当于科级以上的政府公务员都属于行政领导。廉政监察的内容主要包括以下六个方面。

第一，行政领导是否有利用职务之便谋取不正当利益的行为。这些行为包括：索取管理、服务对象的钱物；接受可能影响公正执行公务的礼物和宴请；在公务活动中接受礼金和各种有价证券；接受下属单位、其他企事业单位、个人赠送的信用卡及其他支付凭证；以虚报、谎报等手段获取荣誉、职称及其他利益；用公款、公物操办婚丧嫁娶事宜和借机敛财等。

第二，行政领导在履职中是否有商品交换和私自从事营利活动的行为。这些行为包括：个人经商、办企业；违反规定在经济实体中兼职或者兼职取酬；违反规定从事有偿中介活动；违反规定买卖股票；个人在国（境）外注册公司或者投资入股等。

第三，行政领导是否有不遵守公共财物管理和使用规定，假公济私、化公为私的行为。这些行为包括：用公款报销或者用本单位的信用卡支付应当由个人负担的费用；借用公款逾期不还；公费出国（境）旅游或者变相出国（境）旅游；用公款参与高消费娱乐活动和获取各种形式的俱乐部会员资格；以个人名义存储公款等。

第四，行政领导是否有不遵守组织人事纪律和干部选拔任用工作制度，借选拔任用干部之机谋取私利的行为。这些行为包括：采取不正当手段为本人谋取职位；泄露酝酿讨论干部任免的情况；在工作调动、机构变动时突击提拔干部或者在调离后干预原地区、原单位的干部选拔任用；在干部考察工作中隐瞒或者歪曲事实真相；在干部选拔任用工作中封官许愿、打击报复、营私舞弊等。

第五，行政领导是否有利用职权和职务影响为亲友及身边工作人员谋取利益的行为。这些行为包括：要求或者指使提拔配偶、子女、其他亲友及身边工作人员；用公款支付配偶、子女及其他亲友学习、培训的费用；为配偶、子女及其他亲友出国（境）旅游、探亲、留学等，向国（境）外个人或者组织索取资助；妨碍涉及配偶、子女、其他亲友及身边工作人员案件的调查处理；为配偶、子女及其他亲友经商、办企业提供便利和优惠条件。

第六，行政领导是否有讲排场、比阔气、挥霍公款、铺张浪费的行为。这些行为包括：在国内公务活动中接受超过规定标准的接待；违反规定用公款装修、购买住房；擅自用公款包租或者占用客房供个人使用；违反规定配备、使用小汽车；擅自用公款配备、使用通信工具等。

3. 廉政监察的工作机制

廉政监察机制由前提、核心、基础、保障四个部分构成，用以从思想、制度、监督、惩戒等方面形成对腐败现象、腐败分子的全方位遏制，使腐败难于产生，即使产生也能迅速予以揭露、制止和清除，从而达到治标治本、综合治理的效果。

第一，廉政监察工作机制的前提是反腐倡廉教育。反腐倡廉教育的重点人群是各级领导干部，教育的重点内容是立党为公、执政为民的行政动机；合法、合理运用权力的行政意识；民主、法治、公平、公正、责任、开放、创新等行政价值。反腐倡廉教育的目的是重塑领导干部的行政文化，在领导干部内心筑起反腐长城，使领导干部常修为政之德，常思贪欲之害，常怀律己之心，并自觉经受长期执政的考验。

第二，廉政监察工作机制的核心是廉政法规制度。廉政不能依靠政府公务员的公正心、责任感、忧患意识等，廉政监察也不能依靠监察机关刮"廉政风暴"，而应当依靠科学、严格、规范的制度。对现行反腐倡廉的法律制度和各项规定要实时清理，已经过时的要及时废止，有明显缺陷的要适时修订，需要细化的要尽快制定实施细则，需要制定配套制度的要抓紧制定，以实现制度建设的与时俱进。例如，完善国家公务员制度，特别是其中的考核制度、晋升制度、辞职辞退制度、惩戒制度、行政追偿制度等。除此之外，从社会和其他独立权力机关行政监督的角度，应当完善公民申诉控告检举制度、公民评议制度、行政复议制度、人民代表大会质询（弹劾）制度以及人事任免制度、行政诉讼制度、国家赔偿制度等。完善的制度屏障使被监督对象的行为受到严格约束，也使廉政监察有法可依，有利于廉政监察的规范性和提高廉政监察的效能。

第三，廉政监察工作机制的基础是对行政系统的人和事实行全面监督检查，例如对领导机关和领导干部（特别是各级领导班子主要负责人）的监督检查、对重点环节和重点部位权力行使的监督检查、对财政资金运行的监督检查、对国有资产和金融的监督检查等。

第四，廉政监察工作机制的保障是法律责任追究。法律责任追究指通过制度途径追查、究办被监察对象的法律责任，使法律责任得到实实在在的落实，并真正成为约束政府公务员（特别是行政领导）行为的有力工具。目前，我国法律责任追究方面的突出问题是责任追究空疏。一些政府官员违法或者不当行使权力，给公共利益以及行政相对人的合法权益造成巨大损害，但这些人的法律责任不但常常不受追究，甚至有可能得到晋升或者异地做官。这个问题不解决，腐败分子可以不承担或者轻而易举地逃避法律责任，不仅使政府失信于民，造成政府和社会关系的紧张对立，久而久之，还会积累社会矛盾，引发政治冲突。法律责任追究的目的是要求政府公务员必须对自己实施的行为负责，不允许政府公务员只运用权力而不承担责任，从而使整个行政活动处于一种有责任状态，建立起一种责任政府。

（二）行政执法监察制度

1. 行政执法监察的概念

行政执法监察是行政监察机关依法对行政机关、政府公务员和行政机关任命的其他人员贯彻执行法律、法规、政策的行为进行监督和惩戒的一种职能活动。从国家机关的分工看，行政机关是执法机关，即执行法律、法规及其他具有普遍约束力的规范性文件。但是，行政机关在执法中常常会出现有法不执、执法不严、违法不究、执法趋利、执法野蛮、地方保护、部门保护等问题，以致严重损害法的权威性和公共性。因此，为了实现法律目标，完善法律制度，维护公共利益和社会秩序，行政执法监察是完全必要的。

2. 行政执法监察的内容

行政执法监察的内容是被监察对象的执法行为，目的是督促行政机关和执法人员合法行政、合理行政，并在作出违法、不当行政行为后能够及时纠正。在实践中，执法人员常出现的违法行为包括：

第一，主要证据不足。证据是用来证明案件事实的各种材料，主要证据是用来作为定案依据的证据。证据不足是指行政行为的事实依据不确凿、不充分。证据不确凿是指行政行为的事实依据不真实、不可靠；证据不充分是指行政行为的事实依据不能充分满足法律规范预先设置的各种事实要素而有所遗漏。行政行为证据是否确凿、充分是行政行为是否合法、合理的前提。因此，执法人员在作出行政行为时必须先取证，后裁决，亦即必须在确凿、充分掌握证据的基础上，对照法律规定作出行政行为。

第二，适用法律、法规错误。由于多种原因，特别是执法人员对法律规范的理解错误，行政行为适用法律、法规错误的情形时有发生。主要表现在：适用法律、法规性质错误（应当适用此法而适用彼法）；适用法律、法规条款错误（应当适用此条款而适用彼条款）；适用法律、法规违反法律适用的一般原则（应当适用上位法而适用了下位法，应当适用新法而适用了旧法，应当适用特别法而适用了一般法）；适用法律、法规未考虑案件的特殊情况；适用了尚未施行的法律、法规；适用了废止的法律、法规等。

第三，违反法定程序。行政程序是执法人员在作出行政行为的过程中所遵循的一系列前后衔接的步骤，其要素包括方式、步骤、顺序、时间等。法定程序是指法律设定的行政程序。程序违法的情形包括随意添加程序、减少程序、颠倒程序等。在实践中，程序违法的现象比较普遍，例如行政行为违反法定方式、步骤和时限，应当"表明身份"而不表明，应当"告知"而不告知，应当"听证"而不听证，应当"回避"而不回避等。程序违法容易导致权力滥用、执法野蛮、执法不公等后果，损害行政相对人的合法权益。

第四，超越职权。超越职权是指行政行为超越法律规定的职责权限范围。超越职权的情形多种多样，例如行政行为没有法律依据；行政行为违反行政机关分工原则，行使了不应当由其行使的权力；行政行为超越权力行使的地域范围；行政行为超越法律规范规定的条件、手段、幅度、时间等。

第五，滥用职权。滥用职权是指胡乱地、过度地使用行政职权。与其他行政违法行为相比，滥用职权的显著特点是具有主观故意性。也就是说，只有当执法人员作出违法行政行为是出于主观故意时，才构成滥用职权。如果不是出于主观故意，则不存在滥用职权问题。由此可见，滥用职权的违法不仅反映了行政行为的客观瑕疵，而且反映了瑕疵出现的主观原因，这对于法律责任的设定和追究是十分重要的。因为，设定和追究执法人员的法律责任要兼顾执法人员行使职权的心理状态和客观后果。

第六，行政失职。在实践中，行政失职是一种较为普遍的行政违法，而且会给行政相对人的合法权益带来严重损害。行政失职的主要表现有二：一是执法人员不履行法定职责或者明确拒绝公民、法人和其他组织要求其履行法定职责的请求；二是执法人员拖延履行法定职责，诸如不及时履行或者逾期履行等。如果法律、法规并未明确规定执法人员履行某项职责的具体期限，执法人员应当以履行这种职责通常所需的时间为标准。

在实践中，执法人员常出现的不当行为包括：

第一，行政行为目的不当。目的不当是指行政行为的目的背离法律赋予执法人员此项权力的原初目的，或者执法人员运用此项权力的目的不正当。例如，警察对违反交通规则的人实施行政处罚，目的应是维护交通秩序。但是，如果警察出于其他目的（例如出于创收目的）对某个交通违规者作出了显失公正的行政处罚，其行为即属于目的不当。

第二，行政行为专断、刚愎、恣意。专断、刚愎、恣意是指行政行为不顾及自然公正、社会公正原则而任意所为。例如，某行政领导拟批准在自然保护区内投资一项目，遭到了其他领导和社会各界的强烈反对。但是，行政领导却置这些反对于不顾，仍然批准了这个建设项目。在这里，法律赋予行政领导一定的审批权，但是，如果行政领导不考虑法律的宗旨和基于这一宗旨所附的条件而一意孤行，即属于专断、刚愎、恣意。

第三，行政行为不相关考虑。不相关考虑是指行政行为不考虑相关因素而考虑不相关因素。例如，执法人员对违法行为人实施行政处罚，不考虑违法行为人的违法情节和社会危害后果等相关因素而考虑其家庭背景和社会地位等不相关因素，并基于这种不相关考虑而作出了显失公正的行政处罚，这种行为即属于不相关考虑。

第四，行政行为反复无常。反复无常是指行政机关放弃法律关系的稳定性而随意撤销、变更已经作出的行政行为。行政行为的效力之一是"确定力"，行政行为一经作出，非依法定事由和非经法定程序不得随意改变或者撤销。因为，行政行为一经作出，也就意味着创设、变更或者废弃了某种法律关系。如果允许随意改变或者撤销行政行为，法律关系的稳定性也就不存在了。在实践中，行政行为的确定力并未受到应有重视，行政机关随时撤销、变更原行政行为的情形比较普遍。例如，农民与乡政府或者与代表乡政府的村民委员会签订了土地承包合同，但在承包期未满时却强行解除合同、分割承包成果、随意提高承包费等，这些都反映了行政行为的反复无常。

3. 行政执法监察的方式

行政执法监察的方式主要有三种，即日常监察、专项监察和重点监察。日常监察是一种经常的、实时的监督检查而不是运动式的、突击式的监督检查，是执法监察的最主要方式。专项监察是针对某一专门法律的执行情况所进行的监督检查，其特点是发现问题深透，处理问题及时。重点监察是针对重要或者主要执法行为所进行的监督检查。重点监察是因部门而异、因时而异的。一方面，不同政府部门有不同的行政职能，监察机关应根据本部门的工作实际，在调查研究的基础上确定执法监察的重点。另一方面，根据社情民情的变化，即使是同一政府部门，不同时期也有不同的工作重心。监察机关应根据本部门一定时期的工作重心确定执法监察的重点。日常监察、专项监察和重点监察的程序有所不同。日常监察依据的是本监察机关制定的工作计划，专项监察和重点监察由监察室拟出实施方案，报有关领导审定批准后实施。

（三）行政效能监察制度

1. 行政效能监察的概念

行政效能监察由"行政效能"和"监察"两个词构成。行政效能是行政机关在行政活动中显示的能力和获得的效率、效果、效益的综合反映。其中，行政效率是指一定时期内行政总投入（时间、人力、物力、费用等）和行政总产出的比；行政效果是行政活动的初步结果，是行政效能的直接反映；行政效益是行政活动的最终结果，是行政效能的间接反映。行政效率、效果、效益三者统一于行政效能之中，是国家行政管理活动追求的基本目标。监察是指监察机关运用监察权对特定对象或者特定事项所实行的监督检查。行政效能监察是指行政监察机关依法对行政机关、政府公务员和行政机关任命的其他人员履行职责的行为和行为产生的效率、效果、效益等情况进行监督和惩戒的一种职能活动。

2. 行政效能监察的内容

从理论上说，行政效能监察的内容复杂宽泛，原因就在于政府职能的复杂宽泛。在当代，政府活动的触角已经伸向了人类生活的方方面面，而任何政府活动都存在效能问题，因而都需要予以监察。但是，从实际情况看，一定时期内的行政效能监察在内容上应该有所侧重，不能面面俱到。我国行政效能监察的内容主要有以下两点。

第一，行政决策监督检查。行政决策是行政机关为履行行政职能，实现行政目标，依据法律和党的方针政策拟订并选择行动方案的活动。行政决策是行政管理的首要环节，其正确与否直接关乎政府管理的质量与成败。行政决策监督检查的内容包括：集体决策制度建立情况、决策程序遵循情况、决策档案建立情况、决策是否超出权限与范围、决策结果与国家法律和政党政策是否有冲突、决策与全局利益和长远利益是否符合等。通过行政决策监督检查，纠正违反国家法律和政党政策，搞"上有政策，下有对策"的决策行为；制止主观主义、官僚主义的盲目决策行为；查处因部门利益、小集团利益导致决策失误，给国家财产以及人民生命财产造成损害的失职行为。

第二，行政执行监督检查。行政执行是行政机关实施法律、政策、规章制度、工作纪律等的活动。没有行政执行也就没有法律、政策、规章制度、工作纪律等的落实。行政执行监督检查的内容包括：监察对象执行法律、政策、规章制度等是否合法、公正、合理、及时、有效；执行结果是否符合被执行文件所设定的目标要求。通过行政执行监督检查，保障监察对象合法行使权力，及时纠正背离目标的失职、渎职等不良行为；查处监察对象吃、拿、卡、要等各种违法乱纪行为；切实解决行政效率低下、办事推诿、资源浪费等问题。

3.行政效能监察的基本方法

为了督促监察对象认真履行职责，改善行政管理，提高行政效能，监察机关不仅要认真分析监察对象的工作职能及其履行现状，而且需要采用合适的监察方法。经过多年探索，我国监察机关逐步形成了以下行之有效的工作方法：

第一，直接参与法。为了有效防范、抑制监察对象发生违反职责的行为，监察机关可以派监察人员直接参与行政机关的重要行政管理活动，并在参与中实施监督。监察机关采用这种工作方法，一是要慎重考虑需要和可能，量力而行，有选择地派出具有专业知识的人员参与，注重工作实效，不搞花架子，否则，一旦所参与的活动发生了违反职责的问题，监察人员就要承担监督不力的责任；二是要特别注意处理好监察到位而不越位的问题，依法定职权开展工作，不能干预监察对象的正常管理活动。

第二，资料分析法。监察机关通过分析监察对象提供的各种文件资料，例如规章制度、工作计划、决定、命令、账目、单据等，了解监察对象行政管理行为的规范程度以及行政效能的高低，并提出改进的意见和建议。

第三，效能审计法。监察机关对监察对象行政管理行为的经济效益、社会效益进行效益审计；对行政管理活动中使用的时间、人力、物力、财力等进行效率审计；对执行决策、指令、规划的结果进行效果审计，以此评判监察对象的行政效能。

第四，目标考评法。监察机关通过多种考评方法对监察对象工作目标的执行情况、完成程度以及效果进行考察和评定。常见的方法有：一次性考评法、累计考评法、评分考评法、评议考评法、专项考评法、综合考评法等，这些方法可以单独使用，也可以交叉使用。

第五，因果分析法。监察机关对监察对象的行政管理行为进行事前、事中监察，对行为可能产生的结果进行分析推断，以便预先防范或者及时纠正问题，从而减少损失和不良影响；监察机关对监察对象的行政管理行为进行事后监察，对已经产生的某种消极后果进行分析，查找产生这种结果的原因，以便督促监察对象完善制度，改进管理。

4. 行政效能监察的程序

根据启动方式的不同，可以将行政效能监察程序分为两种：一是主动行政效能监察程序，二是被动行政效能监察程序。

第一，主动行政效能监察程序。这一程序是监察机关为了全面了解监察对象行政效能建设情况，依据法定职权而主动开展的监督检查活动。其步骤一般分为四个阶段，即选题立项、制订计划；组织力量、实施检查；分清责任、严肃处理；提出建议、改进管理。

监察机关的选题立项，应该选择那些人民群众反映强烈的问题、影响行政效能的突出问题、行政管理中的难点问题。一些重要监察事项的立项，应当报本级政府和上一级监察机关备案。确定监察项目后，监察机关应当制定周密、严谨、切实可行的工作计划，对人员、任务、分工、方式、步骤、时间等作出详细安排，确保行政效能监察活动的有序进行。

监察机关组织监察力量的方式多种多样，可以在监察系统内部抽调人员组成独立监察组，可以从有关政府部门抽调人员组成联合监察组，还可以由监察机关或者有关主管部门牵头，实施联合监察。在实施监察时，监察组可以通过听取汇报、个别访谈、座谈会、现场勘察、查阅资料等方式，深入细致地做好调查取证工作，并在充分掌握证据的基础上，客观地、全面地、历史地分析问题，为监察处理打好基础。

分清责任的基本要求是实事求是、客观公正。责任分为领导责任与执行责任、机关责任与个人责任、直接责任与间接责任、主要责任与次要责任等。在分清责任的基础上，依照行为情节及其危害程度，对责任人依法依纪作出恰当处理。构成违纪的，要追究纪律责任，涉嫌违法犯罪的，要移送司法机关处理。

监察机关对监察中发现的具体问题，要及时提出整改建议，促使监察对象完善制度，加强管理，防止类似问题再度发生。对监察发现的一些涉及全局性的共性问题，特别是涉及政策性问题，要及时向其主管部门反馈，有的还要向同级党委、政府报告。

第二，被动行政效能监察程序。这一程序是监察机关依据公民、法人和其他组织的告诉以及其他渠道提供的线索和材料开展的监督检查活动。其他渠道的线索包括上级机关交办、有关机关移送、违纪行为人自诉等。被动行政效能监察程序与行政监察机关调查处理政纪案件的程序基本一致，一般包含受理、调查、审理、处理、送达等环节。

四、行政监察制度的完善

行政监察对于建立廉洁政府意义重大，但我国的行政监察制度仍有进一步完善的必要。

(一) 关于行政监察机关的双重领导体制

监察机关的双重领导体制固然有其存在的理由，但这种体制的弊端也是显而易见的。首先，在这种体制下，监察机关的活动及其工作条件大都受制于监察对象，这对于监察职能的履行是极为不利的。其次，在这种体制下，尤其当本级政府和上一级监察机关对同一问题的意见不一致时，监察机关会无所适从。再次，在这种体制下，监察机关、本级政府和上一级监察机关之间存在大量沟通、协调工作，有损行政效率。因此，有必要改监察机关双重领导体制为单一领导体制，实行监察部门的垂直领导。地方监察机关脱离了地方政府的领导，监察部门从组织上、经济上和办案手段上都自成系统，现存行政监察制度中的诸多弊端都会迎刃而解。

(二) 关于行政监察机关派出机构

《行政监察法》规定了监察机构的派出，但未规定监察机构的法律地位及其职权，与此相关的系列问题包括：监察机构是什么性质的机构？监察机构享有派出它的监察机关的全部职权还是部分职权？监察机构能否以自己的名义行使职权并承担责任？等等。因此，有必要在法律上首先明确监察机构的法律地位。如果监察机构属授权组织，自然地，监察机构享有派出它的监察机关的全部职权，并能以自己的名义行使职权并承担责任。监察机构隶属于派出它的监察机关，监察机关对其所派出的监察机构具有领导、管理和监督的权力。

(三) 关于行政监察措施

为了保障行政监察机关有效运用其职权，《行政监察法》规定了监察机关可采取的措施，但一些规定有明显疏漏。例如，《行政监察法》第20条第1、第2项规定：监察机关在调查时，可以暂扣或者封存可以证明违纪行为的文件、资料、财务账目及其他有关的材料；责令涉嫌单位和人员在调查期间不得变卖、转移涉嫌财物。分析可见，第1项规定中的暂扣或者封存"其他有关的材料"似不包括财物,亦即财物不在暂扣或者封存之列,而第 2 项规定中的"责令"又无有效控制手段。如果涉嫌单位和人员不顾监察机关的"责令"而变卖、转移涉嫌财物,尽管监察机关可以追究其法律责任,但毕竟使调查工作受到了影响。再如,《行政监察法》第 21 条规定:监察机关在调查时,经批准可以查询涉嫌单位和人员的存款,必要时可以提请法院采取保全措施,冻结涉嫌人员的存款。在这里,涉嫌单位的存款被排除在了冻结范围之外,这对于防止涉嫌单位转移证据、保证调查的顺利进行是不利的。因此,有必要对《行政监察法》规定的各项监察措施加以检视,以有利于监察机关履行职责。

(四)关于行政救济

行政救济的途径包括行政诉讼、行政复议和行政赔偿等。《行政监察法》第 47 条规定:"监察机关和监察人员违法行使职权,侵犯公民、法人和其他组织的合法权益,造成损害的,应当依法赔偿。"在这里,法律只粗略规定了赔偿救济途径,而未规定诉讼和复议救济途径,这对于相对人的权益保护和行政监督都是不利的。因此,有必要通过法律明确规定相对人权利救济的各种途径,尤其是行政诉讼途径。

第四节　审计监督

一、审计监督概述

(一)审计监督及审计机关

审计监督是审计机关对国务院各部门、地方各级政府、地方各级政府职能部门的财政收支情况以及国有金融机构、国有企事业单位等的财务收支情况所进行的一种专门稽查、审核活动,目的是严肃财经纪律,预防和纠正违法犯罪。我国 1983 年 9 月成立国家审计署。国家审计署是国务院组成部门,在国务院总理领导下主管全国的审计工作,并对中央预算执行情况和其他财政收支情况进行审计监督,对中央银行的财务收支进行审计监督。审计长是审计署的行政首长,由全国人民代表大会任免,是国务院组成人员。

审计机关的主要职责是:(1)对本级政府部门(含直属单位)和下级政府预算执行情况、决算以及其他财政收支情况进行审计监督;(2)对国有金融机构的资产、负债、损益等进行审计监督;(3)对国有事业组织和其他使用财政资金的事业组织的财务收支进行审计监督；(4)对国有企业的资产、负债、损益等进行审计监督；(5)对国有资本占控股地位或者主导地位的企业、金融机构进行审计监督，其监督规则由国务院规定；(6)对政府投资和以政府投资为主的建设项目的预算执行情况、决算进行审计监督；(7)对政府部门和政府委托组织管理的社保基金、社会捐赠资金以及其他基金、资金的财务收支进行审计监督；(8)对国际组织和外国政府援助、贷款项目的财务收支进行审计监督；(9)对国家机关和依法属于审计监督对象的其他单位的主要负责人在任职期间的财政收支、财务收支等进行审计监督；(10)法律、行政法规规定应当由审计机关进行审计的事项。

为了履行上述职责，法律赋予审计机关六项主要权力，即审查与检查权、调查权、采取审计措施权、建议权、通报权、请求行政协助权等。关于审查与检查权，《审计法》第31条、第32条规定：审计机关有权要求被审计单位提供预算、预算执行、决算、财务会计报告、财政（财务）收支电子数据等资料，有权检查被审计单位的会计凭证、会计账簿、财务会计报告、电子数据系统以及其他与财政（财务）收支有关的资料和资产。关于调查权，《审计法》第33条规定："审计机关进行审计时，有权就审计事项的有关问题向有关单位和个人进行调查，并取得有关证明材料"。关于采取审计措施权，《审计法》第34条规定：审计机关有权制止被审计单位转移、隐匿、篡改、毁弃有关资料的行为；有权制止被审计单位转移、隐匿违反国家规定取得的资产的行为；有权封存有关资料和违反国家规定取得的资产；有权制止被审计单位正在进行的违反国家规定的财政（财务）收支行为。关于建议权，《审计法》第35条规定："审计机关认为被审计单位所执行的上级主管部门有关财政收支、财务收支的规定与法律、行政法规相抵触的，应当建议有关主管部门纠正；有关主管部门不予纠正的，审计机关应当提请有权处理的机关依法处理"。关于通报权，《审计法》第36条规定："审计机关可以向政府有关部门通报或者向社会公布审计结果"。关于请求行政协助权，《审计法》第37条规定："审计机关履行审计监督职责，可以提请公安、监察、财政、税务、海关、价格、工商行政管理等机关予以协助"。

(二) 审计监督的程序

审计监督的程序表现为相互联系的三个阶段。第一阶段为准备阶段，审计机关根据审计计划确定的审计事项组成审计组，并在实施审计的3日前向被审计单位送达审计通知书。第二阶段为实施阶段，审计人员通过审查（会计凭证、会计账簿、财务会计报告等)、查阅 (文件、资料等)、检查 (现金、实物、有价证券等)、调查等方式进行审计，并取得证明材料。第三阶段为终结阶段，审计组撰写审计报告，撰写完毕后，将报告交被审计对象征求意见，被审计对象应当自接到审计报告之日起的 10 日内，将书面意见送交审计组。审计组应当将被审计对象的书面意见和审计报告一并报送审计机关。此后，审计机关对审计组的审计报告和被审计对象的书面意见进行审议、研究，提出审计机关的审计报告，对违反国家规定的财政 (财务) 收支行为依法作出审计决定或者向有关主管机关提出处理、处罚的意见。

二、政府财务审计

(一) 政府财务审计的含义

政府财务审计是财务审计的一种，是指审计机关依法对国务院各部门、地方各级政府、地方各级政府职能部门的会计资料及其所反映的财政 (财务) 收支活动的真实性以及合法合规性所进行的审计。审计制度产生后，财务审计长时期居于主导地位，因而又被称为 "传统审计"、"常规审计"。政府财务审计审查的是行政机关的财政 (财务) 收支活动是否合法、是否遵守会计制度和会计原则、是否按照经济规律办事等，目的是纠错防弊，查错补漏，维护财经法纪，保护资财安全，促进被审计单位加强财政、财务管理和经营管理，提高经济效益。政府财务审计的主要方式是书面审查。被审计单位依照审计机关规定的时间和要求，如实提供会计凭证、账册、报表及有关会计资料，由审计机关派人到被审计单位审计或者由被审计单位报送审计。

(二) 政府财务审计的内容

按照审计对象的不同，政府财务审计可以分为财政预算审计、财政决算审计和财务收支审计。财政预算审计是指对财政预算编制、预算收入与支出的执行情况以及组织平衡所进行的审计；财政决算审计是指对年终财政收入决算、支出决算、财政结余以及预算外资金的审计；财务收支审计是指对被审计单位的财务收支活动所进行的审计，具体内容包括：

第一，建章立制情况。被审计单位的财务制度是否符合国家有关规定以及是否健全有效；是否按规定配备了合格的财务人员；购置大宗物品是否符合政府采购的有关规定；各类会计凭证是否真实、全面、完整；会计核算是否符合财经法规和有关财务制度的规定；账务处理是否按会计制度的有关规定执行。

第二，经费预算。年度预算和各项收支计划是否按财务制度、工作任务和人员总额进行编制；有无赤字预算；各项收入和支出是否按预算进行，如果与计划差异较大，分析其原因是否合理。

第三，财务决算。年度决算和财务报告编制的原则、方法、程序、时限等是否符合财务制度的规定和上级主管部门的要求；财务决算报告是否真实可靠；财务分析的各项指标是否真实、准确。

第四，规范收入。各项收入是否按规定上交财政专户；是否存在小金库和账外账情况；收费项目、标准是否按国家有关规定执行；是否进行了收费公示；开票是否规范；有无擅自设立收费项目、扩大收费范围、提高收费标准等问题。

第五，预算外资金管理。预算外收入是否全部入账；预算外支出计划是否经主管部门审批；是否按有关规定开支；有无超范围、超标准发放补助、物品等现象。

第六，财务结算。对往来款项是否及时清理结算，有无长期挂账等问题；对确实无法收回的应收款项是否查明原因、分清责任并按规定程序批准后核销。

第七，工资福利。工资、补助工资等是否按编制机关和主管部门核定的人数发放；奖金福利发放是否按预算执行；有无违反规定私招乱聘工作人员的情况。

第八，公务费。公务费是否执行了定额管理和计划使用；差旅费是否按规定报销。

第九，会议费。会议费支出是否会前有预算；住宿标准是否严格执行会务费标准；有无虚报参会人数、多开住宿费、公款娱乐消费（营业性歌舞厅活动、高档洗浴等）、发奖品实物等情形；各项招待费开支是否按标准执行；必要的招待是否做到了降低标准、减少陪员；有无变更名目、扩大范围招待。

第十，基建预决算。对基建工程是否依法、依规实施管理；基建、修缮工程项目投资来源是否合法；各项修建、修缮支出是否有计划，有无擅自改变项目、扩大规模、超标准装修造成基建资金严重超支、浪费等问题；项目竣工决算报表及说明书是否真实、全面、合法；竣工决算的编制依据是否合规、资料是否齐全、手续是否完备等。

第十一，业务费。业务费是否按核定的指标、计划、开支范围使用，有无挤占挪用等问题。

第十二，专项拨款。各项专款是否做到了专款专用、专项核算，有无挤占、挪用、截留等问题。

第十三，集资捐资管理。各种捐集资款是否依法管理使用，有无乱收乱支现象。

第十四，固定资产管理。各类固定资产是否依法、依规定进行管理，有无资产流失情况。

第十五，经济责任审计。凡行政首长有变动的单位，在其调任之前，对所在单位的财务收支、资产以及法律规定的有关经济责任进行任期经济责任审计。

第十六，财务公开审计。被审计单位是否执行财务公开等制度。

三、政府绩效审计

（一）政府绩效审计的含义

政府绩效审计是指审计机关依法对国务院各部门、地方各级政府、地方各级政府职能部门经济活动的合理性、经济性、有效性所进行的审计。绩效审计与财务审计存在一定联系，绩效审计一般是在财务审计的基础上进行的。政府绩效审计的作用主要有四：一是提供有关公共管理活动经济性、效率性和效果性方面的信息；二是有利于提高公共管理绩效，促进政府部门加强内部控制，有效地使用各种公共资源；三是促进国家财政收支计划以及政府项目目标的实现；四是有利于造就责任政府，促使政府更加重视公共责任，切实维护人民的根本利益。

（二）政府绩效审计的内容

绩效审计起源于西方，近些年来才逐渐被我国审计界所理解和接受，因而绩效审计的范围有一个逐渐扩展的过程。国有企业是我国开展绩效审计最早的领域。但是，随着国有企业转换经营机制和现代企业制度的建立，注重企业绩效越来越成为企业经营管理者的自觉行为。在这种情况下，绩效审计开始从企业扩展到政府投资领域，出现了对政府投资项目的绩效审计，用以评价政府投资项目的经济性、效率性、效果性。例如，2001年至2002年，有关部门分别组织了对农村电网"两改一同价"的审计和对民航"一金一费"的审计，从中积极探索公共部门绩效审计的路径并取得了初步成效。此外，随着政府采购行为的兴起，绩效审计进入到了政府采购活动领域，主要关注政府采购行为的真实与合规。可以预见，随着绩效审计的发展，行政事业单位的经费开支、专项资金等也将进入到绩效审计的范围。具体而言，政府绩效审计的内容分为两个方面：

1. 政府财政支出中的非收益性投资部分

非收益性投资是政府财政支出中最具特色的部分，也是政府绩效审计的重点内容。政府的这部分支出不以营利为目的，没有明确的受益人，支出的目的一是为了维持政府以及其他公共管理部门的正常运转，二是为了改善公共投资环境，为整个社会的经济发展提供基础。非收益性投资审计的具体内容包括：

第一，政府各部门预算支出和其他财政支出审计。主要审查各项支出是否符合效率性、效益性标准，是否取得了预期效果。例如，国家行政支出的增加是否与国家机关办事效率的提高成正比，是否存在贪污、浪费现象。

第二，国家建设项目审计。国家建设项目是指以国有资产投资或者融资为主（即占控股或者主导地位）的基本建设项目和技术改造项目。《审计机关国家建设项目审计准则》第4条规定："审计机关应当对国家建设项目总预算或者概算的执行情况、年度预算的执行情况和年度决算、项目竣工决算的真实、合法、效益情况，进行审计监督"。审计机关的这种审查并不针对工程项目资金的需要量，而是针对工程项目资金的使用，例如是否节约使用了资金、是否在使用资金时避免了浪费、工程项目是否达到了预期目的等。

第三，专项资金支出、各种基金支出、国际金融组织和国外政府贷款支出审计。按照支出用途，可以将专项资金分为基本建设支出、专项业务费、专项支出购置、专项修缮和其他专项等。上述审计主要是评价这些支出的利用和管理情况，例如资金使用是否妥当、是否发挥了效益等。

2. 政府财政支出中的收益性投资部分

收益性投资主要表现为国家授权的投资部门对国有企业的投资和对其他企业国有股的投资。一般来说，收益性投资的绩效审计有比较严格的范围界限，审计并不涉及企业的运营情况，也不对国有资本金的保值增值情况进行评价，仅限于对投资立项、投资过程的经济节约性、投资所产生的经济效果和社会效果是否与预期效果相一致等进行审计。这种审计主要是一种投入产出比较，投入和产出不仅包括以货币衡量的经济价值，还包括以非货币衡量的社会价值。

四、审计机关与其他监督机关的关系

审计机关是设在政府系统内的、专司审计的行政机关。为了更好地履行法定职责，审计机关既要保持独立性，又要与其他监督机关相互配合，以达到共同监督的目的。审计机关履行职能，主要涉及与权力机关、本级人民政府、上级审计机关、其他行政机关的关系等。

与权力机关的关系。在我国，人民代表大会与政府之间存在着监督与被监督关系，审计机关是政府职能部门，其与人民代表大会的关系是一种间接的领导与被领导、监督与被监督关系。审计机关接受人大监督的主要方式是通过政府向人大提出审计工作报告，对此《审计法》第 4 条规定："国务院和县级以上地方人民政府应当每年向本级人民代表大会常务委员会提出审计机关对预算执行和其他财政收支的审计工作报告。审计工作报告应当重点报告对预算执行的审计情况。必要时，人民代表大会常务委员会可以对审计工作报告作出决议。国务院和县级以上地方人民政府应当将审计工作报告中指出的问题的纠正情况和处理结果向本级人民代表大会常务委员会报告"。

与本级政府的关系。本级政府与审计机关是领导与被领导关系，审计机关接受本级政府的领导。《审计署审计结果公告试行办法》第 6 条规定："中央预算执行情况和其他财政收支的审计结果需要公告的，必须经过国务院批准同意；向国务院呈报的重要审计事项的审计结果需要公告的，应当在呈送的报告中向国务院说明，国务院在一定期限内无不同意见的，才能公告"。《审计机关公布审计结果准则》第 5 条规定："审计机关向社会公布审计结果，必须经审计机关主要负责人批准；涉及重大事项的，应当报经本级人民政府同意"。

与上级审计机关的关系。除国家审计署外，地方各级审计机关均实行双重领导体制。《审计法》第 8 条规定："省、自治区、直辖市、设区的市、自治州、县、自治县、不设区的市、市辖区的人民政府的审计机关，分别在省长、自治区主席、市长、州长、县长、区长和上一级审计机关的领导下，负责本行政区域内的审计工作。"第 9 条规定："地方各级审计机关对本级人民政府和上一级审计机关负责并报告工作，审计业务以上级审计机关领导为主。"

与其他行政机关的关系。审计机关与其他行政机关、行政监察机关存在着广泛的公务合作关系，合作的方式包括通报、建议、请求协助等。《审计法》第 36 条规定："审计机关可以向政府有关部门通报或者向社会公布审计结果。"

第44条规定：被审计单位违法转移、隐匿、篡改、毁弃与财政收支、财务收支有关的资料或者转移、隐匿所持有的违反国家规定取得的资产，审计机关认为对直接负责的主管人员和其他直接责任人员应当给予处分的，应当提出给予处分的建议，被审计单位或者其上级机关、监察机关应当依法及时作出决定，并将结果书面通知审计机关。第37条规定："审计机关履行审计监督职责，可以提请公安、监察、财政、税务、海关、价格、工商行政管理等机关予以协助。"

五、我国审计监督制度存在的问题与完善

(一) 健全、完善政府绩效审计的法律规范和技术标准

政府绩效审计必须依据法律规范和技术标准，这些规范和标准是衡量审计事实与经济效益的尺度，也是审计人员分析、评价并出具审计意见的依据，对于规范、指导审计活动具有重要作用。目前，我国尚无针对政府绩效审计的专门立法，技术标准也比较欠缺。1999年6月1日，原财政部、国家发展计划委、国家经济贸易委、人事部四部委联合印发《国有资本金效绩评价规则》、《国有资本金效绩评价操作细则》，同年6月29日，财政部印发《国有资本金效绩评价指标解释》，这些规范性文件为国有资本金绩效审计提供了技术标准，但除此之外，我国目前并没有审计人员公认的、适用于各种情况的绩效审计标准。健全、完善政府绩效审计的法律规范和技术标准，一是要进行政府绩效审计的相关立法，对政府绩效审计的法律地位、审计对象、审计目的、审计程序、审计报告的基本形式等问题作出明确规定；二是制定系统的、操作性强的政府绩效审计技术标准，以保障审计的全面、公平与科学。

(二) 改革审计机关的领导体制

地方审计机关的双重领导体制在审计制度建立之初是必要的，这种领导体制使得审计机关的建立、运行、发展等得到地方各级政府的支持。但是，随着审计环境的变化以及市场经济体制的建立与完善，整个社会对审计监督提出了更高要求，地方审计机关双重领导体制的弊端也就显露出来。表现在：审计监督易受地方保护主义的干扰，难于保证其独立性，不利于维护国家利益和中央政令畅通，加大中央宏观经济调控的成本。改革审计机关领导体制的可供选择的途径是剥离审计机关与政府的隶属关系，在国家层面设立国家审计院，形成国务院、最高人民法院、最高人民检察院、审计院"一府三院"的权力格局，

审计院向全国人大和全国人大常委会负责并报告工作，享有独立处罚权，对政府管理、使用财政资金的情况进行全面评价和监督，审计长由国家主席任免，由全国人民代表大会决定。相应地，地方审计机关与地方各级政府分离，实行上级审计机关垂直领导的单一领导体制，审计长的任免亦由上级审计机关决定。

（三）保证审计机关的工作经费

审计工作经费是审计机关依法独立行使审计监督权的保障。《审计法》第11条规定："审计机关履行职责所必须的经费，应当列入财政预算，由本级人民政府予以保证。"但实际上，审计工作经费紧张，特别是地、县两级审计机关经费紧张的问题更加突出。审计工作经费得不到保证，审计监督的功能就会受到极大制约。因此，各级政府应当严格执行《审计法》第11条的规定，保证审计机关履行职责所必须的经费。

（四）加强培训，提高审计人员的职业道德和职业胜任能力

审计人员是审计行为的主体，是决定审计水平的根本因素。审计人员不仅要有职业道德（职业品德、职业纪律、职业责任），而且要有职业胜任能力。审计人员的职业道德，要求审计人员在办理审计事项时客观公正、实事求是、合理谨慎、保守秘密、廉洁奉公、恪尽职守。审计人员的职业胜任能力，要求审计人员具有符合规定的学历，通过岗位任职资格考试，具备与从事的审计工作相适应的专业知识、职业技能和工作经验。目前，我国审计人员职业道德欠缺、专业胜任能力不足的问题仍比较普遍，审计机关应加强人员培训。这种培训需针对不同职级、不同岗位、不同知识结构的审计人员，培训的内容不能只局限于会计和审计专业，而要扩展到多个学科领域，使审计团队的整体知识结构呈现多学科、多领域状态，实现知识结构的优化和相互补充。对于审计培训，审计人员应当积极参加，对此《审计机关审计人员职业道德准则》第11条规定："审计人员应当遵守审计机关的继续教育和培训制度，参加审计机关举办或者认可的继续教育、岗位培训活动，学习会计、审计、法律、经济等方面的新知识，掌握与从事工作相适应的计算机、外语等技能"。第12条规定："审计人员参加继续教育、岗位培训，应当达到审计机关规定的时间和质量要求。"

第五节 行政复议

一、行政复议的概念与原则

行政复议是行政复议机关依公民、法人或者其他组织的申请，对引起争议的原具体行政行为进行审查并作出裁决的一种行政行为，是行政监督的法定途径之一。根据《行政复议法》的规定，行政复议的原则为合法、公正、公开、及时、便民、有错必纠。

合法是指行政复议机关必须依据法律规定的职责权限和程序，对申请复议的具体行政行为进行审查；公正是指行政复议机关在复议活动中应保持对双方当事人的不偏不倚，并以事实为根据，准确地适用法律；公开是指行政复议应充分体现行政司法特色，向复议双方当事人和社会舆论开放；及时是指行政复议应在法定时限内进行，不得拖延耽搁；便民是指行政复议应尽量采取方便申请人的方式方法，以确保申请人能有效行使各项权利；有错必纠是指行政复议机关对于违法或不当具体行政行为必须依法予以撤销或者变更。

二、行政复议机关及其管辖

(一) 行政复议机关

行政复议机关指履行行政复议职责（受理行政复议申请、作出行政复议决定）的行政机关。这意味着，首先，行政复议机关是国家行政机关。行政复议职权是基于行政系统内部的层级监督关系而设置的一种职权，一般应由对原具体行政行为作出主体具有直接管理权的行政机关行使。其次，行政复议机关是享有行政复议职权的行政机关。也就是说，并非所有行政机关都是行政复议机关，只有那些享有行政复议职权的行政机关才是行政复议机关。行政机关是否有享有行政复议职权由法律规定。根据《行政复议法》的规定，县级以上人民政府都有行政复议职权，都是行政复议机关，都履行行政复议职责，而乡(镇)人民政府一般不享有行政复议职权。

根据工作需要，行政复议事项由行政复议机关内部负责法制工作的机构具体办理，这种具体办理行政复议事项的机构被称为"行政复议机构"。行政复议机构的职责是：受理行政复议申请；向有关组织和人员调查取证，查阅文件和资料；审查被申请行政复议的具体行政行为是否合法与适当，拟定行政复议决定；处理或者转送公民、法人或者其他组织对行政机关制定和发布的具有普遍约束力的规定的审查申请；对行政机关违反行政复议法规定的行为依照规定的权限和程序提出处理建议；办理因不服行政复议决定提起行政诉讼的应诉事项；法律法规规定的其他职责。

（二）行政复议管辖

行政复议管辖指行政复议机关在受理行政复议申请方面的职责权限范围。行政复议管辖是行政复议制度中的重要内容。对于行政复议机关来说，行政复议管辖是确定哪些复议申请由哪级、哪个行政复议机关受理和审理；对于行政相对人来说，行政复议管辖是确定如果不服原具体行政行为应该向哪级、哪个行政复议机关提出行政复议申请。我国《行政复议法》对行政复议管辖作了下述规定：

对县级以上地方人民政府工作部门的具体行政行为不服的，向该部门的本级人民政府或者上一级主管部门申请行政复议；对海关、金融、国税、外汇管理等实行垂直领导的行政机关和国家安全机关的具体行政行为不服的，向上一级主管部门申请行政复议；对地方各级人民政府的具体行政行为不服的，向上一级地方人民政府申请行政复议；对省、自治区、人民政府依法设立的派出机关所属的县级地方人民政府的具体行政行为不服的，向该派出机关申请行政复议；对国务院部门或者省、自治区、直辖市人民政府的具体行政行为不服的，向作出该具体行政行为的国务院部门或者省、自治区、直辖市人民政府申请行政复议，对行政复议决定不服的，可以向国务院申请裁决，国务院依照《行政复议法》的规定作出最终裁决。

对上述五种情况以外的其他行政机关、组织的具体行政行为不服的，申请人可以按照下列规定申请行政复议；对县级以上地方人民政府依法设立的派出机关的具体行政行为不服的，向设立该派出机关的人民政府申请行政复议；对政府工作部门依法设立的派出机构，以自己的名义作出的具体行政行为不服的，向设立该派出机构的部门或者该部门的本级地方人民政府申请行政复议；对法定授权组织的具体行政行为不服的，分别向直接管理该组织的地方人民政府、地方人民政府工作部门或者国务院部门申请行政复议；对两个或者两个以上行政机关以共同的名义作出的具体行政行为不服的，向其共同上一级行政机关申请行政复议；对被撤销的行政机关在撤销前所作出的具体行政行为不服的，向继续行使其职权的行政机关的上一级行政机关申请行政复议。

实际上，由于条件限制，相对人有时不能辨别具体行政行为作出机关的性质，并导致其不能判断行政复议管辖。因此，为了便民，《行政复议法》规定，有后五种情形之一的，申请人也可以向具体行政行为发生地的县级地方人民政府提出行政复议申请，由接受申请的县级地方人民政府在接到行政复议申请的7日内，转送有关行政复议机关，并告知申请人。

从《行政复议法》的上述规定看出，我国行政复议管辖主要实行的是级别管辖。级别管辖指行政复议申请由对原具体行政行为作出主体具有直接管理权的行政机关管辖。级别管辖包括政府管辖和部门管辖。政府管辖指行政复议申请由原具体行政行为作出主体的上一级政府或者本级政府管辖。例如，《行政复议法》第13条第1款规定："对地方各级人民政府的具体行政行为不服的，向上一级地方人民政府申请行政复议"。第12条第1款规定："对县级以上地方各级人民政府工作部门的具体行政行为不服的……可以向该部门的本级人民政府申请行政复议"。部门管辖指行政复议申请由原具体行政行为作出主体的上一级主管部门管辖。例如，《行政复议法》第12条第2款规定："对海关、金融、国税、外汇管理等实行垂直领导的行政机关和国家安全机关的具体行政行为不服的，向上一级主管部门申请行政复议"。

三、行政复议范围

行政复议范围指公民、法人或者其他组织对行政主体的具体行政行为不服，可以向行政复议机关申请行政复议的事项。行政复议范围既决定行政复议机关对哪些行政争议拥有管辖权，同时也决定行政相对人对哪些具体行政行为不服可以提出行政复议。在这方面，《行政复议法》以列举式和概括式相结合的方式，全面规定了我国行政复议的受案范围。

可以申请行政复议的事项包括：（1）对行政机关作出的警告、罚款、没收违法所得、没收非法财物、责令停产停业、暂扣或者吊销许可证、暂扣或者吊销执照、行政拘留等行政处罚决定不服的；（2）对行政机关作出的限制人身自由或者查封、扣押、冻结财产等行政强制措施决定不服的；（3）对行政机关作出的有关许可证、执照、资质证、资格证等证书变更、中止、撤销的决定不服的；（4）对行政机关作出的关于确认土地、矿藏、水流、森林、山岭、草原、荒地、滩涂、海域等自然资源的所有权或者使用权的决定不服的；（5）认为行政机关侵犯合法的经营自主权的；(6) 认为行政机关变更或者废止农业承包合同，侵犯其合法权益的；(7) 认为行政机关违法集资、征收财物、摊派费用或者违法要求履行其他义务的；(8) 认为符合法定条件，申请行政机关颁发许可证、执照、资质证、资格证等证书，或者申请行政机关审批、登记有关事项，行政机关没有依法办理的；(9) 申请行政机关履行保护人身权利、财产权利、受教育权利的法定职责，行政机关没有依法履行的；(10) 申请行政机关依法发放抚恤金、社会保险金或者最低生活保障费，行政机关没有依法发放的；(11) 认为行政机关的其他具体行政行为侵犯其合法权益的。

行政复议机关一并受理申请人对行政机关某些抽象行政行为的审查申请，对此《行政复议法》第 7 条规定：公民、法人或者其他组织认为行政机关的具体行政行为所依据的规定不合法，在对具体行政行为申请行政复议时，可以一并向行政复议机关提出对该规定的审查申请，包括国务院部门的规定、县级以上地方各级人民政府及其工作部门的规定和乡镇人民政府的规定等。

《行政复议法》在规定了可以申请行政复议的事项后，也规定了不能申请行政复议的事项。这些事项是：(1) 不服行政机关作出的行政处分或者其他人事处理决定的；(2) 不服行政机关对民事纠纷作出的调解或者其他处理的。上述事项被排除在行政复议范围之外的原因有二。首先，行政机关对所属工作人员作出的行政处分或者人事任免，属行政机关内部行为，对这类行为不服的，当事人可以依照有关法律、行政法规的规定提出申诉。其次，行政复议与行政调解的性质不同。行政调解不具有行政管理性质，不具有强制性，争议当事人不服行政机关的斡旋或者调解，可以向人民法院提起诉讼。

四、行政复议的程序

(一) 行政复议申请

1. 申请时限

公民、法人或者其他组织认为行政主体具体行政行为侵犯其合法权益的，可以自知道该行政行为之日起的 60 日内提出行政复议申请，但法律规定的申请期限超过 60 日的除外。因不可抗力或者其他正当理由耽误法定申请期限的，申请期限自障碍消除之日起继续计算。

2. 申请条件

公民、法人或者其他组织是行政复议的申请人，作出具体行政行为的行政主体是被申请人。有权申请行政复议的公民死亡的，其近亲属可以申请行政复议。有权申请行政复议的公民为无民事行为能力人或者限制民事行为能力人的，其法定代理人可以代为申请行政复议。有权申请行政复议的法人或者其他组织终止的，承受其权利的法人或者其他组织可以申请行政复议。同申请行政复议的具体行政行为有利害关系的公民、法人或者其他组织，可以作为第三人参加行政复议。申请人、第三人可以委托代理人代为参加行政复议。

3．申请方式

申请人申请行政复议，可以书面申请，也可以口头申请；口头申请的，行政复议机关应当场记录申请人的基本情况、行政复议请求、申请行政复议的主要事实、理由和时间。申请人在申请行政复议时，可以一并提出行政赔偿请求。

（二）行政复议受理

行政复议机关在收到行政复议申请后，应当在 5 日内对行政复议申请进行审查，并依据不同情况分别作出如下处理：对不符合法律规定的行政复议申请，决定不予受理，并书面告知申请人；对符合法律规定，但是不属于本机关受理的行政复议申请，应当告知申请人向有关行政复议机关提出。除上述情况外，行政复议申请自行政复议机关负责法制工作的机构收到之日起即为受理。

公民、法人或者其他组织依法提出行政复议申请，行政复议机关无正当理由不予受理的，上级行政机关应当责令其受理；必要时，上级行政机关也可以直接受理。

公民、法人或者其他组织认为行政机关的具体行政行为侵犯其已经依法取得的土地、矿藏、水流、森林、山岭、草原、荒地、滩涂、海域等自然资源的所有权或者使用权的，应当先申请行政复议；对行政复议决定不服的，可以依法向人民法院提起行政诉讼。如果行政复议机关决定不予受理或者受理后超过行政复议期限不作答复，公民、法人或者其他组织可以自收到不予受理决定书之日起或者行政复议期满之日起 15 日内，依法向人民法院提起行政诉讼。

行政复议期间，具体行政行为不停止执行。但有下列情况之一的，可以停止执行。即被申请人认为需要停止执行的；行政复议机关认为需要停止执行的；申请人申请停止执行，行政复议机关认为其要求合理，决定停止执行的；法律规定停止执行的。

（三）行政复议审理

行政复议原则上采取书面审查的办法。但是，申请人提出要求或者行政复议机关负责法制工作的机构认为有必要时，可以向有关组织和人员调查情况，听取申请人、被申请人和第三人的意见。

行政复议机关负责法制工作的机构应当自行政复议申请受理之日起 7 日内，将行政复议申请书副本或者行政复议申请笔录复印件发送被申请人。被申请人应当自收到申请书副本或者申请笔录复印件之日起 10 日内，提出书面答复，并提交当初作出具体行政行为的证据、依据和其他有关材料。申请人、第三人可以查阅被申请人提出的书面答复、作出具体行政行为的证据、依据和其他有关材料，除涉及国家秘密、商业秘密或者个人隐私外，行政复议机关不得拒绝。

在行政复议过程中，被申请人不得自行向申请人和其他有关组织或者个人收集证据。

在行政复议决定作出前，申请人要求撤回行政复议申请的，经说明理由，可以撤回；撤回行政复议申请的，行政复议终止。

申请人在申请行政复议时，一并提出对有关规定的审查申请，行政复议机关对该规定有权处理的，应当在 30 日内依法处理；无权处理的，应当在 7 日内按照法定程序转送有权处理的国家机关依法处理，有权处理的行政机关应当在 60 日内依法处理。处理期间，中止对具体行政行为的审查。申请人在申请行政复议时并未提出对有关规定的审查申请，但行政复议机关在对被申请人作出的具体行政行为进行审查时，认为具体行政行为的依据不合法，本机关有权处理的，应当在 30 日内依法处理；无权处理的，应当在 7 日内按照法定程序转送有权处理的国家机关依法处理，处理期间，中止对具体行政行为的审查。

（四）行政复议决定

1. 行政复议决定的时限

行政复议机关应当在受理申请之日起 60 日内作出行政复议决定，但是法律规定的行政复议期限少于 60 日的除外。情况复杂，不能在规定期限内作出行政复议决定的，经行政复议机关负责人批准，可以适当延长，并告知申请人和被申请人；但延长期限最多不超过 30 日。行政复议机关作出行政复议决定，应当制作行政复议决定书，并加盖印章。

2. 行政复议决定的程序

行政复议机关负责法制工作的机构应当对被申请人作出的具体行政行为进行审查，提出意见，经行政复议机关的负责人同意或者集体讨论通过后，作出行政复议决定。

3. 行政复议决定的种类

行政复议机关根据不同情况可以分别适用以下五种决定：第一种，具体行政行为认定事实清楚，证据确凿，适用依据正确，程序合法，内容适当的，决定维持。第二种，被申请人不履行法定职责的，决定其在一定期限内履行。第三种，具体行政行为主要事实不清、证据不足，适用依据错误，违反法定程序，超越或者滥用职权或者明显不当的，决定撤销、变更或者确认该具体行政行为违法。决定撤销或者确认该具体行政行为违法的，可以责令被申请人在一定期限内重新作出具体行政行为。行政复议机关责令被申请人重新作出具体行政行为的，被申请人不得以同一事实和理由作出与原具体行政行为相同或者基本相同的具体行政行为。第四种，被申请人不按法律规定提出书面答复、提交当初作出具体行政行为的证据、依据和其他有关材料的，视为该具体行政行为没有证据、依据，决定撤销该具体行政行为。第五种，申请人在申请行政复议时一并提出行政赔偿请求，行政复议机关对符合《国家赔偿法》的有关规定应当给予赔偿的，在决定撤销、变更具体行政行为或者确认具体行政行为违法时，应当同时决定被申请人依法给予赔偿。申请人在申请行政复议时没有提出行政赔偿请求，行政复议机关在依法决定撤销或者变更罚款，撤销违法集资、没收财物、征收财物、摊派费用以及财产的查封、扣押、冻结等具体行政行为时，应当同时责令被申请人返还财产，解除对财产的查封、扣押、冻结措施，或者赔偿相应的价款。

4. 行政复议决定的效力

行政复议决定书一经送达，即产生法律效力。对于不履行或者无正当理由拖延履行行政复议决定的被申请人，行政复议机关或者有关上级行政机关应当责令其限期履行。对于不起诉又不履行行政复议决定，或者不履行最终裁决的行政复议决定的申请人，按照下述规定处理：维持具体行政行为的行政复议决定，由作出具体行政行为的行政机关依法强制执行，或者申请人民法院强制执行；变更具体行政行为的行政复议决定，由行政复议机关依法强制执行，或者申请人民法院强制执行。

5. 行政终局裁决

根据国务院或者省、自治区、直辖市人民政府对行政区划的勘定、调整或者征用土地的决定，省、自治区、直辖市人民政府确认土地、矿藏、水流、森林、山岭、草原、荒地、滩涂、海域等自然资源的所有权或者使用权的行政复议决定为最终裁决。相对人对行政终局裁决不服，不能提起行政诉讼，只能向裁决机关或者裁决机关的上级机关提出申诉。

案　例

解码香港廉政公署

多年来，香港"特派廉政专员公署"（简称"廉政公署"，英文缩写"ICAC"）的经验一直是世界许多国家和地区反贪领域的一个话题。那么，ICAC到底用什么方法遏制香港的贪污问题呢？

1. 超脱的权力。ICAC 的专员就是由最高行政长官直接委派，并对其负责的反贪"钦差大臣"。ICAC的权力来源非常清晰，即直接受制于行政长官，但行政长官本身又不过问它的具体事务，使它非常独立，它具有警察部门的权力，根据法律对贪污案件独立行使调查权。就权力运作程序而言，ICAC直属特首领导和指挥，不被任何横向的行政权力割裂，是一个纵向的、责任和权力非常清晰的反贪体系。曾在ICAC工作 20 多年并担任副廉政专员的郭文纬先生说："有时候，会有官员找我们说情，但根本不用理他们，因为他们管不着我们"。这或许就是当初在设计ICAC这一制度模式时，并没有将其列入公务员体系的原因。这样，它虽然行使公权力，且从权力的性质而言属于行政性权力，但香港公务员事务管理局却管不到ICAC。同时，ICAC的经费预算完全来自财政拨款，除接受审计署的审计和立法部门、独立机构的监督外，没有任何部门和官员可以卡住它的经费拨付。

2. ICAC的"杀手锏"。提起ICAC的反贪业绩，就不能不说到 30 年前在香港实行的一项特殊反贪政策：任何政府雇员如果拥有与收入不相称的财产而又无法提出合理解释，即属违法；任何政府雇员未经行政长官许可而接受礼物或者一定数额的贷款，即使没有贪污动机的证据，也属违法。执法的高压对贪污行为产生了极大的威慑作用，ICAC也在不断强化这一观念：不要伸手，伸手必被捉！一方面是严酷的法律和"六亲不认"的ICAC；另一方面是优厚的待遇。对于公务员来说，除了廉洁守法，别无选择。从 20 世纪 70 年代中期开始，港英当局实行公务员管理制度现代化，逐步提高了公务人员的待遇。同时，从个人工资中拿出一小部分，连同政府承担的大部分，作为退休金一起存入专户，公务员退休时既可以一次性提取，也可以每月领取，确保其生活水平不会因为退休而降低。但是，根据香港法律，公职人员一旦被判刑，所有的退休金都将被取消，即便是受到纪律处罚，也要被扣罚甚至全部没收。与高薪制度相对应的是ICAC"零度容忍"的反贪政策。原副廉政专员郭文纬对"零度容忍"的定义是：无论大贪还是小贪，100元、10元，甚至1元都要处理。

　　ICAC在严厉打击贪污腐败和进行制度设防的同时，并没有忽视宣传教育的作用。在记者所接触到的香港本地人士中，认为ICAC这30年来宣传教育的最大成果是彻底改变了香港人的观念，将诚信变成了一种大众文化。ICAC的经验从另一个角度说明，依靠严刑峻法打击腐败并不难，真正难的是设计一套让人无法腐败的制度，达到从源头上预防腐败的目的；其次，从观念上建立一种全民廉洁的社会文化，更不是几天几年所能做到的事情。

　　3.制衡ICAC。如果单纯从权力架构上看，ICAC确实具有超乎寻常的权力，但这只是问题的一个方面。为了防止它成为独立王国，制度设计者们为它量身定做了一整套监督程序和机构，包括四大委员会和一个独立的"廉政公署事宜投诉委员会"。四大委员会的成员主要是由行政长官从社会各界的名流中选任的，与ICAC毫无干系。曾担任贪污问题咨询委员会委员的十届全国人大代表温嘉旋先生对记者说："监督委员会是完全独立的，为公共利益服务，与自己的利益没有关系，能够做到公平公正，监督廉署的权力"。除上述4大监督组织外，还有一个独立的"廉政公署事宜投诉委员会"，负责处理针对ICAC人员的非刑事投诉。设计出这样的监督模式，既不会影响ICAC行使权力的超脱性，确保它始终是一个不受其他权力干预的独立反贪机构，同时，又能够时刻监督它，防止它滥用权力。

案例思考题

一个有效的行政监督体制必须包含哪些基本要素？

重要概念

1.行政监督　2.层级监督　3.行政监察
4.审计监督　5.行政复议

思考题

1.什么是行政监督？行政监督有什么特点？
2.什么是层级监督？层级监督有哪几种形式？

3. 行政监察机关实行怎样的领导体制？如何发挥行政监察机关在反腐败与廉政建设中的职能作用？

4. 行政监督对象的法律责任形式有哪些？

5. 什么是廉政监察？廉政监察的内容是什么？

6. 什么是执法监察？行政执法人员常出现的违法和不当行为有哪几种？

7. 什么是行政效能监察？行政效能监察有哪些基本方法？

8. 什么是审计监督？

9. 什么是政府财务审计？

10. 什么是政府绩效审计？政府绩效审计有哪些作用？

11. 什么是行政复议？

12. 公民、法人和其他组织对行政机关哪些行政行为不服可以申请行政复议？

13. 《行政复议法》对行政复议管辖作了哪些规定？

14. 行政复议有哪些基本程序？

15. 行政复议决定有哪些种类？各自有什么适用条件？

16. 我国行政监督制度存在什么问题？如何完善？

第九章

人民政协与民主党派的监督

本章阐述了人民政协与民主党派监督的概念、性质和地位，介绍了人民政协与民主党派监督的内容和形式，并对人民政协与民主党派监督的完善进行了讨论。

第一节 人民政协的监督

一、人民政协监督的含义、性质与地位

人民政协监督指参加人民政协的各党派、团体和各界人士，通过建议和批评的方式，对国家宪法、法律和法规的实施，重大方针政策的贯彻执行，国家机关及其工作人员的工作进行的监督。

人民政协监督的概念应从以下几个方面进行理解：从监督的主体看，人民政协监督的主体是人民政协，具体而言，指参加人民政协的各民主党派、无党派爱国人士、各人民团体和社会各界爱国人士；从监督的对象看，人民政协监督的对象主要是国家机关及其工作人员，也包括执政党的各级组织与党员，还包括政协之内各民主党派和无党派人士；从监督的内容看，它是对国家宪法、法律和法规的实施，重大方针政策的贯彻执行，国家机关及其工作人员的工作所进行的监督；从监督的方向看，它是政协对国家机关和工作人员的监督，也是中国共产党在政协中与参加政协的其他单位和个人之间进行的互相监督，但主要是各党派、团体和各界人士对国家机关及其工作人员以及对中国共产党的监督。

民主监督是人民政协的三大职能之一，《中国人民政治协商会议章程》规定："中国人民政治协商会议全国委员会和地方委员会的主要职能是政治协商、民主监督、参政议政"；"民主监督是对国家宪法、法律和法规的实施，重大方针政策的贯彻执行、国家机关及其工作人员的工作，通过建议和批评进行监督"。人民政协的监督实质上是一种有组织地反映统一战线各方面的意见的民主监督。这种监督不同于人民代表大会的监督，不具有国家权力的性质，没有法律的约束力，但它具有广泛的代表性和灵活性，能够广开言路、畅所欲言，吸纳各方面意见。

人民政协的监督是我国社会主义监督体系的重要组成部分，是在坚持四项基本原则的基础上通过提出意见、批评、建议的方式进行的监督。我国社会主义监督体系包括人大的法律监督、司法机关监督、行政监督、执政党党内监督、人民政协监督、社会监督等多个方面和层次。人民政协的监督尽管是民主监督而非权力监督，不具有法律约束力，不能对监督对象形成强制，但鉴于人民政协在我国政治体系中特有的地位，人民政协的监督对国家机关和执政党的决策仍然具有相当的影响力。与舆论监督等自发的监督形式相比，人民政协的监督是一种法定形式的监督，比自发的监督更为正式、更具组织性和政治影响力。

人民政协监督的性质和地位是由人民政协的性质和地位所决定的，《宪法》序言指出："中国人民政治协商会议是有广泛代表性的统一战线组织，过去发挥了重要的历史作用，今后在国家政治生活、社会生活和对外友好活动中，在进行社会主义现代化建设、维护国家的统一和团结的斗争中，将进一步发挥它的重要作用"。《中国人民政治协商会议章程》和《中共中央关于加强人民政协工作的意见》都明确规定："中国人民政治协商会议是中国人民爱国统一战线的组织，是中国共产党领导的多党合作和政治协商的重要机构，是我国政治生活中发扬社会主义民主的重要形式"。人民政协的这一性质和地位决定了其所承担的民主监督职能必须通过特定的民主与协商方式得到有效履行，从而也决定了人民政协的监督在国家监督体系中所具有的重要地位。

人民政协监督的性质和地位也是人民政协的发展历史所决定的。1949年召开的中国人民政治协商会议，对中国社会主义民主政治的发展起了重要作用。1954年全国人民代表大会召开后，针对人民政协是否继续存在的问题，毛泽东指出，人大的代表性当然很大，但它不能包括所有的方面，所以政协仍有存在的必要。1956年，毛泽东在《论十大关系》中明确提出了"长期共存、互相监督"的方针。"文化大革命"结束后，邓小平指出，中国的社会主义现代化建设事业，继续需要政协就有关国家的大政方针、政治生活和四个现代化建设中的各项社会经济问题，进行协商、讨论，实行互相监督，发挥对宪法和法律实施的监督作用。1982 年，党的十二大确立了中国共产党与各民主党派"长期共存、互相监督、肝胆相照、荣辱与共"的十六字方针。此后，人民政协作为统一战线组织和中国共产党领导的多党合作和政治协商的重要机构的地位得到了进一步明确，其所承担的民主监督职能也被章程确定下来。在实践过程中，人民政协的民主监督职能也发挥了重要的作用，促进了我国社会主义现代化建设事业的顺利发展。

二、人民政协监督的内容

人民政协的监督内容广泛，既包括政协内部中国共产党和各民主党派之间及其他社会各界人士间的相互监督，也包括参加政协的单位和个人对国家机关及其工作人员的监督。具体而言，人民政协监督的内容主要包括以下几个方面：

（一）国家宪法与法律、法规的实施情况

"依法治国，建设社会主义法治国家"是我国宪法的明确规定，也是我国在新的历史时期作出的历史性抉择。要达到建设法治国家这一目标，就需要对宪法和法律的实施情况进行及时有效的监督。我国宪法规定了国家权力机关具有法律监督的职权，对宪法和法律的实施进行监督，同时也规定了检察机关作为专门的法律监督机关的监督职能。然而，法律监督仅仅依靠人民代表大会的监督和检察机关的监督是不够的，还需要发动各方面的力量对宪法和法律的实施进行多角度、全方位的监督，人民政协的监督正是法律监督中的重要环节。一方面，政协可以组织参加政协的各界人士开展视察、调查和检查活动，通过这些活动，发现执法和司法机关在执法和司法过程中存在的不足，及时提出改正意见，并督促改正，真正做到严格执法、公正司法，维护宪法和法律的严肃性。另一方面，针对法律本身及其在实施过程中出现的不足和问题，政协可以通过形成建议案和报告等形式向有关机关特别是立法机关提出建议，要求对宪法和法律进行修正，使其更加完善，更有利于正确实施，促进我国法律体系的完备。

(二) 党和国家机关制定的重要方针、政策的贯彻执行情况

《中国人民政治协商会议章程》规定，人民政协的三大主要职能是政治协商、民主监督、参政议政。自人民政协成立以来，特别是改革开放以来，党和国家在重大方针和重要政策制定之前及制定过程中，对事关国家全局发展和广大群众切身利益的重大事项，都主动通过人民政协与各民主党派、无党派人士和社会各界进行广泛协商，在听取各方面意见和建议的基础上才最终出台相关方针和政策。非但如此，在这些方针和政策的执行过程中，由于人民政协参加了制定这些方针、政策的协商，对它们的精神内涵与实质内容都有着深入的了解，因此人民政协还承担着对这些方针、政策的贯彻执行进行监督的职能，督促有关机关全面彻底地贯彻党和国家的重要方针、政策，促进这些方针政策真正落到实处，在国家的各项建设中发挥作用。

人民政协对方针、政策的贯彻执行情况进行监督是多层次的，不但全国政协对党和国家的重要方针、政策的贯彻执行要进行监督，地方各级政协也对所在省（区、市）、市、县党委和人大、政府的重要方针政策的执行情况进行监督，保证这些方针政策落到实处，促进各项建设的顺利开展。

(三) 国民经济和社会发展计划及财政预算执行情况

国民经济和社会发展计划是国家对一定时期内国民经济的主要活动、科学技术、教育事业和社会发展所作的规划和安排，是指导经济和社会发展的纲领性文件，通常分为中期规划（5 年）、长期规划（10 年以上）和年度计划。国民经济和社会发展计划由人民代表大会通过，具有法律效力，各有关国家机关必须按照计划的内容严格遵照实施。在计划的实施过程中，人民政协可以通过两种途径对其进行监督，一是在日常工作中，视情提出意见和建议，对有关国家机关执行国民经济和社会发展计划的情况进行监督。二是在每年的"两会"上，政协委员列席人民代表大会会议，听取有关机关所作的国民经济和社会发展计划方面的报告，对报告进行讨论，发表意见，提出改进的建议，对国民经济和社会发展计划执行情况进行监督。

财政预算是国家制订的年度财政收支计划，它是国家为实现其职能而有计划地筹集和分配财政资金的主要手段，是国家的基本财政计划。财政预算按法定程序编制、审查和批准，全国人大和地方各级人大都按法定程序通过自己的财政预算。财政预算一旦通过，就具有相应的法律效力，有关机关必须严格执行。人民政协对财政预算的执行情况有权实施民主监督，其监督的方式与途径与对国民经济和社会发展计划的监督相同。

（四）国家机关及其工作人员履行职责的情况

任何国家机关、任何国家机关工作人员都根据宪法、法律和法规的规定，承担着相应的职责，否则它们将失去存在的意义。国家机关及其工作人员对其所承担的职责，必须严格履行，不得有懈怠的情形。只有国家机关及其工作人员严格履行其法定职责，国家的各项工作才可能正常开展，社会经济才可能顺利发展，人民的利益才可能得到维护。但在现实生活中，由于各种因素的影响，国家机关及其工作人员未能严格依法履行职责的情况时有发生，影响了政府的形象，妨碍了经济的发展，侵害了公民的权利。为预防和减少国家机关及其工作人员不依法履行职责的现象，必须对他们实施有效监督。人民政协通过视察、检查等途径对国家机关及其工作人员改造职责情况实施的监督就是监督体系中的重要一环。

（五）国家机关工作人员遵纪守法、为政清廉等方面的情况

国家工作人员不但应严格依法履行职责，不得有渎职懈怠的行为，同时在履行职责时还应做到遵纪守法，清正廉明，杜绝贪污腐化、以权谋私等现象的发生。由于违法乱纪和贪污腐化现象在现实生活中的不可避免性，有必要对国家机关工作人员在这方面的情况加强监督。人民政协的监督在其中具有重要的作用，政协委员可就此开展视察和检查，针对相关问题与现象反映广大群众的要求和呼声，提出建议和意见。应注意的是，中国共产党是我国的执政党，国家机关工作人员中有很大一部分都是中共党员，因此，人民政协对国家机关工作人员廉政情况实施监督的同时，还应加强对党的机关工作人员和广大党员的监督。

（六）参加政协的单位和个人遵守政协章程和执行政协决议的情况

政协的章程是参加政协的各党派、人民团体和社会各界人士的共同的行动纲领，所有参加政协的人士和团体都必须以章程为基本的行为规范，中国人民政治协商会议全国委员会和地方委员会，也按照《中国人民政治协商会议章程》进行工作。人民政协监督的一项重要内容，就是对参加政协的单位和个人遵守政协章程的情况进行监督。政协决议是政协在充分进行酝酿协商基础上，按照民主集中制的原则形成的，体现着各方面的意志和利益，对于政协的决议，参加政协的单位和个人不管是否有保留意见，都必须严格执行。对政协决议执行情况的监督，也是人民政协监督的一项重要内容。

三、人民政协监督的方式

人民政协监督的主要方式有：

(一) 提出建议案

按照政协章程规定，全国政协和地方各级政协都要定期举行全体会议、常委会议和主席会议，在这些会议上，针对党和国家的大政方针和重大事项，或地方的重要方针、政策进行讨论协商，作出决议或决定，形成正式的建议案，并向党委和政府提交建议案，供他们决策时参考。通过提交建议案开展监督，这是人民政协监督的一个重要方式，也是最庄重的一种监督方式。如中国人民政治协商会议全国委员会全体会议按惯例与全国人民代表大会同期召开，全体会议听取全国政协常委会的工作报告，讨论重大方针和政策，并作出决议，形成建议案，供党和国家研究参考。地方各级政协也每年召开一次全体会议，经协商讨论形成建议案，供地方党委和政府参考。

(二) 各专门委员会提出建议或有关报告

按照政协章程规定，中国人民政治协商会议全国委员会常务委员会可根据工作需要，设立若干专门委员会。政协省、自治区、直辖市委员会的常务委员会按照当地实际情况和工作需要决定设立专门委员会；自治州，设区的市、县，自治县，不设区的市和市辖区的政协委员会的常务委员会也可根据工作需要设立相应的工作机构。这些专门委员会可针对与本委员会相关的事项进行调查、研究、讨论和协商，提出相应的建议或形成专门的报告，向党委和政府提交，供其决策时参考。

(三) 委员提案

政协提案是政协的参加单位和委员向政协全体委员会议或常务委员会提出的，经提案委员会审查立案后交付有关单位办理的书面意见和建议。政协提案提出时间不限、内容不限、人数不限，委员可以随时通过提案的形式反映自己的意见和建议。根据《政协全国委员会提案工作条例》的规定，提出提案一般有四种形式：一是政协委员可以个人或者联名方式提出提案；二是政协全体委员会议期间可以小组或者联组名义提出提案；三是参加政协的各党派和人民团体，可以本党派、团体名义提出提案；四是政协各专门委员会可以本专门委员会名义提出提案。每件提案均需经过提案委员会按提案工作条例的有关要求审查立案才能成立，是一种有组织的行为，对所反映的问题需进行科学论证分析，需有可操作的具体建议。政协提案是政协的参加单位和委员特有的一项民主权利，也是人民政协监督的重要方式之一。提案的办理有专门的机构负责，有一套规范的工作程序，要求件件有着落，案案有答复，参加政协的单位和个人可通过这一方式，对有关国家机关的工作实施监督。

（四）委员视察

委员视察是政协的重要工作方式之一。政协章程规定："中国人民政治协商会议全国委员会和地方委员会组织委员视察、参观和调查，了解情况，就各项事业和群众生活的重要问题进行研究，通过建议案、提案和其他形式向国家机关和其他有关组织提出建议和批评"。各级政协每年至少组织一次委员视察活动。委员们通过视察这一形式，就国家和地方的政治、经济和社会生活中的重大问题和人民群众普遍关心的问题了解情况，从中发现问题与不足，提请党委和政府有关部门解决和处理。委员视察是人民政协监督的最常态的监督方式之一。

（五）参加会议

参加会议是人民政协监督的重要形式，在会议上，政协委员可就相关问题发表自己的看法，提出自己的意见和建议，行使民主监督权利。政协委员参加的会议主要有政协会议、民主协商会和民主座谈会、列席人民代表大会等。政协会议包括全体会议、常务会议和主席会议，与会人员可在会上畅所欲言，发表意见，进行协商，提出建议，进行监督。民主协商会和民主座谈会一般由中央或地方党委召开，邀请各民主党派领导人、无党派人士或社会各界代表，就党的重大方针政策、国家大事、国内外形势等问题进行协商，听取各方面意见，沟通思想，达成共识，并通过沟通和协商吸取正确的意见和建议，减少决策的失误，提高决策的质量。列席人民代表大会是我国"两会"的惯例，在每年的"两会"期间，政协委员都列席人大会议，听取国家机关的各项报告，对有关重大问题进行讨论，发表观点，提出意见和建议，行使民主监督权利。

（六）调查和检查

进行调查和检查是人民政协监督的主要方式之一，《中共中央关于加强人民政协工作的意见》明确规定，人民政协监督的方式之一是"参加党委和政府有关部门组织的调查和检查活动"，在调查和检查的过程中，政协委员可就有关情况进行了解，发现存在的问题与不足，提出自己的意见与建议，对国家机关及其工作人员的工作情况实施监督，促进各项工作的更好开展。

（七）应邀担任司法机关和政府部门特约监督人员

《中共中央关于加强人民政协工作的意见》规定，政协委员应邀担任司法机关和政府部门特约监督人员是加强政协监督的方式。应邀担任司法机关和政府部门的特约监督人员，已经成为中国共产党提出的人民政协监督的重要方式，在担任特约监督员期间，政协委员可发挥特别的监督作用，对司法机关和政府部门的工作开展有效监督。

（八）其他监督方式

人民政协的监督作为民主监督，在监督方式上是开放的而不是封闭的，除了通过上述监督方式开展监督以外，还可通过其他的方式进行监督。如可以政协委员的身份向有关部门举报，检举国家机关工作人员的违法乱纪行为。政协委员也可发挥自身代表性强、联系面广的优势，运用各种可能的渠道及时准确地把社情民意反映给党和政府机关，请他们予以考虑，必要时及时予以解决。

四、人民政协监督的完善

现行的人民政协监督制度是历史经验的结晶，是在六十年的历史发展过程中经历了挫折、吸取了教训、积累了经验后逐步发展形成的，在实践中对加强和改进党和政府的各方面工作也起到了积极的作用，对我国民主政治的发展作出了积极的贡献。但显而易见，目前的人民政协监督制度还存在一定的问题，其监督作用还没有效地发挥出来，需要进一步加以改进，以加强监督，为我国社会经济和民主政治的发展起到更好的促进作用。

（一）人民政协监督中存在的问题

第一，对人民政协监督的作用与意义认识不够。《中共中央关于加强人民政协工作的意见》指出，人民政协的民主监督是一种政治监督。也就是说，人民政协监督是政治体制和政治制度层面意义上的监督，监督的对象是国家机关及其工作人员，监督的重点是公共权力的运行，而不是对繁杂琐碎的个案进行具体监督。然而，一些人对此缺乏认识，认为人民政协的监督只是一种政治姿态而不具有实际作用，特别是当人民政协的监督建议和意见在实际中贯彻不力，某些具体问题未能及时解决时，这种认识就更为普遍。特别需要指出的是，一些地方的党政领导对人民政协监督的意义和作用认识不到位，认为有人大、纪检和监察部门的监督已经足够，不需要再增加政协监督这种非刚性的监督，甚至认为政协监督是"无事找事"，徒然增加了工作环节，降低了工作效率，因而对政协监督很多时候口是心非，表面上接受，实际上抵触，影响了人民政协监督作用的发挥。

第二，人民政协监督的约束力不强。人民政协监督是民主监督，与人大监督相比，它最大的特征是不具有法律效力，不能从法律上强制被监督者接受监督。实践中也产生了因人民政协监督的约束力不强，一些单位和个人不能主动接受监督的情况。如对于一些重大决策，在决策过程中协商不够，甚至出现了失误的情形，但人民政协却没有办法对此实施监督；对一些事关人民群众切身利益的热点、难点问题，政协及参加政协的单位和个人因有各方面的顾虑，没有胆魄行使其监督权利，实施有效监督；对一些政协实施监督的事项，也因被监督者不愿主动接受监督等原因，导致监督不能起到应有的作用。

第三，人民政协监督的制度还不够完善，特别是监督的保障手段和制约机制不够健全。尽管政协章程和《中共中央关于加强人民政协工作的意见》对政协民主监督的内容、方式等有所规定，但从总体看，目前我国人民政协监督制度并不完善，特别是保障手段和制约机制并不健全，有关监督的规定往往是原则性的，缺少配套措施和相应程序，不具有可操作性。对政协委员如何履行监督职能，政协组织如何支持、帮助委员履行监督职能，以及政协组织如何实施监督，党政部门如何对待和处理政协提出的意见和建议，等等，都缺乏具有约束力和可操作性的规定，同时监督的程序性规定更是不完善，导致了在监督实践中"无法可依"、"无章可循"的情况。人民政协监督是否能取得应有效果，在很大程度上取决于党政领导的重视程度，而不是监督制度本身。领导重视的，监督往往能取得较好效果，领导不重视的，监督效果就相对较差，甚至行使监督权利的政协委员还可能因其监督行为而遭受打击报复，监督权实际上被架空。

第四，人民政协监督的效果不够明显。监督的直接目的在于加强对权力的制约，使权力的行使真正做到"权为民所用"，监督的关键在于监督能取得实际效果，而不是流于形式，或成为特定需要的摆设。但在实践中，人民政协监督的效果往往并不明显，一些政协委员提出的正确的意见和建议不能引起党委和政府的足够重视；一些党政领导由于各方面的原因没有真正接受政协委员正确的和有益的建议和意见，政协的监督也因此不能达到应有的效果。一些本来应该也可以及时解决的问题，每年的政协会议上都有相应提案，相关机关年年都进行答复，但是问题始终得不到有效解决。

（二）人民政协监督的完善

目前的人民政协监督还存在上述种种不足和问题，为真正发挥政协的监督作用，促进我国民主政治和社会经济的发展，需要对人民政协监督从以下几个方面加以改进和完善：

第一，提高对人民政协监督重要性和必要性的认识。为了真正发挥人民政协监督的作用，必须提高对人民政协监督必要性和重要性的认识。首先，各级党政领导要提高认识，真正认识到人民政协监督对我国民主政治发展的重要意义，对改进具体工作的重要意义，主动接受人民政协的监督，考虑和采纳人民政协监督中提出的正确意见和建议。其次，政协自身要提高认识，在思想观念上和工作安排上都将监督摆到应有的高度，促进人民政协监督职能的履行。再次，政协委员也要提高对政协监督职能的认识，提高对自身作为政协委员所承担的监督职责的认识，勇于监督，敢于监督，善于监督，要有监督的胆识，也要懂得监督的知识和艺术，提高监督的针对性和可操作性。

第二，健全人民政协监督的机构。民主监督是政协的三大职能之一，这一职能的履行需要有完善的组织保证，但至今为止，政协内设机构中并没有一个常设性的机构负责民主监督工作。为此，有必要根据政协章程第 39 条和第 50 条的规定，设置专门的内设机构，专事政协的民主监督事务，组织开展政协委员的监督活动。

第三，完善人民政协监督的制度。如前所述，人民政协监督的制度尽管经过了长期的发展，但仍存在不完善的地方，原则性的要求和规定多，可操作的规范少，没有形成有效的工作机制。针对这一现象，必须加强人民政协监督的制度建设，完善相关的实体和程序制度，促进人民政协监督功能的发展。首先，要加强人民政协监督的制约机制。政协监督没有法律强制力，但这并不等于被监督主体对政协监督就可无动于衷，相反，应从制度完善的层面入手，加强政协监督的制约机制，使政协监督中的意见和建议对被监督者起到一定的约束作用，促使他们对政协监督作出及时的反应。其次，完善人民政协监督的保护机制。加强对政协委员行使监督权利的保护，保证政协委员提出批评、进行举报、发表不同意见的权利，为民主监督的开展确立基础。再次，完善人民政协监督的运行机制。着重在知情环节、沟通环节、反馈环节上建立健全制度，进一步明确人民政协监督的范围、内容、方式、程序等。

第四，拓宽人民政协监督的渠道。召开政协会议、委员视察、委员提案、委员举报、调查和检查、反映社情民意或者以其他形式提出批评和建议以及应邀担任司法机关和政府部门特约监督人员等都是人民政协的监督途径。对这些现有监督途径，人民政协在监督中应积极利用，并予以规范和完善，使之真正成为政协发挥独特监督作用的渠道。在此基础上，还应积极探索人民政协监督的新形式、新途径，有效拓宽监督的渠道。例如，组织开展民主评议活动，对国家机关及其工作人员进行民主评议，既监督人，也监督事，加大监督的影响力，提高监督的效果；将政协监督与社会舆论监督结合起来，使社会舆论监督也成为政协监督的有效工具；对事关社会和谐稳定与广大人民群众切身利益的一些问题，组织政协委员开展相对独立的视察与调查，了解事情真相，掌握发展动态，向党委和政府提供有价值的建议。总之，人民政协的监督方式只要不违反宪法和法律，就应该允许并鼓励进行探索和尝试，对其中的有益经验，应该认真总结，适时加以推广。

第五，提高人民政协监督的水平。人民政协监督能否发挥应有作用，与政协及政协委员的监督水平密切相关，监督水平越高，越能取得较好的监督效果。针对实践中一些委员监督水平不高的现状，有必要采取有效措施提高他们的监督水平。一是加强政协委员对监督知识的学习，加深他们对人民政协监督的了解，理解和把握人民政协监督的科学内涵，使他们敢于监督的同时也善于监督。二是明确自身定位，选准监督角度，提高监督实效。明确的定位与良好的角度选择，对监督的有效开展具有重要意义，否则就可能产生错位现象，即使正常的监督，也可能被认为是"越位"和"添乱"，导致被监督者的抵触情绪。三是实施监督时要做好深入的调查研究，对监督的事项内容有深入的了解，并广泛收集分析各方观点，提出的意见和建议力求客观公正，具有针对性与可操作性，保证政协监督有的放矢，取得实效。

第二节　民主党派的监督

一、民主党派监督的含义与特征

民主党派监督指民主党派对中国共产党的各级组织与党员、对国家机关及其工作人员执行宪法和法律的情况、制定和贯彻执政党和政府重要方针政策的情况以及履行职责、为政清廉等方面的情况进行的监督。中国现有八个民主党派，分别是：中国国民党革命委员会、中国民主同盟、中国民主建国会、中国民主促进会、中国农工民主党、中国致公党、九三学社、台湾民主自治同盟。

民主党派监督是中国共产党同各民主党派长期合作的一项战略方针，是中国共产党领导的多党合作的政党制度的具体体现。民主党派监督在我国的社会政治生活中有着十分重要的意义，有利于巩固中国共产党的领导地位，加强党和人民群众的联系，促进党和国家决策的民主化、科学化；有利于加强社会主义政治文明建设，增强公民的民主责任感，同时也是反腐倡廉的重要举措。民主党派监督具有以下特征：

第一，民主党派监督在主体上具有特定性，监督主体专指民主党派，即除执政党中国共产党以外的八个民主党派。只有民主党派作为监督主体实施的监督才是民主党派监督。

第二，民主党派监督是非权力监督，这种监督对被监督主体没有法律约束力，是一种协商式、建议式的监督，而不是强制式的权力监督。从法律角度讲，被监督者既可接受民主党派的监督，也可拒绝民主党派的监督。但由于中国共产党领导的多党合作与政治协商制度是我国的一项基本政治制度，而中国共产党又是我国的执政党，因此民主党派的监督在实践中仍具有相当大的政治约束力。

第三，民主党派监督是在我国特定的政治制度之下多党合作的体现。民主党派监督的目的是为了加强和改善中国共产党的领导，维护和巩固执政党的地位，改进政府的工作，完善和巩固人民民主政权。随着我国社会主义民主与法制建设的发展，以及中国共产党领导的多党合作制度的完善，民主监督作为民主党派的一项重要职能，受到了执政党的日益重视，"由于中国共产党处于领导和执政地位，更加需要自觉接受民主党派的监督"，因此在社会生活中发挥着越来越重要的作用。

第四，民主党派监督是集体的理性监督。这一特征意味着，民主党派监督不是个人的感性行为，而是集体的理性行为，是各民主党派以参政党的名义实施的监督。这种监督不直接诉诸于社会，不直接公诸于群众，而是首先在监督者与被监督者之间进行内部的协商，直接与党政领导部门进行接触。各民主党派中央的主要领导甚至可以与党和国家领导人直接见面商谈，通过成熟的、理性的方式提出监督意见和建议。

第五，民主党派监督是一种高层次、高质量的监督。民主党派监督的这一特性是由民主党派本身的性质所决定的。在我国，民主党派主要由具有较高知识层次的成员组成，他们或为高级知识分子，或为社会各界的代表人士，或为具有特定历史渊源与背景的人士。相对于其他监督而言，民主党派监督具有鲜明的代表性和组织性，具备政治联盟、合作议事、共同协商的特点，是一种有组织的高层次、高质量的监督，在监督中着眼于重大事项，着眼于大政方针和法律的贯彻实施，着眼于深层次问题，监督的主要对象是领导机关和领导干部，监督方法上讲究宏观性、科学性、代表性和建设性。

民主党派的监督与人民政协的监督既有密切联系，又有不同之处。两者的联系在于，民主党派的监督和人民政协的监督都属于民主监督，不具有法律约束力，不能强制被监督者接受其监督；民主党派在人民政协中履行民主监督职能，是人民政协履行民主监督职能的重要组成部分，也是民主党派监督的重要形式；民主党派监督与人民政协监督都是我国监督体系的重要组成部分，各种监督方式相互配合，相互补充，共同构成我国的社会主义监督体系。两者的不同之处在于，民主党派监督是中国共产党与民主党派互相监督的一个方面，是我国政党制度的一项重要内容，是各政党之间实行的一种政治监督，是执政党与参政党团结合作的体现，而人民政协的监督并不限于民主党派的监督，除了民主党派之外，组成人民政协的还包括无党派人士、其他社会团体和社会各界人士，他们都是监督的主体。

二、民主党派监督的性质和地位

中共中央在《关于进一步加强中国共产党领导的多党合作和政治协商制度建设的意见》中明确提出，"中国共产党与民主党派实行互相监督。这种监督是在坚持四项基本原则的基础上通过提出意见、批评、建议的方式进行的政治监督，是我国社会主义监督体系的重要组成部分。由于中国共产党处于领导和执政地位，更加需要自觉接受民主党派的监督。"这一规定明确了民主党派监督的性质的地位。

民主党派监督是一种非权力性质的监督。与法律监督所具有的强制性与约束性不同，民主党派监督不具有法律约束力，通常通过提意见、作批评，或相互协商的方式进行，所起到的是提醒、警示、鞭策的作用，只能要求被监督者从政治性角度接受其批评建议，不能强制被监督者接受监督，因此是一种柔性的非权力监督而不是刚性的权力监督。

民主党派的监督是一种政治监督。民主党派的监督是以参政党的名义实施的监督，这种监督与中国共产党领导的多党合作的政党制度密切联系，具有高度的政治性，是政治层面上的监督。民主党派监督体现了执政党与各参政党之间的政治关系，是在共同的政治基础上，对执政党、对国家机关及其工作人员通过提出意见、建议和批评的方式进行的监督。

对于各民主党派而言，进行监督是它们的权利，而不是权力。《中共中央关于进一步加强中国共产党领导的多党合作和政治协商制度建设的意见》规定："要保护民主党派和无党派人士民主监督的正当权利"。这一规定说明，民主党派进行监督是权利的行使，而不是权力的应用，它们的监督权是权利而不是权力。实际上，这一特性是与监督的非权力性密切结合在一起，只有在权力监督中，监督主体所拥有的才是监督权力，而在非权力的民主监督中，监督主体所拥有的只能是权利，可以放弃监督权利，但却不能强制被监督者接受监督。当然，鉴于我国民主党派的主要职能之一就是实施民主监督，因此在一定意义上，民主党派的监督权利具有一定的"义务性"，民主党派应根据其承担的政治责任与历史使命，行使这一监督权利。

民主党派监督是我国社会主义监督体系的重要组成部分。我国的监督体系由权力监督和非权力监督两部分组成，权力监督主要包括人民代表大会的监督、司法机关的监督、行政机关的监督，非权力监督则包括人民政协的监督、民主党派的监督、社会舆论的监督等，这些监督种类共同构成了完整的社会主义监督体系。其中，民主党派的监督是监督体系的重要一环，离开民主党派的监督，我国的监督体系就是不完整的。

民主党派的监督作为社会主义监督体系重要组成部分的地位是历史发展的必然选择。中国共产党和民主党派早在战争年代就存在合作关系，中华人民共和国成立后，中国共产党作为执政党进一步加强了同各民主党派的团结合作。1956年，中国共产党提出了"长期共存、互相监督"的八字方针，明确了民主党派的民主监督功能。进入改革开放新时期后，中国共产党根据形势和任务的变化，确立了与各民主党派"长期共存、互相监督、肝胆相照、荣辱与共"的十六字方针。1989年，中国共产党制定了《中共中央关于坚持和完善中国共产党领导的多党合作和政治协商制度的意见》，多党合作和政治协商走上了制度化轨道。1993年，八届全国人大一次会议将"中国共产党领导的多党合作和政治协商制度将长期存在和发展"载入宪法，中国多党合作制度有了明确的宪法依据。2005年，中国共产党制定了《中共中央关于进一步加强中国共产党领导的多党合作和政治协商制度建设的意见》，使多党合作制度进一步规范化和程序化。在多党合作制度的发展过程中，民主党派监督的地位逐步确立。可以预见，随着多党合作制度的完善，民主党派监督的地位将进一步得到巩固与加强。

三、民主党派监督的内容、形式和途径

（一）民主党派监督的内容

民主党派监督的内容主要包括以下三个方面：

第一，国家宪法、法律和法规的实施情况。如我们在人民政协的监督中所论述的，要到达建设法治国家这一目标，除了要求有良好的和完善的法律体系外，更要求宪法、法律和法规得到严格的遵守，要求国家的执法和司法机关严格实施法律。在对宪法、法律和法规的实施情况进行监督的环节中，民主党派的监督是重要的一环，民主党派人士可通过开展视察、调查和检查等，发现宪法、法律和法规实施过程中的问题，提出改正意见和建议，督促相关机关予以改正，保证宪法、法律和法规得到严格实施。

第二，中国共产党和政府重要方针、政策的制定和贯彻执行情况。中国共产党是我国的执政党，国家的大政方针都是在中国共产党的领导下制定的。在中国共产党领导的多党合作的政党制度之下，民主党派对党和政府的重要方针、政策的制定具有重要的作用，通常在重要方针、政策制定之前，党和政府都会事先和民主党派协商，听取他们的意见和建议，在集思广益的基础上出台相关政策。不仅如此，民主党派还对这些重要方针、政策的贯彻执行进行监督，监督它们是否得到严格执行，在执行中还存在哪些问题，有什么不适应社会经济发展实践的地方等，以保证它们落到实处，取得应有成效。

第三，中共党委依法执政及党员领导干部履行职责、为政清廉等方面的情况。宪法规定："一切国家机关和武装力量、各政党和各社会团体、各企业事业组织都必须遵守宪法和法律"；《中国共产党章程》规定："党必须在宪法和法律的范围内活动"。这说明，尽管中国共产党是执政党，宪法和法律都是在中国共产党的领导下制定的，但中国共产党也要在宪法和法律的范围内开展活动，要依法执政，而不能脱离或违反宪法和法律的规定执政。对于中共各级党委依法执政的情况，民主党派可实施民主监督，监察和督促他们按照宪法和法律的规定办事，纠正违反宪法和法律的行为。

对国家机关工作人员，法律法规对其职责有着明确的规定，所有国家机关工作人员都应该严格依法履行职责，不得有渎职懈怠行为。非但如此，国家机

关工作人员特别是其中的党员领导干部在履行职责的过程中，更应做到依法办事，清正廉洁，不得有贪污腐化行为。对此，民主党派也可实施监督，对发现有不履行职责的，提出批评改正意见；对有违反清正廉洁要求甚或贪污腐化行为的，及时予以制止和揭露。

（二）民主党派监督的形式和途径

第一，在政治协商中提出意见。民主党派的民主监督是和参政议政、政治协商紧密联系的，寓监督于议政和协商之中，议政的过程就是监督的过程，协商的过程就是监督的过程。政治协商是民主党派的主要职能之一，党和政府的重要方针政策在出台之前，往往召集有民主党派和其他社会各界人士参加的民主协商会、民主座谈会进行协商，听取他们的意见，进行事先沟通，吸取正确的意见和建议，形成共识，以提高决策的质量。在政治协商的过程中，民主党派可积极就相关问题畅所欲言，发表看法，提出建设性的意见和建议，通过这一途径对党和政府实施监督，促进所出台的方针政策具有更高的质量，更有利于维护广大人民群众的利益，更有利于社会主义现代化建设的顺利进行。这一监督途径不仅在国家层面的监督中适用，在地方层面的监督中同样适用。

第二，在深入调查研究的基础上，向中国共产党各级组织和相关国家机关提出书面意见。调查研究是掌握社会发展动态、了解事实真相、找出工作中存在的问题和不足的重要手段，也是民主党派进行监督工作的一项重要前提性工作，在深入调查研究的基础上，民主党派了解掌握宪法、法律和法规的实施、党和政府方针政策的贯彻执行、国家机关工作人员履行职责与勤政廉政等方面的情况，并形成相应的书面材料，向党的组织和国家机关提出自己的意见和建议，对相关事项进行民主监督。

第三，参加人大及其常委会和各专门委员会组织有关问题的调查研究，提出意见。就有关问题组织调查研究，是人大及其常委会和各专门委员会的重要工作方式之一。在组织相关问题的调查研究时，可邀请民主党派的人士参加调研组，在调查研究中及调查研究结束之后，民主党派人士可视情况提出自己的意见和建议，使调查研究所形成的意见和结论更加完善，使问题得到更好的解决。

第四，在政协大会发言和提出提案、在视察调研中提出意见或者以其他形式提出批评和建议。民主党派在政协会议上的发言，在日常调查研究中提出的议案、批评、建议等内容十分广泛，涉及改革、发展、稳定等一系列重大问题，包括加快产业结构优化升级、推行循环经济发展、维护和保障农民工的合法权益、完善社会保障体系、加强农村文化建设、保障教育特别是基础教育的投入、加强公共卫生体系建设、反对分裂和促进祖国统一等，其中许多意见与建议被党和政府采纳接受。

第五，参加有关方面组织的重大问题调查和专项考察等活动。在社会政治经济发展过程中，出现一些事关广大人民群众切身利益或其他方面的重大问题是难以避免的，当这样的问题出现之后，就有必要就此开展调查，查明事实真相，找出症结所在，寻求解决方案，维护社会和谐与稳定。在这一过程中，有关方面可邀请民主党派的人士参加调查组协同调查，方便民主党派行使监督权利，进行民主监督，也有利于使调查更深入，使问题得到更公正的解决。在开展专项考察活动时邀请民主党派参加同样能起到这样的作用。

第六，担任司法机关和政府部门的特约监督员，参加有关执法检查和执法监督工作。应邀担任司法机关和政府部门的特约监督员，是民主党派人士行使监督权利的又一方式。在担任特约监督员期间，民主党派人士可参加有关执法检查和执法监督活动，对在执法检查和执法监督过程中发展的问题，随时提出自己的意见和建议，并督促相关部门和人员及时予以改正。

四、民主党派监督的完善

"长期共存、互相监督、肝胆相照、荣辱与共"是我国多党合作的基本方针。中国共产党与各民主党派实行互相监督，主要是民主党派监督共产党。中国共产党作为执政党，必须自觉倾听人民群众和民主党派的意见，自觉接受人民群众和民主党派的监督。没有监督，听不到不同声音，就可能产生懈怠情绪，就难以有效地防止和遏制腐败。民主党派的监督在实践中发挥了重要的作用，有力地促进了我国民主政治的发展。但目前我国的民主党派监督总体上还比较薄弱，在监督意识、监督能力、监督效果等方面都还存在着一系列问题，需要进一步加以改善。

(一) 民主党派监督存在的问题

第一，对民主党派监督在性质、作用等方面的认识不足。一些党员领导干部对民主党派监督的意义认识不清，认为进行监督意味着对其不信任；一些党员领导干部表面上重视民主党派监督，实际上不以为然，认为民主监督党派可有可无，导致说是一回事，做是另一回事，口头上接受监督，行动上我行我素的现象。在民主党派内部，也存在认识不到位的问题，一些人自身定位不准，监督意识不强，将自身的存在简单理解为是中国共产党的助手，因而把主要精力投入在参政议政方面，弱化了所承担的民主监督职能；一些人实施监督时思想有顾虑，担心遭受打击报复，不愿意进行监督；还有人认为，目前现实中存在的腐败有执政党进行监督、有司法机关进行监督，如果执政党和司法机关的监督都无法发挥作用，那么民主党派的监督更于事无补，因而放弃了监督。

第二，监督的约束力较弱。目前的民主党派监督体制是由作为被监督者的中国共产党领导制定的，更多强调的是被监督者的自觉性和监督者的积极主动性。由民主党派监督的性质决定，民主党派监督并不具有法律约束力，不能形成对被监督主体的法律强制，一些党政机关及其工作人员因此对民主党派的监督采取敷衍搪塞的态度，表面上虚心听取，实际上却不予改正，甚至直接拒绝接受监督，民主党派监督的效果受到了严重影响。一些民主党派成员对监督的尺度把握不准，有的过分强调民主监督的强制性，有的却低估了监督的影响力，造成民主党派监督在"缺位"和"越位"中无从选择，也使得监督工作摇摆不定，软弱无力。

第三，监督的制度不完善。制度是稳定的行为模式，是相关人员都必须遵守的办事规程或行动准则。民主党派的监督能否达到预期效果，完善的制度是问题的关键之一。对民主党派的监督，中发〔2005〕5号文件《中共中央关于进一步加强中国共产党领导的多党合作和政治协商制度建设的意见》有着比以前的文件更为详尽的规定。但尽管如此，意见中所作的规定仍然是原则性的，对民主党派监督的具体制度并无涉及。比如，实施民主监督的一个重要前提是监督主体要有知情权，但由于缺乏及时发现问题的有效手段和途径，民主党派往往难以及时了解监督所需的必要信息，使得监督实际上难以有效开展。而在其他制度方面，实践中的许多具体做法主要是根据各地的经验总结出来的，具有较大的随意性。监督制度的不完善，使民主党派的监督失去了一道有力的保障，现实中经常受到某些部门和人员的漠视和搪塞，从而难以取得应有效果。

第四，监督的内容具有较大局限性。民主党派的监督是中国共产党领导的多党合作和政治协商制度的重要内容，民主党派在监督的过程中应知无不言、言无不尽，并勇于坚持正确的意见，而被监督者则应真诚接受民主党派的监督，闻过则喜，从善如流。但目前民主党派监督的内容，大多局限于经济建设方面的一些具体的、局部性的建议，较少涉及关系执政党和国家大局的重大方针、政策的制定和实施的情况；较多提出正面的意见和建议，而缺少对工作中存在的问题和不足提出批评性意见，并且所提意见和建议往往缺乏独立的思想与见解。这一现状与民主党派监督的高层次、高质量要求是不相适应的。

第五，监督的质量与水平有待进一步提高。监督的质量和水平不高是民主党派监督在实践中存在的又一个重要问题。一些民主党派成员由于认识不到位，怠于监督，或不敢监督，没有在监督上投入足够的精力和时间，履行监督职能时说不痛不痒的话，提意见时模棱两可，影响了监督质量。另外一些人则由于自身方面的原因，监督能力不强，监督时选不准主题，对监督事项认识不清，找不到问题的症结，监督不到点子上去，造成监督质量不高。

(二) 民主党派监督的完善

第一，提高对民主党派监督的认识。民主党派监督作用的发挥，关键在于执政党和政府的态度。为完善民主党派的监督，必须提高对其重要性与必要性的认识，认识到发挥民主党派的监督作用，是坚持和完善中国共产党领导的多党合作和政治协商制度这一基本政治制度的重要内容。各级党委及党政领导都要真诚接受民主党派的监督，听得进逆耳之言，容得下批评意见，并对存在的问题与不足在工作中切实加以改进，克服那种对民主党派的监督视而不见，听而不闻，口惠而实不至的现象。要鼓励和支持民主党派做到知无不言、言无不尽，并勇于坚持正确的意见，做中国共产党的诤友。民主党派自身也要进一步提高对监督的认识，认识到民主党派的监督是建立在与共产党根本利益相一致基础上的监督，支持共产党把各项工作做好是监督的出发点和归宿。

第二，发扬社会主义民主。民主监督是社会主义民主的必然要求，也是社会主义民主的重要体现。从某种意义上讲，甚至可以说民主监督作用的大小直接反映社会主义民主的程度，而社会主义民主得到了发扬，民主监督也就得到了发展，其作用也得到了发挥。民主党派监督是民主监督的重要形式，也是社会主义民主的重要内容。因此，要发挥民主监督的作用，就应进一步发扬社会主义民主，营造畅所欲言的环境。

第三，加强民主党派监督的制度建设。改变目前民主党派的监督主要依赖中国共产党文件的原则性规定，实践中随意性较大的状况，建章立制，建立和完善监督所需的制度。如建立党和政府与民主党派的联系制度，建立民主党派对党政领导干部的评议制度，等等，使得民主党派进行监督时有章可循。另一方面，执政党在做好党内监督的同时，还应制定党内法规，完善接受民主党派监督的相应制度，用党内法规要求党的领导干部切实接受民主党派的监督。对违反民主监督规定的党员干部，要实施党内纪律处分。

第四，拓宽民主监督的渠道。通畅的监督渠道对监督的力度和效果具有十分重要的意义。只有拓宽了民主党派监督的渠道，才能保证它们提出有力的监督，才能获得理想的监督效果，避免监督流于形式的现象。要达到这一目的，可采取多种措施，如：党委主要负责人定期召开会议，听取民主党派对领导班子及其成员的意见；定期就党风廉政建设和反腐败工作等向民主党派通报情况，听取意见；进一步完善特约人员工作制度，切实发挥他们的作用；邀请民主党派负责人参加有关的专项检查和执法监督工作等。

第五，加强对民主监督权利的保护。监督的实质在于通过监察和督促，对权力的行使进行制约。民主党派行使监督权利的过程中，不可避免地会触动一些单位和个人的利益，或触动一些敏感问题，因而造成被监督者的抵触，甚至可能招致打击报复。这导致了一些民主党派人士的顾虑，不敢大胆行使民主监督权利，对国家机关及其工作人员进行监督，影响了民主党派监督功能的发挥。因此，有必要采取有效措施，加强对民主党派监督权利的保障。首先，对民主党派在政治协商过程中、在政协会议上及通过其他监督形式提出的意见和建议，都应予以保护，并且要提倡和鼓励民主党派人士反映真实想法，坚持正确的意见。其次，对民主党派在坚持四项基本原则，坚持正确的政治方向前提下，针对某些具体问题，具体的方针政策提出的不同意见，应予以理解和保护，不能无限上纲，人为地拔高到政治方向层面。再次，严厉禁止对提出批评意见、行使民主监督权利的民主党派成员的打击报复行为。对因民主党派成员行使监督权利而进行打击报复或诬告陷害的，应予严肃处理，依法惩治。

第六，加强民主党派自身的建设。监督能否发挥应有作用，在很大程度上依赖于监督主体的素质与能力，民主党派监督也同样如此。各民主党派应根据各自章程的规定，按照坚持中国共产党的领导、发扬社会主义民主、体现政治联盟特点、体现进步性和广泛性相统一的原则，以思想建设为核心，以组织建设为基础，以制度建设为保障，把自身建设提高到新的水平，提升民主党派成员的政治素养和民主监督能力。要树立高度的政治责任感，在民主监督中讲大局、讲原则、讲团结，知无不言，言无不尽。要有监督的勇气和胆量，勇于监督，充分利用参政党的政治地位，承担起民主监督的责任。更要深入了解中国民主监督的现状与问题，善于监督，有针对性地进行民主监督。

案　例

重庆市政协发挥民主监督作用
大力推动实现社会养老保险制度城乡全覆盖

2009 年 7 月 1 日，重庆市政府在 15 个区县正式启动了城乡居民社会养老保险试点工作，以后每年将增加 10 个区县试点，并将于 2012 年实现 40 个区县的全覆盖。这是重庆市政协提案大力推动的结果。

早在 1991 年，重庆市就开始了对农村社会养老保险的探索，被称为"老农保"。然而，当时的市、区县财政无补贴，多数农村集体经济无力补助，导致保险基金规模过小、保障水平过低，"老农保"举步维艰，部分区县甚至停止了该项工作。虽然重庆市在 2007 年选择了 3 个区县启动了"新农保"试点工作，但远水不解近渴，全市 2 349 万农村人口的社会养老保险仍是悬而未决的难题。对此，市政协社法委通过在今年的全会上提交的提案，积极为在全市范围内建立农村新型养老保险体系鼓与呼。

该提案被列为重点提案，受到重庆市委、市政府的高度重视，市人力资源和社会保障局、市财政局、市政府法制办进行了认真办理。市政府于 5 月 25 日审议通过了《重庆市城乡居民社会养老保险试点工作指导意见》，并于 6 月 6 日出台文件，对试点工作进行了具体部署。据了解，此次试点将按照"低水平、广覆盖，先创建机制、搭建平台，再逐步适时提高标准"的思路和"个人缴费、集体补助、政府补贴相结合"的原则设计。全市 775 万 16 到 59 周岁的农村参保人员按每年 200 元、400 元、600 元、900 元四个档次，自愿选择缴费；全市 368 万 60 周岁以上农村老年参保人员，按最低 2 400 元、最高 16 200 元的标准，自愿选择并实行一次性趸缴后，将按照缴费档次对应享受 120 元、140 元、170 元的月养老待遇。

据重庆市人力资源和社会保障局透露，重庆市将国务院确定的新型农村社会养老试点范围，从 16 岁以上农村居民扩大到城镇居民，增加了城镇灵活就业人员以及城镇 60 岁以上无养老待遇人员，建立了城乡居民统一制度，在全国率先实现社会养老保险制度的城乡全覆盖。

案例思考题

当前我国的政协监督存在哪些问题与不足？应采取哪些措施改善政协监督？

重要概念

1. 人民政协监督　　2. 民主党派监督　　3. 中国人民政治协商会议

思 考 题

1. 什么是人民政协监督？人民政协监督的性质与地位是什么？

2. 人民政协监督有哪些内容？

3. 人民政协监督的形式有哪些？

4. 目前我国存在哪些民主党派？

5. 什么是民主党派监督？它有什么特征？

6. 民主党派监督的性质与地位是什么？

7. 民主党派监督的内容是什么？

8. 民主党派主要通过哪些方式进行监督？

9. 当前我国的民主党派监督存在哪些问题与不足？应采取哪些措施改善民主党派监督？

第十章
社 会 监 督

本章在阐述社会监督的含义、特征、监督方式等基本问题的基础上，着重介绍了公民监督、社团监督和舆论监督三种社会监督形式。

第一节　社会监督概述

一、社会监督的含义和特征

（一）社会监督的含义

社会监督是指社会组织以及公民依据宪法和法律赋予的政治权利以批评、建议、检举、申诉、控告等方式对各种政治权力主体进行的监督。根据监督主体和方式的不同，社会监督可以分为社团监督、公民监督、舆论监督等。由于社会监督主体的性质和特征各有不同，因此社会监督的途径和方式也各有不同。

社会监督的对象是政治权力的执掌者和行使者，特别是监督政府的行政决策活动和行政执行活动。通过这种监督，增加行政决策的科学性和合理性，遏制行政权力行使过程中的贪污受贿、违法违纪等行为，使各级行政机关及其工作人员在行政执行过程中认真贯彻、落实国家的各项法律和决策，认真履行职责，防止出现失职、渎职行为。

（二）社会监督的特征

相对于其他形式的监督来说，社会监督具有以下典型特征：

第一，自觉性。社会监督是公共组织外部监督机制的重要组成部分。社会团体、公民出于团体利益或者个人权益的考虑，对公共权力的作用施加影响，同时也为了保障本团体和本人的利益不受损害。就社会团体和公民而言，这种监督行为是一种自觉的行为，是利益机制的作用所使然。由于社会团体、公民的监督行为是一种自觉行为，相对于其他监督形式，社会监督的效率高而成本低。

第二，民主性。社会监督较充分地体现了民主性。首先，社会监督的权利来自于全体人民的委托和社会公众的授权，它体现为社会公众的公共利益；其次，社会监督以民主选举、民主决策、民主管理等方式实施监督，与其他监督的强制性不同，社会监督更多体现为协作性而非强制性。

第三，全面性。社会监督犹如一张网络。在现代社会里，公权力的触角深入到了社会的各个方面，仅靠国家公权力机关的监督是远远不够的。尽管社会监督缺乏专门监督机构和专职监督人员，但每个公民、社会团体都是监督主体，遍及各行各业。可以说，凡是有公权力存在的地方，就有社会监督的无形网络。这就形成了"监督主体既强大又隐蔽，监督对象既孤立又暴露"这样一种有利于监督的局面，使公权力始终处于社会的监督之下。

第四，间接性。社会监督有别于其他国家机关的监督，不具有强制力，不直接产生法律效果。社会监督往往要通过其他国家机关的监督活动才能发挥作用，即只有当社会监督被其他国家机关所关注和采纳，并以国家的名义进行干预或者处理时，社会监督的效果才能显现出来。

（三）社会监督的种类及方式：社团监督、公民监督和舆论监督

社团监督又称为"社会团体监督"，是指各种社会团体（组织）从各自利益出发对国家机关及其工作人员的职权行为以及个人品行所进行的广泛监督。广义的社会团体是指出于某种共同利益组织起来并经依法登记、批准的各种非政府性团体以及组织，例如各种行业协会、专业学会、工会、妇联、共青团、村民委员会、居民委员会等。这些社会团体都联系和代表着某一方面的社会成员，反映他们的利益和要求，能够通过正式的或者非正式的途径对国家公权力机关的活动进行监督。

公民监督是指公民基于宪法赋予的权利，通过批评、建议、举报、申诉、控告等方式对国家机关及其工作人员的职权行为和个人品性所作的监督，这种监督是一种自下而上的、"社会主人"对"社会公仆"的监督。我国是人民当家做主的社会主义国家，国家的性质决定了国家机关及其工作人员必须接受人民的监督，公民监督是社会主义监督体系的重要组成部分。在我国，公民监督权的行使主要有间接、直接两种方式，即或者通过人民代表大会间接行使监督权，或者通过批评、建议、控告等形式直接行使监督权。

舆论是公众思想和意见的公开表达。所谓舆论监督是指公民、法人或者其他组织利用言论、出版、新闻等方面的权利对国家机关及其工作人员的活动实施的监督，方式有批评、建议、评论、揭露违法和腐败行为等。随着社会的发展与进步，舆论监督日益成为社会控制公共权力的重要手段。在舆论监督中，各种新闻媒体的功能不容忽视。各新闻媒体利用自身优势表达民意，报道国家大事，对国家公权力机关及其工作人员的违法违纪行为进行公开揭露和谴责等。新闻舆论监督在本质上仍是人民大众的监督，是具有人民性、公开性、及时性、广泛性、快捷性等特征的一种社会监督。

二、社会监督在我国监督体系中的地位

监督制度是国家政治制度和法律制度的重要组成部分，是控制国家机关权力滥用、保障人民民主权利实现的制度保障。改革开放 30 多年来，我国高度重视监督制度建设，在建立、健全党和国家的监督体系，完善监督制度，发挥监督作用等方面作了不懈的努力，并取得了明显成效。目前，我国已初步形成了包括人大监督、行政监督、司法监督、政党监督、社会监督在内的社会主义监督体系。

社会监督是国家监督体系中最基础、最广泛的监督，是公权力监督制约机制中不可或缺的重要组成部分，是我国反腐倡廉、防止权力滥用的可靠保证，也是人民民主权利的具体体现。社会监督与人大监督、行政监督、司法监督、政党监督等有着密切联系。一方面，社会监督离不开其他监督，否则社会监督就成了"无源之水"和"无本之木"；另一方面，政党监督、人大监督、行政监督、司法监督等也离不开社会监督。因为，民主的实质就是人民对自己的国家权力有一种真正的控制力。没有自下而上的权力制约机制，公权力的运用必然会走向专断和独裁。在现实政治和行政管理中，社会团体和公民通过组织的或者个体的方式参与政治管理，通过参与民主政治生活而对政治权力实现监督。

三、社会监督制度的完善

(一) 我国目前社会监督存在的问题

新中国成立以来，我国的监督体系发生了重大转变，由自上而下的单向监督转向上下结合的双向监督；由单一的内部监督转向内外结合的全方位监督，

各项监督制度不断创新和巩固，监督体系不断完善。但是，不可否认的是，我国社会监督还存在不少缺陷，包括社会监督机制不足、社会监督功能发挥不充分以及社会监督方面的漏监、虚监、弱监等情形。究其原因，主要有以下几点：

第一，公民政治参与意识淡薄，社会监督主动性弱。公民监督权既包括公民作为个人所享有的监督权，也包括公民的集合即各类社团或者组织所享有的监督权。公民监督权实现的前提是公民权利意识的觉醒和政治参与意识的提高。而我国公民政治参与意识仍比较淡薄，不少群众对监督的重要性认识不清，对自己的监督权利不会使用，不敢使用，"事不关己，高高挂起"的思想依然存在。只要自己的切身利益不受损害，就不会主动监督。在农村，虽然大部分地区都实行了村长直选、村民自治，但农民为小利而放弃选举权的现象仍屡见不鲜。当然，我国公民权利意识和政治参与意识淡薄有着深刻的历史原因，有政治传统、法律传统方面的原因，也有封建思想禁锢方面的原因，这些都在很大程度上影响和制约了公民监督权的行使。

第二，社会监督的内容泛化、形式虚化。我国社会监督的内容十分广泛，形式多种多样，上至国家宪法和法律的执行情况、国民经济和社会发展计划的实施情况，下至社会风气、国家机关工作人员的工作作风和生活作风等，都属于社会监督的范围。但是，由于社会监督主体对社会监督的认识不到位，加之一些社团组织自身建设薄弱等原因，我国社会监督的内容泛化、形式虚化。

第三，社会监督法律保障机制不完善。社会监督是一种法制监督，其监督活动必须有法可依，受法律保护。在我国，虽然法律规定公民可以通过口头、书面、上访、电话、网络、举报、揭发等各种方式行使监督权，但实际上，这些方式往往因缺乏法律保障而导致渠道不畅，甚至使监督者遭受打击报复。同时，我国有关社会监督的法律规范广泛分散在《工会法》、《劳动法》、《妇女权益保障法》等单行法中，不系统、不具体，缺乏与其他类型监督的协调与衔接，从而影响了社会监督作用的发挥。

第四，下层民意表达渠道不通畅。民意表达渠道通畅与否关系到社会监督能否真正实现。改革开放以来，我国社会阶层分化明显，阶层结构呈金字塔形，产业工人、农业劳动者处于阶层结构的下层，由于其人数多而所占资源少，这些人成为社会的弱势群体。社会弱势群体的人数众多，国家和政府的决策理应多听取这些人的意见，但在实践中，下层民众意见表达的渠道并不通畅，导致近些年来社会群体性突发事件增多。这说明，民意表达渠道过于狭窄，社会与政府合法对抗机制太少，群众很容易从容忍和沉默演变为采取极端的反抗行为。

（二）创新和完善监督机制，加强社会监督

1. 培养和提升社会监督意识

增强、提高公民的监督意识、监督素质，既是维护社会各阶层人民群众根本利益的需要，又是公民主动参与国家管理的需要。首先，普及公民监督常识和法律知识。通过广泛的普法教育，让公民认识到监督既是自己的法定权利，又是自己的义务，监督人人有责；让公民了解监督的范围以及合法监督的途径等。其次，要培养与社会主义市场经济相适应的公民意识、民主意识和参政意识，在全社会弘扬公民权利、自我发展、参政议政的社会风气。需要注意的是，培养公民监督意识是一个长期的过程，不能急于求成。在培养公民监督意识的同时，还必须强化被监督者接受监督的意识。

2. 健全民意表达机制

这些机制包括：

第一，完善代表性民意表达机制。社会监督要真正产生效力，成为制衡公共权力的有效手段，必须同立法机关的监督有机结合，使人民代表大会成为反映民意、维护人民利益的根本渠道。因此，必须要进一步完善人大代表选举制度、人大代表联系选民制度、人大代表监督政府制度等，促使人大代表更好地反映民众意见，并更好地监督权力的配置和行使。

第二，完善广泛性民意表达机制。目前，信访和举报是我国民众使用较多的两种民意表达方式。但是，在市场经济不断完善，依法治国不断深入的社会背景下，仅以信访和举报方式承载民意、救济权利、缓解社会矛盾的局限性越来越明显。因此，应当进一步健全和完善信访制度，加强信访机构建设，并逐步将信访制度纳入司法范围。更为重要的是，我国应探索建立更加广泛的民意表达机制，例如，借鉴一些国家的经验，在条件成熟时建立申诉专员制度等。

第三，完善舆论性民意表达机制。新闻舆论是现代社会反映民众呼声，表达民众意愿，并为政府提供决策咨询的重要手段。舆论监督的独特作用和社会效应是其他监督形式所不能替代的。现实上，我国的舆论监督还存在管理体制不顺、行政干预过多、立法严重滞后以及舆论监督利益化倾向等问题。为解决这些问题，一是要保持并扩大新闻舆论监督的相对独立性，给予新闻媒体独立法人地位，实行新闻单位报道的独立负责制，保证舆论监督的真实性、公正性和权威性。二是要完善有关舆论性民意表达的法律制度，尽快制定和颁布新闻法，使新闻舆论监督制度化、法制化，从制度上确立新闻媒体的法律地位和职能，为舆论监督提供法律保障。

3. 建立并完善社会监督奖惩机制

加强社会监督必须建立并逐渐完善社会监督奖惩机制。首先，要建立对举报、控告等公众监督的奖惩制度。如果一个社会形成敢于举报、举报光荣的社会风气，那么腐败现象必定受到遏制。我国目前尚未形成这种良好社会风气，其中重要原因就是缺乏对检举、揭发人的精神和物质奖励，未形成专门的奖励制度。其次，要建立对负有社会监督职责的陪审员、监督员的奖惩制度。被聘请专门从事社会监督的陪审员、监督员，如果渎职、失职要受到处罚，并取消其陪审员、监督员资格，但对于尽职尽责和工作卓有成效的陪审员、监督员，要给予精神和物质奖励。

第二节　公 民 监 督

一、公民监督的特征和意义

（一）公民监督的特征

第一，广泛性。公民监督是最广泛的监督。作为监督主体，公民人数多、分布广，这就决定了公民监督的广泛性。公民监督的客体是国家机关及其工作人员，监督范围覆盖了国家政治、经济、文化等各个领域，监督事项涉及国家公权力运行的全过程。也就是说，所有国家机关及其工作人员，不论职务高低、权力大小，不论职务行为还是非职务行为，都要接受公民监督。因此，公民监督无所不在，无所不包。

第二，基础性。一是公民监督是我国监督体系中各种监督的基础。公民通过检举、控告、上访等形式实施监督，既体现了公民监督的自主性和独立性，同时又将自身的监督融进了其他监督之中，并成为其他监督的基础。二是公民监督是自下而上的监督，是专门机关监督和各系统自上而下监督的基础。作为基础性监督，公民监督是其他监督形式无法替代的。

第三，直接性。公民是国家制定各项方针政策的立足点和出发点。公民或者是正确方针、政策的直接受益者，或者是错误方针、政策的直接受害者。国家机关及其工作人员的公权力行为都会对公民的权利义务产生影响。因此，公民的监督最直接、最真实，也最易取得成效。

第四，多样性。公民监督的形式是多样的。在我国，公民可以通过多种渠道和形式行使宪法和法律赋予的监督权。就目前情况看，公民监督的具体形式包括发表评论、写信、面谈、打电话、网上举报以及民主评议等。公民既可以直接批评和监督国家机关及其工作人员，也可以通过人大代表、政协委员、大众传媒来实施监督。随着社会主义民主与法制的逐步健全，公民监督的形式还将不断增多，以形成多层次、多角度对国家机关及其工作人员的监督。

(二) 公民监督的意义

公民监督是人民民主的重要体现，是防治官员腐败的有效途径，对于促进国家机关的廉政勤政建设、建立法治国家等都有极为重要的作用。

第一，有利于促进社会主义民主。公民监督是整个监督系统中最能反映民主性的监督制度。公民监督的广度和深度反映一个社会实现民主的程度。例如，公民有政府公共政策制定的知情权和建议权，这就使人民群众的意见和建议能及时地反馈到决策者手中，并体现在政策中，从而使决策更科学，更能代表群众利益。再如，公民评说、议论政府的政策执行活动，使得政策执行中的失误和偏差得以及时纠正，这些都体现了人民在国家管理活动中的当家做主地位。

第二，有利于全面构建反腐败体系，有效防止权力腐败。腐败现象是现代社会的一大痼疾。防治腐败，除了要有强有力的国家监督机关之外，公民监督也非常重要。没有公民监督，反腐败之网就是不完整的、有缺漏的。只有广泛的公民监督，才能营造出反腐败的良好的社会环境，降低腐败发生概率，实现政治廉洁。

第三，有利于维护社会政治稳定。公民监督同时也是一种民意表达和利益协调，使政府的政策输出、权力运行更具合法性和代表性，从而实现社会稳定。如果广大公民在国家政治生活中不能获得应有的政治权利和地位，不能对政府决策的进行监督，那么势必会影响社会稳定，甚至会引发社会动荡。公民监督能使政府准确、及时地洞悉公众的利益要求，迅速作出更为理性、公平的决策，及时消解政治运行机制中的矛盾和问题。另外，公民在实施监督时，也培育自身积极、主动行使政治权利的政治责任感，从而主动维护社会的政治稳定。

二、特约监督员制度

特约监督员制度是指各级国家机关依法聘请特定公民兼职履行相应民主监督职责的一项监督制度，例如特约监察员、特约教育督导员、特约税务监察员、特约审计员等。1989 年 12 月 30 日，《中共中央关于坚持和完善中国共产党领导的多党合作和政治协商制度的意见》中指出："聘请一批符合条件和有专门知识的民主党派成员、无党派人士担任特约监督员、检察员、审计员和教育督导员等"。随着我国社会主义民主政治建设的发展，一支包括政协委员、社会各界人士组成的特约监督员队伍不断发展壮大，已经成为我国社会监督中不可忽视的重要力量。

（一）建立特约监督员制度的意义

近些年来，我国特约监督员队伍在数量、质量和涉及面上都有了进一步的拓展和提高。各地、各部门通过组织特约监督员参加各种专项检查、行风评议、信访接待等活动，促使政府有关部门提高执法水平和服务质量，维护了党和政府的威信与形象。

第一，密切党和政府与人民群众的联系。特约监督员通常是各民主党派、工商联及其他有关部门推荐的有一定代表性的人士，平时他们生活在群众中间，同人民群众的联系非常紧密，对群众的意见和要求比较了解。他们通过自己的"特殊"身份，以多种方式向政府有关部门"上达"各种意见和建议，同时也把政府的工作情况、政策、规定向群众宣传，增进群众对政府工作的理解和信任，在客观上为政府增加了一条反映民情、了解民意、集中民智的快捷渠道，在党和政府与人民群众之间起到桥梁、纽带作用。

第二，推动政府的廉洁高效。特约监督员直接参与政府工作，行政机关干部的思想水平、工作作风如何，他们耳濡目染。他们在履行社会监督职能的同时，也监督着行政机关及其工作人员。特约监督员的介入，对于那些有违法行为的单位和个人来说，是一种无形的压力，也是一种强大的威慑力。从这个意义上说，特约监督员既是政府为民服务的参谋和助手，同时也是监督政府开展工作的生力军。

第三，有利于民主党派加强自身建设。特约监督员参与政府的有关工作，为民主党派、无党派人士参政议政找到了一条具体途径。民主党派成员担任特约监督员后，参加各种活动，不仅可以加强与共产党的联系与合作，而且也可以了解许多平时了解不到的情况，包括政府部门的工作情况、政府与群众的联系如何、当前存在的问题与困难等。这些对民主党派加强自身建设、提高参政议政的质量和水平有着极为重要的作用。许多民主党派成员从担任特约监督员的工作中得到了锻炼，成为所在党派的骨干力量。

（二）特约监督员制度的完善

特约监督员制度目前还存在一些缺陷和问题，从总体上看还不够规范、严谨，其运作还有一定的随意性、应付性。因此，为了保证特约监督员工作健康有序发展，特约监督员制度建设应注意以下几个问题：

第一，加强与其他监督机制的连接，完善特约监督员制度。特约监督员制度作为一种新生的民主监督方式，是没有掌握权力的监督者去监督掌握一定权力的被监督者，这给特约监督员工作带来了很大的工作难度，从而导致特约监督员在实际监督中存在许多障碍，削弱了其作用的发挥。目前，特约监督员制度存在的最主要问题就是特约监督员制度没有和人大监督、政党监督、行政监督、舆论监督等其他监督机制结合起来。解决这一问题的唯一途径即是在实际工作中，把特约监督员制度与人大监督、政党监督、行政监督、舆论监督结合起来，扩大国家政治民主，变单一监督为全方位监督。

第二，扩大特约监督员的知情权，提高监督实效。被监督单位应当主动、定期采用适当方式向特约监督员通报工作情况，尤其是通报本部门的一些重大问题。被监督单位应当积极支持特约监督员开展调研工作，并为其提供必要的调研经费，切实帮助解决特约监督员工作中的实际困难，为特约监督员的监督创造条件。对于重大事项，被监督单位还要邀请特约监督员全程跟踪监督，积极将特约监督员监督纳入事前、事中、事后的各个工作环节中去。

第三，建立特约监督员考核制度。当好特约监督员的过程，实际上就是不断增强民主监督意识的过程。特约监督员要经常把监督工作情况及时向有关部门反映，并提出解决问题的意见和建议。特约监督员在任期内工作如何，是否认真负责，一定程度上决定了特约监督员制度的功效。因此，应当建立特约监督员考核评价制度，增强特约监督员的民主监督意识。对工作业绩突出的特约监督员应当给予精神、物质奖励，对不称职者应当取消其资格。

三、公民的信访举报

信访是指公民、法人或者其他组织采用书信、电子邮件、传真、电话、走访等形式，向各级党的机关、立法机关、行政机关、司法机关、人民团体、企事业单位的负责人或者工作部门反映情况，提出意见和建议，投诉请求，并由这些负责人或者工作部门予以处理的活动。按内容，我国的信访可以分为三类，即参与类、求决类和诉讼类。参与类即向各级党、政、人大、司法机关提出意见、建议和批评；求决类即要求解决涉及自身利益的各种具体问题；诉讼类即进入司法程序的案件当事人双方的信访。

我国《信访条例》规定，各级党政机关根据职责权限和信访事项性质，对本机关依照法律和有关规定应当或者有权作出处理决定的信访事项，应当直接办理；对依照法律和有关规定应当由上级党政机关作出处理决定的信访事项，应当及时报送上级党政机关；对依照法律和有关规定应当由其他党政机关作出处理决定的信访事项，应当及时转送、转交其他党政机关办理。党政机关及其工作人员在办理信访事项过程中，不得将检举、揭发、控告材料及有关情况透露或者转送给被检举、揭发、控告的人员和单位。任何组织和个人不得压制、打击报复、迫害信访人。

公民监督的另一种常见方式是举报。举报是指公民、法人或者其他组织采用书信、电子邮件、传真、电话、当面举报等形式，对国家机关及其工作人员违法失职行为进行检举揭发。举报权是公民受宪法保护的民主权利，是公民对国家公职人员进行监督，同犯罪分子作斗争的一种重要手段。近些年来，我国举报的应用范围日益扩大，在加强民主监督、遏制腐败、打击犯罪等方面发挥着越来越重要的作用。据资料显示，我国查处的腐败案件，有80%的案源来自于群众的来信举报。

信访举报工作历来是我国党政领导机关发扬民主、体察民情、联系群众的重要渠道。在我国有序的政治参与中，除了民主选举中的直选外，信访和举报是公民监督最常用的方式。当前，信访举报制度已成为人民代表大会之外人民群众表达意愿、参政议政、实施民主监督的一种最直接、最常用、制度性的群众性利益表达渠道。

四、公民的申诉控告

申诉是指公民、法人或者其他组织认为国家机关及其工作人员的职权行为（包括一些决定和命令）侵犯了自己的合法权益，向有关国家机关陈述、申辩理由，并提出改正、撤销该行为或者赔偿损害的请求。根据我国法律规定，公民行使申诉权主要针对两种情况：一是对行政机关作出的行政许可、行政处罚、行政强制等具体行政行为不服；二是对审判机关的生效判决或者裁定不服。

控告是指公民、法人或者其他组织认为国家机关及其工作人员的职权行为侵犯了自己的合法权益而向有关国家机关告发和揭露。在现实生活中，公民对国家机关及其工作人员的控告，既可以针对其职务行为，也可以针对其执行职务以外的其他违法、违纪行为。申诉和控告不仅属于公民监督权的内容，而且还是公民救济权的重要组成部分。近些年来，随着《行政诉讼法》、《行政复议法》、《国家赔偿法》等法律的颁布和实施，申诉和控告已成为公民依法捍卫自身权益的越来越重要的监督方式。

第三节　社团组织监督

一、社团监督的特征

社团监督是一种广泛的群众性监督，在社会监督中居于重要地位，在整个监督体系中也是一个重要的组成部分。它的特点在于：

第一，广泛性。不同的社会团体和社会组织代表着不同阶层的利益，反映不同阶层的意见和要求。从维护各自成员的利益出发，各个社会团体和社会组织在不同方面和不同程度上都对国家机关及其工作人员起监督作用。

第二，全面性。社团监督是一种全面监督，既监督国家机关及其工作人员的立法和决策活动，也监督执行活动，这种监督有利于增加立法和决策的科学性和合理性，也有利于保护广大群众的合法权益。

第三，组织性。社会团体是一种组织形式，同时也是重要的参政主体。组织具有聚合人力和放大人力的功能。因此，与公民监督相比，社团监督具有明显优势，其监督力度和监督受重视程度都是个体监督所达不到的。

第四，非强制性。社团监督不具有法律上的强制性和惩处性，社团监督必须与其他监督相结合才能形成监督效果。通常，社团监督的意见需要向有关国家机关表达，然后由有关国家机关对意见进行处理。在这一过程中，社团监督的意见是有关国家机关处理活动的重要考量因素。

二、社团监督的意义

第一，社团监督是公权力机关外部监督的组成部分。例如，社团（尤其是政治性社团）出于维护本社团成员利益的动机，积极参与和影响政府政策，在很大程度上制约了政府决策的随意、专断和"暗箱操作"。在公共政策制定过程中，政治社团竞相影响政府，促使政府政策过程公开、慎重。在西方国家，一方面，立法监督、行政监督、政党监督、舆论监督等监督机制发挥着重要作用，另一方面，以政治社团为主要标志的新的权力监督制约机制逐渐形成。可以预见，社团监督在整个国家的监督体系中将发挥越来越重要的作用。

第二，社团监督是公民监督的组织化，能更有效地维护公民利益和社会公共利益，更强有力地制约公共权力的行使。现代国家权力不断加强，政府职能大大扩张，政府出现专断、腐败的危险也增加了。不受监督和制约的政治权力必然导致腐败，损害社会公众利益，因而必须从各方面加强监督，促进监督的社会化。政治社团的活动，克服了公民监督的无组织性和分散性，客观上形成了一种新的权力制约监督机制，增强了政治监督的社会化，使公民能够通过政治社团监督政府及公职人员。

第三，社团监督中的参与机制可以弥补公权力机关内部监督的局限。现阶段，我国经济发展的速度较快。要在经济高速发展中保持党和政府的廉洁，一方面需要健全自身的监督制约机制，加强党风廉政建设；另一方面需要有效的外部监督。政治社团的监督是来自公权力机关外的有组织的监督，是一种很有优势的外部监督。政治社团基于维护和追求本社团成员利益的目的，必然会高度关注并监督国家公权力机关的各项活动，这些社团采用选举、请愿、对话、示威、舆论宣传等方式，监督党和政府的活动，纠正党内不正之风，防范、揭露并督促惩处腐败等。这种监督能够起到内部监督以及公民个人监督所起不到的作用。

三、几种主要的社团监督

在我国，工会、妇联、共青团、基层群众自治组织以及各类企事业单位等都是社团监督的主体。主体不同，监督的侧重点也不同。

第一，工会组织的监督。工会组织是广大职工自愿结合的群众组织。在我国，从中央到基层企事业单位都建立了工会组织。各级工会组织不仅在维护本单位职工权益方面发挥着重要作用，而且对各级政府的劳动执法活动实施监督，对劳动工资、劳动保护、社会福利、社会保障、工人的劳动和休息权利等各种具体制度的制定和执行情况进行监督。

第二，妇联组织的监督。妇联组织是全国各族、各界妇女组成的群众性社会团体。妇联组织的监督主要是对政府部门贯彻实施妇女权益保护、儿童权益保护、男女平等、计划生育等法律或者政策的情况进行监督。各级妇联可以就国家制定上述有关法律和政策提出建议和意见，对违法的政策法规有权向有关部门反映，并有权要求撤销和纠正。对行政机关及其工作人员作出的违反有关保护妇女、儿童的法律和政策，侵犯妇女、儿童合法权益的行为有权进行批评、谴责，直至要求有关部门依法予以惩处。

第三，共青团组织的监督。共青团组织以及青年联合会、学生联合会是青年的群众性组织。这些组织从各个方面保护青年和学生的合法权益，反映青年和学生的愿望和要求。此外，青年组织还通过多种方式向国家有关部门就有关青年的法律和政策提出意见和建议，对政府部门的有关工作进行批评、建议。

第四，村民委员会、居民委员会的监督。村民委员会和居民委员会是我国基层群众的自治性组织，也是我国基层民主政权的组织基础。作为基层群众的自治组织，村民委员会和居民委员会既承担大量的自治事务，又承担政府大量行政事务在基层的落实任务。因此，村民委员会和居民委员会对基层政府的工作有重要的监督作用。村民委员会和居民委员会根据《中华人民共和国村民委员会组织法》和《中华人民共和国居民委员会组织法》的有关规定，依法反映村民和居民的意见、要求和建议，对政府不合法的行政命令和行政行为有权向有关部门进行反映；对违法、失职和官僚主义严重的政府工作人员予以举报，并要求有关部门进行查处。

第五，专业学会、行业协会组织的监督。专业学会、行业协会是一定专业或者行业的从业人员通过特定方式组织起来的社会组织，代表不同社会成员和阶层的利益和要求。这些组织在不同领域，通过自身特定的方式向国家机关提出意见和要求，对行政机关及其工作人员的违法职权行为予以揭露和批评，并要求有关部门依照法律的规定进行纠正和查处，以保障群众的合法权益不受侵犯。这些协会、学会组织的监督在政府的日常管理中发挥着重要作用。

第六，企事业单位的监督。各类企事业单位在公权力监督中也发挥着重要作用。各类企事业单位可以以单位名义向国家机关及其工作人员反映情况，对他们的工作提出批评、意见和建议。这种监督对于维护本单位和本单位群众的利益、影响政府的政策制定等都有积极作用。

第四节　舆论监督

一、舆论监督的特征

作为社会监督的重要组成部分，舆论监督承担着整个社会对国家机关及其工作人员进行监督的重要职责。由于承载舆论监督的新闻媒体自身所具有的特点，舆论监督有着鲜明的特征。

第一，人民性。舆论监督在本质上反映的是人民是否拥有权利充分反映自己的意见，表达自己不同的看法，是否充分享有言论自由的权利。舆论监督的人民性具体表现为：第一，人民群众是舆论监督的主体，舆论监督要依靠人民群众，吸引人民群众积极参与；第二，新闻单位和新闻记者是舆论监督的代言人，在实施舆论监督的过程中，新闻媒体责无旁贷地体现人民群众的意愿，发挥人民群众代言人的作用。

第二，公开性。舆论监督是一种公开监督，公开宣传、报道国家机关的重大活动和重要工作，公开披露国家机关及其工作人员的违法违纪行为，公开传达人民群众的来信来访，表达人民群众的意见和要求。这种公开监督不仅可以督促各级国家机关及其工作人员廉洁、勤政，又可以使违法、违纪现象得以公开曝光。新闻报道传播的内容公开性越大，越能让更多的人了解和接受，社会监督的作用就会越大。

第三，及时性。快捷和及时是舆论监督的突出优势，尤其是在网络信息技术迅速发展的今天，舆论监督的及时性显得格外突出。及时的舆论监督使腐败行为快速曝光，并在较短时间内引起各监督机关的注意和介入。新闻舆论监督比其他监督形式更能直接、迅速地达到监督的目的，取得更好的社会效益。

第四，权威性。在西方国家，舆论监督有"第四权力"的别称，说明舆论监督享有较高的社会评价。当代，世界许多国家都制定了新闻法，以法律制度保障新闻自由，保障新闻媒体和新闻记者较强的独立性，因而新闻记者被形象地称为"无冕之王"。舆论监督虽然不具有直接查处腐败行为的效力，但是，舆论监督所形成的社会效应，将产生强大的舆论威慑作用，一方面使腐败分子受到舆论谴责，另一方面也督促有关监督部门介入腐败案件的查处，"不怕记过不怕降，就怕新闻大曝光"的说法形象地说明了舆论监督的这种威慑作用。

二、舆论监督的发展历程

中华人民共和国成立以来，舆论监督走过了曲折发展的历程。我国舆论监督的发展历程大致经历了两个阶段：第一阶段为孕育期，从20世纪50年代至70年代末；第二阶段为成型期，从中共十一届三中全会召开至现在。

（一）舆论监督的孕育期

早在20世纪30年代，中国共产党就敏锐地意识到了利用报刊进行群众监督的重要性。1931年创刊的中华苏维埃共和国临时中央政府的机关报《红色中华》在发刊词中写道："要组织苏区广大工农劳苦群众积极参加苏维埃政权。这不但要引导工农群众对于自己的政权，尽了批评、监督、拥护的责任，还要能热烈地参加苏维埃政权的工作，了解苏维埃新国家的政策、法律、命令及一切决议，能运用自己的政权，达到镇压反革命的阶级，实现自己阶级的利益与要求"。这是目前所见最早明确提出群众监督问题的党报。从现存文献来看，20世纪30至40年代，我党重要领导人，例如陈云、刘少奇等，都不乏关于在党的报刊上开展批评和自我批评的论述。但是，受当时对敌斗争形势严酷和党刊规模有限的制约，通过新闻媒介进行群众监督并未提上议事日程。

新中国成立后，党中央根据执政党的新特点，及时强调了加强舆论监督的必要性和重要性，提出了开展舆论监督的方针和原则。1950年4月19日，中国共产党发布了《中共中央关于在报纸刊物上展开批评和自我批评的决定》。该决定是中国共产党的第一个与舆论监督有关的正式文件，号召全党和广大人民群众在报纸刊物上公开地、全面地揭露党内存在的官僚主义、命令主义和各种消极腐败现象。1954年7月17日，中国共产党又发布了《中共中央关于改进报纸工作的决议》，总结了前项决定的执行情况，为了保障报纸刊物上的批评与自我批评得以顺利进行，该决议特别规定："凡在报纸刊物上公布的批评，都由报纸刊物的记者和编辑负独立的责任"；"在今后，报纸刊物的人员对于自己不能决定真伪的批评仍然可以而且应当征求有关部门的意见，但是只要报纸刊物确认这种批评基本上是正确的，应由国家监察机关司法机关予以处理"。尽管上述决定、决议为新中国的舆论监督指明了发展方向，但由于多种原因，特别是1957年的反右斗争扩大化、1959年的庐山会议、1966—1976年的"文化大革命"，党和国家的政治生活愈来愈偏离民主与法制的轨道，上述两个重要文件并未得到真正的贯彻执行。

（二）舆论监督的成熟期

中国共产党十一届三中全会的召开，标志着中国进入了改革开放的新时代，也开启了我国舆论监督逐渐成型与发展的新阶段。从党的十三大政治报告开始，党的十四大、十五大、十六大、十七大政治报告中均有"舆论监督"的概念。中共十三大报告提出："要通过各种现代化的新闻宣传工具，增加对政务和党务活动的报道，发挥舆论监督的作用，支持群众批评工作中的缺点错误，反对官僚主义，同各种不正之风作斗争。"该报告明确使用了"舆论监督"的概念，这在中共中央文件中还是第一次。党的十五大报告指出："把党内监督、法律监督、群众监督结合起来，发挥舆论监督的作用。"党的十七大报告再次使用了"舆论监督"的概念。胡锦涛总书记要求："落实党内监督条例，加强民主监督，发挥好舆论监督作用，增强监督合力和实效。"

从总体看，改革开放以来我国的舆论监督有了质的进步。一是舆论监督有了宪法保障，宪法明确规定了公民的言论自由、出版自由等权利。二是加强舆论监督的内容已经写进了执政党和政府的一些纲领性文件，体现了执政党和政府对舆论监督的高度重视。三是舆论监督的制度化进程已初见成效，在党风廉政建设中发挥了重要作用。

三、舆论监督的功能与方法

（一）舆论监督的功能

第一，导向功能。新闻媒介具有反映舆论、表达舆论、组织舆论、引导舆论的功能，因而引导舆论是现代新闻媒体的一大功能。新闻媒介提倡什么，反对什么，引领着整个社会的舆论方向，而舆论反过来又影响和左右人的思想和行为。舆论导向正确与否，至关重要。因为，正确的舆论、错误的舆论对人的影响和对社会的作用是截然不同的。

第二，监视功能。舆论监督有监视社会环境、推动社会发展的功能。新闻媒介有类似"晴雨表"和"候风仪"的监测作用，在社会变迁、社会转型和社会现代化进程中，舆论监督以公众的反映、议论、评价和呼吁为表现形式，持续关注和评价社会发展进程，并为这一进程的发展扮演"守望者"的角色。在不同的社会环境和治理结构中，舆论监督传播信息、沟通情况的过程，实际也是反映社情民意，推动社会政治、经济、文化发展的过程。

第三，宣泄功能。在社会复杂程度加剧以及社会利益多元化的当代，社会个体的情绪、心态、意见广泛分散，而舆论的形成过程就是对社会个体的情绪、心态和意见进行调节、疏导和重新整合的过程。这种疏导与整合，既能使公众的不满情绪得以宣泄，又能使社会某些不稳定因素得以抑制。新闻媒介常常充当社会公众的"传声筒"和"排气阀"，传达呼声，宣泄积郁，平衡心理，满足愿望，从而使整个社会的心态维持在一定的安全值范围内。目前我国社会主义市场经济体制处于发展和完善之中，社会利益格局不断调整，不同社会群体都会有一些不同意见，加之社会一些消极腐败现象的存在，人民群众难免有不满情绪。因此，加强和改进舆论监督，让人民群众把意见和情绪释放出来，使他们的观点和主张得以充分表达，以此达到缓解或者消除不满情绪的目的，这对于维护社会稳定是非常必要的。

第四，威慑功能。新闻舆论通过公开揭露不法和不道德行为，唤起社会对这些行为的普遍谴责，将违反者置于强大的社会舆论压力之下，从而在心理和行为上迫使社会成员遵守社会公认的行为规范。在反腐败中，舆论监督一方面通过曝光各种腐败现象，使腐败分子和腐败行为受到全社会的鄙夷、抨击和鞭挞，从而形成舆论监督的强大威慑力量；另一方面，舆论监督还可以转化为其他监督形式，例如通过暴露违法犯罪问题，将舆论监督转化为法律监督和监督机关的监督，将个别监督转化为普遍监督等。

(二) 舆论监督的方法

第一，新闻报道。新闻报道是指各种新闻媒介对国家机关的重要工作和重大活动所进行的宣传和报道。通过记者招待会、新闻发布会、记者专访等多种形式的宣传报道，使广大社会成员及时了解国家机关的工作，提高其工作的透明度，这就在无形中将国家公权力机关置于了整个社会的监督之下。

第二，公开披露。公开披露是指各种新闻媒介对国家机关及其工作人员在履行职责过程中出现的违法违纪行为进行公开揭露和谴责。通过揭露和谴责，可以引起社会多方面的关注和重视，造成强大的舆论压力，促使有关部门对违法违纪的直接责任人员进行及时查处。

第三，表达民意。表达民意是指各种新闻媒介播出或者刊登群众来信，或者就有关国家机关的工作向群众进行采访，听取群众的意见和要求。通过这些形式，对国家机关的工作提出意见和建议，督促国家机关更好地履行职责，纠正错误，为社会服务。

四、网络时代的舆论监督

随着信息化和网络技术的发展，舆论监督网络化日益成为一种新的发展趋势。网络舆论监督是指人民群众（网民）通过互联网了解国家和社会公共事务，评价国家经济、政治、文化和社会生活，监督国家机关的各项活动，揭露国家公职人员的腐败行为。作为现代信息技术与我国社会主义民主相结合的必然产物，网络舆论监督是舆论监督的新型方式，也是社会主义民主和人民当家做主的重要途径。

（一）网络舆论监督的特点

作为一种新型的舆论监督形式，网络舆论监督与传统媒体舆论监督相比具有如下新特点：

第一，广泛性。网络监督主体分布更加广泛，监督更加直接全面。据中国互联网络信息中心（CNNIC）的统计，截至 2008 年底，我国网民人数已达2.98 亿人，规模居全球第一。另外，网民的组成成分广泛，包括工人、农民、教师、记者、公务员、职员、技术人员等。这些人一般具有较高的文化水平、一定的语言表达能力和操作电脑的技术，且思想活跃，具有较高的参政热情和维权意识，关心国家和社会事务，有较强烈的表达自己意愿的意识。网络监督的广泛性集中了群众监督与舆论监督的优点，使监督变得无处不在、无时不在。而传统媒体监督的广泛性则相对有限。传统媒体受篇幅、人力、资金、程序、发行、设备等诸多限制，它所反映的问题一般局限在影响较大或者较特殊的个案，许多群众往往不能通过传统媒体进行监督。

第二，交互性。互动是网络最为鲜明的特征，它将传统媒体与受众的单向传播关系转变为双向或者多向互动的传播关系，改变了传统媒体一点对多点的单一式传播，形成了从多点到多点的交互式传播。传统媒体传播的单向性，使人们获取信息的方式呈被动状态，选择信息的主动权小，来自社会各方的评论、反馈、信息等也不能及时沟通交流。开放的网络平台一方面使受众在网络上可以自行选择新闻传播的内容，具有选择的余地；另一方面，使得任何人都可以在同一时间对同一问题大胆地发表看法，实现人与人之间的实时相互交流。

第三，一定的隐蔽性。在非实名制情况下，公民通过网络参与监督是匿名的，这使得参与者不受资格或者身份限制。公民在网上发表评论和消息，完全可以隐匿真实姓名和身份，只要是对议题感兴趣者都可以参与网络讨论，从而在一定程度上实现了网络言论自由，也使参与讨论、评论的人获得了某种安全感，并由于这种安全感而使得评论和意见更为大胆尖锐。公民在传统媒体上表达个人意见和发表评论必须要署名，有时还需要提供单位和个人身份证明，这种个人信息的充分暴露，可能使发言人由于担心受打击报复或者担心个人言论的负面影响而矫饰本意，甚至不敢讲真话。由于匿名的一定保护作用，网络言论往往代表了发言人最直接和最真实的个人想法。

（二）网络舆论监督的局限与问题

近些年来，网络舆论监督受到越来越多的关注，党和政府更加重视网络表达社情民意的功能，有关部门正抓紧制定网络监督规范，网上举报不断增多，监督渠道越来越宽，监督形式更加丰富。这些都使得网络监督对民主政治以及社会生活产生了巨大的促进作用。但是，不可忽视的是，网络舆论监督还存在一定的局限性与问题。

第一，监督主体的局限。网络舆论更多代表的是网民的想法，反映的是局部的民意。尽管中国网民将近 3 亿人，但还有 10 亿左右的公民不能上网，所以网络表达的民意和通过网络进行的监督是不全面的。此外，我国网络发展的现状是"东部快、西部慢，城市快、农村慢"，网民的地域分布不均匀、不平衡。据 CNNIC 的最新报告，我国大部分的网民在北京、上海、广州、江苏、浙江等经济较发达的省市，而舆论监督的重要区域——经济不发达的农村地区网民则相对较少。由此可知，网络可利用的社会化程度还不够高。

第二，虚假信息。虚假信息是网络舆论监督的一大阻碍。与传统媒体相比，在信息真实性层面，网络媒体有很大差距。网络的匿名特征，一方面使得公民能够表达真实想法，但另一方面，网络在提供真实、有效信息的同时，也会掺杂许多无效、虚假甚至恶意的信息，导致对舆论的误导。另外，网络的商业性和虚拟性也使网络新闻的真实性受到较大影响。有些网络媒体受商业利益驱使，在引导网络舆论中，重经济利益，轻社会责任，甚至明目张胆做违法和违反道德之事。

第三，网络中的群体传播使网络舆论监督容易发展成为网络舆论暴力。网络传播是一种集人际传播、组织传播、群体传播、大众传播于一体的多层面传播。在网络中容易形成群体，网络受众之间只要志趣相投，有着相近的观点就可以聚集到一起形成心理趋同的群体。群体的心理特点主要表现在感染性、从众心理、情绪化等三个方面。互联网上的民意带有很大的情绪性、宣泄性。网民的情绪如果处于正常而适度的舆论监督环境下，则会受到较为理性的引导，但如果被偏激的观点引导，则原本正常的舆论监督就会转变为非正常的舆论暴力。

（三）网络舆论监督的完善

第一，改善网络舆论监督条件，优化网络监督环境。一是加大信息化建设投入，扩大网络监督主体。面对我国网络发展呈现的不平衡态势，政府要加快信息基础设施建设，加强硬件建设，优化软件服务，为网络监督的发展打下坚实的物质和技术基础。特别是要加大对信息弱势群体和不发达地区的投入，提高电脑网络普及率，普及网络知识，使网络民意具有更广泛的代表性，增强网络监督的广度和深度。二是大力提高网民素质，造就高素质的网络监督主体。网络监督离不开网民，参与网络监督的网民的文化素质、思想素质和道德素质，会直接影响到网络监督的效果。因此，要逐步建立、健全网络道德规范体系，宣传客观公正的监督理念，引导网民正确参与监督。

第二，加强网络舆论监督立法，将网络监督纳入法制轨道。虽然目前我国已进入网络时代，但是与网络管理、网络监督相关的法律制度还不健全，专门针对网络监督的法律制度更是空白。因此，要尽快颁布与网络监督相关的法律规范。法律规范一方面要科学界定知情权与隐私权、社会监督与造谣诽谤、言论自由与人身攻击的界限，合理界定非法信息的范围，将其与正常的网络监督区分开来；另一方面要规范网民的监督行为，对于那些散布虚假信息、恶意伤害他人的非法"人肉搜索"，根据情节轻重和社会危害程度，依法采取行政的和法律的手段进行管制或者惩处。

第三，掌握网络舆论监督的特点，积极引导网络舆论监督。网络监督作为舆论监督的组成部分，是一柄"双刃剑"，利弊共生，关键在于如何加以引导。胡锦涛总书记就加强网络文化建设和管理曾提出五项要求，其中一项就是"要加强网上思想舆论阵地建设，掌握网上舆论主导权，提高网上引导水平，讲究引导艺术，积极运用新技术，加大正面宣传力度，形成积极向上的主流舆论"。因此，我国各级党委、政府对网络舆论监督要因势利导，充分发挥网络监督的积极向上作用，牢牢掌握主流舆论的控制权，把握网络舆情的正确方向，使网络舆论朝着有益的、健康的方向发展。

案　例

一种新的舆论监督形式：网络舆论监督

2008 年的两个网络监督案件引起了极大的社会反响。

案件一是江西新余市政府赴美、加考察团案。2008 年 11 月底，互联网曝光了江西新余市政府赴美国、加拿大考察团名为考察"人力资源和政府人事管理制度"，实为公款旅游的案件。该考察团从 2008 年 4 月 15 日开始的为期 14 天的"考察"，基本都是在著名旅游景点内度过的，景点包括温哥华、多伦多、尼亚加拉大瀑布、自由女神像、珍珠岛、联合国总部、赌城拉斯维加斯等。旅行社团队结算单显示，全团 11 人共花去 331 946 元，旅行社获利 50 198.20 元。其中，美国的邀请函 3 240 元/封，加拿大的邀请函 2 520 元一份。

案件在互联网曝光后，立即引起了江西省纪委的高度重视，省纪委会同新余市委对案件进行了调查处理，并通报了处理情况。通报指出：现已查明，新余市赴美、加人力资源考察团是一起借公务出国考察之名、变相公款出国旅游的违纪违规案件。新余市外事侨务办存在严重违纪违规问题：虚报考察项目，骗取上级审批同意；违反因公出国（境）管理的有关规定，拆团报批；违规延长出国时间；非法侵占其他单位的机票打折款，将其纳入单位"小金库"，严重违反财经纪律。经新余市委研究并报省纪委同意，作出三点决定：一是给予新余市赴美国、加拿大人力资源考察团严重违纪违规问题直接责任人刘忠平撤销新余市外事侨务办党组书记、主任职务的处分；免去主要责任人刘群新余市外事侨务办副主任职务，给予党内严重警告处分；给予负有一定责任的新余市仙女湖风景名胜区管委会主任徐冬春党内警告处分。二是责令该团其他出国人员写出书面检查，所有人员上缴本应由个人负担的费用。三是收缴新余市外事侨务办非法侵占的其他单位的机票打折款，上交财政。

案件二是南京江宁区房产局局长周久耕案。2008 年年末，南京市江宁区房产局局长周久耕对媒体发表了"开发商降价亏本卖房子要受处罚"的言论。之后，周久耕在不同会议场合抽的天价烟、戴的名表等被网友曝光，引发了社会舆论对周的行为的声讨，也启动了市、区两级纪检监察机关对周的行为的调查处理。经调查并在掌握证据的基础上，周被免去了局长职务，开除党籍和公职，并因其涉嫌其他犯罪行为，被移送司法机关依法处理。

案例思考题

网络监督如何与其他形式的监督形成互动，以提高监督的综合效力？

重要概念

1. 社会监督　　2. 公民监督　　3. 特约监督员制度　　4. 舆论监督

思考题

1. 什么是社会监督？社会监督有何特征？

2. 试述社会监督在我国监督体系中的地位。

3. 我国目前社会监督存在着哪些问题，如何完善我国社会监督机制？

4. 公民监督的内涵及其特征是什么？公民监督有何功能？

5. 公民直接行使监督权，有哪几种方式？

6. 如何完善我国特约监督员制度？

7. 简述舆论监督的功能。

8. 简述网络时代舆论监督的特点。

9. 试述网络时代舆论监督的局限与问题，以及如何完善网络舆论监督。

第十一章

国际反腐败与监督制度

由于腐败的国际化特征，反腐败的国际合作在世界范围内已形成共识和潮流。本章在阐述国际反腐败运动合作体系的基本架构、特点、趋势等一些基本问题的基础上，详细介绍了瑞典、德国、美国、日本、韩国、新加坡等国的反腐败与监督制度。

第一节　国际反腐败运动

一、国际反腐败运动的现状与特点

（一）国际反腐败运动的现状

腐败在全世界范围内普遍存在，任何国家都存在着腐败现象。腐败既是经济问题，也是政治和社会问题。它侵蚀着法治，损害着政府的合法性，严重威胁着一个国家的发展与稳定。近些年来，随着全球经济一体化的发展，国际交流日益频繁，腐败逐渐呈现出国际化的特点。主要表现在：一是参与腐败的人员身份国际化；二是国家工作人员通过对外经济交往进行腐败犯罪；三是腐败分子为逃避国内法律的制裁，在世界范围内寻找退路。由于腐败的方式方法呈现国际化的特点，因此，腐败已不再是局部问题，而是影响到所有国家的跨国现象，成为各国政府和国际社会共同面临的挑战之一，反腐败国际合作在世界范围内形成共识和潮流。

1. 反腐败国际合作取得的成就

面对腐败这个全球性问题，世界各国和国际组织展开了全面而深入的反腐

败运动，除了对本国的腐败问题进行打击以外，国家间共同合作打击腐败的
"整体联动"也不断增多，国际间反腐败协作不断加强。许多国家和国际组织
积极致力于建立政府的、非政府的合作机制。在这些国家间和国际组织的努力
下，召开了许多研究反腐败的会议，并逐步形成了一些有影响的国际和地区性
反腐败公约。

目前，国际性的反腐败合作活动主要有三：一是联合国框架下的国际性反
腐败行动。联合国设立统一的指导机构，并积极推动和制定反腐败决议和公
约；二是国际组织联合行动对付腐败犯罪。透明国际、经济合作和发展组织、
世界银行等国际组织颁布了一系列操作规范与行业准则，在各个领域指导各国
民间机构与涉外企业抵制贪污贿赂行为；三是各国政府间的反贪污腐败行动。
许多国家政府间签署了多项双边司法合作协议，各国政府在反腐败的国际合作
上给予了最大程度的帮助，比如国际反腐情报机构的设置、腐败罪犯的引渡、
腐败收益的没收、犯罪资产的追回等。此外，各地区洲际组织也积极开展反腐
败合作，非政府反腐败组织的活动也非常活跃。

2. 反腐败国际合作存在的问题

目前，反腐败国际合作仍然存在一些困难和问题，主要体现在以下几个方
面：

第一，一些国家对反腐败国际合作重要性的认识仍有差距。由于各国对腐
败程度及其危害的认识差异以及自身复杂情况的不同，导致各国反腐败态度和
力度的不同，进而影响到各国对反腐败国际合作的重要性和紧迫性的认识不
同，并在一定程度上影响到反腐败国际合作的开展。

第二，反腐败国际司法、执法合作远远不能满足反腐败的现实需要。这是
当前反腐败国际合作中存在的最主要问题。从目前反腐败情况来看，反腐败国
际合作必须借助于主权国家的法律适用与积极参与。事实表明，各国反腐败国
际司法、执法合作的广度和深度都很不够。各国法律关于腐败的规定很不一
致，这种差异严重影响了世界各国共同合作惩治腐败犯罪的力度。

第三，"反全球化"对反腐败国际合作的消极影响。在全球化视野下谈论
反腐败国际合作问题时，就不能不注意到反全球化对反腐败国际合作的影响。
反全球化在一定程度上延缓了反腐败国际合作的步伐，甚至左右了一些政府和
非政府组织的意志和行为，例如拒绝或者抵制反腐败国际合作的双边、多边协
议的签署、执行。

(二) 国际反腐败运动的特点

第一，反腐败国际化范围的扩大。从各国独立进行反腐败到各大洲的反腐败合作，再到各种国际组织的反腐败，最后到联合国对反腐败相关问题作出规定，反腐败合作的范围和深度都在不断加大。

第二，反腐败国际化的组织由民间逐渐发展为官方。非政府组织在世界反腐斗争中的影响越来越大，作用越来越突出。国际组织特别是以透明国际、经济合作与发展组织、世界银行为代表的一些非政府组织，致力于在世界范围内与各种腐败现象作斗争，并试图通过各种腐败评价指标对腐败进行有效分析和把握，其影响力日益扩大。

第三，由于腐败的领域越来越广，反腐败国际合作所涉及的领域越来越广。除了从政治、经济方面给予合作外，还从文化、道德方面共同遏制腐败国际化的发展。

第四，关于反腐败国际合作方面文件的法律层次越来越高，从指导原则、行为准则、刑事公约、民事公约到洲际公约、相关国际组织的公约，最后再到联合国颁布的《反腐败公约》。

二、国际反腐败合作体系的基本架构

自 20 世纪 90 年代以来，面对跨国境、国际化腐败犯罪的增长趋势，国际组织包括一些区域性国际组织、非政府组织和国际金融、贸易组织积极进行反腐败斗争。国际组织参与反腐败斗争，主要是通过制定一些有关预防腐败犯罪的法律文件与政策，积极介入和帮助各国进行反腐败斗争。

(一) 国际反腐败合作组织及其相关机构

1. 经济合作与发展组织

经济合作与发展组织（简称经合组织，英文缩写 OECD），是研究经济和社会各领域政策的非政治性组织。其总部设在巴黎，现有 30 个成员国，都是世界上比较发达的国家，常被称为"富国俱乐部"。经合组织还与 70 多个国家、非政府组织、市民社会团体建立了积极联系，在国际上有较大的影响力。它的宗旨是：维护成员国的财政稳定，确保成员国经济的高速持续增长，保证充分就业，提高人民生活水平，促进世界经济的发展；促进成员国和非成员国经济充分合理地发展，在多边非歧视原则的基础上，遵循国际贸易规则，拓宽世界贸易。由于国际商务交易中的贿赂现象屡见不鲜，对国际商业交易产生了严重影响，作为在世界经济与贸易中占有重要地位的经合组织，逐渐把商业贿赂当作关注重点。为此，在美国等国的积极推动下，经合组织理事会于1997年通过了《经合组织反对国际商务交易中贿赂外国公共官员公约》。该公约是发达国家之间签署的第一个全球性关于反腐败的公约，被认为是消除国际行贿的一个重大举措。《公约》规定，任何行贿外国公职人员的行为都是犯罪行为，要求各缔约国严肃惩治本国公司贿赂外国公职人员的罪行。公约还规定各国之间加强协调，相互之间提供必要的法律援助。此外，还将行政伦理建设看做抑制腐败的主要内部控制手段，把行政伦理建设列为行政改革的重要任务，并在调查研究的基础上，总结各国经验，提出了一系列行政伦理建设的基本原则和基本架构。该公约在国际反腐败领域发挥着较大的影响。至今已有经合组织30个成员国和6个非经合组织成员国批准加入了该公约。

2. 透明国际

透明国际（Transparency International, TI）是一个著名的专以反腐败为目的的非营利性民间组织。它成立于1993年，总部设立在柏林，在近70个国家建立了分支机构。其宗旨主要是通过加强与有关国际组织和各国反贪机构之间的联系，制订并推行反腐败计划，遏制各国政府和国际商务活动中的腐败行为。

透明国际立场中立，不依附于任何政治党派。从1995年开始，透明国际每年发布一次全球反腐败报告，并将各国按照腐败严重程度进行排名，目的是提高世界各国对腐败危害性的认识，督促各国积极采取相应对策。为衡量世界各国和地区的腐败状况，透明国际以清廉指数（Corruption Perceptions Index, CPI）和行贿指数（Bribe Payers Index, BPI）构成的腐败指数来衡量和评估腐败状况。CPI反映的是全球各国商人、学者及风险分析人员对世界各国腐败状况的观察和感受。CPI的数据来源于国际上一些重要、著名的调查报告，由一些专家学者从这些资料中提取有关人士对各个国家腐败程度的感觉和评判数据，经综合评估后给出一个分数。BPI是测量跨国公司行贿程度指数，在一定程度上是对清廉指数的补充。

作为一个非政府组织，透明国际在国际政治和社会生活中的影响日益扩大。其在全球反腐败斗争中确立透明与监督概念，提高国际社会对腐败及其危害的认识，倡导有关政府进行政策改革，促进落实国际多边公约等方面所取得的成就，赢得了很多国家和社会组织的赞许。

3. 国际金融组织的反腐败行动

金融领域是腐败问题的突出领域，世界银行、国际货币基金组织以及亚洲开发银行等国际金融组织对反腐败的探索也比较积极。

(1) 世界银行

在过去的十年中，作为最重要的国际组织之一，世界银行一直致力于国际反腐败。自从 1996 年时任行长沃尔芬森发表反腐败的重要讲话以来，世界银行制定了系统的反腐败战略，为全球反腐败斗争作出了巨大的贡献。世界银行的反腐败具体措施包括：

第一，加强反腐败的内部机制建设和管理。自 1996 年开始实施反腐败战略以来，世界银行先后成立了各种推动反腐败的机构，并与其他相关机构合作，共同促进反腐败事业的进展。

第二，建立对援助项目的严格审查监督机制。为确保借款国贷款基金使用的经济性、效率性和透明性，世行专门为借款国制定了采购指南，以防止采购中出现的腐败交易，并将打击采购中的腐败欺诈行为与援助合同挂钩。

第三，援助世界各国的反腐败斗争。世行通过对借款国政府提供贷款和技术援助，帮助其改善治理，加强公共部门的制度建设。这有助于受援国建立有效的制度去减少腐败的动机和机会。此外，对于某些腐败现象特别严重的贷款国，世行往往借助于其他力量对这些国家采取更为直接的干预手段。

第四，积极支持国际性反腐败合作。多年来，世行对国际反腐败活动给予了大力的支持。世行支持全球反腐败行动的措施包括：帮助协调跨境的反腐败活动和国内反腐败活动之间的关系；集中在世行的优势领域开展反腐败活动；与其他组织建立战略合作关系；在国际上获取和发布与腐败有关的知识。

(2) 国际货币基金组织

国际货币基金组织的反腐败措施是与其推动成员国的善治紧密联系在一起的。国际货币基金组织认为，治理一词通常包括了一个国家、企业或者其他实体治理的各个方面，比如政策的有效性、透明性，政策制定者的责任性等。而腐败是一个与治理密切相关的概念，它意味着"公权力或者公共信任被滥用为私利"。腐败和治理高度相关，在治理较差的地方，往往存在更多的腐败动机和腐败活动的空间，而腐败又往往通过扭曲决策及其实施情况在某种程度上损害了治理。因此，推动善治有助于反腐败，而反腐败也有助于国际货币基金组织推动其 184 个成员国的善治。

长期以来，国际货币基金组织一直向其成员国提供政策建议、金融支持、技术援助，帮助成员国促进包括确保法治、提高公共部门的透明性和责任性以及反腐败在内的善治活动。1996 年 9 月 29 日，国际货币基金组织临时委员会在其总部所在地华盛顿召开的会议上就强调，推动所有领域的善治都是非常重要的，确保法治、提高公共部门的效率和责任性、消除腐败等内容都是经济繁荣的必要因素。1997 年 7 月，国际货币基金组织执行委员会在推动善治以确保经济效率和增长上达成共识，制定了治理行动指南。这个指南将国际货币基金组织在治理上的作用限定在经济领域，明确包括了反腐败和透明政策。亚洲金融危机爆发后，国际货币基金组织对治理行动指南进行了不断的修订。

4. 其他地区性组织的反腐败行动。这些地区性组织主要有：

(1) 欧洲联盟

1996 年 9 月，欧盟前身欧共体通过了《欧共体金融利益保护公约第一备忘录》。该文件将官员的行贿和受贿规定为刑事犯罪。根据这一规定，各成员国要立法将官员参与腐败活动规定为刑事犯罪。该文件还规定，有关公司行贿也要承担刑事责任。1997 年 5 月，欧盟制定了《反腐败公约》。该公约共 16 章，分别阐述了腐败的定义、公约的适用范围、刑事处罚、检控程序、国际合作等相关内容。同年，欧盟又通过了《打击有组织犯罪行动计划》，该计划呼吁欧盟制定统一的反腐败政策。为此，欧盟执委会提出了欧盟反腐败战略，其内容包括欧盟内部和外部反腐败策略、国际贸易和竞争规则、发展合作政策以及吸收新成员的准入标准。1997 年 12 月，在罗马召开的欧洲理事会会议批准了成立欧盟专门监察机构的设想。随后，又将设立监察专员署事项列入了《马斯特里赫特条约》。根据《马斯特里赫特条约》的原则要求，欧盟详细规定了监察专员的任职条件、职责任务、管辖范围、工作程序等。

(2) 美洲国家组织

在 1994 年召开的首届美洲国家首脑会议上，与会各国领导人就联合反腐败问题进行了磋商。会后，委内瑞拉向美洲国家组织常设理事会提交了一份《美洲反腐败公约》草案。经过两年的谈判，该公约于 1996 年 3 月在委内瑞拉首都加拉加斯举行的特别反腐败会议上通过。《美洲反腐败公约》是世界上第一部多边反腐败条约，对预防贪污腐败行为规定得十分详细。该公约的宗旨为"推动、促进和协调各缔约国之间的合作，以保证采取有效措施和行动预防、调查、惩治和消灭履行公共职能过程中的腐败行为"。1997 年 7 月，美洲国家组织通过了《泛美国家反腐败合作纲领》，作为落实《美洲反腐败公约》条款的行动计划。

(3) 亚太经济合作组织

亚太经济合作组织（APEC），成立于 1989 年，是亚太地区最具影响的经济合作官方论坛。APEC 十分重视反腐败的国际交流和合作。2003 年 10 月在泰国曼谷召开的第 11 次 APEC 领导人非正式会议上，反腐败议题正式列入了 APEC 框架；2004 年 9 月在智利圣地亚哥召开的 APEC 反腐败专家会议上，美国、韩国和智利等国推动制定了《圣地亚哥反腐败与提高透明度承诺》和《APEC 反腐败与提高透明度行动计划》作为各国开展反腐败合作的指导性文件；2005 年 3 月在韩国召开的 APEC 第一次高官会上，APEC 反腐败与提高透明度工作组（ACT）正式成立，目前作为 APEC 高官会下设的 5 个特别工作组之一。工作组每年举行两次工作会议，成员国每年可以在工作组框架下申请举办相关反腐败专题研讨会。

（二）国际反腐败会议

1. 国际反贪污大会

国际反贪污大会（International Anti‐Corruption Conference，IACC）是目前国际反腐败领域规模最大的非官方专业研讨会。该大会每两年举行一次，是世界各国、各地区反贪污专家、学者深入研究贪污腐败这一国际社会普遍存在的现象及其对策的重要会议，也是各国和各地区司法人员、政府官员交流经验、寻求国际合作以遏制贪污现象的重要场所。大会举办宗旨是推动各国及各地区的反贪污工作，预防和惩治贪污犯罪，维护社会稳定和经济发展。中国在 1995 年成功举办了第七届大会。

2. 国际廉政道德会议

自 20 世纪 70 年代美国尼克松"水门事件"以来，从政道德逐渐在世界范围内受到重视，许多国家制定了从政道德准则和廉政教育计划，以图规范政府官员的行为，建立廉洁的国家公务员队伍，防止腐败的产生。国际和地区间的从政道德会议也应运而生。例如，1994 年 11 月，美国在华盛顿举办了国际廉政会议；1997 年 11 月，在法国巴黎举办了题为"公营部门的道德问题"的国际会议；1998 年 10 月，在土耳其的伊斯坦布尔举行了国际研讨会，专门研讨东欧等处于经济转轨过程中国家的廉政问题。此类国际会议研讨的内容主要有：政府官员的道德价值标准；从政道德立法；廉政制度建设；道德教育与培训；财产申报制度；公务员行为准则；公务员奖惩等。国际廉政道德会议在各国产生了积极效果，不少国家专门成立了廉政机构，主抓从政道德建设。

3. 政府间廉政工作国际会议

1999 年 2 月，时任美国副总统戈尔在华盛顿主持召开了首届政府间廉政工作磋商会议。这是第一次主要由各国政府代表团参加的层次较高的反腐倡廉国际会议。近 90 个国家派要员（副总统、总理、部长）出席了会议。此次会议交流了各国政府实施廉政建设的情况与经验，并就反腐倡廉方面的国际合作进行了磋商，并在会后发表了《华盛顿宣言》。因为是政府间的磋商会议，对各国反腐倡廉起到了很大的推动作用。

三、国际反腐败立法与《联合国反腐败公约》

为了加强各国反腐败行动，提高反腐败成效，促进国际反腐败合作，联合国制定了一系列反腐败文件。例如，1990 年联合国预防犯罪和罪犯待遇大会通过的《反腐败的实际措施》；1996 年联大通过的《联合国反对国际商务交易活动中的贪污贿赂行为的宣言》；1997 年联大通过的《采取反腐败行动决议》；1999 年联大通过的《反贪污腐败行动》；2000 年联大通过的《联合国打击跨国有组织犯罪公约》；2000 年联大通过的《防止和打击贪污行为及非法转移资金并将这些资金返还来源国》；2000 年联合国预防犯罪和罪犯待遇大会通过的《关于犯罪与司法：迎接 21 世纪的挑战的维也纳宣言》；2002 年联大通过的《反贪污国际法律文书谈判工作范围》；2003 年联大通过的《联合国反腐败公约》。

在联合国制定的一系列反腐败文件中，2003 年通过的《联合国反腐败公约》在国际反腐败斗争中具有划时代的意义。该公约开辟了一个新的国际合作领域，是迄今为止关于治理腐败犯罪的最完整、全面而又具有广泛性、创新性的国际法律文件，为国际反腐败事业奠定了坚实的法律基础，极大地促进了各国开展反腐败的国际合作。

（一）《联合国反腐败公约》的主要内容

《联合国反腐败公约》除序言外，共 8 章 71 条，分为总则、预防措施、定罪与执法、国际合作、资产的追回、技术援助、实施机制、最后条款。

总则规定了立法宗旨、术语解释、适用范围以及保护主权等方面的内容，强调在预防和打击腐败方面加强国际合作和技术援助，但同时应当恪守各国主权平等和领土完整原则以及不干涉他国内政原则。

预防措施部分主要涉及预防性反腐败的政策和做法，具体包括预防性反腐败机构的建立，公共部门的各项用人制度和公职人员的行为守则，公共采购、公共财政管理和公共报告以及与审判和检察机关有关的措施等，同时还强调了私营部门和社会在预防腐败中的参与。

定罪与执法部分为公约的主要组成部分，从实体法的角度列举了有关腐败的罪名，对犯罪的主观要件、犯罪形态和腐败的后果作出了规定；从程序法角度规定了对腐败行为的管辖、起诉、审判、制裁以及其间各部门之间的合作。

国际合作具体规定了国际合作的总体原则，引渡的条件，被判刑人的移管，刑事诉讼的移交，执法合作，联合侦查等内容。

资产的追回其主要内容是对腐败行为后果的财产处理。包括预防和监测犯罪所得的转移，直接追回财产的措施，通过国际合作追回资产机制，资产的返还和处分，双边和多边协定和安排等。

技术援助和信息交流主要述及预防和打击腐败的培训和技术援助以及有关腐败的资料收集、交流和分析等。

公约的实施机制规定了公约缔约国会议和秘书处在公约实施过程中的各项职能和作用，争端的解决方式以及公约的签署、批准、接受、核准和加入等常规内容。

(二)《联合国反腐败公约》的特点

《联合国反腐败公约》作为第一部世界性反腐败公约，为反腐败的国际合作提供了法律依据和准绳，对各国的反腐败工作起到了很好的推动和促进作用，为各国提供了一个治理腐败的范本和合作机制。作为最重要的国际性反腐败立法，其内容规定上有以下特点。

第一，透明度。《联合国反腐败公约》中要求各国在反腐败过程中，保证各项预防性措施、政策和机构运作的透明度，以保证权力运行过程中的公开透明，降低腐败发生的机会。在预防腐败的政策和措施、反腐败机构以及公共部门用人制度等方面，该公约都有关于公开透明的相关规定。

第二，国际合作。《联合国反腐败公约》作为一部世界性反腐败公约，国际合作是其必不可少的内容。国际合作的总体原则，引渡的条件，被判刑人的移管，刑事诉讼的移交，执法合作，联合侦查等，构成了反腐败国际合作的内容。此外，《反腐败公约》各个部分都以国际合作为基础，探讨了相关内容。

第三，强调预防。建立腐败的预防机制是当今国际反腐败合作的重要内容，《联合国反腐败公约》中强调了预防腐败的重要性，并用大量篇幅阐述了腐败预防合作机制和具体的预防腐败措施。

第四，实体法与程序法相结合。《联合国反腐败公约》是实体规范和程序规范相结合的产物，体现了国际反腐败合作的现实需求。该公约不仅规定了法律主体的权利义务，还制定了为了保障权利义务实现的程序。

第五，公部门与私部门的合作。《联合国反腐败公约》在总结各国反腐败经验的基础上，提出反腐败不仅是各国政府的责任，也应当包括公部门以外的私部门和个人的支持与参与，并对私部门和社会的参与及合作作出了规定。

第六，民事责任与刑事责任相结合。腐败行为由于其巨大的社会危害性，各国立法都已将其列入犯罪行为范畴，纳入刑法调整。同时由于腐败常常牵涉巨大财产，给社会造成巨大浪费，因此《联合国反腐败公约》在规定了刑事责任的同时，又规定了民事责任。

四、国际反腐败运动的发展趋势

在新世纪到来，新技术革命兴起，各国社会经济、政治大发展的情况下，腐败和反腐败的形势也千变万化。各国和各地区尽管社会制度不同，国情不同，腐败的形势和程度不同，但反腐败的共同责任和针对腐败国际化的共同主题，各国之间反腐败交流与合作的趋势越来越显得必要。总结各国反腐败的经验和国际反腐败运动的特点，国际反腐败的发展呈现出如下趋势：

（一）越来越重视惩治与预防腐败相结合

在反腐败指导思想上，从重惩罚转向重预防。各国在反腐败的实践中，逐渐意识到单靠法律的事后惩治，远远不能遏止腐败现象发展的势头。为了应对全球性腐败的形势，20世纪90年代以来，国际上对腐败采取了全面控制的基本预防战略，不单重视对腐败的惩罚，更加重视对腐败犯罪的事前预防，"预防和惩罚兼施，标本兼治，预防为主"已成为世界各国反腐败的共识。

（二）越来越重视依靠法律制度解决腐败问题

完善的法律制度是反腐败的基础。当代各国普遍重视依靠法律制度解决腐败问题，坚持依靠"立法建制"来反腐败。建立一套与市场经济体制和社会政治体制相适应的权力监督制约的法律体系，是许多国家反腐败的成功经验。国际反腐败经验证明，除在体制、机制上需要不断创新外，最重要的一条就是要加强反腐败立法，这种立法越完善、越规范，就越能有效预防、遏制和治理腐败。

（三）越来越重视反腐败中的社会公众参与

提高社会公众对反腐败的认识和参与度，是反腐败能否取得成功的重要保障。当前，让公民参与反腐败斗争，在国际范围内已不再仅局限于公众对腐败的声讨、抗议。各国都开始采取实际措施，让公众能切实参与到反腐败斗争中来。目前，各国保障社会公众参与反腐败的措施主要包括：一是反腐败机构开辟多种渠道，接受公众对官员腐败的投诉，并采取措施保护投诉人的安全，这是世界大部分国家采取的比较普遍的做法。二是允许公民对官员的个人经济状况进行咨询，向反腐败机构自由查阅官员的财产申报情况。

（四）越来越重视加强反腐败的国际协作

各国在反腐败斗争中加强合作，开展国际联合行动，是反腐败斗争发展的新趋势。由于腐败的主体、方式方法呈现国际化的特点，所以反腐败不再仅仅是某一国家或者地区面临的局部性问题，腐败的全球化决定了反腐败斗争从国家范围扩大到世界范围。各国政府越来越重视在反腐败领域同世界各国以及有关国际组织进行合作，要求国际社会建立多边反腐合作机制的呼声日益强烈，各种区域性的反腐合作机制也纷纷建立和加强。

第二节 国外一些国家的反腐败与监督制度

一、瑞典的议会监察专员制度

瑞典的专职监察机关设在议会，监督官称为议会监察专员，机关为议会监察专员公署。瑞典议会监察专员制度始设于 1809 年，已经有 200 年的历史，是世界上最早的由议会专职监督行政和司法机关的制度。自从瑞典建立这一制度以来，影响越来越大，现在全世界有超过 80 个国家和地区采用了这一制度。

（一）议会监察专员制度的具体内容

1. 议会监察专员的任命和机构设置

瑞典 1974 年《宪法》第 2 章规定：议会选举监察专员 1 人或数人，根据议会的训令，监督法律、法令在公共事务中的执行情况。建立议会监察专员的目的在于监督法律、法令的执行，限制国家工作人员的不合法、不公正行为，以完善行政管理，保证公民的合法权益。

目前，瑞典议会有四名议会监察专员。四名监察专员全部由议会选举产生，且监察专员人选须为议会中的各党派所接受，并经议会专员代表团提名后方可获得任命。监察专员一般从具有杰出法律知识和秉性正直、社会威望较高的无党派人士中选出，他们通常是律师或者法官。监察专员在职期间享有最高法官的待遇，离职后也会被任命为最高法院法官。议会监察专员任期为四年，可以连选连任，但不得超过两届。只有议会有权罢免监察专员，除议会外，任何机构和个人均无权对其进行罢免。

四名监察专员中，选举一名首席议会监察专员担任议会监察专员公署的行政长官，具体负责公署的主要工作。为了保证监察专员工作的独立性，首席监察专员不能指挥其他监察专员的工作，其作用范围仅限于必要的协调范畴。其他三名监察专员与首席监察专员不存在指挥与被指挥的关系，他们相互配合、分工协作。四名监察专员的分工大体上是：首席监察专员主持公署的日常行政事务，主管税收、人事、政府与公众关系等方面的案件，并协调各监察专员的工作和全员的活动计划、分工与预算调整等工作；第二名专员主管司法和狱政方面的案件；第三名专员主管武装部队和一切不属于其他专员管辖的民政事宜方面的案件；第四名专员主管对各个事业单位社会福利方面进行监督的案件。除四名监察专员外，议会监察专员公署还设立有 60 名工作人员，协助监察专员开展工作。

2. 议会监察专员的职责与权限

根据瑞典宪法和法律规定，议会监察专员的职责是监督和监察中央及地方的行政和司法活动，重点监督和监察行政机关的活动，保障法律、法令的实施。议会监察专员的监察对象为中央、地方政府机关及其公务人员。这里的"公务人员"范围很广，主要包括中央和地方政府机关的官员、法院的法官、检察官、医院的医师和护士、公立学校的教职员工、公立养老院的职员以及军队的下士以上军官等。此外，还包括与行政机关存在委托与被委托关系，受行政机关委托执行公共事务的雇员或者私营企业等。但内阁部长、大法官、联邦议会和地方议会的议员、中央银行的董事等不在监察专员监察之列。

为了保障监察工作的顺利开展，瑞典法律赋予监察专员充分的调查权、视察权、建议权和起诉权。调查权是议会监察专员的一项重要权力，也是监察专员独立行使职权的重要标志。调查权主要体现为：监察专员有权根据公民的申诉或者自己主动发现的线索对任何部门和人员进行调查，并调阅任何调查所需材料、文件；有权参加行政机关和法院的任何会议，并在必要时要求检察官提供援助，任何部门和人员不得拒绝监察专员的调查，否则会受到罚款等处分。视察权是监察专员行使监察权的一种最为常用的方式。视察权主要体现为：监察专员有权采取"突然袭击"等方式，在监察专员认为必要时对法院、行政机关、医院、监狱、军事机关等被认为有问题的单位或者部门进行视察。建议权主要体现为：在监察专员调查和视察之后，可以就所发现的问题向行政机关提出调节、批评、补偿、改正或者处分等方面的建议。起诉权主要体现为：对于调查或者视察中发现有违法犯罪行为的官员，监察专员有权向法院对其直接提起公诉。

对监察专员的工作考核主要依据监察专员向议会提交的年度工作报告。议会的宪法委员会对监察专员的工作直接进行监督。公民若对监察公署的公务行为不满，可以向宪法委员会提出申诉，宪法委员会有权撤销被证明是不称职监察专员的职务。除此之外，社会舆论系统对监察专员的工作也起着制约作用。总的来说，瑞典监察专员一方面拥有广泛的自主权力，有利于监察工作的高效运行；另一方面严格的监督机制保证了议会监察专员工作的透明度和公正性。

3. 议会监察专员制度的发展和影响

在设立议会监察专员以后，瑞典政府于 1954 年又设立了政府监察专员，主要职责是监督国家经济活动，对违法行为予以揭露和调查。此后，监察专员这一形式也在社会上得到发展，出现了一些半官方的或者民间的、以特定对象为监察目标的监察专员，例如经济自由监察专员、消费者监察专员、男女平等监察专员、新闻监察专员等。

从 20 世纪 60 年代起，瑞典的议会行政监察专员制度开始为其他国家所仿效，最早在北欧得到推广。芬兰独立后，建立了一个以瑞典监察专员公署为样板的监察机构。此后，丹麦、挪威、英国、新西兰、澳大利亚、加拿大、美国、日本、中国香港等国家和地区先后采用了议会监察专员制度。

（二）瑞典议会监察专员制度的特点

第一，监察专员设置的独立性与专职化。为保证监察专员行使监察职能不受任何外界因素的不当干扰，议会监察专员在人事、组织、经费等方面均具有很强的独立性。同时，监察专员只接受议会的指示和监督，工作只对议会负责，除议会外不接受其他组织和个人的指示和干预。另外，由议会任命专职人员进行监督，能够使监督工作专职化。这种独立性和专职化不仅加强了瑞典议会监察专员的监督效力，也更加强化了议会的监督职能。

第二，监察专员监察范围的综合协调性。瑞典议会监察专员的管辖范围相当广泛，监察专员不仅可以对法律规定的中央、地方各级行政机关及其工作人员进行监察，还可以对属于自己管辖范围的跨部门、跨行业的问题进行综合监察和协调处理。这种综合性监督与当今政府职能不断扩张、专业分工日益细化复杂的客观趋势比较适应。

第三，完善的监督系统保证监察专员的监督效力。瑞典对行政机关及公务员的监督相当严格，且层次较多，建立了议会监督、政府内部监督、司法监督和社会舆论监督体系。议会监察专员监督作用的发挥有赖于与其他监督体系的协调合作和相互制约。议会监察专员监督同其他监督方式相结合，形成了以议会监察专员监督为主的完善的监督体系。

第四，先进的监督理念。瑞典议会监察专员监督模式注重预防侵犯公民合法权利事件的发生，注重被侵犯公民合法权利的恢复及救济。因此，瑞典议会监察专员监督模式不同于检察官及警察的职能，其职能不在于检举犯罪行为使之被定罪，而是更关注采取具体的改革措施，以保障公民合法权益和权力运行秩序。

二、德国的监督制度

（一）德国监督制度的具体内容

德国的监督体系比较完善，主要包括议会监督、行政监督和司法监督。

1. 议会监督

德国联邦议院是联邦中重要的反腐败机构。联邦议院不但有立法权和重大决策的审批权，还有对政府和官员进行监督的职能。联邦议院中如果有 1/4 的议员要求对联邦政府在行政管理中产生的官僚主义、贪污腐化、行贿受贿或公众十分关注的问题进行调查，联邦议院就必须成立一个由专家组成的调查委员会。调查委员会可以就议员们对政府工作中存在的怀疑问题展开调查，通过公开和秘密的途径搜集必要的证据。然后向联邦议院报告其调查结果，联邦议院将根据报告考虑是否形成有关决议。此外，调查委员会还参与处理特别严重的腐败案件，经过长期、周密的调查后写出报告，上报联邦议院，议院经过辩论最后交法院处理。

2. 行政监督

为防治腐败，德国政府采取了一系列重要自我监督和自我约束的制度和措施。主要包括四个方面：一是"多眼睛"监督制度。如对重大工程项目的招投标、财政相关的支出、警察执行公务都必须坚持两个人以上把关和同行，不能个人单独行动，"暗箱操作"。二是岗位轮流的制度。对容易滋生腐败的建设、规划、医疗、财政、社会保险等权力部门的公务员实行定期轮岗，一般为 3 年，如发现违规行为立即调离现岗位。三是严格限制兼职制度。德国《公务员行为守则》明确规定，从事公务的人员不能从事第二职业，如果工作需要从事第二职业的，要经过上级主管部门批准，否则，必须责令辞去公职。四是严格礼物收受方面的规定。各联邦州都对公务收受礼品作了严格规定，部长、国务秘书一级的公务员在公务活动中不能接受任何礼品礼金，部门的公务员在公务活动中可接受价值 50 马克（相当于 180 元人民币）以内的礼物，但必须向上司报告，绝对不准收受现金。如公务员被邀参加重大节日活动，须经上级批准，而且只能收印有该公司名称作广告的小礼品，否则，将会受到查处。

3．司法监督

德国的司法监督主要是通过设有独立的行政法院对政府及其公务员涉嫌腐败行为进行的。德国全国设有大约 60 个行政法院，每州设最高行政法院，联邦设联邦行政法院。随着反腐败任务的加重，1993 年德国的各联邦州成立了反腐败工作机构——腐败案件清理中心，这个机构是检察院的一个部门，隶属于司法部。腐败案件清理中心的工作职能是受理贪污、受贿、渎职等腐败案件的举报、转办与侦查起诉。德国腐败案件清理中心的检察官们在指导思想上不是以查案多少作为检验工作的标准，而是以查清问题、促进经济的发展和保证社会的公平为宗旨。在调查案件时，他们首先考虑挽回经济损失，再考虑如何处理违法者。

（二）德国监督制度的特点

第一，以健全的法制为保障，行政权力法定化。在德国，行政机关的权力都是由法律明确规定的，行政机关只能按照规定行使权力，法律对行政机关行使权力的自由裁量范围、程序、方式、要求等都规定得很具体，如果法律、法规、规章没有规定，即使这种权力是合理的，行政机关也不能行使。行政机关如果不依法行政，将会受到法律的制裁。德国防止行政权力的滥用和反腐败的法律，主要是《德国刑法典》，其中规定的贿赂罪是确定腐败行为的主要依据。

第二，以公众全面参与为基础，行政权力监督多元化。德国的行政权力监督主体十分广泛，不仅包括议会监督、行政监督、司法监督等官方监督，还包括以公众全面参与为基础的公民监督和舆论监督。在德国，公民对政府的监督有明确的法律依据。公民监督的范围很广，政府所有的行为，公民都可以进行监督。公民如发现政府官员支出大于收入就可以举报，反贪官员要对此进行调查；公民还可以直接到高级官员甚至到议会对政府官员的腐败行为进行质询；当公民觉得有不公正裁决时，可以随时向行政法院提出诉讼。舆论监督是防止腐败的又一种行之有效的形式。德国的舆论媒体大都是独资或合资的股份制企业，政府不能直接干预新闻媒体的活动，媒体依法享有高度的自由。根据法律规定，检察院如发现有关腐败问题的报道，有义务进行调查。德国的议会监督、司法监督、行政监督、公众监督与舆论监督有机结合，形成了全社会多视角监督的网络。

第三，以严格自律为基础，公务员行为规范化。德国政府机关录用公务员，坚持忠实可靠、待人诚实、勤劳认真的标准。法律要求公务员必须严格遵守《公务员行为守则》，而且每一位新加入公务员队伍的公民都要举行宣誓仪式，保证严格遵守公务员守则，若违反誓言要自愿接受处罚。同时，每年公务员要与所在单位领导签订一份廉政合约，承诺廉洁奉公。除政府不断加强对公务员的教育培训和管理外，公务员本身也做到了严格自律，遵守职业道德，崇尚敬业精神，注重洁身自爱，注意公私分明，把廉洁自律和勤政廉政作为一种内在的自觉行为。

三、美国的监督制度

20 世纪 70 年代"水门事件"发生以后，美国颁布并不断修订完善了一系列监督法律制度，例如《监察长法案》、《政府道德法案》、《独立检察官法案》等，并依法设立了政府道德署、监察长办公室等一批监督机构，逐渐形成了一套相对完善、行之有效的监督机制。

(一) 美国监督制度的具体内容

美国反腐败机构众多，网络比较健全。从系统上看，立法、司法和行政部门都设有反腐机构负责本系统的廉政工作。从职能上分，一类是从道德和纪律层面担负预防和制止腐败行为职能的机构，如政府道德署、司法部律师办公室等，它们不具有对腐败行为进行刑事调查和起诉的职能。另一类是从法律层面担负惩处腐败行为功能的刑事调查和起诉机构，如政府各部门的监察长办公室、独立检察官等机构，它们的主要职能是调查公共腐败行为。

1. 政府道德署制度

美国非常重视从政道德对防治腐败的重要作用，并不断加强道德立法。1978 年美国国会通过了《政府道德法案》之后，联邦政府成立了一个专门规范政府官员道德行为的机构——政府道德署。政府道德署直属总统领导，向总统和国会负责，署长由总统任命，由参议院批准，任期 5 年。署长不受总统任期影响和党派干预，不经国会同意，总统无权免除署长的职务。政府道德署的基本职责是主管政府高级官员的财产申报事务和监督政府官员的道德行为。另外，政府道德署在各主要部门都设立有专职道德官，他们专门负责制定适合本部门特点的行为准则，并审查和处理本部门中的个人利益与公共利益冲突问题。

具体来说，政府道德署的主要职责包括：一是及时制定、修订公务员道德规范。对公务员的收受礼物、经济利益冲突、执行公务、滥用职权以及政府外活动等行为作出规定；二是监督行政部门官员公开和秘密的财产申报的执行情况；三是接受道德咨询，公务员如若遇到疑惑可随时通过电话、邮件或传真向道德署咨询，避免因不了解道德界限而违法；四是受理举报，开展初步调查，并对违纪违规公务员进行训诫；五是开展道德教育和培训，通过各种途径和方式，让所有公务员明白什么可为、什么不可为。

2. 监察长制度

监察长制度是美国国会监督政府的有效手段。1978年美国颁布了《监察长法案》，规定联邦政府各部门和各独立机构均设立监察长办公室。各部门的监察长由总统提名、参议院批准，对国会和总统负责并报告工作，监察长无任期和党派限制。监察长办公室一方面对各部门的财政支出和行政行为进行审查，并对发现的可能与贪污、诈欺等违法活动有关的问题进行调查；另一方面对部门的规章制度和工作程序进行审查，并针对存在的问题提出改进的建议。作为整个国家监督体系的一部分，监察长制度具有以下几个特点：

第一，作为政府内设监督机构，与行政管理业务联系紧密。监察长制度作为政府机关内部监察机制，具有许多有利条件。因为现代政府不仅在机构、人员、职能方面有所增加，而且其活动越来越专门化、技术化；政府不仅具有行政管理权，还逐步具有和扩大了委任立法权、司法权。这些都给外部监督带来一定的难度。而监察长制度在这些方面显示出了其本身的优势，其作为政府内设监督机构，了解和熟悉行政业务及其方法、程序等，因而往往能更好地实现监督。

第二，监察长地位较高且具有独立性。赋予监察长独立的地位和权力是监察长制度最显著的特征。一方面，监察长具有独立性。美国《监察长法案》明确规定，任何机构和个人不能阻挠和禁止监察长发起、执行和完成任何审计和调查，不能干涉审计和调查过程中的有关传讯。监察长办公室的经费由国会单独列支，工作人员由监察长自行选聘，部门首长无权干预。另一方面，监察长的地位很高。他直接向行政首长负责，统一领导本部门的监督检查工作，监察长和本部门的副部长处于同一行政级别。

第三，监察工作人员专业素质要求较高。监察长在任命和雇用监察工作人员时，不仅要求他们具有专业知识，如审计、法律等，而且还注意从相关部门雇用人员，如联邦调查局、会计局、财政部等，从这些单位雇用的监察人员大多具有监督调查的丰富经验。此外，监察长办公室还对在职人员进行经常性的有关知识经验的训练，不断提高他们的监察业务水平。

3. 独立检察官制度

美国司法系统中有三类检察官，即联邦检察官、地方监察官、独立检察官。独立检察官的前身是特别检察官，是美国联邦司法部长对总统及其他高级政府官员的指控而专门设立的职位。在1973年"水门事件"中，尼克松总统下令司法部长罢免了主持此案调查的特别检察官。美国国会因此在1978年颁布了《政府道德法案》，其中对特别检察官的任命和职权做出了明确的规定，这部法律标志着独立检察官制度的确立。独立检察官是专门对某一高级行政官员的贪污受贿或其他违法失职行为进行调查起诉的临时性官员，一般由司法部任命一名独立的、享有特权的法律界人士或法学家担任。其起诉对象包括总统、副总统、各部的正副部长及相应职务的官员等。独立检察官制度的实施大大加强了对政府高级官员的调查监督力度。

为了保证独立检察官充分履行职责，法律赋予独立检察官很大的权力，包括人事权、调查权、传讯权、汇报权和起诉权。(1)人事权。独立检察官有权任命其手下的工作人员，也有权将自己的权力授予其工作人员代行。(2)调查权。独立检察官在进行调查时享有司法部长和联邦检察官的一切相应权力，如查阅行政机关档案的权力、查阅法院决议的权力、查阅国家安全保密资料的权力、运用刑事和民事调查程序的权力等。(3)传讯权。独立检察官有权向法院申请传讯任何证人，也有权根据有关法律的规定给予证人豁免权。(4)汇报权。独立检察官有权向国会汇报调查情况并提供弹劾政府官员所需的案情材料。(5)起诉权。独立检察官在认为证据充分时有权提起或者与司法部门共同提起特别刑事诉讼。

(二) 美国监督模式的特点

第一，双向制衡的权力监督模式。美国是"三权分立"和"联邦制"的典型代表，其监督体制也贯穿着"分权制衡"的理念。在权力的横向划分上，强调立法、行政、司法三种权力既要彼此分立、独立，又要相互联系、制约。国会通过立法权的行使实现对行政和司法的监督，但是美国总统有权否决国会立法并通过立法倡议权而对国会的立法权进行制约,法院也可以通过司法审查权对国会进行监督。国会可以通过人事任免权、财权、弹劾权的行使对执掌行政管理的总统进行制约与监督,法院也可以对政府制定的行政法规和行政命令及做出的行政处理等作为和不作为进行司法审查以对行政权的使用进行约束与监督,但法官要由总统提名经参议院同意后由总统任命,国会也有权弹劾联邦法官。可见,美国的权力监督体系是双向制衡的监督模式,部门之间的相互制衡是整个政治体制中的监督前提。

第二,较为松散的纵向权力监督。美国实行联邦制,各州具有较强的独立自主权,因此美国中央与地方的关系较为松散,基本上没有形成纵向的权力监督关系。美国没有统一的、最高的反腐败协调、执法机构,也没有统一的、专门的反腐败法律。其行政监督权由联邦政府和州政府分别行使,相互独立,其纵向分权的结果在行政监督方面则表现为:监督机构并不统一,联邦与州各自建立监督机构,二者不存在上下隶属关系,在机构设置上也不对口,彼此独立、各司其职。因此,美国的行政监督体制体现出多元化的特点,行政监督机构布局分散,监督职能细化,监督主体多元。

第三,重视专项监督。美国监督模式中,由于缺乏统一的中央监督机构,各州各部门都非常重视自身的监督需要和制度创新,因此,一些专门专项的监督成为其监督的重要内容,如选举监督、审计监督和道德监督等。美国联邦政府所建立的两个独立行政监督机构——政府道德署和监察长办公室均突出了专项监督的特点,以道德规范(包括财产申报)和审计监督为两个专职监督机构的监督重点。同时在美国行政监督体系外,尤其重视对于政治高层人员选举中的资金来源、利益冲突等方面的监督,并通过联邦调查局、政府道德署、联邦选举委员会、总统行政办公室等机构对此实施监督。

四、日本的监督制度

(一)日本监督制度的具体内容

日本的监督制度较为完善,实行以立法、司法、行政三权分立为基础的议会内阁制,构建了检察机关和行政系统内部的监督机构共同协作的行政监督体系,形成了较有特色的行政监督模式。在日本的行政监督模式中,从中央到地方各级设立的行政评价局、人事院、会计检查院等机构,从不同方面对行政机关及其工作人员进行监督。行政评价局主要负责对行政机关制定和完成工作目标的情况进行监督；人事院主要负责对公务员的管理和惩戒；会计检查院负责对国家的收入和支出进行检查和监督。此外，还非常强调引入社会和专家力量，通过建立行政交谈、行政审议会等制度来保证社会监督渠道的畅通和监督职能的发挥。

1. 行政评价局

日本现行的监察机关是行政评价局，是由行政监察局改制而来的。20 世纪 90 年代以后，日本经济持续低迷，渎职腐败案件不断出现。为进一步改善行政管理，提高行政效率，2001 年日本政府进行了行政机构改革，将原总务厅行政监察局改为总务省行政评价局。这是日本政府根据社会经济发展要求，在原有行政监察制度的基础上发展起来的一项新的行政监察制度。

行政评价局下设总务课、行政相谈课、政策评价局和评价监视室四个机构，全国设有北海道等八个管区行政评价局，在各都道府县设有 42 个行政评价事务所或行政评价分室。全国行政评价局系统实行垂直领导，总务省行政评价局的主要负责人由首相任命，地方支局的负责人则由总局任命。行政评价局的工作职责主要有四项：

第一，政策评价。政策评价指的是行政评价局从政府总体角度出发，对各省（中央政府各部门）府（地方政府）的工作计划、工作目标及执行情况进行统一、综合地评价。政策评价指的是从政策的必要性、有效性、效率性、公平性及优先性等角度进行评价，具体来说，即是评价各省府的工作计划和目标是否符合国民和社会的需要，是否达到了预期效果，是否获得了最大效益，是否公平负担了费用，公平享受了成果，是否需要优先实施等。

第二，行政评价和监视。即对各行政机关的业务实施状况进行监督检查，根据检查结果，指出存在的问题，并提出改进建议。同时，为了保证提出的建议得到落实，还要求被检查对象反馈采取的措施及落实情况。行政评价局如有必要可再次进行检查，检查结束后写出评价报告向社会公布。

第三，独立行政法人评价。独立行政法人主要指行政机关直属事业单位，如国立公文书馆、研究所、博物馆等。独立行政法人评价主要是对独立行政法人的工作目标、经营业绩进行监督检查，由委员会对检查结果进行审议并提出建议，所提建议要报总务大臣或各省府大臣。

第四，行政交谈。所谓行政交谈是指行政监察部门及其所委托的人员与因行政失误而遭受损害的国民进行交谈，听取改善行政工作的意见和要求，尽可能地解决问题或补偿损失，并使其结果有助于改善现行的政策、措施和管理。

当发现公务员违纪渎职时,行政交谈委员有权向有关部门反映。行政交谈制度是日本行政监察制度的特色。行政交谈制度的实施,对于改进行政管理、提高行政效率、密切政府与国民的联系、进行权利救济、化解社会矛盾、维护社会稳定起到了重要作用。

行政评价局享有调查权、劝告权和建议权。调查权是指行政评价机关依法对评价对象行政行为进行专门调查核实的权力。劝告权是指行政评价机关在调查的基础上,就一定事项向被调查部门提出处理问题的建议或改进工作的劝告的权力。建议权是指行政评价机关就被调查事项如何处理向上级建议的权力。

2. 人事院

在日本,对公务员的管理和监督主要依据法律规定,通过人事手段来实现。人事院是日本最高的人事管理机构,也是对公务员行为进行监督的主要机构。人事院具有准司法权和准立法权的地位,在组织、人事、财政等方面对内阁保持相当的独立性。如人事院保持自己的独立预算,机构设置不受《国家行政组织法》的约束,人事院的内部机构由人事院自己管理。

日本在《国家公务员法》、《国家公务员伦理法》、《国家公务员惩戒规则》以及各地制定的法律中对公务员行为作了很多限制性规定,对于违反有关纪律规定的公务员将由人事部门予以惩戒。惩戒的方式包括开除、暂时停职、降低工资、警告。凡被开除的公务员两年内不能再做公务员,退休后不能拿到退休金。

惩戒权一般由各机关的首席长官即内阁大臣掌握,人事院负责综合指导。如果公务员的行为违反了刑法,则主要通过刑事方式处理。行政处理和刑事处理可以同时进行。如果受处分人对惩戒决定不服,可以到人事院申请仲裁。人事院在收到公务员提交的仲裁申请后进行调查,根据调查结果,可以要求有关部门重新考虑,或者取消惩戒或者维持原决定。

3. 会计检查院

会计检查院是依据宪法独立设置的、负责对国家的收入和支出进行检查和对国家会计进行监督的专门机构。会计检查院是日本最高审计机关,属于政府行政序列,但独立于内阁,不受政府的干涉。会计检查院依法独立开展审计监督,向国会报告工作。

会计检查院由检察官会议和事务总局组成。检察官会议是最高决策和领导机构,由三名检察官组成,检查院院长也在此三人中产生。三名检察官地位平等,决策采取合议制,重大问题经充分协商形成一致意见。事务总局是会计检查院的执行机构，负责具体日常工作。下设业务司局，各局有明确分工和职责范围。此外，日本地方也设立合议制的检查委员会，会计检查院与地方审计机构无隶属关系。

日本《会计检查院法》确定了国家审计的对象。根据法律规定，日本会计检查院的审计对象涉及国家财政以及国有企业和国有单位。分为必审和选审两类，对于选审对象，会计检查院可根据自身工作情况安排审计。不论必审或选审单位，审计的重点都是财政、财务收支的正确性、合规性、经济性、效率性以及效果情况。

（二）日本监督模式的特点

第一，行政监督职能细化，专业分工合作。日本除了立法、行政、司法三权分立的政治体制监督制衡之外，在行政监督系统内建立了不同的监督机构，对不同的监督对象和监督范围实施监督。监督分工高度专业化。如日本的人事院仅对公务员范畴的选拔、任用、考核、晋升和奖惩等方面进行监督，但是触及刑法问题的公务员违法违纪行为主要是由检察机关来进行侦查并提起公诉；而行政评价局的监督主要针对的是行政机关的业务监督，其监督范围不涉及人员监督；而涉及财政、财务收支情况的监督则专门由会计审计院。

第二，行政监督以提高行政效率为主要目标。日本的监督模式中，比较强调检察机关的反腐肃贪职能，在检察机关的统领下，建立行政系统内的各个监督机构。这种监督机制以效能监察为重点，即通过实施行政评价和检查，对政府行政机关的绩效、工作效率和工作质量进行监督，并根据实际调查的结果向相关政府机关提出改革建议。日本专门的行政监察机构——行政评价局的职能设置和监督方式则突出地体现这一特征。

第三，行政监督与社会监督、专家监督相结合。日本行政交谈制度是其独特的监督制度，充分表现了日本重视政府与社会的正式沟通，强化社会监督职能的特点。同时，日本的行政监督注重与专家监督相结合。日本行政评价局的政策评价机制突出体现了发挥社会各界代表和专家的政策咨询、调查与审议功能。

当然，日本的监督模式也存在一些弊端：首先，职能分工影响资源的共享性。如行政监察机关仅集中于行政业务的监督，与人事院的行政人员监督脱节，导致监督效率低下问题。其次，行政监察机关缺乏强制执行力，影响了监督职能的有效性。日本的行政评价局具有调查权、建议权和劝告权，却不具有行政处分权、惩罚权和行政强制权，从而大大影响了其监督职能的有效实施。

五、韩国的监督制度

韩国作为新兴的后起国家，自建国起一直注重反腐廉政机制建设。期间虽经历诸多曲折，但迄今已建立起了较为完善的监督和制约机制。

(一) 建立完善的国家反腐败机构

1. 监察院

韩国是审计与监察合一的国家。1963 年，韩国修改有关法律，将原本各自独立的审计院和监察委员会合并，成立了肩负审计与监察双重任务的监察院。从隶属关系和领导体制上讲，韩国监察院既不属于政府，也不属于国会，而是直属总统管辖。根据韩国宪法规定，监察院的主要任务是审计国家决算及受国家与法律约束的团体的财务，监察国家行政机关及公务员履行职务的情况，以及揭露公职人员违法违纪问题。

韩国监察院由包括院长在内的 5 至 11 人组成监察委员会，对重大问题实行合议制议决。监察委员会议决的事项包括：对预决算的审计、对造成的经济损失承担赔偿责任的认定、对有关责任人的惩处、对经审计监察发现的问题提出改正和劝告性意见等。监察委员会还有权对国务总理、各部长官工作失误提出改正的要求，对涉嫌犯罪的移交检察机关处理。

2. 国家权益委员会

国家权益委员会原名腐败防止委员会，根据《腐败防止法》，韩国于 2002 年成立了直属总统的腐败防止委员会，该委员会是一个完全独立的反腐败机构。委员会由 9 名委员组成，包括 1 名委员长和 2 名常委，成员分别来自不同政党。委员长和常委均由总统任命，其他委员分别由国会和最高法院首席大法官推荐，由总统任命或委派。《腐败防止法》规定，委员会的主要职责是：制定反腐败政策；提出完善公共部门制度的建议，对公共部门的反腐败政策及其执行情况进行调查分析和评价；开展反腐败教育和反腐败斗争；支持非政府组织在预防腐败工作中发挥积极作用。同时，为了保证委员会工作的公平、公正、公开，国家权益委员会制定了严格的内部道德准则和监察制度。

国家权益委员会在反腐败工作中扮演了多重角色，承担了综合性的多种职能。首先，它是反腐败的"立法者"，为了制订和修订防止腐败的措施，委员会要进行必要的调查、研究和政策评估。其次，它是《腐败防止法》和反腐败措施的执行者，负责法律规定和依法制定的反腐败措施的具体实施工作。最后，它还是反腐败的监督者，肩负着各公共机构和整个社会的反腐败政策、措施实施情况的审查、监督和检查任务。

3. 公职人员伦理委员会和高级公务员违反行政伦理调查部

公职人员伦理委员会是一个中立机构，分别在国会、大法院、中央选举委员会以及各市、道设立。其主要职责是对公务人员的财产登记进行审查，并把活动情况编制成"年报"，定期向国会汇报。对于高级官员的监督，设立了高级公务员违反行政伦理调查部，负责对高级官员腐败行为的调查和起诉，其部长和次长需经过大法院院长的推荐和国会同意，由总统任命。

（二）制定反腐败的法律与制度规范

目前，韩国反腐败制度主要有：

1. 公职人员财产申报和公开制度

《公职人员伦理法》规定高级公职人员限期申报财产。根据该法规定，担任公职者须在一定时期内向有关部门报告自己及配偶子女的财产状况，包括数量、来源、变动等内容。然后由主管机关予以审核，任何隐瞒、谎报和转移财产的行为都视为有罪，将受到法律惩处。

2. 金融实名制

金融实名制就是要求个人或法人在金融往来中，使用真实姓名进行活动的一项制度。金融实名制的实施，有利于政府更准确地掌握公民个人的财产收入状况，同时有利于防止逃税漏税，消除行贿受贿，保证《公职人员伦理法》、《政治资金法》、《防止选举舞弊法》等消除金权政治的法律发挥作用。

3. 国民请求监察制度

为了加强国民对政府机关及其公务员的监督，韩国近年来实行了国民请求监察制度。凡公共机关的事务处理因违法或腐败行为，对公共利益的实现产生不利影响时，受侵害的单位和个人有权提请监察院进行审计监察。任何单位和个人均可动用"审查请求权"，要求对政府部门、政府投资机关和地方政府的行政行为进行审计监督。20 岁以上的 300 名成年人，即可以联名上书监察院进行监查，监察院对于国民合理正当的监察请求必须予以满足。韩国的国民请求监察制度充分保障了公民的合法权利，对行政效能监察和提高政府绩效具有重大意义。

（三）韩国监督模式的特点

第一，实行"监审合一"的行政监察制度。这种富有特色的制度，集政务公开、行政监察、财务审计于一身。"监审合一"的监察制度具有以下优点：

首先，能够摆脱监督视野狭窄，共同占有监察、审计信息。从监察角度看，通过审计能及时发现各种违法违纪问题，掌握第一手资料；从审计角度看，通过监审联手，便于事前掌握群众举报信息，从泛泛地例行审计变为有重点、有目的审计，获取的审计信息更为清晰、具体；从领导角度看，监察与审计合一，有利于统一领导调度和规范化管理。其次，提高行政监察机制效率，增强责任追究的针对性。"监审合一"的监察制度，可以寓行政监察监督职能于经常审计之中，通过行政监察和审计管道，及时反馈基层的监察、审计信息，沟通自我约束与外部监督渠道，具有很强的威慑力。实现了审计和监察的连续性，避免了工作中不必要的重复、交叉，提高了工作效率，保证了监察工作的整体效能。

第二，监督机关具有高度的独立性。韩国监察院和国家权益委员会属于世界上为数不多的监察机关高度独立的模式之一。监察院和国家权益委员会既不属于政府，也不属于国会，而是都直属总统管辖。这种高度独立的地位，保证了行政监察机关可以独立行使职权，开展廉政监察和效能监察，保证监察工作的客观和公正。

第三，实行透明行政，特别注重对公职人员财产的申报和公开。注重对公职人员财产的监督是韩国反腐败最突出的特点。为了根治腐败，韩国在政府改革中推行了"阳光体制"，要求透明行政，将行政制度公之于众，消除一切幕后交易和"暗箱操作"，以实现政府的公开化和民主化，如实行财产申报制、金融实名制、加强对政治资金的管理等。这些对韩国政府消除腐败、消除金权政治发挥了重要作用。

六、新加坡的监督制度

新加坡的廉政建设成就有目共睹。新加坡从 1965 年独立至今，在短短几十年的时间里实现了工业化和现代化两大跨越，不仅创造了经济奇迹，还创造了廉政建设奇迹，一跃成为举世公认的世界上最廉洁国家。在世界上许多国家被腐败困扰的今天，新加坡创造的成功经验，值得认真研究和探讨。

(一) 健全的廉政监督网络

新加坡建立起了内外结合、纵横协调的立体监督网。这一网络中的各个部分各自独立行使职权，同时又相互协调、相互补充、相互牵制，形成了一个有机、严密的监督网络。

1. 公共服务委员会的监督

在新加坡，专门成立了独立于政府以外的公共服务委员会，负责公务员的招聘、审查、任用、纪律处分等事宜，从政府外部对政府进行监督。公共服务委员会的组成人员由总理提名，总统任命，或直接由总统任命。公务员一旦出现渎职、贪污受贿行为，该委员会既可以会同贪污调查局联合查处，也可以自己成立案件调查小组单独查处。

2. 审计署的监督

审计署是新加坡一个重要的防贪反贪机构，主要负责对政府各部门实施财务监督。审计署的工作是独立的，不受其他部门的干扰，审计长由总统任命，直接向议会负责。审计署有权审计政府所有部门、公共服务委员会、国会、法院等一切公共机构的账目，检查被审计单位是否执行法定的财务制度。在审计过程中，一旦发现弄虚作假、违法违纪、营私舞弊等情况的，就会向议会报告。属于违反《反贪污法》和《公务员指导手册》的，报告贪污调查局处理；属于违反国家其他法律的，交由司法部门查办。

3. 贪污调查局的监督

贪污调查局是负责调查和预防政府机关以及企业中的贪污受贿行为的专门职能机构。它直属总理公署，由总理直接领导。贪污调查局作为新加坡反贪污贿赂的最高专门机构，它既是行政机关，又是执法机关。贪污调查局主要职责是：接受指令，对贪污腐败的案件进行调查、取证，接受举报和揭发，并及时做出反应，采取一切可能的手段对贪污腐败行为进行调查。根据法律规定，任何新加坡公民，上至高官下至平民，乃至侨居海外的新加坡籍公民都属于其监察对象。同时，贪污调查局还要对各类人员利用职权营私舞弊进行理论研究，对容易发生贪污的政府部门，指出其易引起贪污行为的现行制度、组织上的问题，在此基础上就其工作方法和程序方面提出改善建议。

4. 在野党及人民群众的监督

人民行动党作为新加坡执政党，非常重视多党存在的现实，强调通过在野党的监督，不断加强执政党自身建设。他们把每四年一次的多党参与的国会大选看做对人民行动党的定期考试和监督。从获得选票的多少，看人民行动党的政绩和在群众中的威望，并及时总结经验教训，进一步完善与人民群众之间的联系。

（二）完善的廉政建设制度

新加坡在长期的反腐廉政实践中逐步建立和完善起来了一整套的科学严格

且行之有效的反贪制度。

1. 严格的公务员选拔和录用制度

在新加坡，除了政务官以外，其他所有公务员的录用均需经过公开的考试。考试合格的人选还必须接受严格的审查和调查，内容包括：有无犯罪前科、日常交往人员状况、家庭情况、社会背景、个人的兴趣爱好、有无吸毒、嫖娼以及私生活方面的不良嗜好、个人品德和修养等。

2. 严格的财产申报制度

新加坡有关法律规定，凡是经过考试、考核和审查获得通过并被正式录用的公务员，在出任之前必须申报个人财产，不申报者不得进入公务员队伍。任职以后的公务员，如果财产有增长的，应主动填写财产申报清单并填明原因，否则即视为贪污。新加坡的财产申报制度对公务员财产申报的范围、程序都有明确的规定。

3. 严格的品德考核制度

新加坡对任职后的公务员要进行品德跟踪考核。一是个人品德记录。政府每年发给公务员一本日记本，公务员随身携带日记本，随时将自己的活动记载下来，日记必须定期接受检查。二是行为跟踪。贪污调查局依法有权对所有公务员进行行为跟踪，暗地调查他们的日常生活。一旦发现有违规行为，可以采取相应措施处理。品德考核制度有力地监督着公务员奉公守法，防止其掌权以后滥用权力贪赃枉法，腐化堕落。

4. 以俸养廉制度

新加坡是当今世界较成功地实行以俸养廉制度的国家。通过提高工资水平和工作条件以削弱贪污行为的内在动因，是新加坡实施反贪污计划的重要步骤。从总体上看，新加坡政府能够保证绝大多数公务员过上"中产阶级"的生活，而且随着国家经济的高速增长和私营企业员工收入的迅速提高，公务员的工资还在不断地增长，使他们享有较高的福利待遇。

（三）新加坡监督模式的特点

1. 赋予监察机关广泛的权力，保证监察权有效行使

首先，监察机关拥有广泛的调查权。当出现违反《刑法》或者《防止贪污法》的行为，或者依据《防止贪污法》在调查期间证明有违反任何成文法的行为时，贪污调查局局长或者特别侦查员在无公诉人的命令，可以行使刑事诉讼法所授予的一切与警方调查相关的权力。在调查重大案件时，贪污调查局还享有特别调查权，不管任何其他法律中有任何规定，贪污调查局都可以调查任何

银行存款、股票存款、购买账户、报销单据或者任何其他账目以及在任何银行的任何保险箱等。还有权要求被调查人详细说明其子女家属的一切动产和不动产以及每项财产的获得途径与准确日期，并有权要求任何人给予调查所需配合，否则被视为犯罪。其次，监察机关拥有搜查权。具体体现为，如果贪污调查局相信在某一地方藏有罪证，即可授权特别侦查员或警官在必要时可依靠武力进行搜查，夺取或扣押任何相关的文件和物品。再次，监察机关拥有逮捕权。贪污调查局局长或任何侦查员，无逮捕证即可逮捕依照《防止贪污法》与犯罪有关的任何人，可逮捕已被控告的与任何罪行有牵连的或已收到他同任何犯罪有牵连的可靠情报或有理由怀疑与任何罪行有此种牵连的任何人。最后，监察机关还规定了跟踪监视权。对所有公务员，无论职务高低，贪污调查局都具有暗中秘密跟踪监视的权力。这些权利的授予和行使，使新加坡的行政监察机关大大增强了监督职能和效能。

2. 惩戒与预防并重，实施综合治理

新加坡在反贪治腐上坚持惩治与预防并重、治标与治本结合的综合治理方针。新加坡对于贪污受贿的定罪与处罚非常严厉，在反腐败方面以严厉著称，其法律规定中体现出新加坡政府打击腐败的决心。同时，新加坡政府也非常重视腐败的预防，注重反腐败的宣传与教育，培养全社会的正义感，并通过行政改革措施减少腐败行为的发生。新加坡通过不断完善法律规范和行政管理措施，建立了惩戒与预防、标本兼治的监督体系。

3. 注重对执政党的监督，提高执政党的执政能力

在新加坡，虽然长期由人民行动党一党执政，却很注意发挥在野党对执政党的监督作用。新加坡政府把每四年一次的多党参与的国会大选当作对自身的考核和监督，非常重视。多党参与的国会大选可以当做是在野党对执政党进行监督的有效机制。执政的人民行动党还规定，党员议员每周必须有一天回到本选区体察民情，参加群众聚会，倾听民众呼声，接受选民监督。

案　例

解读新加坡的高薪养廉政策

新加坡的高薪养廉政策是众所周知的。新加坡政府认为，公务员的薪酬必须和他们的职务相称，公务员既然为国家事业作出贡献，就应该获得应有的报

酬。政府强调用"接近市场价格"的办法适时调整公务员的工资，以使他们无需借助腐败而能过上一种与其社会地位相称的比较体面的生活。

新加坡公务员的工资水平在 1973 年、1979 年、1982 年和 1989 年连续 4 次上调，1989 年上调以后的工资水平达到世界各国的最高数。目前，新加坡的部长一级的薪水是美国总统的 8 到 10 倍的薪水。新加坡总统月薪为 39 425 新元（注：1 新元约等于 4.69 元人民币），总理月薪为 38 275 新元，部长为 22 100 至 27 825 新元，常任秘书为 10 715 新元，政治秘书为 6 450 新元，国会议员为 4 000 新元。新录公务员月薪在 3 320 新元到 2 350 新元之间。此外，公务员还有医药福利和其他福利，如到政府医院和诊疗所看病，本人只需支付账单的 15%，孩子只需支付账单的 40%。特别是中央公积金制度，公务员每月可获得月薪 33% 的公积金，工作年数越久，储蓄就越多，一般在 6 位数以上。

但是，新加坡实行"高薪养廉"这一措施时，都是与其他措施相结合的。如新加坡的肃贪倡廉措施，首要的一条就是依靠制度反腐败：（一）加强预防。明确规定公务员在向社会提供服务时，能做什么和不能做什么，以使他们不致事前失误。（二）重视监督。对公务员的私人财产实行严密的监控。（三）实行严厉的惩罚制度。执法严厉，严刑峻法，执法一视同仁，惩罚不分官民。其次是建立高效能反腐机关，新加坡的贪污调查局是直属总理的专门的反腐败机关，其高度的工作效率在东南亚颇负盛名。再次是严格官员的任用和考核，保持公务员队伍的素质。新加坡特别强调公职人员的道德素质和责任感。最后是保持政府机关工作的高效率，在行政程序上堵住产生腐败的漏洞。

正是因为有了这样的前提和条件，才使得新加坡的"高薪养廉"对于保持政府公务员的为政清廉起到积极而有效的推动作用。

案例思考题

新加坡的高薪养廉政策为什么能取得成功？

重要概念

1. 议会监察专员制度　　2. 政府道德署制度　　3. 独立检察官制度
4. 行政交谈　　　　　　5. 国民请求监察制度

思 考 题

1. 目前反腐败国际合作存在哪些问题?

2. 国际反腐败运动的特点是什么?

3. 联合国《反腐败公约》的主要内容是什么? 有何特点?

4. 简述国际反腐败运动的发展趋势。

5. 简述国际间反腐败合作体系的基本架构与特点。

6. 试述瑞典议会监察专员的主要内容与特点及其在监督机制中的作用。

7. 试述美国监督模式的特点。

8. 试述日本监督模式的特点。

9. 什么是行政交谈制度?

10. 试述新加坡监督模式的特点。

主要参考书目

[1] 缪晓非. 现代政治学 [M]. 北京：中国政法大学出版社，1989.

[2] 张晋藩. 中国古代行政管理体制研究 [M]. 北京：光明日报出版社，1988.

[3] 左言东，徐诚. 中国古代行政管理概要 [M]. 杭州：浙江古籍出版社，1989.

[4] 陈高华. 中国政治制度史纲 [M]. 合肥：黄山书社，1991.

[5] 张尚鷟. 行政监督概论 [M]. 北京：中国人事出版社，1993.

[6] 郑力. 中国监督学大辞典 [M]. 北京：中国财政经济出版社，1996.

[7] 袁达毅，郭志平. 行政监督的理论与实践 [M]. 北京：警官教育出版社，1996.

[8] 许耀桐，胡叔宝，胡仙芝. 政治文明——理论与实践发展分析[M]. 北京：中央编译出版社，1997.

[9] 李忠. 宪法监督论 [M]. 北京：社会科学文献出版社，1999.

[10] 姜明安. 行政法与行政诉讼法 [M]. 北京：北京大学出版社，高等教育出版社，1999.

[11] 方福前. 公共选择理论——政治的经济学 [M]. 北京：中国人民大学出版社，2000.

[12] 王乐夫，许文惠主编. 行政管理学 [M]. 北京：高等教育出版社，2000.

[13] 陈国权. 政治监督论 [M]. 上海：学林出版社，2000.

[14] 陈奇星，等. 行政监督论 [M]. 上海：上海人民出版社，2001.

[15] 汤唯，孙季萍. 法律监督论纲 [M]. 北京：北京大学出版社，2001.

[16] 章剑生. 行政监督研究 [M]. 北京：人民出版社，2001.

[17] 丁建军. 行政监督概论 [M]. 北京：高等教育出版社，2001.

[18] 梁国庆主编. 中国检察业务教程 [M]. 北京：中国检察出版社，2002.

[19] 刘政，程湘清. 人大监督探索 [M]. 北京：中国民主法制出版社，2002.

[20] 郎佩娟. 公共行政行为规范 [M]. 郑州：河南人民出版社，2003.

[21] 尤光付. 中外监督制度比较 [M]. 北京：商务印书馆，2003.

[22] 毛宏升. 当代中国监督学 [M]. 北京：中国人民公安大学出版社，2003.

[23] 杜力夫. 权力监督与制约研究 [M]. 长春：吉林人民出版社，2004.

[24] 林伯海. 人民代表大会监督制度的分析与构建 [M]. 北京：中国社会科学出版社，2004.

[25] 刘剑华. 中外监督体系比较研究 [M]. 北京：中国方正出版社，2005.

[26] 沈荣华. 行政权力制约机制 [M]. 北京：国家行政学院出版社，2006.

[27] 刘国深，等. 台湾政治概论 [M]. 北京：九州出版社，2006.

[28] 李秀峰. 廉政体系的国际比较 [M]. 北京：社会科学文献出版社，2007.

[29] 欧斌，等. 国际反腐败公约与国内司法制度问题研究 [M]. 北京：人民出版社，2007.

[30] 李树军. 行政监督 [M]. 北京：世界知识出版社，2007.

[31] 张晋藩. 中国监察法制史稿 [M]. 北京：商务印书馆，2007.

[32] 吴丕. 政治监督学 [M]. 北京：北京大学出版社，2007.

[33] 邬思源. 中国执政党监督体系的传承与创新 [M]. 上海：学林出版社，2008.

[34] 李飞. 中华人民共和国各级人民代表大会常务委员会监督法释义 [M]. 北京：法律出版社，2008.

[35] 刘书林. 党的领导与民主监督 [M]. 北京：中央编译出版社，2008.

[36] 吴振钧. 权力监督与制衡 [M]. 北京：中国人民大学出版社，

2008.

[37] 毛泽东选集 [M]. 1—4卷. 北京：人民出版社，1991.

[38] 邓小平文选 [M]. 1—3卷. 北京：人民出版社，1994.

[39] 国语. 上海：上海古籍出版社，1978.

[40] 战国策. 上海：上海古籍出版社，1978.

[41] 周礼. 北京：国家图书馆出版社，2005.

[42] 汉书. 北京：中华书局，1962.

[43] 后汉书. 北京：中华书局，1965.

[44] 三国志. 北京：中华书局，1959.

[45] 晋书. 北京：中华书局，1974.

[46] 周书. 北京：中华书局，1971.

[47] 隋书. 北京：中华书局，1973.

[48] 新唐书. 北京：中华书局，1975.

[49] 明史. 北京：中华书局，1974.

[50] 清史稿. 北京：中华书局，1977.

[51] 唐六典. [日] 东京：广池学园，1973.

[52] 通典. 北京：中华书局，1984.

监督学课程组

课程组长 王援朝

主　　编 郎佩娟

编 著 者 郎佩娟　王援朝
　　　　　　胡仙芝　蔡乐渭

主持教师 王援朝

监 督 学

形成性考核册

文法教学部　编

考核册为附赠资源，适用于本课程采用纸质形考的学生。

若采用**网上形考**或有其他疑问请咨询课程教师。

学校名称：＿＿＿＿＿＿＿＿＿

学生姓名：＿＿＿＿＿＿＿＿＿

学生学号：＿＿＿＿＿＿＿＿＿

班　　级：＿＿＿＿＿＿＿＿＿

形成性考核是学习测量和评价的重要组成部分。在教学过程中，对学生的学习行为和成果进行考核是教与学测评改革的重要举措。

《形成性考核册》是根据课程教学大纲和考核说明的要求，结合学生的学习进度而设计的测评任务与要求的汇集。

为了便于学生使用，现将《形成性考核册》作为主教材的附赠资源提供给学生，采用纸质形考的学生可将各次作业按需撕下，完成后自行装订交给老师。若采用**网上形考**或有其他疑问请咨询课程教师。

监督学作业 1

姓　　名：_____

学　　号：_____

得　　分：_____

教师签名：_____

时间： 学习完教材第一至第三章之后。

题目： 中国古代监督思想对当代有无借鉴意义，有何借鉴意义？

形式： 小组讨论（个人事先准备与集体讨论相结合）。要求每一位学员都提交讨论提纲，提纲包括以下内容：

1. 个人的讨论提纲。

2. 小组讨论后形成的提纲。

教师根据每一位学员的讨论提纲以及小组讨论后形成的提纲给每一位学员评分。无论认为有无借鉴意义，都要说明理由，要求能够谈出自己的观点，并举例说明。

答 题 纸

监督学作业 2

姓　　名：＿＿＿＿＿

学　　号：＿＿＿＿＿

得　　分：＿＿＿＿＿

教师签名：＿＿＿＿＿

时间：学习完教材第四至第五章之后。

运用监督学的基本原理和相关知识，联系实际（包括网络、报刊报道等）撰写一份调查报告。（字数要求 1500 字左右）

答 题 纸

监督学作业 3

姓　　名：_____

学　　号：_____

得　　分：_____

教师签名：_____

时间： 学习完教材第六至第七章之后。

运用监督学的基本原理和相关知识，联系实际（包括网络、报刊报道等）撰写一篇小论文。（字数要求 1500 字左右）

答 题 纸

监督学作业 4

姓　　名：＿＿＿＿＿

学　　号：＿＿＿＿＿

得　　分：＿＿＿＿＿

教师签名：＿＿＿＿＿

时间： 学习完教材第八至第九章之后。

运用监督学的基本原理和相关知识，对某个案例进行较为详细的分析。（字数要求 1000 字左右，具体案例见电大在线 – 监督学 – 教学辅导栏目，三个案例，学员任选其一）

答 题 纸

监督学作业5

姓　　名：_____

学　　号：_____

得　　分：_____

教师签名：_____

时间：学习完教材第十至第十一章之后。

一、名词解释（每小题 5 分，共 10 分）

1. 公共权力

2. 法制主义监督思想

二、填空题（每小题 1 分，共 10 分）

1. 监督是指各种监督主体依法对国家公权力机关和国家公职人员行使公共权力的活动所进行的监察、督察活动以及对滥用公权力谋取私人利益的各种行为的（　　）活动。

2. 权力的（　　）性是指权力存在于人与人的关系中，没有人与人的关系，单独的个人无所谓权力。

3. 无论腐败行为表现为何种形式，其实质都是滥用（　　）谋求私人利益。

4. （　　）理论所提倡的一些基本原则对西方资产阶级国家政权体系的产生和发展起了重要作用，是监督的最直接的理论依据之一。

5. （　　）是指在原罪的权力和原罪的人结合之后，人在夺取权力和行使权力的过程中会生出种种罪行。

6. 中国古代（　　）制度的确立，是对君主廉政与勤政的有限度的监察。

7. 人民代表大会的监督亦称国家（　　）机关的监督，简称人大监督。

8. （　　）监督是指人民代表大会对行政机关、审判机关和检察机关及其组成人员履行法定职责业绩、效率、效能情况进行的监督。

9. 人民代表大会监督的内容是法律监督和（　　）监督。

10. 为了保障监察工作的顺利开展，瑞典法律赋予监察专员充分的调查权、（　　）、建议权和起诉权。

三、多项选择题（每小题2分，共10分）

1. 人民代表大会监督的范围包括（　　）。

    A. 对行政机关进行的监督

    B. 对司法机关的监督

    C. 对本级人大常委会和下级人大及其常委会的监督

    D. 对公民的监督

2. 根据《全国人民代表大会议事规则》和《监督法》等法律的规定，质询的程序包括（　　）。

    A. 质询的提起

    B. 质询的审核

    C. 质询案的提交

    D. 质询案的答复

3. 我国的权力监督包括（　　）。

    A. 人民代表大会的监督

    B. 人民政协的监督

    C. 司法机关的监督

    D. 行政机关的监督

4. 民主党派监督的内容主要包括以下方面（　　）。

    A. 国家宪法、法律和法规的实施情况

    B. 中国共产党和政府重要方针、政策的制定和贯彻执行情况

    C. 中共党委依法执政方面的情况

    D. 中共党员领导干部履行职责、为政清廉方面的情况

5. 舆论监督的特征包括（　　）。

    A. 人民性　　　　　　　　　　B. 公开性

    C. 及时性　　　　　　　　　　D. 权威性

四、简答题（每小题 10 分，共 30 分）

1. 简述《联合国反腐败公约》的特点。

2. 简述廉政监察机制。

3. 简述违法行政行为的认定。

五、论述题（每小题 20 分，共 40 分）

1. 试述中国共产党纪律检查机关的监督方式。

2. 试述玩忽职守罪的认定。

答题要求

1. 名词解释

这类题目是考核对重要概念的准确记忆。答题时应回答概念的核心内容并适当解释。

2. 填空

这类题目是考核知识面，考核对课程基本知识点的掌握。

3. 多项选择

这类题目是考核知识面以及一定的判断、分析能力。正确答案不止一个，多选或少选均不能得分。

4. 简述题

这类题目是考核对基本知识、基础理论的掌握，答题时注意：（1）要点；（2）对要点的简要阐释。简答题一般只要将要点回答出来即可，必要时可作简要阐释。

5. 论述题

这类题目是考核对基本知识、基础理论的掌握以及用所学知识分析问题、解决问题的能力。答题时注意：（1）要点；（2）对要点的阐释。（3）必要时理论联系实际。

另外，论述题中包含案例分析题。案例分析题是对学生综合能力的考核，没有标准答案，可以畅所欲言。遇到案例分析题时，一般应注意：（1）用所学理论进行分析；（2）分析时抓住重点，结合案例的情况进行分析；（3）言之有理，论之有据；（4）分析过程逻辑一致，前后呼应，能自圆其说。

学术界对某些问题的看法或有不同。同学们在答题时要先考虑教材的观点，除答案例分析题时可自由发挥外，回答其他试题时如有不同见解，应先列出教材上的观点，然后再表达自己的见解。